Peter Evans
Aristoteles Onassis

Peter Evans

Aristoteles Onassis

ECON Verlag
Düsseldorf · Wien · New York

Titel der englischen Originalausgabe:
»Ari«
Original-Verlag: Jonathan Cape, London
Übersetzt von Marianne Schulz-Rubach,
unter Mitwirkung von Helga Bilitowski, Berlin
Copyright © 1986 by Peter Evans

CIP-Kurztitelaufnahme der Deutschen Bibliothek

Evans, Peter:
Aristoteles Onassis/Peter Evans. [Übers. von
Marianne Schulz-Rubach]. – Düsseldorf; Wien;
New York: ECON Verlag, 1987.
Einheitssacht.: Ari ⟨dt.⟩
ISBN 3 430 12579 0

Copyright © 1987 der deutschen Ausgabe by ECON Verlag GmbH,
Düsseldorf, Wien, New York.
Alle Rechte der Verbreitung, auch durch Film, Funk und Fernsehen,
fotomechanische Wiedergabe, Tonträger jeder Art, auszugsweisen Nachdruck
oder Einspeicherung und Rückgewinnung in Datenverarbeitungsanlagen
aller Art, sind vorbehalten.
Lektorat: H. Dieter Wirtz
Gesetzt aus der Times der Fa. Berthold
Satz: Dörlemann-Satz, Lemförde
Papier: Papierfabrik Schleipen GmbH, Bad Dürkheim
Druck und Bindearbeiten: Fa. Bercker, Kevelaer
Printed in Germany
ISBN 3 430 12579 0

Für Camilla

Prolog

Kurz nach 23 Uhr an einem Abend des Januars 1968 erhielt ich in meiner Londoner Wohnung den Anruf eines Amerikaners, der sich als John W. Meyer vorstellte und mich höflich bat, zu einem Treffen mit Aristoteles Onassis nach Paris zu fliegen. »Wir würden uns gerne so bald wie möglich unterhalten«, sagte er. Über was? Er war nicht bereit, die Angelegenheit am Telefon zu besprechen, versprach mir aber, es würde für mich interessant sein – und zu meinem Vorteil. »So bald wie möglich« hieß, wie sich herausstellte, der nächste Tag. Am Schalter der »Air France« in Heathrow läge für mich ein Ticket; Meyer wollte mich in Orly abholen; ich sollte mich darauf einstellen, über Nacht zu bleiben, er habe für mich ein Zimmer im »Plaza-Athénée« bestellt. Nachdem ich den Hörer aufgelegt hatte, rief ich die Fluggesellschaft an: Ein Erster-Klasse-Ticket war auf meinen Namen gebucht worden. Am nächsten Tag, um zwölf Uhr, lernte ich Ari in der Avenue Foch 88 kennen. Alles in allem entsprach er dem Bild, das ich mir von ihm gemacht hatte: Ein kleiner, muskulöser Mann in den Sechzigern mit einem ausdrucksvollen Gesicht; sein schwarzes, von grauen Strähnen durchzogenes Haar begann, sich zu lichten; seine Stimme, sorgfältig moduliert und mit dem leicht heiseren Ton eines Mannes, der sechzig Zigaretten am Tag raucht und bedenkliche Mengen Whisky trinkt, besaß einen Akzent, in dem der schmachtende Tonfall des Exils mitschwang, den er, wie ich vermutete, erfolgreich bei Frauen einzusetzen wußte. Seine Augen waren hinter seinem Markenzeichen, einer Sonnenbrille, versteckt, aber ich wußte, daß sie flink und abschätzend blickten und Humor verrieten. Er trug einen konservativen blauen Anzug; ein weißes Seidentaschentuch mit Monogramm steckte in der

Brusttasche. Nur seine Hände überraschten mich; sie sahen dunkel und hart aus; beim Händeschütteln wirkten sie jedoch so zart wie die eines jungen Mädchens. Er ließ mich ihm gegenüber an einem Louis-quinze-Schreibtisch Platz nehmen. Sein Porträt hing hinter ihm an der Wand; silbergerahmte Fotografien seiner Kinder standen nebeneinander auf dem Schreibtisch; Christinas Gesichtszüge glichen den seinen am meisten; Alexander sah ernst und intelligent aus. Wie glückliche Kinder wirkten sie nicht.

Ari kam sofort zur Sache; er habe vor, ein Buch über sein Leben »zu machen«. Er war unsicher, ob es eine Autobiographie oder eine autorisierte Biographie sein sollte, aber er wünschte auf jeden Fall ein Buch, »ein hundertprozentiges, so wie es wirklich war«. Ob ich daran interessiert sei, es zu schreiben? Ich wußte, daß eine Onassis-Biographie, die angeblich mit seinem Segen, wenn nicht sogar seiner Mithilfe, geschrieben worden war, noch im selben Jahr erscheinen sollte. Warum wollte er eine zweite? »Ich gab mich mit einem Schiff nicht zufrieden, Mr. Evans, warum sollte ich mich mit einem Buch zufriedengeben?« antwortete er. Ich war nicht daran interessiert, sein Hagiograph zu werden, deshalb bat ich ihn, mir zu erläutern, welche Art von Buch ihm vorschwebe. Er fing an, mir von seinen Anfängen zu erzählen, von seiner Kindheit in Smyrna, dem heutigen Izmir, dem Massaker von 1922, seiner Flucht nach Argentinien, wo er sein erstes Vermögen erwarb. Nach einigen Minuten machte er eine Pause, nahm die Brille ab und polierte bedächtig die Gläser mit seinem seidenen Taschentuch. Seine Augen, die ich zum erstenmal sah, hatten die Farbe alter Pennys. »Es sollte sich meiner Meinung nach wie ein Roman lesen«, sagte er, wobei er die Brille wieder aufsetzte. »Sie haben eine Mordsgeschichte, Ari, eine Saga«, meinte Meyer, der schweigend in einem Sessel am Fenster gesessen hatte. Ari erwiderte: »Stimmt, und wir können daraus einen verflucht guten Thriller machen.« Er vermutlich in der Figur des Helden, fügte ich hinzu. Statt beleidigt zu sein, sagte er: »Nein, als des Bösen. Böse haben immer die interessanteren Rollen.« Das war für meine Begriffe ein guter Anfang. Aber ich war immer noch neugierig, warum ich denn eigentlich das Buch schreiben sollte. Wir waren uns noch nie begegnet, und soviel ich wußte, hatten wir auch keine gemeinsamen Freunde, die ihm vielleicht meinen Namen genannt haben konnten. Als ich das erwähnte, nahm er einen Brief vom Schreibtisch und gab ihn mir. Er war von Ari an Jean Paul Getty. Darin stand, er, Ari, denke daran, seine Lebensgeschichte aufzuschreiben; ob Getty ihm einen geeigneten Schriftsteller vorschlagen könne, der mit ihm an dieser Sache arbeiten würde? Getty hatte Aris Brief zurückgeschickt; an den Rand waren mein Name und meine Telefonnummer gekritzelt. – Damals hatte ich Getty wegen einer Kurzbiographie für den *Cosmopolitan* interviewt und mehrere Tage bei ihm in London und auf Sutton Place, seinem Landsitz in Surrey, verbracht. Er gehörte nicht zu den Menschen, die ihre Zeit mit Dingen verschwenden, die nicht direkt ihre eigenen Interessen berühren; und ich vermutete, daß ihm mein Name einfach zuerst eingefallen war.

Unser Mittagessen nahmen wir im »Maxim's« ein. Ari trank »Black Label Scotch«, anschließend Champagner der Marke »Dom Perignon«. Er bestritt den Hauptteil der Unterhaltung, obwohl Johnny Meyer es sich nicht nehmen ließ, einige treffende Bemerkungen in die Unterhaltung einzuflechten. »Maria hielt dich für einen griechischen Gott, Ari, nun hält sie dich nur noch für einen dieser gottverdammten Griechen«, sagte er beispielsweise, als der Name der Callas fiel. Ari lachte herzhaft und heiser auf. Meyer wußte genau, wie weit er bei ihm gehen durfte (ihre Freundschaft reiche in die Kriegsjahre in Washington zurück, hatte mir Meyer auf dem Weg vom Flughafen erzählt; er selbst beschrieb sich als Aris Adjutant). Es war ein langes Mittagessen. Ich stellte Ari meine Fragen, und er wich mir weder aus, noch war er beunruhigt, als ich ihm erklärte, welche Art von persönlichen Einzelheiten ich genau untersuchen wollte und mit welchen Leuten ich zu sprechen wünschte, wenn wir mit dem Buch vorankommen sollten. Das sei kein Problem: »Das unerforschte Leben ist des Lebens nicht würdig«, sagte er (später erfuhr ich, daß der Satz von Sokrates stammt; im Arbeitszimmer seiner Yacht *Christina* standen viele griechische Klassiker). Nachdem der Cognac serviert worden war, sagte er: »Was halten Sie eigentlich bis jetzt von mir, Mr. Evans?« Ich erwiderte, er besitze für meine Begriffe Stil. »Stil, vielleicht, aber man sagt, daß ich keine Klasse habe. Glücklicherweise sind Leute mit Klasse gewöhnlich bereit, diesen Makel zu übersehen, weil ich sehr reich bin. Klasse kann man nicht kaufen, aber Toleranz gegenüber ihrer Abwesenheit.« Ich gewann den Eindruck, daß er sich auf dieses Treffen vorbereitet hatte und daß ich eine Vorstellung erlebte, obwohl ich der Überzeugung war, daß er einem alles aufschwatzen konnte, wenn er sich das in den Kopf gesetzt hatte. Dennoch versprach die Alchimie von Rätselhaftigkeit, Geld und Sex eine bemerkenswerte Geschichte, und bevor wir an diesem Nachmittag das Restaurant verließen, hatten wir einen Vertrag geschlossen.

Wir begannen mit einer Reihe von Gesprächen. Ich sage lieber Gespräche statt Interviews, weil ich rasch begriff, daß er für herkömmliche Frage- und Antworttechniken nicht sehr empfänglich war. Sein Geist arbeitete nicht nach logischen Mustern. Er wurde ärgerlich, wenn er vermutete, daß ich mich vor der Unterhaltung über Ereignisse aus seiner Vergangenheit sachkundig gemacht hatte. »Genau das tun diese Nassauer von Reportern, wenn sie nicht selbst denken können«, sagte er dann. Ari war ganz auf der Höhe, erinnerungsfähig und selbstkritisch, wenn er frei assoziierte – vorzugsweise beim Essen, in einer Bar, bei einem Spaziergang durch die nächtlichen Straßen von London oder Paris. Wie alle Menschen, die gerne reden, brauchte er ein Publikum. In Paris hängte sich Johnny Meyer manchmal mit einem schönen Mädchen aus Madame Claudes Callgirlsalon oder einer Tänzerin aus dem »Crazy Horse« an uns; hin und wieder begleitete uns sein Sohn Alexander, obwohl er Aris Geschichten mit Unbehagen zuzuhören schien, besonders dann, wenn ihm nicht klar war, wohin die Geschichte führte oder was er nun schon wieder Neues über seinen Vater erfahren würde. Ihre Beziehung war gespannt. Der Mann, der Ari am meisten inspirierte, war Constantine Gratsos, sein ältester und engster Freund. Sie hatten sich in den zwanziger Jahren in Buenos Aires kennengelernt. Gratsos wußte mehr über die Hoffnungen, Gedankengänge und Sünden Aris als jeder andere Mensch. »Costa kennt jedes von mir begangene Verbrechen.« Mit diesen Worten hatte Ari ihn mir vorgestellt. Gratsos spürte auch, wie sehr Ari ihn brauchte, und schwieg ohne Verstimmung oder Unterwürfigkeit, als Ari sich brüstete, niemanden

10

zu brauchen.»Den hungrigen, kleinen Griechen«, nannte Gratsos ihn liebevoll.*

Alles lief gut. Ich bekam Kontakt zu den richtigen Leuten, und Ari lieferte atemberaubendes Material; er hatte nicht nur ein gutes Gedächtnis für Namen und Gesichter (besonders wenn Geld dahinter steckte), seine Erinnerungen an Gespräche und Gefühle, seine Beschreibungen von Schauplätzen waren auch eine »Tour de force«. Noch immer verblüffte er mich. Mir fiel wieder ein, was einer seiner engsten Mitarbeiter eines Abends im »Regine's« gesagt hatte:»Er ist eine menschliche Rätselmaschine. Man drückt auf denselben Knopf und bekommt jedesmal eine andere Antwort.« Gratsos' Aussage war ähnlich: »Der Schlüssel zu Ari ist, daß es keinen Schlüssel gibt.« Ari besaß Charme, er konnte außergewöhnlich großzügig sein, und wie die meisten eigentlich einsamen Menschen liebte er die Gesellschaft von Kindern und Freunden. Aber in ihm steckte eine Aggressivität, die immer unter der Oberfläche lauerte. Ich wußte, daß er sadistisch sein konnte, insbesondere zu ihm nahestehenden Personen, aber er war auch ein Mann, dem es Spaß machte, für Underdogs Partei zu ergreifen. Seine Stimmung wechselte mit beängstigender Geschwindigkeit: Heiterkeit konnte in Verzweiflung umschlagen, und das nicht nur, wenn er trank. Als ich einmal den Namen Stavros Niarchos erwähnte – bevor ich wußte, daß alles, was mit seinem ärgsten Feind, Schwager und dem Mann zu tun hatte, der demnächst auch noch seine Exfrau Tina heiraten sollte, wie ein rohes Ei zu behandeln war –, verließ er den Raum und knallte die Tür so laut zu, daß ich geschworen hätte, er würde niemals mehr mit mir sprechen. Als ob nichts geschehen wäre, rief er am nächsten Tag an und lud mich ins »Annabel's« ein, seinen bevorzugten Nachtclub in London. Während der Frühjahrs- und Sommermonate 1968 kam und ging er; telefonisch lud er mich nach Paris ein, wo wir uns ein paar Stunden, manchmal sogar nur ein paar Minuten unterhielten, und einmal fand er überhaupt keine Zeit für mich, obwohl es nach einer ganz dringenden Einladung ausgesehen hatte. Ich hing mehrere Tage im

---

* »Der hungrige, kleine Grieche vermag alles« (Juvenal).

11

Hotel herum und kehrte dann nach London zurück; er entschuldigte sich nicht, gab keine Erklärung ab. Nachdem wir neun Monate in dieser Art und Weise zusammengearbeitet hatten, rief er mich an und sagte:»Das Buch ist gestorben oder besser auf Eis gelegt. Jetzt ist nicht die Zeit dafür.« Er lehnte es ab, mir die Gründe für seinen Sinneswandel zu nennen, obwohl er sich lebhaft vorstellen konnte, daß ich genug wußte, um den Grund zu vermuten. Am 20. Oktober 1968 heiratete er Jacqueline Bouvier-Kennedy.

Dann hörte ich sechs Jahre nichts von ihm. Im Frühjahr 1974 rief er an und schlug vor, sich im»Annabel's«auf ein Glas zu treffen. Seit 1968 hatte sich in seinem Leben viel ereignet: Alexander war verunglückt, Tina gestorben, Christina hatte geheiratet und war wieder geschieden. Meyer rief mich von»P. J. Clarke's Saloon«in New York an und bereitete mich auf das schockierende Aussehen von Ari vor.»Er war vielleicht nicht der beste Vater, den ein Junge braucht, aber auf seine Weise war er ein liebender Vater«, sagte Meyer. Ari war allein an der Bar, als ich in dem Nachtclub am Berkeley Square ankam. Er hielt ein großes Glas Black Label in seinen zarten, so hart aussehenden Händen. Er bemühte sich, seine alte Vitalität herauszukehren, aber jetzt spürte man die darunter liegende Leere und Hoffnungslosigkeit. Sein Gelächter und der berühmte Ari-Charme waren in guten Zeiten so häufig eingesetzt worden, daß jetzt ihr Zauber einfach nicht mehr wirkte. Er sagte, er habe sich kürzlich»ein wenig unpäßlich« gefühlt, aber es sei nun keineswegs so, daß er»ein gewisses Teil nicht mehr steif« bekäme. Wenn man von seinen Angaben ausging, war er nun 68 Jahre alt; er sah älter aus und war älter. Ari zündete sich eine Zigarette an, nahm ein paar Züge, drückte sie aus und steckte sich die nächste an, dann nippte er an seinem Drink. Er brauchte länger als bei unserem ersten Treffen, um auf den Punkt zu kommen.»Wo waren wir stehengeblieben?« fragte er schließlich mit der Stimme eines alten Mannes. Er hasse es, etwas nicht zu Ende zu führen, fügte er hinzu; das war die einzige Bemerkung zu der plötzlichen Wiederaufnahme unserer Gespräche. Aber spätestens im Herbst wurde klar, daß er nicht mehr lange zu leben hatte, und ich vermutete, daß er nicht um des

Buches willen mit mir sprach, sondern um irgendeinen Sinn in seinem Leben zu finden, eine Sinngebung, die ihn entlasten konnte. »Die Reichen brauchen etwas, worauf sie zählen können«, sagte er. Er redete unzusammenhängend, nicht mehr amüsant und logisch wie früher, sondern verwirrt; winzige Episoden, die mehr als ein halbes Jahrhundert zurücklagen, waren ihm gegenwärtiger als jüngste Schicksalsschläge. Ende 1974 trafen wir uns zum letztenmal. Fast alles, war er geliebt hatte, war verschwunden. Er war erschöpft und hatte Mühe, zu sprechen. »Ich kann Ihnen sagen, daß Sie eine Mordsgeschichte bekommen haben«, sagte er beim Abschied.

Er hatte recht, mit Ausnahme einer Tatsache – sie brauchte Perspektive. Noch lange nach seinem Tode am 15. März 1975 lastete das Schweigen des Grabes auf den Lebenden. Die Menschen, die mit der Erlaubnis des Lebenden mit mir gesprochen hatten, schwiegen nun wie ein Grab. Ich blieb am Ball, ich wartete. Langsam öffneten sich wieder die Türen. 1983 war es an der Zeit, mit dieser »Mordsgeschichte« anzufangen.

Kapitel 1

»Wenige Söhne werden wie ihre Väter.
Im allgemeinen sind sie schlechter,
und nur ganz wenige sind besser.«

Homer, »Odyssee«

Das Kruzifix hing über dem Kinderbettchen. In der mediterranen Abenddämmerung, aber auch im Morgengrauen schien das Symbol der Erlösung manchmal wegzuschwimmen. Die unerklärliche Erscheinung ängstigte und faszinierte den kleinen Jungen, der sicher war, daß die optische Täuschung eine Art göttlicher Tadel war – jede Sünde hatte, wie er wußte, ihren eigenen Racheengel. Seine Großmutter hatte ihm das erzählt.

Seit dem Tode seiner Mutter war Gethsemane Onassis sowohl Mutter als auch Großmutter von Aristoteles Sokrates Onassis. Die kleine Frau, die ihr graues Haar zu einem strengen Knoten band, war eine pflichtbewußte Kirchgängerin und schmückte das Haus in Karatass, einem Küstenvorort von Smyrna, mit religiösem Nippes und Souvenirs von ihren Pilgerreisen ins Heilige Land. Das Kind liebte sie sehr, aber einiges, was sie sagte, versetzte es in Angst und Schrecken: Es war nicht gut, sich unter der Bettdecke zu verstecken – selbst wenn du dich in der Mitte des Ozeans versteckst oder in den höchsten Bergen, wirst du der Bestrafung deiner Sünden nicht entgehen, warnte sie ihn nach der kleinsten Ungehorsamkeit. Sie glaubte an Gott den Vater, den Sohn und den Heiligen Geist; sie glaubte an Himmel und Hölle, an das Jüngste Gericht und die ewige Verdammnis; sie betete darum, daß ihr Enkel eines Tages Priester werde, und schickte jede Woche eine Garnitur seiner Unterwäsche zur Segnung in die griechisch-orthodoxe St.-Freitags-Kirche, wo er als Ministrant diente und die byzantinischen Psalmen auswendig lernte.

Als Aristoteles geboren wurde, war sein Vater Sokrates Onassis 28 Jahre alt und bereits auf dem Wege, einer der reichsten Tabak-

14

händler und Unternehmer Smyrnas zu werden. Sokrates war der zweite Sohn von sieben Geschwistern, ein türkischer Bürger mit griechischer Seele, und je reicher er wurde, desto griechischer wurde er, obwohl Türkisch immer seine Lieblingssprache blieb. Für die anatolischen Griechen* des Landes war die Zeit günstig; ihre unternehmerischen Fähigkeiten und administrativen Talente, die für das Osmanische Reich lebenswichtig waren, hatten ihnen Privilegien und soziales Ansehen verschafft. Seine Kaiserliche Majestät, der Sultan Abd ul-Hamid II. – »Unser Herr und Meister, die Krone der Schöpfung und der Stolz aller Länder, der größte aller Kalifen, der Nachfolger des Gottesboten auf Erden, der siegreiche Eroberer und Schatten Gottes auf Erden« –, ein zutiefst bösartiger Mann, der auch »Abdul der Verdammte« genannt wurde, gestattete ihnen einen außergewöhnlichen, aber auch trügerischen Wohlstand. In den meisten türkischen Städten gab es ein blühendes Griechenviertel mit eigenen Krankenhäusern, Kirchen, Schulen und eigener Gesetzgebung. Trotz der jahrhundertelangen Unterdrückung und Knechtschaft unterlagen die anatolischen Griechen niemals einer Getto-Psychopathie.

Sokrates wurde tief im Inneren Kleinasiens geboren und wuchs dort in einem Dorf namens Moutalasski auf. Seinen Geburtsort hätte er vielleicht nie verlassen, wenn die Deutschen nicht gewesen wären. Als Deutschland aber Landvermesser und Ingenieure ausschickte, um die Berlin–Bagdad-Bahn zu planen, jenes strategisch wichtige Sprungbrett in das englische Besitztum Indien, brachten sie erstaunliche Geschichten vom schnellen Wohlstand mit, den man in Smyrna erreichen konnte. Sokrates und seine jüngeren Brüder Homer, Alexander und Basil machten sich in die Boom-Stadt auf. Die Geschichten der Ingenieure waren nicht übertrieben: Die Eisenbahnverzweigungen nördlich und östlich von Smyrna hatten den großen Reichtum des Osmanischen Rei-

---

* Im 9. Jahrhundert erhielt der Teil Westasiens, der türkisch wurde, den Namen Anatolien. Dazu gehörte ein großer Teil um den Hafen und die Stadt Smyrna, die hauptsächlich von Griechen bewohnt wurde.

ches für den Westen erschlossen. Tabak, Teppiche, Baumwolle, Holz, Mais, Roggen, Gerste, Rosinen, Feigen und Kohle flossen Tag um Tag durch den Hafen von Smyrna. Sokrates schrieb nach Hause:»Nur ein Idiot macht an diesem Ort sein Glück nicht.«

In Smyrna gaben die Fremden den Ton an. Die Belgier kontrollierten die Wasserwerke; der größte Teil des Teppich-, Mineral-, Getreide- und Trockenfruchthandels sowie die Energieversorgung der Stadt lag in den Händen der Briten; die Straßenbahn und der Hauptkai gehörte den Franzosen; die Amerikaner beherrschten den Tabak- und Süßholzhandel sowie die Ölterminals. Es war nicht leicht, sich in dieser Stadt seinen Weg zu bahnen, aber der junge Sokrates besaß den Optimismus der Jugend. Der kleine, stiernackige Mann mit dunkler levantinischer Hautfarbe und glattem schwarzen Haar, das seitlich sorgfältig gescheitelt war, besaß dunkle, schwerlidrige Augen, die eher stechend als intelligent wirkten, und sein dicker gewichster Bart im Militärstil verbarg einen merkwürdig femininen Mund. Die Herausforderung der Küstengegend sagte ihm zu.»Sei niemals pessimistisch. Pessimismus ist eine Krankheit, die man wie andere Krankheiten behandelt«, war die Philosophie, die er seinen Brüdern einhämmerte.

In den ersten Jahren arbeitete er als Büroangestellter bei Bohar Benadava, einem jüdischen Händler. Sobald er genügend Geld gespart hatte, mietete er ein kleines Lagerhaus in Port Abri, gründete eine Export-Import-Agentur und handelte mit allen Gütern, die er gegen Profit losschlagen konnte. Die Qualität seiner Waren sprach sich in ganz Smyrna herum, und sein Geschäft wuchs schnell. Kein noch so kleiner Handel entging seiner Aufmerksamkeit. Innerhalb eines Jahres zog er in ein größeres Gebäude auf dem Grand Vizier Hane im Herzen des Geschäftsviertels um und eröffnete ein weiteres Lagerhaus in Daragaz Point, einem vorzüglichen Ort in der Nähe des Ausladebahnhofs am Pier. Obwohl er Geld verlieh, Schiffsladungen versicherte und Karawanen finanzierte, war er in erster Linie Tabakhändler. Sein jüngerer Bruder Alexander, der ins Landesinnere gezogen war, um für Verbindungen und Nachschub zu sorgen, kam bald nach Smyrna zurück und leitete das Lagerhaus von Daragaz Point.

Schon bald gehörten die bedeutendsten Händler Smyrnas zu seinen Kunden; die Kaiserlich-Osmanische Bank, die Deutsche Bank und die Crédit Lyonnais räumten ihm Kreditlinien ein. Es war das Zeitalter des Ideenreichtums und des Risikos. Es gibt Hinweise, daß er seine Geschäfte zwar erfolgreich durchführte, aber nicht immer übermäßig gewissenhaft dabei war: Konkurrenten sprachen über ihn mit jenem förmlichen Respekt, der sich aus Negativen zusammensetzt – er wolle niemandem an den Kragen, er breche sein Wort nicht, er sei nicht uneinsichtig.

Entsprechend ihres wachsenden Ansehens eroberten sich die Brüder Onassis einen Platz unter den vornehmsten Familien Smyrnas. Alexander und Homer engagierten sich für politische Angelegenheiten, insbesondere für die »Mikrasiatik Ethniki Ameni« (Verteidigungsliga von Kleinasien), eine separatistische Bewegung, die für ein autonomes griechisches Gebiet innerhalb der Türkei eintrat, wobei Smyrna mit seiner überwiegend griechischen Bevölkerung und als traditionelles Zentrum des Christentums in Kleinasien den Status einer internationalen Zone erhalten sollte. Sokrates hingegen mied die Politik; realistischer als seine Brüder, konzentrierte er seine Energien auf das Geschäft und begrenzte seine politische Betätigung auf finanzielle Zuwendungen an landsmännische Vereine und für nationale Zwecke, die ihm nützlich und ungefährlich erschienen.

Weniger aus Zuneigung denn aus Gründen der Tradition ging er in sein Dorf zurück und hielt um die Hand von Penelope Dologlou an. Die ausreichend hübsche Tochter eines wohlhabenden Dorfältesten konnte so gut lesen, schreiben und Rechnungen anfertigen wie ein Mann, obwohl ihre natürliche Veranlagung einfach, weltabgewandt und häuslich war. Beide Familien gaben ihren Segen und betrachteten es als hervorragende Partie. Die Hochzeit fand zwei Monate vor ihrem siebzehnten Geburtstag in der Kirche von St. Paraskevi in Smyrna statt.

Nicht seine instinktive Vorsicht, sondern eher seine Dorfmentalität bewog Sokrates wahrscheinlich dazu, nach Karatass zu ziehen, von wo aus Smyrna nach einer kurzen Fahrt mit einer

17

Fähre erreicht werden konnte. Karatass, das auf natürlichen Terrassen über dem Meer stand, war mittelständisch und kosmopolitisch, eine Gemeinde, in der eine Mischung aus ethnischen und religiösen Gruppen, Händlern und Kaufleuten – Armenier, Griechen, Türken, Juden, Moslems, Christen – in nahezu klassischer Heterogenität zusammenlebte. Fast ein Dutzend Sprachen wurden in den Straßen rund um die Onassis-Villa gesprochen, und die meisten Familien beherrschten mindestens zwei davon.

Sehr bald war beinahe der gesamte Onassis-Clan nach Karatass gezogen: Brüder und Schwestern, Tanten, Onkel, Vettern. Obwohl er nur der zweitälteste Sohn war, galt Sokrates als der Katalysator der Familie, als der Mann, der sich Gedanken machte und fast alle Entscheidungen traf.

Elf Monate nach der Hochzeit brachte Penelope ihr erstes Kind, eine Tochter, zur Welt. Sie wurde nach der griechischen Göttin der wilden Tiere und der Jagd Artemis genannt. Wahrscheinlich zwei Jahre später, obwohl das keineswegs als gesichert gilt (weil er den Tag, den Monat und das Jahr seinen Zwecken entsprechend änderte), wurde Aristoteles Sokrates am Morgen des 20. Januar 1900 geboren.

Die folgenden sechs Jahre waren aufgrund ihres friedlichen Verlaufs eine bereichernde Zeit für Sokrates und seine junge Familie. Seine Fähigkeit zu arbeiten ließ nie nach, aber er kapselte sich zunehmend mit einer für Südländer unüblichen Gleichgültigkeit gegenüber Gefühlen ab. Von seinen eigenen Angelegenheiten in Beschlag genommen, schien er nicht mehr als ein oberflächliches Interesse an Aristo zu haben, wie Aristoteles liebevoll in der Familie genannt wurde; er entfaltete niemals jenes tiefgehende und possessive Band, das gewöhnlich das Wesen der Beziehung zwischen einem griechischen Vater und seinem einzigen Sohn ausmacht. Vielleicht wurzelte seine Reserviertheit in einer angeborenen Zerstreutheit gegenüber Dingen, die nichts mit dem Geschäft zu tun hatten. Ungeachtet der Ursache für seine Unfähigkeit, Gefühle auszudrücken, spürte Aristo von Kindheit an schmerzlich die Distanz zwischen sich und seinem Vater.

Sokrates' Unternehmen vergrößerte sich, insbesondere sein

Tabakgeschäft, obwohl die Zeiten in der Türkei ungemütlich und häufig sogar gefährlich waren: In Konstantinopel hatte es einen blutigen Aufstand gegeben, und Sultan Abd ul-Hamid war von den Jungtürken abgesetzt worden, von denen viele in Europa erzogen worden und nun aufrichtig entschlossen waren, eine nationalbewußte Türkei nach dem Muster westlicher Demokratien aufzubauen. Aber in den ersten Wahlen zum neuen Parlament wurden die Wahlbezirke so manipuliert, daß fast alle Vertreter der rassischen Minoritäten ausgeschaltet wurden. Es dauerte nicht lange, bis die Jungtürken eine verhängnisvolle Politik – die Türkei den Türken – verkündeten.

Als Folge der Massaker an Hunderten von Armeniern im Jahre 1909 in Adana ging durch die christliche Bevölkerung eine Welle der Angst. Aber im Moment setzten die Jungtürken andere Prioritäten als die der Vernichtung der rassischen Minderheiten: Italien hatte Tripolis angegriffen sowie Rhodos und fast ein Dutzend andere türkische Inseln in der Ägäis erobert; die türkische Regierung erhob vernichtend hohe Steuern, um den Krieg zu finanzieren; 1912 unterzeichnete die Türkei schließlich den Vertrag von Ouchy, durch den Tripolis unter der Bedingung, daß sich die Italiener von den besetzten Inseln zurückzögen, an Italien abgetreten wurde. Ermutigt vom Erfolg der Italiener, schlossen sich jedoch Serbien, Bulgarien, Montenegro und, höchst alarmierend, Griechenland sofort gegen die Türkei zusammen. Sokrates stritt heftig mit seinen Brüdern, insbesondere mit dem leichtsinnigen Alexander, über ihre offen zur Schau getragene Sympathie für die griechische Heimat. Er erinnerte sie an das alte türkische Sprichwort:»Willst du kein Henkersseil um den Hals haben, mußt du Henker werden.«

Für die Griechen Smyrnas brach eine gefährliche Zeit an. Obwohl der diskret gelebte Wohlstand und gute Beziehungen die Onassis-Familie mehr als andere schützten, traf sie bald eine persönliche Tragödie: 1912 zog sich Penelope Onassis einen Nierenabszeß zu; zuerst schien dies nicht für besonders gefährlich, aber ihr Zustand verschlechterte sich plötzlich; eine Operation wurde unumgänglich. Aristo spürte die bedrohliche Wende der Ereignisse an den leisen Unterhaltungen der Tanten, die zu reden

aufhörten, wenn er in ihre Nähe kam, an der Ankunft von Großmutter Gethsemane aus Moutalasski, die den Haushalt übernahm; daran, daß Pater Euthimion die Andächtigen bat, auch
seine Mutter in ihre Gebete einzuschließen; daran, daß die Non-
nen viel Getue um ihn machten, als er seine Mutter im Französischen Hospital an der Rue Parallèle hinter dem Kai von Smyrna
besuchte.

Wenige Tage nach einer erfolgreich verlaufenen Operation er-
litt Penelope ein akutes Nierenversagen und starb innerhalb von
Stunden; sie war 33 Jahre alt geworden. So kam Aristo unter die
Fuchtel seiner frommen Großmutter und einer Handvoll Tanten.
Nichts in seiner Welt vermißte er so sehr wie die Liebe seiner
Mutter.

Als Vollblutmann war Sokrates auf den Körper einer Frau
angewiesen und brauchte auch jemanden, der für Artemis und
Aristo sorgte. Weniger als sechs Monate nach dem Tode ihrer
Mutter hatte er Helen den Hof gemacht, sie geheiratet und ge-
schwängert. Auf die Geburt von Merope folgte schnell die Geburt
einer weiteren Tochter namens Calirrhoë. Aristo, der in einer
Sippe von Frauen im Zentrum der Aufmerksamkeit stand - klein,
mager und extrem zerbrechlich -, war ein Junge, den jeder schnell
liebgewinnen konnte. Onkel Alexander bewahrte ihn davor, ein
totales Milchbübchen zu werden; er sprach mit dem Jungen über
die Jagd und Schiffe, über sexuelle Freuden und gefährliche Intimitäten, über die Welt und den Platz des Mannes in ihr; und er war
der erste Mann, den Aristo fluchen hörte, der laut Worte sagte, die
auf dem Schulhof nur geflüstert werden durften. Alexander be-
vormundete ihn nicht, hielt ihm keine Predigten; es war eine
Entlastung von Großmutter Gethsemanes frömmlerischen Stand-
pauken, bei denen sie sich häufig so sehr eiferte, daß sie verwirrt
wirkte.

Alexander, der politische Aktivist und überzeugte Patriot, war
ein begabter Redner, auch wenn sein Atem manchmal nach Ouzo
roch. Er konnte Witze reißen, wie ein Landsknecht fluchen, die
Leute necken und doch immer zum Kern dessen vorstoßen, was
wirklich wichtig war. Und die Politik war, wie er sagte, das aller-
wichtigste. Aristo war für große und wunderbare Ideen aufge-

schlossen, und Alexander besaß einen unerschöpflichen Vorrat: Das Kind lauschte seinen Erzählungen mit der ganzen Hingabe, Phantasie und Sehnsucht des kleinen Jungen. Alexander war der Liebling der Familie, und er pflanzte seinem Neffen die Macht des Charmes und vielleicht den Charme der Macht ein. Er vermittelte ihm Ideale und Auffassungen, die sein ganzes Leben formen sollten: Ideale von Leidenschaft und Rache, verworrene griechische Auffassungen von Treue und Liebe und einen tiefverwurzelten Widerstandsgeist, den Aristoteles niemals abschüttelte. Auch wenn er scheinbar noch so gebildet und kultiviert wurde, steckte doch tief in ihm ein Atavismus, der niemals gezähmt werden sollte. »Wisse um meinen Haß und meine Gewalttätigkeit, und wisse in deinem Herzen, daß ich mich für deine Beleidigung nach Kräften rächen werde«, schleuderte er fast fünfzig Jahre später einem Rivalen entgegen, wobei er zwar die Worte von Theognis zitierte, aber vom Geiste Onkel Alexanders getrieben wurde.

Aristo kam in die Kirchenschule; er war kein fleißiger Schüler und erhielt beständig die schlechtesten Noten in seiner Klasse. Nach mehreren Schulen wechselte er an die kleine und exklusive Aroni-Akademie in Smyrna; dort bewies Aristo, der fließend griechisch und türkisch sprach, eine natürliche Begabung für Sprachen und lernte Englisch und Deutsch. Da er nicht die Absicht hatte, aus seinem Sohn einen Akademiker machen zu lassen, zeigte Sokrates für die schulischen Leistungen Aristos wenig Interesse. »Große Gelehrte sind keine guten Geschäftsleute und selten reich. Zuviel Erziehung könnte seinen Kopf mit Ideen vollstopfen, die sich vom Geschäft entfernen«, sagte er zu Helen, die sich um Aristos Erziehung kümmerte. »Aristos ernsthafte Studien beginnen nach der Schule«, sagte Sokrates. Jeden Abend ließ er seinen Sohn ins Büro kommen, wo er die Kniffe des kaufmännischen Berufs lernte und sich mit der Geschäftsatmosphäre vertraut machte. »Trage immer einen Stift bei dir, Aristo. Mache dir über alles Notizen, besonders über die Leute. Wenn du sie wiedertriffst, wirst du sofort wissen, wieviel Zeit du ihnen widmen mußt, wieviel Beachtung sie wert sind.« Aristo kaufte sich ein Notizbuch und trug gewissenhaft seine Eindrücke und

Geheimnisse ein. Als Helen protestierte, Aristo solle lieber seine Schulaufgaben machen, antwortete Sokrates, die Schule könne ihm nur beibringen, »wie man ein Kontor-Bourgeois wird, ein gebildeter Diener«. Er bringe seinem Sohn etwas über das Leben bei, über seine harte Oberfläche, auf der er leben müsse. Der Junge bewies zum erstenmal sein Verständnis für wirtschaftliche Zusammenhänge, als er mit Nachbarkindern Miniatur-Windmühlen bastelte – eine Mühle bestand aus einem Baumwollsegel, das an einen Rahmen aus Balsaholz geheftet wurde. Er zürnte einem Freund, der das selbstgebastelte Spielzeug etwas unter Materialwert verhökert hatte. »Idiot! Du hast noch nicht einmal etwas für deine Arbeitszeit verlangt!« schrie er entsetzt. »Er war ein Geschäftsmann«, erinnerte sich der nicht geschäftstüchtige Michael Anastasiades, der Professor für Physik in Athen wurde, »als der Rest von uns noch spielte.«

Er war in einer Weise brüsk und selbstbewußt, daß er sich viele Lehrer zu Feinden machte; obwohl andere auch von ihm beeindruckt waren und mit einer Zärtlichkeit auf ihn blickten, die sie sich nicht immer erklären konnten. Er stritt sich stets gerne mit Erwachsenen in ihrer Sprache; wenn er getadelt wurde, verteidigte er sich mit einer altklugen Art. »Ihr Sohn besitzt pöbelhafte Manieren«, beschwerte sich Herr Aroni bei seinem Vater, nachdem er Aristo für eine Woche vom Unterricht ausgeschlossen hatte, weil er einer Lehrerin in den Hintern gepiekst hatte. Sokrates war der Meinung – wie die meisten Väter in einem gewissen Stadium des Heranwachsens ihrer Söhne –, er verliere seine Autorität. So bat er Michael Avramides um Hilfe: Der Freund der Familie und Nachbar Avramides war Lehrer am Evangheliki, der besten Schule Smyrnas. Am Evangheliki, das 1733 unter der Schirmherrschaft des britischen Konsulats gegründet worden war (die Flagge der britischen Handelsmarine, die Red Ensign, flatterte an den Geburtstagen des Königs und bedeutenden englischen Feiertagen über der Schule), war die erste Sprache Englisch. Sokrates reizte nicht der akademische Ruf des Evangheliki, sondern die strenge Disziplin, die dort herrschte und durchgesetzt wurde. Er zog Avramides bei einem Glas Masticka auf der Terrasse von Karatass ins Vertrauen: »Mein Sohn bringt mich vorzeitig ins Grab. Er war bereits an so vielen Schulen, und er hat es geschafft, aus allen rauszufliegen.«

Avramides schüttelte den Kopf.»Die jungen Leute von heute erwarten zuviel Vergnügen vom Leben«, sagte er bedauernd. Aber alle Befürchtungen, die er, was Aristo betraf, vielleicht hegte, wurden von seiner Bewunderung für die Familie aufgewogen. Innerhalb eines Jahres bekam Aristo einen Platz am Evangheliki: Avramides sollte es ewig bereuen!»Der Sohn war so schrecklich, wie der Vater freundlich war. Er war ein wirklich nicht zu bändigender Mensch, ein rebellisches Kind, das alle seine Mitmenschen schockierte und die Gemeinschaft der Schüler an der Schule sprengte. So ein Kind hatte ich noch nie erlebt. Er war dort der größte Störenfried«, erinnerte er sich in seinen Memoiren, die für das Athener Zentrum für Kleinasien-Forschung kurz vor seinem Tode im Jahre 1961 aufgezeichnet wurden.

»Mein Freund Christos Christou ist viel zu groß für sein Pult«, sagte Aristo eines Morgens zu Avramides.»Ich bin ein kleiner Bursche, und mein Pult gehört zu den größten. Dürfen wir sie während der Mittagspause umstellen?« Das wurde ihm erlaubt, und Aristo machte sich ans Werk, montierte Drähte um und unterbrach die Stromversorgung. An jenem Nachmittag setzte er das Feueralarmsignal der Schule in Gang.»Bis wir herausfanden, was passiert war, gab es ein vollständiges Chaos«, erinnerte sich Avramides, der das Gefühl, verraten worden zu sein, noch nach fast fünfzig Jahren nicht vergessen hatte. Aristo steckte den fünfzehntägigen Ausschluß von der Schule ungerührt ein.»Strafe macht nachgiebig oder hart«, sagte er ohne Reue.»Beides ist eine Art von Gewinn.« Avramides dazu:»Schon in seiner Jugend konnte man spüren, daß er zu den Menschen gehört, die sich entweder vollkommen zerstören oder auf überragende Weise Erfolg haben werden.«

Als leidenschaftlicher Schwimmer, Ruderer und Wasserballspieler trat Aristo dem Sportclub»Pellos« bei und bekam einen durchtrainierten, attraktiven Körper. Er war zwar kleiner als der Durchschnitt, aber stolz auf seinen Körperbau, auf die Sinnlichkeit der straff über Knochen und Muskeln gespannten dunkelbraunen Haut; es macht ihm Spaß, sich vor Mädchen aufzuspielen; er schwamm am schnellsten zu den amerikanischen Zerstörern und zurück, die häufig vor der Raffinerie der »Standard Oil« auf der Nordseite des Hafens vor Anker lagen. Als Sproß einer angesehenen Familie wußte er, daß er alle Mittel besaß, die er brauchte, um in einer kleinen Stadt die Nummer eins zu sein: Kraft, Kühnheit, Beziehungen – und Geld; ganz besonders Geld; Geld, das er nach Michael Avramides' Aussage häufig von der Summe unterschlug, die ihm sein Vater als Trinkgeld für die Schuldiener mitgab. Gewöhnlich war er es, der die Zigaretten für seine Bande kaufte, die dann unten am Fährhafen geraucht wurden. Er spielte sich mächtig auf (»Nicht die Größe des Hundes ist beim Kampf ausschlaggebend, sondern die Größe der Kampfeslust im Hund«) und log häufig auf Teufel komm raus, doch seine Lügen zeigten stets sprühenden Einfallsreichtum. Man liebte ihn sowohl wegen seiner Fehler und Unbedachtheit als auch wegen seiner Energie und der stets verfügbaren Geldmittel; er ließ sich gerne herausfordern und akzeptierte auch bereitwillig die Konsequenzen seiner Taten. Sein schauspielerisches Talent setzte er bewußt ein; er konnte zum Beispiel nachmachen, wie Onkel Alexander die Spitze einer langen Zigarre abbiß und sie mit einem Schwefelzündholz ansteckte. Niemals vergaß er die Geräusche, Gerüche und Genüsse seiner Kindheit. Im hohen Alter und in einem fremden Land im Sterben liegend, erinnerte er sich an die kleinen Orchester, die mit Mandolinen, Zithern und Gitarren volkstümliche Lieder in den Cafés spielten; an die Rangiergeräusche der Lokomotiven, die bei Basma Hane am Rande des Armenierviertels durch die Nacht hallten; den Duft der Mandelbäume und des frischgebackenen Brotes, der sich mit dem Duft von Jasmin und Mimosen mischte; an den Geschmack des reichlich mit Rosenöl gewürzten Gebäcks, das seine Stiefmutter jeden Sonntag in jener weit zurückliegenden Vergangenheit buk. »Man kann die Vase zerschmettern«, erinnerte er sich später gerne, »aber der Wohlgeruch der Blumen geht niemals ganz verloren.«

1914 trat die Türkei an der Seite Deutschlands in den Weltkrieg ein, und die moslemischen Türken gingen mit massiven Deportationsprogrammen und Massenmorden gegen die christlichen Minderheiten vor. Der deutsche General Otto Liman von Sanders, der den türkischen Truppen zu dem berühmten Sieg bei Gallipoli verholfen hatte (jener unglücklich verlaufenen alliierten Offensive, die vom Ersten Lord der Admiralität, Winston Churchill, geplant worden war), schlug sein Hauptquartier in Smyrna auf und requirierte ein Haus in der Nähe der Onassis-Villa in Karatass. Weil er die nützlichen administrativen und organisatorischen Talente der Smyrna-Griechen kannte, versuchte von Sanders, ihre Herzen zu gewinnen; so verschenkten deutsche Offiziere Schokolade und Andenken an die Kinder. Aber die Türken interpretierten seine Motive falsch, und um die Beziehungen zu seinen Verbündeten nicht zu gefährden, änderte von Sanders seine Taktik: Kirchen wurden geschlossen, Aristo und seine Schulkameraden mußten ihre englisch aussehenden Schulmützen verbrennen und Fez und Armbinde mit dem türkischen Stern und Halbmond tragen.

Sokrates Onassis predigte den Grundsatz der Neutralität: »Es ist allemal ein Segen und ein gutes Geschäft, alle Seiten eines Problems zu betrachten«, sagte er, obwohl es unwahrscheinlich ist, daß er irgend jemanden davon überzeugte, daß pragmatische Kollaboration nicht im Zentrum seines Credos stand. Er ohrfeigte seinen Sohn, weil dieser sich weigerte, den Halbmond am Arm zu tragen. Es waren schwierige Zeiten, aber mit einer Mischung aus Anpassungsfähigkeit, Lavieren und Glück hielt sich die Familie mitsamt ihrem Vermögen über Wasser. Als der Waffenstillstand von 1918 unterzeichnet wurde, war die Türkei gegenüber gierigen Zugriffen hilflos. Die Franzosen besetzten Syrien, italienische Truppen standen in Adalia, Arabien hatte sich losgesagt, die Briten hatten Palästina eingenommen und Mesopotamien als Königreich Irak unter Mandat genommen. Und auf der Versailler Friedenskonferenz von 1919 strebte Griechenland danach, Thrakien, den Dodekanes, das nördliche Epirus und Smyrna zu annektieren.

Aber eigentlich führte Italiens Vorschlag, das Mittelmeer zu einem »italienischen Meer« zu machen, dazu, daß US-Präsident Woodrow Wilson und der englische Premierminister David Lloyd George die Griechen ermutigten, Smyrna zu besetzen. Niemand schien die politische Instinktlosigkeit zu erkennen, die darin bestand, griechischen Truppen zu gestatten, eine Stadt zu besetzen, deren Bevölkerung seit Jahrhunderten die allergrößte Angst vor den Hellenen gezeigt hatte.

Am 15. Mai 1919, kurz nach sieben Uhr, sah Aristo, der gerade sein morgendliches Bad im Meer nahm, den Konvoi am Horizont. »Ich traue meinen Augen nicht«, sagte er laut; er schirmte seine Augen gegen die Sonne ab und zählte langsam zwei Zerstörer, ein Schlachtschiff, fünf Truppentransporter und dahinter eine Reihe von Begleitschiffen; alle zeigten die griechische Flagge. Er schwamm, so schnell er konnte, an den Strand zurück und gesellte sich zu den Tausenden von Menschen, die sich auf dem Kaigelände versammelten. Die meisten waren anatolische Griechen, die zum erstenmal stolz ihre Befreiung vom türkischen Joch zur Schau stellen konnten. Eine griechische Kapelle tauchte auf, und die Leute begannen, auf den Straßen zu tanzen und griechische Lieder zu singen. Einige riefen nach »Enosis«, nach der Einheit mit Griechenland. Wenn Aristo seine Hand ausgestreckt hätte, hätte er den spitzenverzierten Talar des griechischen Metropoliten berühren können, der gekommen war, die Befreier zu segnen, die mit der besitzergreifenden Anmaßung einer Besatzungsmacht von den Schiffen kamen. Er kam dem religiösen Potentaten, dem irdischen Abgott seiner Großmutter, so nahe, daß er erkennen konnte, wie abgetragen und staubbedeckt sein Talar war. »Viva!« schrie die Menschenmenge, als die Truppen vorbeimarschierten. »Viva! Viva! Viva!«

Als die Spitze der Kolonne die Baracken erreichte, wo General Ali Nadir Paschas besiegtes türkisches Infanteriekorps in Gefangenschaft gehalten wurde, war ein einzelner Schuß zu hören. Die jungen und unerfahrenen griechischen Soldaten, die sich in der ungewohnten Umgebung verloren vorkamen, dachten an einen Feuerüberfall und begannen, wild um sich zu schießen. Kamele, die für eine Karawane zusammengestellt worden waren, rissen sich los und vergrößerten die plötzliche Panik. Aristo fiel bäuchlings auf den Boden, sein Gesicht wurde in den Staub gedrückt. Das Geräusch galoppierender Hufe, die Schreie der Menschen und die aufgeregten Kommandos der Offiziere, die versuchten, ihre Leute zu sammeln, vermengten sich und erfüllten die Luft. Er kroch in einen Türeingang und verhielt sich ganz still –»wie ein kleiner Mehlsack«. Völlig widersinnig dachte er:»Wenn mich jemand tritt, hat er Blut und kein Mehl am Schuh, das wird ihn überraschen.«

Am Mittag begann es zu regnen, ein heftiger, plötzlicher Regen, der im östlichen Mittelmeergebiet im Mai häufig auftritt. Der Regen zerstreute die Menschenmenge, und so schnell, wie die Gewalt ausgebrochen war, hörte sie auch wieder auf. Aristo verhielt sich noch lange Zeit nach der Schießerei ganz ruhig; er konnte sich nicht bewegen; heute nennt man das akute Reaktion auf die Umgebung, damals nannte man es»Schützengrabenneurose«. Aber auf dem Nachhauseweg sagte er sich:»Ich habe Eier. Ich bin ein ganzer Kerl.«

In den folgenden zwei Jahren erlebte Smyrna einen außergewöhnlichen Aufschwung; die Stadt entwickelte sich unter der griechischen Verwaltung rapide. Aristo schaffte seinen Abschluß am»Evangheliki« nicht; da seine Neigungen körperlicher und nicht intellektueller Natur waren, zeigte sich niemand überrascht. Er arbeitete nun im Büro seines Vaters auf der Grand Vizier Hane und kam bald ins Mannesalter. Wie er selbst erzählte, verfielen die Waschfrau der Familie, eine Französischlehrerin und selbst eine verschleierte türkische Ehefrau seinem»nicht rechtgläubigen« Charme. Er lernte das Vergnügungsviertel Demiri Yolu kennen und war mindestens in einem Bordell ein geschätzter Kunde.

Er wird wohl so selbstsicher, wie er die meisten Dinge seines Lebens anging, zum erstenmal das»Fahrie's« betreten haben. Der Geruch von Körperpuder und Moschus war überwältigend, ein Geruch, den er außerordentlich angenehm fand und für den Rest seines Lebens mit besonderem Interesse suchte, angefangen bei den Huren von Demiri Yolu bis hin zu den erstklassigen Mädchen bei Madame Claude in Paris. Die Mädchen mit ihren bunten Seidenstrümpfen, ausgefallenen Dessous und spitzen Schuhen sind ihm wahrscheinlich mit mehr als ihrem professionellen Liebreiz um den Bart gegangen, denn er hatte stets in ausreichender Menge den feinsten Tabak seines Vaters bei sich. Es war ihm egal, daß die Mädchen es für Geld machten. »Auf die eine oder andere Weise machen das alle Frauen, Süßer«, sagte ihm eins der Mädchen. »Wenn du das kapierst, wirste zwar immer noch betrogen, aber du wirst immer wissen, daß du betrogen wirst. Und eines Tages find'ste raus, daß es verdammt viel wert is, das zu wissen, besonders, wenn du's für dich behältst.«*

Nach seinem ersten Auftritt in einem der großen Messingbetten bei »Fahrie's« eilte Aristo in den Sportclub zurück, um vor seinen Kameraden zu prahlen. Später, als er noch selbstsicherer geworden war, pflegte er danach im Salon zu sitzen und seine Vorliebe für Wein zu pflegen, während sich die Mädchen in der stickigen Luft mit kleinen Spitzenfächern Kühlung verschafften, ihm erzählten, wie toll er gewesen war, und noch mehr Tabak für ihre kleinen Zigaretten schnorrten, die besten Glimmstengel von ganz Smyrna. Sein Debüt im »Fahrie's« vergaß er nie: »Januar 1921, in dem Jahr erfand man das Thompson-Maschinengewehr – das Jahr, in dem ich mein eigenes Repetiergewehr im ›Demiri Yolu‹ entdeckte!« erinnerte er sich mit seiner Vorliebe für historische Details.

---

* Es war häufig schwierig, ihn so geschickt zu befragen, daß er die Wahrheit erzählen mußte, und das traf ganz besonders auf diese Periode seines Lebens zu. Zum Beispiel nährte er später die Legende, daß er eine Möglichkeit ausschlug, nach Oxford zu gehen, obwohl er doch den Abschluß am »Evangheliki« nicht geschafft hatte. »Ich hatte alles vorbereitet, Kleider und so weiter«, erzählte er 1966 im BBC-Fernsehen. Tatsächlich schlug ein Versuch seines ehemaligen Klassenkameraden Michael Anastasiades fehl, seinen Namen auf ein Verzeichnis von Evangheliki-Absolventen zu setzen, das den Aufnahmestellen von Universitäten vorgelegt wurde, weil die offiziellen Listen im Holocaust von Smyrna verlorengegangen waren. Der Schuldirektor Elie Lithoxoos strich ihn jedoch standhaft von der eidesstattlichen Erklärung.

Kapitel 2

»Die Menschen müssen alle Übel ertragen,
welche die Götter senden.«

Sophokles

Obwohl der Alltag wieder eingekehrt war, brannte die Sommersonne des Jahres 1922 auf ein Land nieder, das neues Unheil auf sich zukommen sah. Aber im Moment beschäftigten Aristo persönliche Rückschläge. Er schaffte es nicht, der »Victor Ludorum« der Sommerspiele des Clubs zu werden. Sein Stolz und sein Selbstvertrauen wurden von dieser Niederlage hart getroffen. »Champion der Champions« zu werden war für ihn eine Selbstverständlichkeit gewesen. Als ihn sein Onkel Homer, der Präsident des Clubs, mit einer Plattheit trösten wollte, antwortete Aristo ihm grob: »Ich muß ja nicht ausgerechnet in dieser lumpigen Stadt siegen.«

Am Abend desselben Tages fand Alexander ihn am Strand. »Du hast deine Sache gut gemacht, mein Junge«, sagte er. Um seinen Kummer zu verbergen, konzentrierte Aristo seine Aufmerksamkeit auf eine große und wunderschöne Yacht, die etwas weiter weg vor Anker lag. Er liebte Yachten so, wie viele Jungen Lokomotiven lieben. »Das ist die *Fuad*. Sie gehörte mal dem Sultan«, sagte er. Er sollte sich immer an Alexanders Worte erinnern: »Der Mann, der in diesem Leben gut für sich selbst sorgt, bekommt gewöhnlich auch das Beste von ihm.« Mißerfolg sei eine Einstellungssache, und er sei nun darüber hinweg, erzählte Aristo ihm. Sie gingen, wie so häufig in der Vergangenheit, gemeinsam über den verlassenen Strand. Es wird Krieg geben, meinte Alexander, vielleicht, um Aristos Niederlage bei den Wettkämpfen in das richtige Verhältnis zu rücken. Im Landesinneren waren griechische und türkische Soldaten in erbitterte und blutige Schlachten verwickelt, und die türkische Nationalarmee unter dem Kommando von Mustafa Kemal Pascha, der als

29

Atatürk berühmt wurde, schnitt am besten dabei ab. »Er wird nach Smyrna kommen, und es wird ein schrecklicher Krieg werden«, meinte Alexander. Aristo sagte, er begreife allmählich, wie unsicher das Leben sei. »Dann hast du eine Menge gelernt, der Tag war nicht völlig umsonst«, sagte Alexander. Er schlug vor, daß sich Aristo bei seinem Vater für die bissige Art entschuldigen sollte, mit der er Onkel Homer abgefertigt hatte; das hätte seinen Vater sehr wütend gemacht. Aristo antwortete: »Ich enttäusche ihn immerzu.« Ihm fiel auf, daß er dieses Gefühl immer gehabt hatte, so weit er sich zurückerinnern konnte. »Manchmal glaube ich, daß ich im Klafess lebe«, sagte er und spielte damit auf den Raum im Königspalast an, wo die Söhne des Sultans häufig eingekerkert wurden, damit sie sich nicht gegen ihn verschwören konnten. »Es gibt viele junge Männer in Smyrna, die sich glücklich schätzen würden, in deinen Schuhen zu stecken«, mahnte ihn Alexander. Aristo versprach, sich zu entschuldigen.

An einem Tag in diesem Sommer wurde Aristo in das Büro seines Vaters bestellt. Den ganzen Tag über hatten sich Sokrates und seine Brüder zusammen mit Chrysostomos Konialidis, dem Ehemann von Maria, ihrer jüngsten Schwester, zu einer Konferenz zurückgezogen. Der Geruch von Zigarren hing im Zimmer, als er im Büro auf dem Grand Vizier Hane ankam; die Fensterläden waren wegen der Spätnachmittagshitze geschlossen; es roch nach Unheil. Sokrates, der einen schwarzen Gehrock nach türkischer Art und eine goldene Uhrkette über dem Bauch trug, gab den Ton in der Unterredung an. »Dein Onkel Alexander sagt mir, daß du zu diesem Gespräch hinzugezogen werden mußt«, erklärte Sokrates und bot ihm eine Zigarre an. Er wurde zum erstenmal eingeladen, in der Gegenwart seines Vaters zu rauchen.

Sokrates beschrieb die Situation: Die griechische Armee konnte jeden Moment zusammenbrechen, die Türken innerhalb weniger Tage in Smyrna sein. Aristo, der von der glückseligen Heiterkeit der Stadt eingelullt worden war, war angesichts der Härte in der Stimme seines Vaters verblüfft. Der Krieg schien ihm immer noch unvorstellbar. Schöne Frauen und modisch gekleidete Männer, Schriftsteller und Künstler trafen sich in den Straßencafés und dinierten in dem neuen, snobistischen »Hotel Kramer«; die Leute strömten in die Theater- und Kinohäuser; die teuren Geschäfte auf der Rue Franque stellten in ihren Schaufenstern den letzten Schrei aus Paris und London aus; eine italienische Truppe hatte ihre Spielzeit am Opernhaus verlängert. Es stimmte, daß Kemal Pascha kein Geheimnis aus seiner Entschlossenheit machte, die anatolischen Christen auszurotten. Sie hatten alle das türkische Gebet über Ungläubige gehört:»Mögen ihre Frauen Witwen werden, ihre Kinder Waisen.« Und nun hatten die Türken auch noch öffentlich bekanntgegeben, daß die Todesstrafe für den Mord an einem Christen in eine einfache Strafe umgewandelt worden war. Für sie gäbe es keine Hoffnung unter der nationalistischen Herrschaft, sagte Onkel Homer ruhig, sie stünden alle unter der Willkürherrschaft der kommenden Ereignisse. Er war der jüngste der fünf Brüder und sah Sokrates sehr ähnlich, der Mund, die Augen, die Hautfarbe, nur sah sein Gesicht jetzt krank und schmerzverzerrt aus. Alexander saß ihm gegenüber und sah so ernst aus, wie Ari es noch nie gesehen hatte. Sokrates erklärte, Homer und Alexander seien als Geldbeschaffer und Organisatoren der»Verteidigungsliga Kleinasiens« in ernster Gefahr, wenn die Türken Smyrna zurückeroberten. Als türkische Staatsbürger könnten sie als Verräter hingerichtet werden. Aristo wurde schlagartig bewußt, daß die unheilvolle Atmosphäre in dem verdunkelten Raum die Möglichkeit des Todes nicht ausschloß.

An diesem Morgen hatte Alexander die Nachricht eines Gesinnungsgenossen der»Verteidigungsliga« in Trebizond erhalten und erfahren, daß dort die gesamte Organisation ausradiert worden war. Man hatte ihre Führer ermordet oder gehenkt, und der Rest der prominenten Griechen der Stadt war einfach verschwunden oder in Sevkiats, Deportationslager, getrieben worden.»Sie haben die Armenier abgeschlachtet, jetzt sind wir dran. Jeden Tag gibt es Massaker, in Amasya, in Merzifon . . . Sie beerdigen noch nicht einmal unsere Toten. Die Leichen werden den Hunden und Geiern überlassen«, sagte Alexander. Aristo wollte es nicht glauben, daß die Alliierten dem ruhig zusahen und nichts unternahmen. Was ist mit den Engländern? Was tun die Amerikaner?»Der amerikanische Hochkommissar, Admiral Bristol, glaubt, daß es im Interesse der Amerikaner am besten ist, nichts zu sehen. Sie

31

haben ihre Konzessionen bekommen, damit sie anders denken«, antwortete Alexander verbittert. Admiral Mark L. Bristol, Chef der interalliierten Untersuchungskommission über die 1919 erfolgte Landung in Smyrna, welche die Griechen schwer belastete, war kein Freund der »Verteidigungsliga Kleinasiens«. »Meines Erachtens ist es ein Unglück, den Griechen irgend etwas in diesem Teil der Welt zu überlassen«, hatte er in einem Privatbrief an einen Kollegen geschrieben, welcher der Liga zugespielt worden war. »Die Griechen gehören fast zur minderwertigsten Rasse in Nahost.«

Die Regierungen müssen sich immer mit ihren Herren arrangieren, bemerkte Sokrates philosophisch. Er war ängstlich darauf bedacht, nicht in eine politische Diskussion mit Alexander verwickelt zu werden. Aristo erkannte, wie stark die Haltung und Einstellung der Familie von seinem Vater bestimmt wurde: *Seine* Ideen, *seine* Prinzipien und die Art der Durchführung, *sein* Wille war immer ausschlaggebend. Homer wurde überzeugt, sofort nach Athen zu fahren. Alexander wollte sich nicht von der Stelle rühren: Er sei nicht bereit, den Rest seines Lebens nach neuen Verstecken zu suchen, meinte er. Mit Entsetzen wurde Aristo bewußt, daß sein Lieblingsonkel aussah wie ein Mann, der weiß, daß ihm der Tod bevorsteht.

Am 26. August durchbrach Kemal Paschas Nationalarmee die griechischen Linien bei Afyon Karahisar, 200 Meilen östlich von Smyrna; sechs Tage später gaben die Griechen Usak auf, 125 Meilen östlich von Smyrna. Der ständige, dünne Flüchtlingsstrom wuchs zur Flut an. Armenier, Juden, Christen und osmanische Griechen, deren Besitztümer auf Ochsenkarren, Pferden und Kamelen verstaut waren, wurden von Tausenden griechischer Soldaten, den Erschöpften und Verwundeten einer geschlagenen Armee, begleitet. Innerhalb von Tagen verdoppelte sich die Bevölkerung Smyrnas auf mehr als 700000 Menschen. Aristo erinnerte sich an den schrecklichen Anblick. Die Straßen waren voll von herrenlosen Tieren und verwundeten Soldaten; nicht gehfähige Verletzte lagerten auf den Bürgersteigen, die von Koffern, Möbelstücken, Nähmaschinen, Kinderwagen, großen Körben und

Kleiderbündeln blockiert waren: Trümmer der Niederlage. Die Menschen feilschten und kämpften um Plätze auf den auslaufenden Schiffen; es war egal, wohin sie fuhren, wenn sie nur vor Ankunft der Türken ablegten.

Am Nachmittag des 8. September, einem Freitag, ging Aristo zum letztenmal mit seinem Vater ins Büro. Sie verbrannten die wenigen Bücher, die Sokrates dort hatte, zusammen mit einigen Flugblättern und Broschüren der »Verteidigungsliga«, die Alexander gehörten, den man endlich davon überzeugt hatte, die Stadt zu verlassen und nach Kasaba zu gehen, ein Dorf, 750 Meilen östlich gelegen. Nachdem sie persönliche Gegenstände, Fotografien, Penelopes ins Türkische übersetzte, aber in griechischer Schrift gedruckte Bibel entfernt hatten, verschlossen sie das Büro und gingen nach Hause. Noch ehe sie den »Bedesten«, den orientalischen Markt im Herzen des Geschäftsviertels, hinter sich gelassen hatten, wurden sie von einem Fremden angehalten, der ihnen das neueste Gerücht mitteilte: Kemal Pascha habe den Völkerbund warnend darauf hingewiesen, daß man ihn nicht für die Folgen verantwortlich machen könne, wenn seine Truppen die Stadt wieder einnähmen. Als sie Karatass erreichten, hatten sie die Geschichte mehrmals gehört. Straßenhändler machten mit ihren Fezen und Schleiern zu Inflationspreisen ein gutes Geschäft. »Schlechte Zeiten lassen immer die Schurken zutage treten oder machen die Menschen zu solchen«, sagte Sokrates zu seinem Sohn.

Sie hatten nichts zu befürchten. Sokrates hatte sich aus der Politik herausgehalten, und er besaß viele gute türkische Freunde. Homer und Alexander hatten die Stadt verlassen, seine Schwester Maria und ihr Mann Chrysostomos Konialidis waren mit einem ihrer Kinder nach Akhisar gegangen, einer sicheren Stadt im Norden. Sokrates sprach wie immer voller Zuversicht. Am Abend las ihnen Großmutter Gethsemane ihre Lieblingsstelle aus dem Prediger Salomo vor; ihre Stimme klang kräftig; sie sprach türkisch, die einzige Sprache, die sie beherrschte:

»Ein jegliches hat seine Zeit; und alles Vornehmen
unter dem Himmel hat seine Stunde:

Geboren werden hat seine Zeit, Sterben hat seine Zeit,
Pflanzen hat seine Zeit,
Ausrotten, das gepflanzt ist, hat seine Zeit;
Töten hat seine Zeit, Heilen hat seine Zeit;
Brechen hat seine Zeit, Bauen hat seine Zeit;
Weinen hat seine Zeit, Lachen hat seine Zeit;
Klagen hat seine Zeit,
Und Tanzen hat seine Zeit ...«

Als sie so aus der alten Familienbibel vorlas, aufrecht auf dem mit
kurdischen Brücken bedeckten Diwan sitzend, hinter dem niedrigen Tisch aus geschnitztem Holz und Perlmutteinlagen, inmitten
der europäischen Möbel seines Vaters, den Ölbildern und dem
Grammophon, kam Aristo in den Sinn, wie unwirklich sie ihm
erschien. In der Mitte eines anderen Jahrhunderts geboren, gehörte sie einer Vergangenheit und einer Welt an, die er nicht
kannte, und doch stammten sein Vater, seine Onkel und Schwestern alle von ihr ab. ›Sie ist der Ursprung, das Lebensblut der
heutigen Familie‹, dachte er. Reichtum und Zukunft gingen aus
ihr hervor. Sie war ein unveränderlicher Faktor ihres Alltags.

»Lieben hat seine Zeit, Hassen hat seine Zeit;
Streit hat seine Zeit,
Und Friede hat seine Zeit.«

»Danke, Mama«, sagte Sokrates. »Wenn wir uns an diese Worte
erinnern, haben wir keinen Grund, uns zu fürchten.« Er blickte
seinen Sohn an, und in diesem Blick erkannten und teilten sie ihre
Zweifel. Aristo hatte sich seinem Vater nie näher als in diesem
Moment gefühlt, und er hatte ihn noch nie so geliebt.

Eine Vorhut des Vierten Türkischen Kavallerieregiments, in
schwarzen Uniformen und mit gezogenen Krummsäbeln, rückte
am 9. September, einem Samstag, kurz vor acht Uhr morgens in
Smyrna ein. Es gab keinen Widerstand, und bei Einbruch der
Nacht war die Stadt besetzt. Eine unheimliche Stille lag über den
Straßen von Karatass. Gethsemane lenkte Helen und die Mäd-

34

chen in der Küche mit Arbeit ab. Sie machten »Pilau« und Konfekt aus Mandeln und Pistazien. Gethsemane bewegte sich immer noch wie eine Frau, die barfuß geht.

Am dritten Morgen, am Montag, dem 11. September, wachte Aristo von Klopfgeräuschen an der Haustür auf. Der Besucher war ein Armenier, der um Essen bat. Während er aß, sprach er von den schrecklichen Dingen, die sich auf den Straßen von Smyrna abspielten; er selbst hatte gesehen, wie aufgebrachte Moslems vor einem Friseursalon den Metropoliten Chrysostomos in Stücke gerissen hatten; sie schnitten ihm Nase, Ohren und Hände mit den scharfen Klingen des Barbiers ab, dann quetschten sie ihm die Augen mit Messern und Stöcken heraus. Sokrates sagte ihm, er solle seinen Mund halten, zu Ende essen und dann gehen. Das Schweigen des Armeniers, die Eßgeräusche eines hungrigen Mannes verstärkten die unheimliche Atmosphäre. Später ließ Gethsemane alle niederknien und für die Seele des Metropoliten beten – und für die Seelen seiner Mörder! Aristo schreckte vor der Vorstellung zurück, für die Leute zu beten, die den Priester ermordet hatten, der drei Jahre zuvor vor seinen Augen die griechischen Soldaten gesegnet hatte. »Wir müssen immer den Schwachen vergeben«, sagte ihm seine Großmutter. »Wir müssen uns in die Hand Gottes begeben.« Sokrates wollte den Worten des Armeniers nicht glauben. Er muß durcheinander gewesen sein, meinte er. Der Hafen sei voller Schiffe der Alliierten – neben den amerikanischen Zerstörern *Simpson, Edsall, Lawrence* und *Litchfield* gab es noch Kreuzer und Schlachtschiffe aus England, Italien und Frankreich. Die Türken würden es nicht wagen, die Regeln zu verletzen, solange sie noch da waren.

Am späten Nachmittag des 13. September erhob sich eine Rauchwolke über dem Armenierviertel. »Sie zünden die Stadt an, Aristo«, sagte sein Vater ruhig. Der Armenier hatte die Wahrheit gesagt. Sie verbrannten die Beweise. Vom »Imbat« angefacht, dem Südwestwind, der bis zum Sonnenuntergang weht, wurde das Feuer unvermeidlich zum Griechenviertel getrieben. Mit Anbruch der Nacht kam der Holocaust. Flammen erleuchteten den Himmel und schienen, wie bei jedem nächtlichen Feuer, von oben herabzustürzen und die Erde mit glühender Asche zu illuminieren. Auf dem Hügel von Karatass hörte sich das Prasseln des Feuers wie ferner Donner an. Die ganze Nacht über sahen sie auf die brennende Stadt, während der Himmel in einem scheußlichen Rubinrot glühte.

Die türkischen Patrouillen kamen in Fahrzeugen, die mit Olivenzweigen geschmückt waren. Gegen Mittag füllten Soldaten die Straßen, und die Offiziere gingen fragend von Haus zu Haus. »Sokrates Onassis, Tabakhändler?« fragte ein Leutnant mit Kindergesicht und fauligen Zähnen. Es wäre nicht klug gewesen, von einem solchen Mann Verständnis zu erwarten. Er fragte nach Sokrates' Vergangenheit, seinem Beruf. Sokrates antwortete respektvoll, ohne Demut oder gefährliche Überheblichkeit. Aristo beobachtete alles genau, erinnerte sich an alles: der scharfe Männergeruch des Wachpostens, der weiße ausgebeulte Hosen trug und gekreuzte Patronengurte über seiner amerikanischen Kampfjacke; das Geschrei der Soldaten, daß die Leute ihre Türen öffnen sollten, wobei sie ihnen versicherten, daß General Kemal sein Wort gegeben habe, daß keinem etwas geschehen werde.

Aber in der Villa hatten sich die Fragen des Leutnants in Anklagen verwandelt: Sokrates habe während der ausländischen Besatzung der Türkei Gelder an griechische Vereinigungen gezahlt. Ich habe viele Wohlfahrtseinrichtungen unterstützt, räumte er selbstsicher ein und dachte daran, wie vorsichtig er mit seinen Zuwendungen umgegangen war. Er habe enge Beziehungen zu bekannten Staatsfeinden unterhalten, insistierte der Leutnant. Sokrates stritt es rundweg ab. Dann teilte der Leutnant in einem leutseligen Ton Nachrichten mit, die noch erschreckender als die Drohungen waren: Alexander sei in Kasaba gefangengenommen worden; er sei vor ein türkisches Militärtribunal gestellt, staatsfeindlicher Aktivitäten für schuldig befunden und öffentlich gehenkt worden; seine Brüder John und Basil erwarteten im Landesinneren ihren Prozeß. Zum erstenmal sah Aristo seinen Vater weinen; das war eine Seite an dem alten Mann, mit der er nicht umzugehen wußte. »Ich war zu jung, um zu verstehen, daß alle Männer bei irgend etwas schwach werden«, erinnerte er sich später seines Schamgefühls. Obwohl mit dem Tod seines Onkels der Einfluß verschwand, der ihn vielleicht in eine Politikerkarriere gedrängt hätte, liebte und bewunderte er seinen Onkel Alexander bis ans Ende seiner Tage, und das drückte sich auch schließlich darin aus, daß er seinen einzigen Sohn nach ihm nannte.

Sokrates wurde in ein Konzentrationslager außerhalb der Stadt gebracht, die Frauen in ein »Sevkiat« geschickt, von wo aus sie nach Griechenland deportiert werden sollten. Helen flehte darum, ihren Stiefsohn mitnehmen zu dürfen, aber der Offizier war dagegen. Aristos kleine Statur und sein jugendliches Aussehen ermöglichten den Einwand, er sei erst sechzehn Jahre alt (das Alter, an dem er festhielt und damit sein Leben lang versuchte, seine Vergangenheit in ein Märchen zu verwandeln), obwohl er damals mindestens zwanzig Jahre alt gewesen sein muß. Er sei ein kräftig aussehender Bursche, meinte der Offizier, er könne sich in der Villa nützlich machen. Die Vermutung, daß der Türke ihn attraktiv fand, lag auf der Hand. Von der Trauer und der Furcht um seine Familie bestimmt, verspürte Aristo kein Verlangen, das erstemal in seinem Leben abgenabelt zu werden. An jenem Abend ging er auf der Suche nach vertrauten Dingen in die Stadt; er verband Vertrautheit mit Überleben; nichts in seinem Leben hatte ihn jedoch auf das vorbereitet, was er zu Gesicht bekam ...

Asche wirbelte durch die Luft und hüllte Stapel von herrenlosen Möbeln und die Toten ein, welche auf den Straßen lagen. Er ging zum Lagerhaus seines Vaters am Daragaz Point; es war bis auf die Grundmauern niedergebrannt. Das Büro auf der Grand Vizier Hane hatte das Feuer unbeschadet überstanden; aber türkische Soldaten verwehrten ihm den Zutritt ins Gebäude. Er kehrte in die Villa zurück und fühlte sich elend. Einige Wochen zuvor hatte er noch eine liebevolle Familie, Schutz und eine gesicherte Zukunft besessen. Die größte Enttäuschung seines Lebens war die Niederlage bei der Meisterschaft gewesen; nun war sein Lieblingsonkel tot, sein Vater im Gefängnis und der Rest der Familie interniert; er wußte, daß er nun ein Mann war.

Nach wenigen Tagen beschloß der türkische General, daß die Onassis-Villa eine hervorragende Residenz für ihn abgebe. Sein Adjutant teilte Aristo mit, daß er in das Deportationslager zu seiner Stiefmutter und den Geschwistern gebracht werden sollte; er habe Glück, daß er noch nicht siebzehn Jahre alt sei, denn

Kemal Pascha habe angeordnet, daß alle männlichen Christen zwischen siebzehn und fünfzig Jahren ins Landesinnere deportiert werden sollten, um dort in Arbeitskolonnen gesteckt zu werden. Diese neue Regelung (»Sie entsprach faktisch einer Todesstrafe«, sagte er später) war für Aristo noch mehr Anlaß, sein wahres Alter zu verheimlichen; das Deportationslager erschien ihm aber kaum attraktiver. Wünsche der Leutnant wirklich, daß er ihn sofort verließe? fragte er respektvoll, obwohl ihn der Anblick eines Türken im Stuhl seiner Großmutter sehr verletzte. Die Villa sei nicht einfach zu bewirtschaften, erklärte er und übernahm dabei die respektvolle Sprechweise seines Vaters. Vielleicht solle er lieber bleiben, bis der Herr Leutnant über die Handhabung der Gegenstände Bescheid wisse? Er erklärte die Kompliziertheit der verschiedenen Gebrauchsgegenstände und Versorgungseinrichtungen und achtete darauf, daß seine Ausführungen vage und schwer verständlich blieben, so daß jede Instruktion weitere Fragen aufwarf. Er behauptete, er könne die neuesten Walzen für das Grammophon beschaffen und wisse immer, wo man den betreffenden Mann finden könne, der die unzuverlässige Gasleitung zu reparieren verstehe. Er führte den jungen Offizier durch die Villa, verstellte hier ein bißchen und da ein bißchen, als ob das gesamte Haus mit hochempfindlichen Apparaturen ausgestattet wäre.

Der Leutnant, den Aristos Eifer beeindruckte oder vielleicht auch nur amüsierte, machte ihm den Vorschlag, als sein inoffizieller Offiziersbursche zu bleiben. Noch nie hatte sich Aristo damit auseinandergesetzt, die Position eines Dieners einzunehmen. Innerhalb kürzester Zeit entstand zwischen den beiden eine echte Freundschaft. Der Türke war nicht viel älter als Aristo, vielleicht Mitte zwanzig, aber in seiner Uniform mit den Schnurverschlüssen und den schweren Epauletten sah er weit älter aus: Er hatte mit der türkischen Ersten Division in der Schlacht von Afyon Karahisar gekämpft und viele Male getötet, und er besaß die immer gegenwärtige Wachsamkeit eines Mannes, der mit seinen Händen töten kann. Mit seinen knallblauen Augen und den kurzgeschnittenen blonden Haaren sah er beinahe preußisch aus. Er verkörperte Kraft und Vitalität, und für einen Soldaten besaß er eine vorurteilsfreie Weltanschauung. Sie waren ein außergewöhnliches Gespann; sie teilten ähnliche Erwartungen und eine Philosophie, die körperliche Ausdauer an die erste Stelle rückte und sie mit einem Pflichtgefühl verband, das nahezu kindisch war; aufgrund von Tradition und Veranlagung wurden sie ein Liebespaar. Die Liaison war für Aristo sowohl lehrreich als auch ein emotionales Abenteuer. Begierig, alles wissen zu wollen, war seine Neugier auf die Erwachsenenwelt, in die er sich unwiderruflich eingebunden fühlte, enorm groß. Er verbrachte soviel Zeit wie möglich mit dem Türken, und während er dessen schwarze Cigarillos rauchte (sie waren weit schlechter als die seines Vaters), redeten sie über alles. Mit derselben Besessenheit, mit der er sich später daranmachte, sein großes Vermögen und alles andere, was er wollte, zu erwerben, war er jetzt entschlossen, Wissen und Erfahrungen zu sammeln. Eines Abends fragte er den Türken, weshalb die Mittelmächte nicht einen Finger gekrümmt hätten, um Kemal Paschas Soldaten zurückzuhalten; die Kriegsschiffe der Alliierten in Smyrna hätten doch die Massaker und das Niederbrennen der Stadt verhindern können, wenn sie eingeschritten wären; allein die vier amerikanischen Zerstörer wären in der Lage gewesen, Kemal Paschas Truppen auf der Stelle in Schach zu halten. Das sei sehr einfach zu erklären, erwiderte der Türke: Die Wirtschaftskreise, welche die Auslandspolitik der Alliierten bestimmten – in Großbritannien, Frankreich, Italien und den Vereinigten Staaten gleichermaßen –, seien ängstlich darauf bedacht, ein Land, das die Verbindung zwischen Europa und Asien darstelle, nicht zu verärgern. Ob als militärisches Aufmarschgebiet oder als Überland-Handelsroute – das Land, welches direkt oder indirekt diese strategische Kreuzung in Kleinasien kontrolliere, könne das Schicksal der halben Welt beeinflussen. Kemal Pascha wisse genau, was die Alliierten wollten, und kalkuliere richtig ein, daß er vor Einmischungen geschützt sei, solange er die Beute vor ihren Augen baumeln ließe. Obwohl die Türkei nicht zu den Großmächten zähle, sagte der Türke voller Stolz, sei sie in der Lage, das Kräfteverhältnis wie ein Zünglein an der Waage zu bestimmen. Das war einer der entscheidenden Momente in Aristos Erziehung.»Mir wurde klar, daß man die Macht besitzt, wenn man einen einzigen goldenen Apfel hat. Man kann ungestraft einen Mord begehen, wenn man einen einzigen Apfel hat, den jemand anders haben will«, sollte er später Johnny Meyer erzählen.

Die gemütlichen Tage waren von kurzer Dauer, und als der General, der in der Villa das Leben eines orientalischen Satrapen führte, noch mehr Schnaps von seinem Adjutanten verlangte (trotz des Alkoholverbots, das Kemal Pascha verhängt hatte), machte dieser Wunsch Aristo arge Kopfschmerzen. Wenn sein Geliebter und Beschützer die Ware nicht beschaffen konnte, würde dieser mit größter Wahrscheinlichkeit seinen Marschbefehl erhalten und Aristo folglich allein lassen. Da ihm die Beschaffung eines reichlichen Schnapsvorrats als beste Garantie für seine eigene Sicherheit erschien, machte er sich eifrigst ans Werk. Aber seine Fraternisierung mit den Türken schmeckte den Geschäftskollegen seines Vaters und den alten Freunden der Familie, mit deren Hilfe er gerechnet hatte, ganz und gar nicht: Er bekam eine Abfuhr.

Einige Tage später traf er zufällig James Loder Park, einen amerikanischen Vizekonsul, der ein Bekannter von Alexander gewesen war. Park, Absolvent der »Harvard Medical School«, hatte nach dem Ersten Weltkrieg für den Völkerbund in Syrien gearbeitet, war 1921 zum Außenministerium gegangen und nach Smyrna gesandt worden. Als Public-Relations-Mann, Beamter und Geheimdienstler wußte Park genug über Alexanders Aktivitäten und war nicht überrascht, als er von seiner Hinrichtung in Kasaba erfuhr. Er war ein anständiger und hilfsbereiter Mann; trotz der wochenlangen Überarbeitung und schlaflosen Nächte schlug er vor, noch einmal die Runde zu machen; die Leute seien möglicherweise williger, mit Aristo ins Geschäft zu kommen, wenn er einen Yankee im Schlepptau habe. Diesmal schaffte es Aristo, ein Fäßchen Raki und mehrere Flaschen Gin und Whisky zu kaufen. Der Gin ging für einen alliierten Passierschein drauf, der ihm Zugang zur amerikanischen Zone verschaffte; der Raki und der Whisky wurden dem General ausgehändigt, der seine Dankbarkeit zeigte, indem er Aristo einen Militärausweis für die gesamte Stadt beschaffte.

Wenn auch die Familie Onassis nur einen kleinen Ausschnitt des nationalen Traumas repräsentierte, das die Plünderung von Smyrna begleitete, so war doch auch ihr Opfer blutig, mehr als blutig. Drei Onkel Aristos wurden hingerichtet, Tante Maria starb mit ihrem Ehemann Chrysostomos Konialidis und ihrer Tochter, als die Türken in Thyatira eine Kirche in Brand steckten, in die sich fünfhundert Christen geflüchtet hatten. Park schaffte es, daß Aristos Stiefmutter und Schwestern aus dem Flüchtlingslager entlassen und nach Mitilina (Insel Lesbos) verschifft wurden, von wo aus sie vielleicht endlich auf das griechische Festland gebracht werden konnten. Großmutter Gethsemane, die man von Helen und den Mädchen getrennt hatte, war verschollen. Sokrates wartete auf seinen Prozeß, dessen Anklagepunkte noch immer nicht feststanden.

Aristo konnte mit seinem Militärausweis und seinen bekannten Beziehungen zu Türken fast immer, wann er es wünschte, das Gefangenenlager besuchen und wurde dem Wachpersonal bald eine vertraute Figur. Auf Grund des mühelosen Zutritts konnte er Nachrichten der Gefangenen an ihre Verwandten und Lieben nach draußen schmuggeln. Sein Vater befand sich in einem schlechten Zustand – täglich wurden Gefangene hingerichtet. »Diese Leute halten sich nicht mit Prozessen auf, man kommt einfach an die Reihe«, erzählte Sokrates seinem Sohn und bat ihn dringend, Sadiq Topal, einen türkischen Freund, der ihm Geld schuldete, ausfindig zu machen; als Sicherheiten hatte Topal Sokrates die Urkunden für einige Grundstücke und Schmuck ausgehändigt; Aristo bekam den Auftrag, die Schulden zu annullieren und die Urkunden und den Schmuck an Topal zurückzugeben, wenn dieser eine Petitionskampagne »Türken für Onassis« organisiere. In der damaligen Situation war es für einen Türken nicht gerade gesund, bei der Fraternisierung mit einem anatolischen Griechen erwischt zu werden. »Sie zerquetschen mir die Eier«, beklagte sich Topal, als Aristo ihm diesen Handel vorschlug. »Ich weiß, ich weiß«, erwiderte Aristo, als ob er die Schmerzen mit ihm teilte. Das sollte eine wohlbekannte Bemerkung werden, wann immer er Druck ausüben mußte, ob im Beruf oder im Privatleben. Innerhalb von zwei Tagen wurden von einer Ab-

41

ordnung »besorgter türkischer Geschäftsleute« mehr als dreihundert Unterschriften im Konak, der Residenz des Gouverneurs, abgegeben. Sokrates wurde aus der Todeszelle geholt, man nahm ihm die Hand- und Fußfesseln ab, aber er wurde nicht freigelassen.

Als Aristo die Urkunden und den Schmuck holte, die im Keller in der Vizier Hane versteckt waren, entdeckte er außerdem noch sehr viel türkisches Geld. Er erzählte Park von seinem Fund und erhielt den Rat, das Geld zu nehmen und so schnell wie möglich das Land zu verlassen. An diesem Abend arrangierte der Amerikaner mit Leutnant Merrill, einem Nachrichtenoffizier der Marine, die Abreise Aristos auf dem amerikanischen Zerstörer *Edsall*, der am nächsten Morgen auslaufen sollte. Aristo besuchte seinen Vater ein letztes Mal.

Es wurde ein trauriger Besuch. Sokrates saß mit rund zwanzig anderen Gefangenen in einer Art Käfig. Es gab keine Möglichkeit, sich in diesem Käfig zurückzuziehen; als einzige Sitzgelegenheit bot sich der schmutzige Fußboden an. Er trug noch immer die Kleidung, die er bei seiner Verhaftung getragen hatte; er war unrasiert und ungewaschen und nun ein völlig verängstigter Mann. Von der Ruhr, Alpträumen und Erschöpfung gezeichnet, wirkte er jetzt auch unfähig, zu begreifen, was mit ihm geschah oder was Aristo ihm mitteilte; jegliche Urteilskraft schien ihm abhanden gekommen zu sein. Aristo erzählte ihm von dem Geld und Parks Plan, ihn aus dem Land zu bringen. Er würde seine Großmutter, Helen und die Mädchen finden und für alles sorgen, bis Sokrates in der Lage sei, zu ihnen nach Griechenland zu kommen. In der Zwischenzeit hoffe Topals Komitee, Sokrates im Handumdrehen freizubekommen. Er versuchte, zuversichtlich zu klingen. Zur Bestechung der Wachen steckte er ein Bündel türkischer Banknoten in das Hemd seines Vaters. Die Geldsumme war eine Art Lebensversicherung für seinen Vater, und er wußte, daß es ein Abschied war, der weit über einen gewöhnlichen Abschied hinausging. Als er seinen Vater zum Abschied umarmte und daran dachte, ihn vielleicht nie wiederzusehen, empfand er eine Traurigkeit, an die er sich sein ganzes Leben lang erinnerte; er begriff das Leid seines Vaters, weil er mitlitt.

42

Am Haupttor wurde er angehalten. Man habe gesehen, wie er seinem Vater Geld zusteckte, sagte ihm ein Wachposten, der ihn zum Büro des Kommandanten zurückbrachte. Aristo war dem Kommandanten mehrmals begegnet. Dieser kleine, untersetzte Türke, der über das Lager herrschte, als ob es sein eigenes Reich wäre, hatte keine Eile, über das Geld zu sprechen. Er starrte Aristo aus völlig leer und farblos wirkenden Augen an:»Du rasierst dich immer noch nicht, das mag ich an griechischen Jungen.« Er berührte dabei Aristos Gesicht und sprach in einem sanften Ton, der bei einem solchen Mann Angst einflößte. Von Entsetzen und Ekel geschüttelt, fragte Aristo, ob er verhaftet sei. Der Türke reagierte mit einem übertrieben charmanten und neckischen Lächeln. Er kam noch näher.»Genau in diesem Moment klingelte das Telefon«, beschrieb Ari über 35 Jahre später die Situation.»Der Kommandant wollte zum Telefon gehen und sagte zu seinem Offizier: ›Passen Sie auf diesen Jungen auf, bis ich wiederkomme‹, eilte hinaus und ließ die Tür offenstehen.«

Die unerwartete Atempause besänftigte keineswegs Aristos Befürchtungen. Er wußte, daß man ihn noch durchsuchen würde – es war erstaunlich, daß er sich bislang noch nicht ausziehen mußte – und dann das restliche Geld und die Nachrichten entdeckte, die er hinausschmuggeln wollte. Die Nachrichten ließen sich vernichten, aber er zögerte, die Banknoten aufzugeben, die er in Erwartung seiner Abreise am nächsten Tag um seinen Körper gebunden hatte. Weil er im Lager eine so vertraute Figur war und Besorgungen für die Türken erledigt hatte, von denen viele seinen Namen kannten, achtete der Wächter wohl nicht besonders auf ihn. Aristo schlenderte aus dem Raum; niemand rief ihn an, als er mit klopfendem Herzen den Toren näher kam. Er befürchtete, zu schnell zu gehen und damit Aufmerksamkeit zu erregen; heldenhaft kämpfte er dagegen an, sich rasch aus dem Staub zu machen.»Wenn man sich in eine Situation oder aus einer Situation bewegt, besteht das Geheimnis immer darin, sich mit der richtigen Geschwindigkeit zu bewegen«, sagte er später in Erinnerung an seine Flucht.

Er fand den Vizekonsul im»Hotel Majestic« in der amerikanischen Zone und erzählte ihm von dem Vorfall. Park war ein besonnener Mann – nur die Hitze schien ihm zuzusetzen –, aber die Geschichte brachte ihn in eine heikle Lage. Da Aristo nun faktisch auf der Flucht war, konnte er angeklagt werden, einem Flüchtigen Beistand geleistet zu haben, was viel schlimmer war, als einem Flüchtling zu helfen. Da er bereits Vorkehrungen für Aristos Reise auf der *Edsall* getroffen hatte, beschloß er, wie geplant weiterzumachen. Die Türken durchsuchten die alliierten Zonen regelmäßig, und bis zur Abreise war es vernünftig, sich darauf vorzubereiten. Aristo sollte sich, falls die Türken auftauchten, im Rollpult verstecken. Aristo lachte: Er habe niemals gedacht, daß solche Dinge in der Realität passieren.

Am Abend kamen die Türken; sie seien hinter einem jungen Schurken her, der beim Betreten der amerikanischen Zone gesehen worden sei; sie behaupteten, er habe eine große Menge Geld gestohlen und ein armenisches Mädchen vergewaltigt. »Das ist ja schrecklich« – Aristo hörte Parks Antwort, als er in das dunkle und stickige viktorianische Pult kroch und mitbekam, wie seine Verfolger näher kamen, sich wieder entfernten, wieder näher kamen. Noch fünfzig Jahre später hatte er diese Episode in lebhaftester Erinnerung. Er erzählte, daß er damals angefangen habe, sich gegen Angst abzuhärten. Nachdem die Soldaten abgezogen waren, öffnete Park den Schreibtisch und gab Aristo eine Matrosenbluse, die er sich überziehen mußte. Sie fuhren zum Hafen, wo die *Edsall* in der Nähe eines Kinos ankerte, das für den Film »Der Totentanz« Reklame machte. Der Vizekonsul schüttelte ihm die Hand, nachdem er alles getan hatte, was er für ihn tun konnte. »Alles Gute, mein Junge«, sagte er.

Zwölf Stunden später, mit einem Paket Keksen in der Hand und den Familienersparnissen am Körper, wurde er an die Küste der ägäischen Insel Lesbos gerudert. Als Zwischenstation zum griechischen Festland wimmelte es auf der Insel von Flüchtlingen; Typhus und Ruhr grassierten, Hunderte starben an Unterernährung; und es gab viele Betrunkene, denn wenn es Weinberge gibt und nichts zu essen, ist Wein sowohl ein Fest als auch eine Flucht. Er forschte in den provisorischen Lagern, rief die Namen seiner Schwestern, beschrieb ihr Aussehen Fremden, die teilnahmsvoll nickten und sich wieder ihren eigenen Problemen widmeten. Er lief tagelang über die Insel, von Lager zu Lager, durch dunkle Tannenwälder und über versengte Wiesen; er brachte an Bäumen und Türen die Nachricht an, daß er lebe und auf Lesbos sei; die Familie war der Mittelpunkt, hier fand er seine Kraft und seinen Lebenssinn. ›Außerhalb seines eigenen Kreises hat ein Mann nur Feindseligkeit und Mißtrauen zu erwarten‹, dachte er und erinnerte sich dabei an Onkel Alexanders Moralpredigt. Vor Hunger war ihm schwindlig, seine Augen waren vom Fieber gerötet, und er hatte wertvolle Zeit verloren, ehe er sie endlich in einem Lager fand – seine Stiefmutter, drei Schwestern, Tanten und Kusinen, insgesamt siebzehn eingeschüchterte Frauen und Kinder. Helen weinte bei seinem Anblick untröstlich. Und so schlüpfte er in eine Rolle, von der er wußte, daß er sie spielen mußte: Jetzt war er verantwortlich, er war das Haupt der Familie. An jenem Abend las seine Schwester Artemis aus der Bibel vor, und sie beteten für die Seelen ihrer ermordeten Lieben sowie für ein glückliches Wiedersehen mit Gethsemane und Sokrates. Nach einer Mahlzeit, die aus Brot und Sardinen bestand, rauchte er eine selbstgedrehte Zigarette und wickelte sich dann in eine Decke ein. Trotz seiner Erschöpfung konnte er nicht schlafen. Er dachte über die Zukunft nach; nach einer Weile legte er sich zurück und schloß die Augen; plötzlich fuhr er mit jener geheimnisvollen Erregung aus dem Schlaf hoch, die die Bewältigung eines schwierigen Problems im Tiefschlaf kennzeichnet. Jahre später bestand Aristoteles Onassis darauf, daß sich sein Herz in dem Moment des Erwachens mit einem heftigen Rachegefühl aufgeladen hatte und sein Gefühl des äußersten Fatalismus in die Entschlossenheit umgekippt war, »jedem einen Tritt in den Arsch zu geben, der mich oder meine Familie noch einmal bedrohen würde«. Wut war nichts Neues für Aristo, er mußte sie nur noch umsetzen.

Entschlossen, die Familie zusammenzuhalten, wartete er länger als einen Monat, ehe er für alle genügend Deckplätze auf einem libyschen Frachter kaufen konnte, der Piräus anfuhr. Zehn Tage nach seinem 23. Geburtstag betrat er zum erstenmal in seinem Leben griechischen Boden. Nach einer kurzen Internierungszeit in einem Vertriebenenlager im Athener Vorort Piraiki zog er in einem billigen Wohnviertel in der Nähe des Hafens in die Räume über einer Garage. Innerhalb einer Woche hatte er Kontakt zu Homer aufgenommen. Sein Onkel hatte schlechte Neuigkeiten: Gethsemane war tot; sie hatte es bis nach Griechenland geschafft, wo sie im Hafen von einem Taschendieb überfallen wurde; sie wehrte sich und fiel dabei hin, wobei sie mit dem Kopf gegen einen Poller stieß. Der Tod der Großmutter war für Aristo nieder- schmetternd. Obgleich der Glaube, den sie so beharrlich in sein Herz zu pflanzen versucht hatte, nicht mehr sein Leben prägte, beeinflußte er dennoch die alten Gewohnheiten: An diesem Abend ging er in die Kirche und betete für die Unsterblichkeit ihrer Seele. Fünfzig Jahre später kam er in dieselbe Kirche, um für seinen sterbenden Sohn zu beten, obwohl seine Gebete nur die Wiederaufnahme eines Rituals waren, das er vor Jahren aus Grün- den praktiziert hatte, an die er nicht mehr glaubte.

Homer war das genaue Gegenteil seines Bruders Alexander. Homer, der abwechselnd großspurig und pessimistisch war, mit einem Anflug von Vorsicht, die manche als Feigheit bezeichne- ten, malte ein düsteres Bild ihrer Situation: Smyrna könne man abschreiben, das Lagerhaus und alle Waren, sagte er, und in Griechenland seien sie nur »Turkospori« (Türkensperma). Er igno- rierte Aristos Leistung, die Frauen und Kinder sicher nach Athen gebracht zu haben. Da er sich selbstverständlich als Familien- oberhaupt verstand, zumindest bis zur Rückkehr von Sokrates, war er entsetzt, als sein Neffe darauf bestand, als ebenbürtig behandelt zu werden. Die Spannung zwischen den beiden wuchs in den folgenden Wochen und wurde darüber hinaus durch Ari- stos Weigerung gesteigert, die Familienersparnisse herauszurük- ken. Aristo bestand darauf, die Rechnungen selbst zu bezahlen und die Ausgaben zu kontrollieren. Es gab heftige Wortwechsel zwischen den beiden, aber die stürmischsten und mit schöner Regelmäßigkeit wiederkehrenden Auseinandersetzungen entzün- deten sich an der Frage, wie man Sokrates aus dem Gefängnis herausholen könne. Aristo wollte den Weg über die Hintertreppe nehmen, was bedeutete, zu den richtigen Leuten zu gehen und Bestechungsgelder zu zahlen – »Mordidita«, »der kleine Happen«, an dem sich die Beamten mästeten. Homer, der auf Anständigkeit und Geduld Wert legte, wollte den legalen Weg beschreiten, doch sein Vertrauen auf Gesetze und Vorschriften verärgerte Aristo, der es lieber mit Alexander zu tun gehabt hätte.»Die beste Anlage wird immer das Bestechungsgeld sein«, hatte ihm sein Onkel immer wieder erzählt.»Bakschisch ist die gesündeste Währung der Welt.« Aber Homer war eben nicht Alexander, und Aristo war schließlich gezwungen, die Angelegenheit in die eigene Hand zu nehmen. Er leistete sich einen neuen Anzug und einen Koffer, sagte niemandem etwas von seinem Reiseziel und machte sich nach Konstantinopel, der damaligen Hauptstadt der Türkei, auf.

Das ägyptische Passagierschiff *Abbazia*, das mit britischer Besatzung und unter britischer Flagge fuhr, war ein kleiner, aber typischer schwimmender Palast jener Zeit. Obwohl sein Ticket nur für die Überfahrt und eine Koje im Unterdeck gültig war, schlüpfte er durch die Absperrung in den Bereich der Ersten Klasse und sah eine Welt, deren Glanz ihn bezauberte. Er empfand keinen Neid, aber die Entschlossenheit, eines Tages zu dieser Gesellschaft gehören zu wollen. Er war schon mehrere Male durch die Salons geschlendert, hatte sich unter die Männer in ihren Dinner-Jacketts und ihre teuer gekleideten Damen gemischt, während das Orchester»Ain't We Got Fun« spielte, ehe er von einem Steward erwischt wurde.»Na, komm schon, Bursche, das hier ist kein Platz für Leute wie dich. Geh dahin, wo du hingehörst.« –»Ich gehöre hierher!« entgegnete Aristo.

In Konstantinopel nahm er die U-Bahn nach Bursa Sokagi und stieg in einem kleinen Hotel in der Nähe der vornehmen Istiklal Caddesi ab; eine gute Adresse war wichtig, wenn er die Leute beeindrucken wollte, die die Fäden zur Freilassung seines Vaters ziehen sollten.»Kassenbeamte sehen es gerne, daß ihr Zahlmeister weiß, wie man die Banderole von den Geldbündeln entfernt«, pflegte er später seinen sehr präzise entwickelten Sinn für Korruption zu umschreiben. Er arbeitete hart, spielte mit hohem Einsatz, besonders in den Bars und Cafés rund um die Cumhuriyet Caddesi, wo die»Consommatrices« ihn bald kennenlernten. Er erweckte den Eindruck eines weitgereisten Mannes, dem genügend Mittel zur Erfüllung seiner Reiselust zur Verfügung standen, denn er glaubte nicht nur, daß seine Macht über Männer und Frauen von seiner Aura des vermögenden Mannes gesteigert wurde, sondern ging auch noch zu Verhaltensweisen über, die ihn in einem geheimnisumwitterten Licht erscheinen ließen, das über den gewöhnlichen Narzißmus und die Einsamkeit der Jugend hinausging. Er würde immer ein einsamer Mann bleiben: Das war die Voraussetzung zum Überleben, die Realität, die seine Existenz veränderte, eine Tatsache, die ihm erst nach vielen Jahren bewußt werden sollte.

Wen er in Konstantinopel für sich gewann, ist unklar, aber sechs Wochen nach seiner Rückkehr kam sein Vater in Athen an. Dankbarkeit konnte man von dem alten Mann nicht erwarten – das wäre zu verpflichtend gewesen –, aber Sokrates verhielt sich noch nicht einmal wie ein Mann, der froh war, zu leben und wieder frei zu sein. Abgemagert und blaß, an Angina pectoris leidend, verlor er keine Zeit, seine Stellung als Familienoberhaupt wieder zu festigen. Er befragte seinen Sohn eingehend nach dem Geld aus dem Versteck in Smyrna. Aristo hatte über alles Buch geführt. Viel Geld war für den Unterhalt der Familie draufgegangen, für Schiffskarten, Miete, Nahrungsmittel, Kleidung, Schmiergelder auf Lesbos und in Athen – aber die bei weitem größte Summe, rund zehntausend Dollar, war für die Reise und die Bestechungssummen weggegangen, die er für die Befreiung seines Vaters hingeblättert hatte. Es gab unerfreuliche Vorwürfe, er sei leichtsinnig gewesen, und Homer, der noch immer sauer über die Art und Weise war, wie Aristo die Angelegenheiten in seine Hand genommen hatte, kritisierte ihn,»ohne Aussicht auf sicheren Erfolg soviel geblecht zu haben«. Ein Bestechungsgeld sei wie ein Wetteinsatz, erwiderte Aristo:»Man kann die Wette nicht abschließen, wenn das Pferd durchs Ziel ist.« Sokrates kanzelte ihn ab. Er betrachtete Aristos Verhalten in Konstantinopel als liederlich, und in dieser Liederlichkeit vermutete er eine Art von Rebellion, die ihn gleichzeitig mit seinem eigenen Niedergang konfrontierte.»Sie wissen ja, wie das ist, die Menschen vergessen schnell. Sie haben vielleicht am Rande des Todes gestanden, aber in dem Moment, wo sie in Sicherheit sind, ergießen sich all diese Anklagen und Verwünschungen über einen«, faßte Onassis später den

Streit zusammen, den er als seine erste Erfahrung von Sinnlosigkeit beschrieb.

Bald schon verlief das Leben in Athen in geordneten Bahnen, doch das Gefühl, ungerecht behandelt worden zu sein, war für ihn bestimmend. Die Sorge um die Zukunft vergrößerte seinen Kummer. Von melancholischen Anfällen heimgesucht, unfähig, seine Enttäuschung zuzugeben, geschweige denn, mit anderen darüber zu sprechen, wurde er zunehmend eigenbrötlerisch und einsam; er ging dazu über, am Tage zu schlafen und nachts spazierenzugehen und nachzudenken; es fiel ihm leichter, seine Gedanken bei seinen nächtlichen Streifzügen zu ordnen. Schließlich lehnte er Sokrates' Vorschlag ab, in sein Tabakgeschäft einzusteigen, mit dem er wieder begonnen hatte.

Helen spürte deutlich den Graben zwischen ihrem Stiefsohn und Sokrates. Sie hatte niemals den Platz seiner Mutter eingenommen, hatte es auch niemals versucht, aber sie hatte ihn allmählich mit einem Stolz liebgewonnen, der beinahe mütterlich und beinahe schwesterlich war. Stets darauf bedacht, die Wogen zu glätten, flehte sie ihn an, den ersten Schritt zu einer Wiederannäherung an seinen Vater zu machen. »Ich rettete ihm das Leben, und er verhielt sich wie ein Buchhalter«, erwiderte Aristo. »Dank kann man nicht erwarten.« Er habe vor, zu emigrieren, sagte er. Dieser Entschluß, oder zumindest die plötzliche Eingebung dazu, traf ihn, wie er sich später erinnerte, wie ein schwerer Schlag. Er kannte den Preis von Huren und Politikern, aber er selbst hatte sich in seinem ganzen Leben noch keinen angemessenen Lebensunterhalt allein verdient.

Männer bestimmen ihr Schicksal selbst, erklärte ihm Helen, als er ausgeredet hatte. Ermutigt von dieser Aussage, die ein heimliches Einverständnis signalisierte, verlor Aristo keine Zeit mehr. Er erkundigte sich über die Vereinigten Staaten und fand heraus, daß der Kongreß gerade die einschneidendsten Einwanderungsquoten in seiner Geschichte beschlossen hatte und daß türkische Einwanderer ganz besonders unwillkommen waren. Seine nächste Wahl fiel auf Buenos Aires, wo entfernte Verwandte lebten. Argentinien konnte nicht wesentlich unfreundlicher als Athen sein. Im August begann die erste Etappe seiner Fahrt nach Südamerika. Er reiste mit 250 Dollar in der Tasche und einem »Nansen-Paß« ab, der nur für die Einreise von Flüchtlingen in ein Einwandererland gültig war. Helen und seine Schwestern begleiteten ihn zum Schiff – Sokrates war geschäftlich unterwegs. In Neapel gab es einen dreiwöchigen Zwischenaufenthalt, der, gemäß seiner selbst gezüchteten Mythologie, ein sehr lehrreiches Intermezzo war. Er schnappte nicht nur einen rudimentären italienischen Wortschatz auf, auch die ungekünstelte neapolitanische Herzlichkeit seiner Pensionswirtin mittleren Alters und ihrer durch den Krieg verwitweten Tochter beflügelten seine Lebensgeister beträchtlich. Am Montag, dem 27. August 1923, ging er mit großem Widerwillen an Bord des Auswandererschiffes *Tomaso di Savoya*, das nach Argentinien fuhr. Das Schiff, das entsetzlich verwahrlost wirkte, war mit tausend italienischen Passagieren, die in den Frachträumen und im Zwischendeck untergebracht wurden, vollkommen überladen. Aristo fand schnell den Mann, der sich bestechen ließ, und bekam einen Schlafplatz in einer Art Spind über der Schraubenwelle. Es war laut und stickig, aber es verschaffte ihm in den folgenden 25 Tagen die Möglichkeit, sich zurückzuziehen und nachdenken zu können.

Als das Schiff nordwärts entlang der Küste Italiens fuhr, versammelten sich die Auswanderer an Deck und winkten zu ihrer Heimat hinüber. »Damals blickte ich zum erstenmal vom Deck eines Auswandererschiffes, das mich in ein neues Leben brachte, auf Monte Carlo«, erzählte er in den fetten Jahren seiner Karriere gerne den Journalisten. Er wußte, daß das eine hübsche Information war, deren Symbolwert keinem entging.

Kapitel 3

*»Ich bin weder Bürger Athens
noch Griechenlands,
sondern der ganzen Welt.«*

Sokrates

In Buenos Aires war Aristo ein Verlierer unter vielen; er gehörte zu den Tausenden von Flüchtlingen aus den östlichen Randzonen Europas – Armenier, Syrer, Türken und Libanesen –, die alle verächtlich als »Turkos« bezeichnet wurden; er zog herum: Teller-wäscher, Arbeiter in einer Wäscherei, Nachtportier. »Nehme jede Arbeit an«, bot er in Fabriken, Geschäften und Bars in spanischer, englischer und italienischer Sprache an. Eine Weile teilte er sich ein Zimmer mit einem Vetter x-ten Grades und dessen Frau in la Boca, dem Italienerviertel im Ostteil der Stadt; das Zimmer lag über einem Tanzsaal; inmitten der Musik und des brodelnden Lärms von unten und den Geräuschen der Leidenschaft aus dem benachbarten Bett war es schwer, Schlaf zu finden. Schließlich mietete er sich ein eigenes Zimmer in der Avenida Corrientes. Er war noch immer klein für sein Alter; ein muskulöser Oberkörper sowie die kräftigen Arme verliehen dem oberen Teil seines Kör-pers fast ein deformiert wirkendes Aussehen, aber seine Ernsthaf-tigkeit und seine Art, sich gegenüber den Mitmenschen reserviert zu verhalten, verliehen ihm die Aura der Würde, die Frauen anziehend fanden; er richtete seine dunklen, schwerlidrigen Au-gen auf sie und hörte ihnen in einer Weise zu, die Interesse an ihren Ansichten zu verraten schien. Aber sein Erfolg bei Frauen machte die Tatsache, daß er keine ständige Arbeit fand, nicht wett. Er gewöhnte sich schon fast an Niederlagen. Die Armut machte ihn langsam lethargisch, erinnerte er sich später. »Es ist sehr hart, die eigene Vitalität zu bewahren, wenn man fast immer hungrig ist.«

Als er eines Abends am Wasser die Möwen beobachtete, die nach Küchenabfällen fischten, merkte er, wie schnell es dunkel wurde; der Sommer würde bald vorbei sein. Er wollte den Winter nicht arbeitslos und mit schwindenden Ersparnissen in Buenos Aires verbringen. In einer Bar auf der Avenida Costanera, die entlang des Flußufers verlief, lernte er den schottischen Kapitän eines Frachters namens *Sokrates* kennen; er erzählte ihm, daß er sich nach einer Stellung außerhalb Buenos Aires' umsähe; da sein Vater Sokrates heiße, hoffe er, daß das ein gutes Omen sei. Ob er schon mal zur See gefahren sei? Er sagte ja. Der Kapitän kratzte sich an der Nase und beäugte mißtrauisch sein pomadisiertes Haar, das nach der Tangotänzermode jener Tage wie Lackleder glänzte. »Na, Bürschchen, muß dir ja wohl keine Vorlesung halten. Weiß'te, in drei Tagen geht's nach Liverpool, wo verdammte Teufel toben un' brüll'n. Komm morgen um elf, 'türlich pünktlich, du Winzling von 'nem Bürschchen.«

Er hatte sich mit einigen griechischen Einwanderern angefreundet, und sie redeten beständig davon, in Südamerika reich zu werden. Abends erzählte er ihnen in einer Bar in la Boca die Neuigkeit. Sie hielten das für eine lausige Idee, weil sie davon überzeugt waren, ihm einen Job als Elektriker bei der »British United River Plate Telephone Company« verschaffen zu können, die zusätzliches Personal ohne Berufserfahrung einstellte. Der Chef sei ein Colonel Smith, ein rundlicher, kahlköpfiger Engländer mit einer Vorliebe für Bibelsprüche und erlesenen Portwein, der zudem einen Gehrock trage und ein Monokel benutze; er habe während des Krieges mehrere Jahre in Saloniki verbracht uns spreche mit übertriebener Rührseligkeit von der Stadt; es sei also ein kluger Schachzug, zu behaupten, auch aus Saloniki zu stammen, sagten seine Freunde; damit würde er auch den Makel des »Turko« umgehen. Die *Sokrates* legte ohne Aristo ab. Als er sich in der Vermittlungszentrale in Avellaneda vorstellte, einem Vorort von Buenos Aires und zugleich dem wichtigsten Industriezentrum des Landes, sagte man ihm, er müsse seine Papiere vorlegen. Das war zwar unbequem, aber kein allzu großes Problem. Seit Mitte des 19. Jahrhunderts hatten sich fast sechs Millionen Einwanderer, in der Mehrzahl Europäer, in Argentinien niedergelassen, und die Einbürgerungsprozeduren waren allmählich gelockert worden. Aristo versüßte seine Bewerbung mit einer

»Bustarella«, einem Umschlag mit Geld, und wiederholte dabei die Daten, die er für Colonel Smith erfunden hatte: geboren in Saloniki, Griechenland, am 21. September (Ankunftsdatum in Argentinien) 1900.

Das Gehalt war gut, aber die Arbeit war eintönig und stinklangweilig, abgesehen von den Tagen, wo er zu Füßen der Telefonistinnen kniend seine Arbeit am Klappenschrank verrichten mußte. Er fand Gefallen daran, sich die Gesichter und das wissende Lächeln vorzustellen, die zu den Schenkeln und runtergerollten Strümpfen paßten. Bei den vielen Überstunden und seinen bescheidenen Ausgaben ging es ihm bald recht gut. Er schickte Geld nach Griechenland und zog in eine Pension auf der Avenue Esmeralda, nicht weit vom »Teatro Colón«, dem großen Opernhaus, entfernt. Ihm war bewußt, daß er ein gutes Stück über seinen Arbeitskollegen und Zechkumpanen stand: »Zwischen uns herrscht viel Kameraderie, aber keine echte Nähe«, gab er in einem Brief an seine Schwester Artemis zu. Aber er wußte, wie man zugleich gesellig wirken und verschwiegen sein kann. »Nur wenn Onassis zum Mülleimer geht, weiß man, was er in der Hand hält«, sagte einer der Griechen beim Pokerspiel, an dem er sehr selten teilnahm.

Er ließ keine Gelegenheit aus, Geld zu verdienen. Als er entdeckte, daß die Klappenschränke nachts von Männern bedient wurden und daß sie mehr als die Elektriker verdienten, stellte er den Antrag, zum Telefonisten umgeschult zu werden. Er lernte rasch und wurde in die Vermittlungszentrale von Retiro versetzt, genau gegenüber der Niederlassung des Londoner Kaufhauses Harrods in Buenos Aires, auf der Calle Florida, der Rue Saint Honoré Südamerikas. Er fing nachts um elf Uhr an und hörte morgens um sieben Uhr auf. Am besten konnte er nachts denken. Der Telefonverkehr war minimal, und es gab reichlich Zeit, seine Spanischkenntnisse zu verbessern, zu schlafen, Zeitungen zu lesen ... und bei Telefongesprächen zuzuhören, die interessant klangen. Buenos Aires, das in der Zeitverschiebung drei Stunden vor London und zwei Stunden nach New York liegt, lehrte ihn, daß die besten und interessantesten Geschäfte nach Börsenschluß getätigt werden. Er machte sich Notizen, studierte die Wirtschaftsseiten der Zeitungen und hatte sehr schnell 500 Dollar mit Leinöl und 200 Dollar beim Spekulieren mit Fellen gewonnen.

Ungefähr zu dieser Zeit erfuhr er, daß der junge Leutnant, der ihn beschützt und ihm so viel beigebracht hatte, auf der Halbinsel Gallipoli an Diphtherie gestorben war. Abgesehen von seinem ermordeten Onkel war der Türke ein wichtiger emotionaler Bezugspunkt seines Lebens gewesen. Aristos Trauer war von kurzer Dauer; er betrank sich heftig. Er wachte ohne Kater an einem prächtigen neuen Tag auf, der, wie er beschloß, zum Leben wie geschaffen war. Jetzt war er ein Mann, der es sehr eilig hatte. Die 200 Dollar, die er bei dem Fellgeschäft als Gewinn erzielt hatte, investierte er in ein Dutzend guter Anzüge, ein halbes Dutzend Seidenhemden, ein Paar italienische Schuhe, einen Borsalino-Hut und einen Jahresbeitrag für einen schicken Ruderclub namens »l'Aviron«, »das Ruderboot«.

Das war der Beginn eines außergewöhnlichen Doppellebens, von dem seine Kollegen bei der Telefongesellschaft und seine Trinkkumpane in den Bars von la Boca nichts ahnten. Seine neuen Freunde im »l'Aviron« kannten ihn nur als jungen Mann mit Geld, Geschäftsbeziehungen nicht spezifizierbarer Art, einer guten Adresse, einer unbekannten Vergangenheit und einem beträchtlichen Charme. Es war eine komplizierte, fast schizophren anmutende Existenz. Als geborener Schauspieler war er sein ganzes Leben lang in der Lage, sich in bemerkenswerter Weise anzupassen. Costa Gratsos sagte: »Er besaß einen Instinkt dafür, welches Image eine bestimmte Person, eine bestimmte Gruppe am meisten beeindruckte ... er erfand die multiple Persönlichkeit; das machte aus ihm einen komplizierten, rätselhaften Mitmenschen.« Wenn Onassis sich später an diese Zeiten erinnerte, beschrieb er seinen Tagesablauf wie folgt:»Um sieben Uhr morgens beendete ich meinen Dienst in der Vermittlungszentrale, nahm einen Kaffee und ein Bizcocho oder ein Stück Kuchen in einem Café ganz in der Nähe der Avenida de Mayo ein, wo die Kellnerinnen mich kannten und tipptopp behandelten. Ich schlief anschließend ein paar Stunden, badete, zog mich an und machte die Runde, besuchte Freunde, ein oder zwei hübsche Mädchen, alle, die mir nützlich sein konnten.« Gratsos erinnerte sich:»Er wollte immer jede hübsche Frau, die ihm unter die Augen kam, und auch einige, die alles andere als hübsch waren, aber keine hielt sich lange.«

Kurz nachdem er seine Arbeit in der Vermittlungszentrale aufgenommen hatte, sah er, als Teil seines Selbsterziehungsprogramms, zum erstenmal eine Oper – »La Bohème« – im »Teatro Colón«. Die »Mimi« wurde von der italienischen Sopranistin Claudia Muzio gesungen, die mit ihren 35 Jahren ein wenig den Zenit überschritten hatte, aber immer noch eine leicht derbe Schönheit war, der man viele Liebhaber nachsagte. Aristo schickte ihr Blumen; und noch mehr Blumen; er schickte ihr so viele Blumen, daß selbst eine Primadonna Notiz davon nehmen mußte. Er ließ eine Woche verstreichen, ehe er seine Visitenkarte in ihrer Garderobe abgab. »Ich erwartete einen wesentlich älteren Mann«, sagte sie ihm. Eine Woche später wurde er zu einem Empfang eingeladen, den man ihr zu Ehren im »Club de Residentes Extranjeros« gab, dem ältesten und einem der feinsten Clubs Argentiniens. Die Gästeliste führte einige der einflußreichsten Leute Argentiniens auf. Aristo war entschlossen, Claudias Liebhaber zu werden.

Ihr erstes intimes Zusammensein ergab sich wenige Tage nach dem Empfang. Er erzählte ihr, er fühle sich wie eine Schmetterlingspuppe, »die auf die Kraft wartet, den Panzer sprengen zu können«. Nicht aus allen Puppen schlüpfe ein Schmetterling, sie seien von so vielen Feinden umgeben, meinte sie und sagte weiter: »Ein von der Gesellschaft anerkannter Schmetterling zu sein ist eine Beschäftigung, die man sich nicht leicht vorstellen darf.« Aber er hatte nicht die Absicht, lediglich ein von der Gesellschaft anerkannter Schmetterling zu werden. Es sei kein Zufall, daß das Wort »Puppe« sich aus dem griechischen Wort für »Gold« ableite, sagte er später gerne.

Sie wußte so gut wie nichts von seinem Vorleben; er sprach nie von seiner Familie. Claudias Kosename für ihn war »Stranger«, Fremder – nach dem »Club de Residentes Extranjeros«, der im Volksmund »Strangers« genannt wurde. Die Verführung von Claudia Muzio bewies Aristos Energie und Gerissenheit, den scharfen Blick für Aufstiegsmöglichkeiten, aber auch den Sinn für Romantik, die altvertraute Elemente seines Aufstiegs werden sollten. Die Leichtigkeit, mit der er die Zuneigung einer berühmten Frau gewonnen hatte, machte ihm Spaß und erstaunte ihn.

Er arbeitete weiter bei der Telefongesellschaft; das Gespräch zwischen einem in Buenos Aires ansässigen Filmverleiher und einem hohen Tier der »Paramount« in New York löste seinen nächsten und äußerst bedeutsamen Schachzug aus. Rudolph Valentino befand sich auf dem Gipfel seines Ruhms, und der Filmverleiher beklagte sich über Paramounts harte Vertragsbestimmungen für den neuesten Film des Stars. »Dieser Hurensohn hängt uns den Brotkorb ganz hoch«, beteuerte der Filmproduzent. »Östlicher Kram ist der Schlager überhaupt, damit macht man immer ein Geschäft.« Vom Filmgeschäft verstand Aristo gar nichts, aber die Unterhaltung brachte ihn auf eine Idee.

Er schrieb seinem Vater und schilderte seinen Plan, Orienttabak nach Argentinien einzuführen, wobei er die modische Vorliebe für alles Östliche betonte. Die einheimischen Zigarettenhersteller verarbeiteten hauptsächlich kubanischen Tabak, dunkle Tabakblätter, die den Frauen zu stark seien. Überzeugt davon, er könne den Tabakunternehmen die Idee von einem milderen türkischen Tabak schmackhaft machen, der bei Frauen Anklang fände, und aus der Manie Hollywoods Kapital schlagen, schlug er einen üblichen Vertrag zwischen Händlern vor, der auf die ersten 500 000 Dollar für verkauften Tabak eine Pauschalprovision von 5 Prozent und 7,5 Prozent danach vorsah. Sokrates hatte keine gute Meinung von Frauen, die Zigaretten rauchten, und zog über die »neue« Frau her. Aber das stand jetzt nicht zur Debatte. Er entdeckte zwischen den Zeilen sowohl Anklänge einer versöhnlichen Haltung seines Sohnes als auch einen auf finanziellen Gewinn abzielenden Vorschlag und verlor keine Zeit, mehrere Ballen des feinsten Tabaks, den er hatte, nach Argentinien verschiffen zu lassen.

Aristo wußte, daß es eine knallharte Angelegenheit werden würde, in den etablierten Markt einzubrechen. Nach wenigen zaghaften Bestellungen, die sich in drei Monaten auf nicht mehr als 5000 Dollar beliefen, wovon er 250 Dollar einbehalten konnte, stockte das Geschäft ganz. Weil er nicht an die Chefankäufer der großen Gesellschaften herankam, verhandelte er mit niedrigen Angestellten; selbst sein großzügiger Einsatz der »Bustarella« brachte ihn nur zu den Bürovorstehern weiter. »Manchmal ist es besser, nur vor einer Person zu singen, wenn man das ganze Publikum gewinnen will«, sagte Claudia Muzio eines Abends, nachdem er ihr seine Probleme geschildert hatte.

Als Juan Gaona zum erstenmal Aristo vor seiner Villa in Olivos stehen sah, war er lediglich neugierig. Am nächsten Tag, als er ihn wieder dort stehen sah, starrte er ihn kühl an. Am dritten Morgen schlug seine Kühlheit in Besorgnis um, und am Ende der Woche verspürte er panische Erregung. Als er die Spannung nicht länger ertragen konnte, sagte er zu seinem Prokuristen: »Ich möchte, daß Sie herausfinden, wer er ist und was zum Teufel er sich bei diesem Spiel denkt.« Zwei Tage später saß Aristo dem Direktor des drittgrößten argentinischen Tabakunternehmens gegenüber. »Sagen Sie mir, was Sie beabsichtigen, Señor Onassis«, sagte Gaona und verbarg hinter seiner Förmlichkeit die Überraschung über Aristos offenkundige Jugend. ›Gören dieses Alters sind gewöhnlich unmanierlicher, weniger selbstbewußt‹, dachte er. Gaona war ein unzugänglicher Mann, in dessen sonnengebräuntem, maskenhaft wirkendem Gesicht die Falten so tief waren, daß sie so weiß wie Fischgräten blieben. »Finde einen Weg oder mache ihn«, lautete die Inschrift auf einer kleinen Metallplatte, die an der getäfelten Wand hinter seinem Schreibtisch angebracht war.

Hastig redend betonte Aristo, welch großes Potential Frauen für den Markt darstellten und wie attraktiv ein milderer Tabak sei, der einer sichtlich bald entstehenden Nachfrage entspreche; er wiederholte das Geschwätz des Filmproduzenten über die Valentino-Welle. »Ihre Worte sind Musik in meinen Ohren, Mr. Onassis«, sagte Gaona am Ende von Aristos Ausführungen. Er erteilte einen Auftrag über 25 000 Dollar und versprach weitere Aufträge, falls der Tabak Anklang fände.

Die Wochen nach dieser Begegnung mit Gaona waren angefüllt mit Aristos Träumen von Reichtum und Erfolg. Um die Aufträge, von denen er annahm, sie kämen ganz sicher, so schnell wie möglich erfüllen zu können, telegraphierte er seinem Vater, weitere Ware sofort verschiffen zu lassen und im voraus Frachtraum zu buchen (eine Vereinbarung, die den Exporteur fest an einen Vertrag bindet, ihn aber gegen eine Erhöhung der Frachtgebühren schützt, während er von eventuell sinkenden Gebühren profitiert; es handelt sich also um die günstigste Frachtklausel überhaupt).

Doch bei ihrem nächsten Treffen erklärte ihm Gaona, sie hätten den erhofften Durchbruch nicht geschafft; die Frauen rauchten zwar mehr, aber nur zu Hause. »Man findet es immer noch ein bißchen schockierend, wenn eine Frau in der Öffentlichkeit raucht; eine zu verwegene Angelegenheit.« Man werde folglich keinen neuen Auftrag erteilen. Er schenkte zwei Gläser Brandy ein. »Auf unsere Irrtümer«, sagte er. Aristos Hand zitterte, als er das Glas zum Mund hob.

Nachdem er Gaonas Büro an diesem Nachmittag verlassen hatte, ging er in ein Café. Als er seinen zweiten Kaffee ausgetrunken hatte, war in ihm ein Entschluß gereift: Wenn er seinen Tabak nicht an die Hersteller verkaufen konnte, würde er eben seine eigenen Zigaretten herstellen. Sobald diese Idee in seinem Kopf festsaß, handelte er zielstrebig und richtete ein zweizimmriges Büro am Paseo Colon, am Rande des städtischen Industrieviertels, ein. Goldene Lettern am Fenster verkündeten: »Aristoteles Onassis. Orienttabak-Importeur. Erstklassige türkische Zigaretten aus exklusivem, echt makedonischem Tabak«. Er steckte jeden Pfennig, den er besaß, in dieses Vorhaben und nahm zusätzlich bei der »First National City Bank« einen Kredit von 20 000 Dollar auf – als Sicherheit dienten ihm die Konossemente seines Vaters. Das war ein gewagter Schritt, denn legal stand ihm nur eine Provision von 5 Prozent an der Fracht aus Athen zu, und darüber hinaus konnte er vor dem Verkauf des Tabaks keinen einzigen Pfennig kassieren.

Mehrere Monate später trafen Gaona und Aristo sich wieder in dem kühlen, in Brauntönen gehaltenen Büro des Argentiniers. »Niemand hat schuld. Wir versuchten es, aber es ging nicht«, sagte Gaona und fügte hinzu: »Buenos Aires ist noch nicht reif für Orienttabake.« Er sei gleichfalls unzufrieden, antwortete Aristo ernst. Es sei seine Idee gewesen, und er habe sich geirrt. In einer

Mischung aus Mißtrauen und Verlegenheit sagte Gaona, er solle das Ganze vergessen. Eine solche Entschuldigung entsprach eigentlich nicht der Art und Weise, wie Männer Geschäfte betreiben. Aristo blieb beharrlich: »Sie offerierten mir eine günstige Gelegenheit«, sagte er, und daher wolle er sich für die Gefälligkeit dankbar erweisen. Da er nun selbst auf der produzierenden Seite des Geschäfts stünde, sei er bereit, den türkischen Tabak zu einem noch zu vereinbarenden Preis auf Kredit zurückzukaufen! Mag sein, daß es zwischen den beiden Geschäftsleuten ein stillschweigendes Einverständnis gab, mag auch sein, daß Gaona einfach Aristos Unverfrorenheit bewunderte, aber unabhängig davon, welche Gedanken und Gefühle an jenem Tag in ihm arbeiteten, willigte Gaona ein, den Rest der Onassis-Ware zu einem in der Tat sehr günstigen Preis an Aristo zu verkaufen.

Er stellte Einwanderer ein, die im Akkord seine 25-Cent-Marken per Hand rollten: »Primeros« und »Osman«, beide mit goldenem Mundstück und einer Verpackung, die die reichen jungen Mädchen von Buenos Aires ansprechen sollte. Manchmal, wenn das Geschäft gut lief, sprang er ein und rollte einige Zigaretten selbst. Aber stets duschte er um halb sieben, zog seinen besten Anzug an (er konnte sich innerhalb von zehn Minuten duschen und umziehen) und machte seine Runde durch die Cafés, aß zu Abend und besuchte den »l'Aviron«. Punkt halb elf Uhr ging er nach Hause, zog sich wieder um und begann seine Nachtschicht. Er besaß eine Energie, die sich durch irgendeine unerschöpfliche Quelle immer wieder neu aufzuladen schien.

Das Tabakgeschäft in Südamerika war damals interessant – ein sich kräftig entwickelnder Industriezweig, der zumindest eine geistige Verwandtschaft zu Schiebereien und Erpressungen besaß. »Man mußte stets rücksichtslos vorgehen«, sagte Aristo später; mehr als einmal imprägnierte er die Tabakballen seiner Konkurrenz mit einer schwefelhaltigen Substanz, die beim Anzünden der Zigarette nach faulen Eiern roch. In einer kurz anhaltenden, extrem profitablen Phase stellte er eine Billigzigarette mit dem Markennamen »Bis« her; die Produktion wurde abrupt unterbrochen, als er von den Herstellern einer sehr bekannten Marke, die ebenfalls »Bis« hieß, verklagt wurde; Aristo protestierte, er habe niemals etwas von der anderen »Bis« gehört; er handelte wie ein Schwarzbrenner, der sein gesamtes Wissen über »Jack Daniels« in Abrede stellt; man einigte sich außergerichtlich auf einen Vergleich über mehrere tausend Dollar. Er lernte schnell und verdiente allmählich genug Geld, um seine Vettern Costa und Nicos Konialidis einzustellen, die beim Massaker von Smyrna Waisen geworden und ihm nach Buenos Aires gefolgt waren; er verdiente auch genug, um bei der Telefongesellschaft kündigen zu können; aber es war noch nicht genug, um seinen Durst nach dem zu stillen, was er als »wirklich dickes Geld« bezeichnete. Ihn enttäuschte der Verkauf seiner Marke »Osman«, und er war entschlossen, seine Situation zu verbessern.

Im Verlaufe dieser Anstrengungen bekam er seine erste Lektion in einer Kunst, die, was seinen Erfolg betraf, eine zukunftsträchtige Rolle spielen sollte: Die Kunst, wichtige Leute auszunutzen und um einen Gefallen zu bitten – insbesondere seine Freundinnen. Bei Claudia kam er sofort zur Sache: Wäre sie bereit, seine Zigaretten in der Öffentlichkeit zu rauchen? Sie machte sich keine Illusionen über ihn. »Sie mochte meinen Überlebenswillen, aber sie hielt mich für einen Schwindler«, sagte Onassis später über sie, »und ich mußte ja auch, wie ich glaube, einer sein.«* Er legte sich tüchtig ins Zeug: Sie rauche zu Hause, wie so viele andere Frauen; wenn sie öffentlich seine Marke mit dem goldenen Mundstück rauche, sei das ein Akt der Emanzipation. »Und es würde mir auch ein bißchen helfen, weißt du!« Seine Unverfrorenheit besiegte jeglichen Widerstand, den sie vielleicht noch besaß. Es ist nicht bekannt, welchen Einfluß ihre Einwilligung auf den Verkauf hatte, aber er zeigte seine Dankbarkeit, indem er täglich ein Blumenbouquet und eine Dose mit fünfzig »Osman« in ihre Garderobe schicken ließ. Die Liebesaffäre jedoch war beendet. »Ich hasse die Oper«, sagte er später. »Ich habe

---

* Selbst sein Werbelogan für die »Primeros« stammte von den De-Reszke-Schachteln, die Claudia aus London kommen ließ: »Die Zigarette für die Elite.« Als er sie das erstemal zum Abendessen ins »Plaza« einlud, hatte er ihr gesagt: »Die Höflichkeit gebietet es, daß man bei seinen Freunden einen ebenso guten Geschmack wie den eigenen voraussetzt.« Später gab er zu, daß er diesen Spruch von einer anderen Zigarettenreklame geklaut hatte.

wahrscheinlich Tomaten auf den Ohren. Egal, wie angestrengt ich mich auch konzentriere, es klingt immer, als ob sich eine Horde italienischer Köche Risotto-Rezepte zuruft.«

Aristo hatte Claudia Muzio mit einer russischen Ballerina betrogen, die mit der Truppe von Anna Pawlowa in Buenos Aires auftrat. Er hatte schon vorher die Bekanntschaft von Frauen gemacht, vieler Frauen, wie er später behauptete, und fast alle waren sie älter, reicher und erfahrener als er, aber die Ballerina war gleichaltrig und die Frau, die er zum erstenmal wirklich liebte. Sie stritten sich oft, sie kannten ihre wunden Punkte, sie konnten sich die größten Gemeinheiten an den Kopf werfen und sich mit der Leidenschaftlichkeit und Geschwindigkeit der Jugend wieder versöhnen; sie fuhren in seinem kurz zuvor gebraucht erworbenen Bugatti ziellos durch die Nacht, nur, um allein zu sein; sie genossen die Feierlichkeit und Geheimniskrämerei von Abendessen bei Kerzenlicht sowie die ungestümen Liebesstunden am Meer. Manchmal, so erzählte er Costa Gratsos, nahm er sie kurzerhand nach ihrem Training, wenn sie noch erhitzt und verschwitzt war. Sex spielte eine Schlüsselrolle in seinem Leben; sein Beruf, sein Erfolg, sein Ruhm, alles beruhte auf dem Nährboden Sex. »Er war ein verdammter Schweinehund«, sagte Gratsos, »aber selbst im Bett besaß er die Fähigkeit, das Beste für sich herauszuschlagen.« Er wolle keine angenehmen Redensarten zwischen den Laken hören, antwortete er, als Gratsos einmal seine Überraschung über die Wahl einer Geliebten zum Ausdruck brachte – eine bemerkenswert unansehnliche deutsche Frau eines Rivalen aus Schiffskreisen. »Ich möchte angenehme Dinge hören – Dinge, die mir nutzen!«

Als die Spielzeit der Pawlowa in Buenos Aires ablief, weigerte sich seine russische Ballerina, mit der Truppe nach Europa zurückzukehren. Die Pawlowa kam persönlich in das Apartment der beiden und wollte Aristo dazu bewegen, das Mädchen umzustimmen, aber er weigerte sich. Die Pawlowa sagte ihm: »Sie sind ein durch und durch bösartiger Mann. Sie kennen noch nicht einmal den Unterschied zwischen Gut und Böse!« Es gebe kein Gut oder Böse, meinte er zunehmend selbstsicher, sondern nur das, was machbar sei.

61

Die Ballerina war Aristo von Alberto Dodero vorgestellt worden, der in Argentinien einen legendären Ruf genoß. Der jüngste von fünf Söhnen eines italienischen Einwanderers aus Uruguay war von Montevideo nach Buenos Aires umgesiedelt und hatte nach dem Ersten Weltkrieg mit einem Kredit von zehn Millionen Dollar 148 US-Schiffe erworben; er verkaufte sie sofort mit fettem Gewinn weiter und erwarb im großen Umfang Aktien der erfolgreichen Reederei »Mihanovich«. Dodero bewirtete seine Gäste wie ein Krösus, führte sich wie ein Filmstar auf und heimste gewöhnlich alle Murmeln ein. Für Aristo war er ein Volksheld; er nahm jede seiner Einladungen an und erinnerte sich an all seine Äußerungen: Doderos Nebenbemerkungen konnten die Notierungen an den Börsen der Pazifikstaaten ändern, sein Stirnrunzeln konnte aber auch die Meinung eines Politikers umstimmen – »Das ist wirkliche Macht«, sagte Onassis zu Johnny Meyer.

Energisch und begeistert hielt sich Aristo gesellschaftlich auf dem laufenden, ganz besonders im Hinblick auf die Dodero-Clique. Und seine Art, ständig unter Hochdruck zu arbeiten, sowie sein ausgeprägter Geschäftssinn zahlten sich langsam aus und machten ihn reich. Er verkaufte die Markennamen »Osman« und »Primeros« einem der größten Hersteller und konzentrierte sich auf sein Export-Import-Geschäft, wobei er seine Verbindungen zu Athen verstärkte und seinen Corner auf dem Markt für türkische Tabake ausbaute. Er war stolz auf seine Leistungen, ganz besonders aber auf sein Flair des Selfmademans: »Nur Gott und ich können etwas aus dem Nichts schaffen«, prahlte er mit schöner Regelmäßigkeit. Seine wirtschaftliche Lage zur damaligen Zeit läßt sich nicht genau bestimmen – nicht weil er über Geld nicht sprach, sondern weil er bei seiner Buchführung weniger Beständigkeit bewies als bei seiner Prahlerei: Im Sommer 1928 hatte sein Handel mit Griechenland vermutlich ein Volumen von zwei Millionen Dollar pro Jahr erreicht.* Sehr viel gesicherter ist die Tatsache, daß er in sehr kurzer Zeit eine lange Strecke zurückgelegt hatte – und daß sich seine Beziehung zu der Ballerina rapide

---

* Das entspricht heute laut Auskunft der »Bank of England« vom September 1985 einem Wert von 8,25 Millionen Dollar.

verschlechterte. Ihre Streitereien wurden heftiger, und die Affäre endete kurz nach ihrem Umzug in eine Suite im »Plaza« ganz abrupt. Sie hatte es versucht, aber seine Träume konnte sie nicht zu den ihren machen. Ihr Weggang schmerzte ihn sehr; trotz seiner Untreue liebte er sie; er vermißte ihr Verständnis, ihre Gesellschaft. Später erzählte er gerne, daß sie wie Aschenputtel nur einen Schuh zurückließ, er aber nicht der schöne Prinz gewesen sei. Aristos neuer Freund Costa Gratsos, der erlebte, wie er seinen Schmerz mit Wut und Alkohol bekämpfte, spürte, daß er ganz einfach nicht begreifen konnte, was sie von ihm weggetrieben hatte. »Ich erinnerte ihn daran, daß er nicht sehr nett zu ihr gewesen war«, erzählte er später. »Ari antwortete, er könne es sich nicht leisten, nett zu sein. ›Zuerst einmal muß ich reich sein‹, sagte er. Er war schon ein sehr reicher junger Bursche, aber er wußte, daß er sich noch immer im Puppenstadium seines Reichtums befand. Ich fing an, ihn ernst zu nehmen.«

Gratsos war ein junger Grieche mit einem plump wirkenden Gesicht, das sowohl zu seiner wohlhabenden Herkunft als auch zu seiner Intelligenz im Widerspruch stand. Die Diskrepanz zwischen seinem Aussehen und der Art und Weise, wie sein Verstand funktionierte, täuschte die Leute gewöhnlich. Der Nachkomme der Reedereifamilie Dracoulis und Absolvent der »London School of Economics« (LSE) hatte sich als einfacher Seemann auf einem Schiff seines Onkels nach Buenos Aires durchgeboxt. Er lernte Aristo kurz nach seiner Ankunft in der Stadt während einer Party oder in einem Nachtclub kennen – sie erinnerten sich später nicht mehr genau. Rasch wurden sie Freunde; sie teilten viele gemeinsame Interessen, häufig dieselben Frauen; obwohl er Onassis gegenüber immer ein ambivalentes Verhältnis behielt, hin und her gerissen zwischen Bewunderung und Abscheu vor den Dingen, die er tat, verstand Gratsos seine Neurosen und Beweggründe besser als fast alle anderen. »Selbst wenn man ihn in einer Bar sitzen oder einfach eine Straße entlangschlendern sah, wußte man, daß er etwas ausheckte. Ein Geschäft zu machen war sein ganzer Lebensinhalt – der Rest konnte warten.«

Im Frühjahr 1929 rief er Aristo eines Morgens um acht Uhr im »Plaza« an, um ihm eine kurze Zeitungsmeldung vorzulesen, die er im Wirtschaftsteil entdeckt hatte. Die griechische Regierung hatte angekündigt, um Bulgarien wieder an den Verhandlungstisch zu zwingen, an dem seit langem über Zolltarife gestritten wurde, daß die Importzölle auf Waren aus den Ländern, mit denen Griechenland keine Handelsabkommen abgeschlossen habe, um 1000 Prozent angehoben werden würden – und Argentinien hatte kein Handelsabkommen mit Griechenland. »Merde!« sagte Aristo, nachdem er Gratsos gebeten hatte, die Meldung noch einmal vorzulesen (er hatte kurz zuvor einen Lehrer eingestellt, der sein Französisch verbessern sollte). Die Argentinier seien gezwungen, sich zu rächen, meinte Gratsos. »Das ist so sicher wie Scheiße«, pflichtete Aristo ihm bei und vergaß dabei ganz seinen Unterrichtsstoff, als er durchrechnete, was ein Kampfzoll für sein Geschäft mit Griechenland bedeutete.

Aristo hatte bereits die Fähigkeit erworben, im großen Stil zu denken. Am selben Morgen noch rief er Gratsos an und teilte ihm mit, er werde für Premierminister Eleutherios Venizelos einen Report vorbereiten und auf die großen Gefahren hinweisen, welche sich aus den in Aussicht gestellten Zöllen für die griechische Wirtschaft ergeben könnten. An eine solche Tätigkeit war er nicht gewöhnt; er brauchte dabei die Hilfe von Gratsos. Während der nächsten 24 Stunden arbeiteten die beiden Männer in Aristos Suite an dem Memorandum und stärkten sich nur mit schwarzem Kaffee und Madeirakuchen. Aristo war der Inspirator, während Gratsos mit seinem Wissen, das er sich an der LSE erworben hatte, und seinen Kenntnissen über das Reedereigeschäft das nötige Know-how lieferte; das war eine Rolle, die er für den Rest seines Lebens spielen sollte. Sie bildeten ein hervorragendes Team. (»Sie besaßen die Fähigkeit, jede Situation aus zwei völlig unterschiedlichen Blickwinkeln zu betrachten: Costa ging vorsichtig, rationalistisch vor, Onassis setzte auf seine animalischen Instinkte«, bemerkte ein Mitarbeiter später.) Gratsos errechnete, daß mehr als 80 Prozent der griechischen Handelsflotte Waren von Europa nach Argentinien lieferte. Wenn die Argentinier die Hafengebühren für griechische Schiffe als Vergeltungsmaßnahme anhöben, sei dies für den griechischen Seehandel verheerend. Aristo beschloß, das Schriftstück persönlich in Athen vorzulegen.

Es gab ein fröhliches Wiedersehen. Selbst sein Vater, der keineswegs blind gegenüber einigen dunklen Geschäften Aristos war und manchmal ziemlich unverblümt darauf anspielte, befand sich am Kai von Piräus, um ihn zu begrüßen. Obwohl er nun offenkundig krank war – seine Angina pectoris hatte ein derartiges Stadium erreicht, daß er nun fast ständig Schmerzen in Brust und Nacken spürte –, hatte Sokrates darauf bestanden, zum Schiff zu gehen, trotz der Warnung des Arztes, die Aufregung könne für ihn schädlich sein. Es geschieht nicht jeden Tag, daß der einzige Sohn, der vor sieben Jahren das Land auf einem Auswandererschiff verließ, als Erster-Klasse-Passagier zurückkommt, und zwar als Mann und frischgebackener Millionär. »Es fiel ihm schwer, das zuzugeben, und er verlor nie ein Wort darüber, aber ich wußte, daß er meine Leistungen wie die Tatsache respektierte, daß ich es auf meine Weise erreicht hatte.«

Gratsos hervorragende Beziehungen zu den Dracoulis zahlten sich in Athen aus. Innerhalb einer Woche lag das Memorandum von Onassis auf dem Schreibtisch des Premierministers Venizelos. Der große alte Mann der griechischen Politik war beeindruckt und arrangierte für Aristo eine Unterredung mit seinem Außenminister Andreas Michalakopoulos, dessen Mitarbeiter die einschneidenden Zollgesetze ausgearbeitet hatten.

Der Minister stand hinter einem wunderschönen Louis-quinze-Schreibtisch und blickte mißbilligend auf das Dokument, als ob es in einer Sprache geschrieben wäre, die er nicht verstehen, noch nicht einmal kennen würde. »Der Premierminister scheint anzunehmen, daß Ihre Ansichten für mein Ministerium von Interesse sein könnten«, sagte er im Ton höflicher Herablassung. Übertrieben sorgfältig schloß er die Akte und forderte Aristo auf, ihren Inhalt zusammenzufassen. Während Aristo sprach, bearbeitete Michalakopoulos seine Fingernägel mit einem Papiermesser; nach kurzer Zeit unterbrach er ihn. Offensichtlich sei »Señor Antoniades« kein Mann, der erkenne, wann eine Regierung Stärke demonstrieren müsse; außerdem müsse er sich jetzt leider zu einer Verabredung begeben. Er streckte ihm die Hand entgegen. Aristo starrte auf die makellos polierten Fingernägel und ignorierte den unhöflichen Namenirrtum; er wußte, daß seine Vorstellungen auf Widerstand stoßen mußten, der aufgrund seines Temperaments noch härter werden konnte. »Mir wurde gesagt, daß Sie ein vielbeschäftigter Mann sind, Herr Minister. Nun sehe ich, daß sie nur damit beschäftigt sind, Ihre Fingernägel zu säubern. Ich weiß jetzt, daß dies genau der Ort ist, den ich meiden muß, wenn ich für Griechenland« von irgendeinem Nutzen sein will.« Seine Stimme war ruhig, aber die Drohung schwang unüberhörbar mit, und Michalakopoulos begriff das. »Señor Onassis«, sagte er und nannte ihn diesmal beim richtigen Namen, »ich habe verstanden, was Sie meinen, aber diese Angelegenheiten erfordern Zeit. Ich werde Ihren Bericht mit großem Interesse studieren. Sie können sich darauf verlassen.«

»Ich ging aus dem Büro hinaus und wußte zwei Dinge, die ich beim Hineingehen noch nicht gewußt hatte.« Aristo erinnerte sich an das Ereignis sehr oft. »Ich wußte, daß ich das Zeug besaß, das man braucht . . . und daß ich eines Tages einen Louis-quinze-Schreibtisch haben würde.«

Aristos Überheblichkeit erweckte die Aufmerksamkeit Michalakopoulos'; seine großzügige Gastfreundschaft jedoch sicherte ihm in den folgenden Wochen die Freundschaft des Ministers; er kehrte, dank Michalakopoulos, mit einem brandneuen griechischen Paß nach Buenos Aires zurück. Im Paß stand als Geburtsdatum der 20. Januar 1906,* und er wurde als Gesandter mit besonderem Auftrag bezeichnet (obwohl er argentinischer Staatsbürger war, stand ihm nach dem Lausanner Abkommen als Flüchtling aus Kleinasien auch die griechische Staatsbürgerschaft zu). Sein Auftrag lautete, Handelsgespräche zwischen den beiden Ländern zu initiieren. In der Zwischenzeit wollte Griechenland Argenti-

---

* Aus Eitelkeit machte er sich sechs Jahre jünger, um seine Leistungen noch bemerkenswerter erscheinen zu lassen. Später erklärte er seiner Geliebten Ingeborg Dedichen, er habe diese Gelegenheit genutzt, um sechs Jahre *hinzuzufügen,* weil er einen eventuellen Militärdienst in Argentinien umgehen wollte. »Um ganz ehrlich zu sein«, erzählte er Freunden im hohen Alter, »ich weiß es nicht genau, wie alt ich bin, denn selbst meine Papiere lügen.«

nien von seinen hohen Importzöllen ausnehmen. »Eine Hand wäscht die andere«, sagte Aristo bei seiner Rückkehr zu Gratsos.

1931 belohnte die griechische Regierung – nach zarten Hinweisen des nun äußerst entgegenkommenden Andreas Michalakopoulos – Aristos Beziehungen zum Handel und einflußreichen Kreisen in Gesellschaft und Politik mit dem Amt eines Vizekonsuls. Das verschaffte ihm nicht nur den ersehnten Status, sondern auch den Zugriff auf große Beträge in westlichen Währungen zu festen Wechselkursen, die er auf dem blühenden Schwarzmarkt zu noch mehr Geld machte; Gratsos war damit nicht einverstanden. »Ich hielt das für ein gefährliches Spiel, das seine Privilegien als Diplomat aufs Spiel setzen konnte«, sagte er später. Sein Spiel sei die Spionage, deutete Aristo an; selbst wenn man seine Art, sich in Szene zu setzen, und seine Neigung, zu übertreiben, in Rechnung stellt, muß man einräumen, daß die Regierungen ihre diplomatischen Vertreter als Geheimdienstagenten einsetzten. Es wäre sehr merkwürdig, wenn die Griechen nicht versucht hätten, seine Beziehungen zu geheimdienstlichen Kreisen nicht auszunutzen; die Regierung besaß eine Anzahl von verdeckten Möglichkeiten, Aristo zu bezahlen (insbesondere in einem Land, in dem die meisten Geschäftsleute mindestens zwei Bücher führten), und die Duldung seiner Aktivitäten auf dem Schwarzmarkt kann eine Möglichkeit gewesen sein, seine Dienste zu honorieren. Es gab vielleicht auch noch andere Möglichkeiten; eine aus Genua stammende Polizeiakte über Aristo und seinen Vetter Nicos Konialidis, die Unterlagen über einen Versicherungsbetrug im Zusammenhang mit dem Tabak enthielt, den er von seinem Vater aus Griechenland bezog, verschwand auf höchst genehme Weise 1932 in Athen.*

---

* Das amerikanische »Office of Naval Intelligence« (O.N.I.) beschrieb 1943 die zehn Jahre zurückliegende Schlamperei in einer vertraulichen Notiz an das FBI folgendermaßen: »Der Tabak wurde via Genua verschifft, wo er umgeladen wurde. Und es scheint so, daß Onassis auf die Idee verfiel, die Ballen in Genua mit Salzwasser zu besprühen; die daraus resultierenden Zahlungen von Versicherungsgesellschaften für Seeschäden stellten eine willkommene Erhöhung der legitimen Handelsprofite dar. Versicherungsagenten waren in die Sache verwickelt, und schließlich gab ein Angestellter das Spiel auf, als Nicos Konia-

67

Obwohl der Tabak noch immer die Grundlage für Aristos Reichtum war, interessierte er sich zunehmend für Schiffe; ihn faszinierten Gratsos Geschichten vom Geld, das man auf See verdienen (und verlieren) konnte, Geschichten vom Reichtum der Dracoulis. Aber es ist selten, daß ein Mann nur von einem Motiv geleitet wird; die Jahre in Piräus hatten sicherlich auch sein Denken beeinflußt. Darüber hinaus ärgerte es ihn, daß andere Männer fast genausoviel Geld wie er machten, indem sie einfach seinen Tabak transportierten. Immer wieder sagte er zu Gratsos: »Wo verfrachtet wird, ist das große Geld.« – »Und das Risiko«, erinnerte ihn Gratsos dann. Sie diskutierten unzählige Male darüber. »Dir geht es gut, steck deine Nase nicht in Sachen, von denen du fast keine Ahnung hast«, meinte Gratsos. Das Frachtergeschäft barg schon immer ein hohes Risiko, aber es besaß damals für Aristo einen unwiderstehlichen Reiz. Die Wirtschaftskrise hatte das Frachtwesen hart getroffen, und 8000-Tonnen-Trockengutfrachter, die zehn Jahre zuvor 500 000 Dollar gekostet hatten, gingen für ein Butterbrot weg; problematisch waren nicht die Anschaffungskosten, sondern die Betriebskosten – zu viele Schiffe kämpften um zu wenig Frachtgüter. Die Besitzer verloren häufig Tausende von Dollar bei einer einzigen Schiffsladung, denn es war billiger, ein Schiff aufzulegen, das heißt aus der Fahrt zu nehmen. Dennoch ließ sich Aristo nicht abschrecken; Gratsos war entsetzt, als er, trotz seiner ständigen Warnungen, einen gestrandeten 7000-Tonnen-Frachter erwarb, den er am Rio de la Plata entdeckt hatte. Er steckte ein kleines Vermögen in die *Maria*

LIDIS, Schwager des Erwähnten, in Genua war und letzterer als Resultat eine Strafe im Gefängnis absaß. Das Dossier scheint von Genua nach Griechenland geschickt worden zu sein, aber man nimmt an, daß es aufgrund einer engen Beziehung zwischen ONASSIS und einem MICHALAKOPOULOS, damals griechischer Minister, verschwand.« Das O.N.I. war nicht der einzige Zweig der amerikanischen Geheimdienste, der sich für die Einzelheiten aus dem Leben des Aristoteles Sokrates Onassis interessierte, was möglicherweise seinen eigenen Anspielungen Glaubwürdigkeit verleiht, daß er zumindest im Umfeld der Spionage tätig war. Gemäß der Dokumente, die vom »FOI Privacy Office« freigegeben wurden, überwachten »U.S. Army Intelligence« und »Security Command« sehr genau seine Aktivitäten und meldeten alles direkt an »Lt. Col. J. Edgar Hoover«.

Protopapas, um sie wieder flottzumachen und reparieren zu lassen. Die Arbeit war kaum beendet, als sie während eines Sturms im Hafen von Montevideo vor Anker liegend versank. Insgeheim hoffte Gratsos, daß das Experiment »seinen verrückten Träumen ein Ende bereitete«. Aber es verzögerte sie höchstens ein wenig.

Kurz nach Aristos Ernennung zum Vizekonsul starb sein Vater an Herzversagen; Aristo fuhr zur Beerdigung nach Athen. Danach reiste er durch Europa. In London, damals Dreh- und Angelpunkt der maritimen Welt mit ihrer seit langem etablierten Gemeinde griechischer Schiffseigentümer, zu denen Stavros Livanos, André Embiricos, Manuel Kulukundis zählten – kurz, eine Gesellschaft, die so mißtrauisch und verschworen war wie eine exotische Sekte –, hörte er das Gerücht, daß die »Canadian National Steamship Company« auf eine Finanzierungskrise zutrieb und zehn Frachter auf dem St. Lawrence aufgelegt hatte, die zum Stückpreis von 30 000 Dollar zum Verkauf standen, ein Preis, der kaum über dem Schrottwert lag; Aristo engagierte einen Schiffsingenieur und machte sich sofort nach Montreal auf.

Drei Tage lang kletterte Aristo bei Minusgraden auf den Schiffen herum, gefolgt von einer Gruppe kanadischer Beamter. Von morgens bis abends inspizierte er Maschinenräume, Kessel, untersuchte er Schotts, kroch auf Händen und Knien durch Wellentunnel und kletterte in jeden Vorratsraum, Spind und Lagerraum zwischen Brücke und Wasserlinie. Über alles machte er sich Notizen; zudem beobachtete er die Kanadier und taxierte ihre unruhigen Blicke; nachts errechnete er die Summen und zog dabei für jeden besorgten Blick, den die Kanadier ausgetauscht hatten, Tausende ab. Am Ende des dritten Tages stand er an Deck der *Canadian Miller,* brummelte vor sich hin, kratzte sich am Ohr, schüttelte den Kopf. Er werde sechs Stück abnehmen, sagte er, zu 20 000 Dollar das Stück. Es folgten harte Verhandlungen, aber er war der einzige Bieter. Die Kanadier stotterten herum – und gaben sich geschlagen. Er war endlich im Schiffsgeschäft. Seine erste Tat als Eigentümer bestand darin, die *Canadian Miller* und die *Canadian Spinner* umzubenennen: Sie erhielten die Namen *Onassis Penelope* nach seiner Mutter und *Onassis Sokrates* nach seinem Vater.

Kapitel 4

»Alles, was wir tun,
geschieht mit einem Seitenblick
auf etwas anderes.«

Aristoteles, »Nikomachische Ethik«

Sie stand in einer kleinen Gruppe Mitreisender an der Reling der *Augustus* und winkte Freunden zu, die gekommen waren, ihnen alles Gute für ihre Reise von Buenos Aires nach Genua zu wünschen, ihrer letzten Etappe nach einem schicken »Ausflug« in die Antarktis. Er konnte seine Augen nicht von ihr abwenden: Sie sah wie die Garbo aus mit den rasierten Augenbrauen und hohlen Wangen, der frechen Sinnlichkeit und der Aura düsterer Schicksalhaftigkeit. Als sie seinen verzehrenden Blick bemerkte, erwiderte sie sein Interesse mit dem Lächeln, das nur reiche Mädchen an sich haben können. Sie schätzte jede Art von Besonderheit an einem Mann und war sofort neugierig auf ihren Erster-Klasse-Mitreisenden mit den durchdringenden dunklen Augen und dem pomadisierten Haar. Seine Art, wie er sie beobachtete, hatte etwas Herausforderndes, und sie mochte das. Sie hielt ihn für den Gangster eines Geheimbundes, für einen Mann, über dessen Herkunft niemand etwas wisse, wie sie ihm später erzählte.

Er stellte fest, daß sich unter den Leuten, die gekommen waren, um ihr Lebewohl zu sagen, der Millionär Don Juan Christophersen befand und daß sie diesem Mann eine Rose aus ihrem Blumenstrauß zuwarf. Eine Frau mit ihrem Aussehen und ihrem Stil, eine Frau, die schon fast den Wohlgeruch von Geld verströmte, war es wert, daß man sich an sie heranmachte. Dieser Gedanke sollte den Kurs ihrer beider Leben beeinflussen.

Er bestach einen Steward, ihm in ihrer Nähe eine Kabine zu beschaffen. In den ersten Tagen verhielt er sich sehr reserviert und erkundigte sich bei den Besatzungsmitgliedern über sie, wobei er sehr großzügig mit 5-Dollar-Noten umging. Sie hieß Ingeborg Dedichen und war eine vertraute Figur auf der *Augustus*. Zu ihren Begleitern gehörten Gustav Bull, ein führender norwegischer Reeder, und Lars Christensen, Besitzer einer Walfangflotte. Als jüngstes von sieben Kindern des Ingevald Martin Bryde, einem der prominentesten und geachtetsten Reeder Norwegens, war sie in einer wohlbehüteten und verzauberten Welt aufgewachsen: Kathrineborg, der Familiensitz in Sandefjord, erbaut vom Großvater Johan Maurits Bryde, war bekannt unter dem Namen Brydeslottet oder Schloß Bryde. Ihre Familie war eine Reederfamilie, wie sie im Buche steht: Ihre vier Brüder waren Absolventen der Marineschule in Tjome, die Großvater Johan gegründet hatte; ihr Urgroßvater mütterlicherseits war ein romantischer Dichter namens Pieter Dass gewesen; und ihre Mutter, Nanna Sabina, war eine Klerck, die mit der schwedischen Aristokratie verwandt waren. Ingeborg war zweimal verheiratet gewesen; ihr gegenwärtiger Ehemann, Hermann Dedichen, war ein Bridge- und Glücksspieler, der, nachdem er sein eigenes Vermögen am Spieltisch durchgebracht hatte, sich nun an ihr Geld heranmachte; sie plante, Hermann nach ihrer Ankunft in Paris, wo sie lebten, den Laufpaß zu geben.

Mehrere Tage später sprach Aristo sie an, als er im Swimmingpool auf sie traf. Sie trug den ersten zweiteiligen Badeanzug, den er jemals gesehen hatte, aber anstatt ihr ein Kompliment zu machen, machte er sich über ihre Art zu schwimmen lustig. Die Taktlosigkeit seines Annäherungsversuches überraschte sie nicht; es überraschte sie, daß er Schwedisch sprach! Mehrere Tage vergingen, ehe er sie wieder ansprach; sie lag in einem Liegestuhl. Er fragte sie in Englisch (sein Schwedisch hatte sich mit den paar Worten am Swimmingpool erschöpft), ob ihr das Buch gefalle, das sie gerade las. Es war »My Life and Hard Times« von James Thurber, und sie erwiderte, es amüsiere sie. Er habe sich zu oft mit Problemen in seinem Leben herumschlagen müssen und deshalb keine Lust mehr, über die anderer zu lesen, sagte er. Er drehte seinen Charme auf, der jeden beeindruckte, der noch nicht die Gelegenheit hatte, mit ihm geschäftlich zu tun zu haben. Da war diese heisere, volltönende Stimme, deren Bann man sich kaum entziehen konnte, obwohl sie in den Sprachen Englisch, Französisch und Deutsch einen schweren Akzent besaß und auch die Stimme eines Mannes war, für den Sprache immer nur ein schlichtes Instrument sein würde und kein Element der Bildung, die es zu vervollkommnen galt: Allein die Wirksamkeit zählte. Ohne Geld müsse es ganz schrecklich sein, meinte er und freute sich, daß sie auf so leichte Weise miteinander ins Gespräch kamen. Er stellte sich vor. »Und ich weiß, daß Sie Madame Dedichen sind. Wir werden gute Freunde sein.« Er scheine sehr selbstsicher zu sein, meinte sie. Aristo lächelte. In Anbetracht ihrer familiären Herkunft müsse sie das alte Sprichwort kennen, daß es nichts Besseres als einen günstigen Wind für den Seemann gebe, der nicht wisse, zu welchem Hafen er auslaufe. Es war klar, daß er sich auf Geschäfte bezog. Ingeborg wich ihm aus. Der Zahlmeister habe ihr erzählt, daß er griechischer Konsul in Buenos Aires sei, sagte sie. Ob er auch Geschäftsmann sei? Er antwortete, daß er Schiffseigentümer sei. »O Gott! Ein griechischer Reeder«, sagte sie mit plötzlicher Abneigung in der Stimme. Von Kindheit an hatte sie gehört, wie ihre Familie und Freunde über griechische Reeder herzogen und sie aller nur denkbar schmutzigen Tricks bezichtigten. In den Londoner Kreisen um Lloyd's wurde behauptet, daß die Griechen immer die tollsten Märchen erfanden.

An diesem Abend wurde er an den Tisch von Lars Christensen und Gustav Bull gebeten, Männer, deren Freundschaft ihm eines Tages nützlich sein sollte (an Bord der *Augustus* entwickelte er auch den Trick, vor einer Dinnerparty zu essen; später, wenn alle übrigen Gäste mit ihrer Mahlzeit beschäftigt waren, konnte er sowohl beherrscht erscheinen als auch seinen unwiderstehlichen Charme besser ausspielen). Ingeborg und er kamen sich schnell näher; abends saßen sie an Deck und erzählten sich gegenseitig ihre Lebensgeschichte (»Er ist in Gesprächen ›à deux‹ sehr viel faszinierender«, erzählte sie den Christensens). Die Schwester von Ingeborgs erstem Mann war eine Freundin der norwegischen Königin Maud; sie waren zu vielen großen Festen im königlichen Palast eingeladen worden; es waren herrliche Zeiten gewesen. »Warum hörten sie auf?« wollte er wissen. »Ich ertappte meinen Mann mit meiner Nichte im Bett, sie machten ein sehr süßes Baby zusammen«, sagte sie. Sie lächelte, als ob die Schwangerschaft alles wieder ins Lot gebracht hätte. Und nun stand auch ihre zweite Ehe vor dem Scheitern; Dedichen hatte viel Geld von ihr durchgebracht; sie mußte Schmuck und Gegenstände aus ihrem Pariser Apartment verkaufen. Sie fürchtete sich vor der Vorstellung, nach Paris zurückzukehren. Aristo durfte ihr einen Gutenachtkuß geben. Aber er hatte keine Eile, die Schiffsromanze zu vervollkommnen: nicht nur, weil ein derart fesselndes Duell wie dieses eine ganz besondere Vorgehensweise erforderte, sondern auch, weil er sich nur langsam von einer Geschlechtskrankheit erholte.

Alle Orchester schienen 1934 Lieder von Cole Porter zu spielen, aber ungeachtet der Melodie, die sie spielten, tanzte Aristo denselben Tanz – einen langsamen, schnellen oder halbschnellen Foxtrott. »Wie kommt es, daß du selbst in einem Smoking wie ein Gangster aussiehst?« neckte ihn Ingeborg am letzten Abend ihrer Reise. »Weil ich vielleicht ein Gangster bin«, antwortete er. Das war ein Image, das seinem Sinn für Romantik und dem Wunsch entsprach, seine eigene Legende aus einer Mixtur von Phantasie und Halbwahrheiten zu schaffen. »Nein, du bist ein Pirat«, sagte sie ihm, wie sie sich später erinnerte. Sie besaß einen ausgeprägten Sinn für menschliche Schwächen. Er hatte sie trotz aller Ungereimtheiten und gegen ihren Willen beeindruckt; er brachte sie zum Lachen; sie hatte in letzter Zeit nicht allzuviel gelacht.

Sein Cadillac warte in Genua, hatte er ihr an diesem letzten Abend an Bord der *Augustus* erzählt. Warum sollten sie nicht nach Cannes, Marseille, Venedig ... alles außer Paris fahren? »Wenn ich mit dir fahre, wird das eine Menge Unannehmlichkeiten heraufbeschwören, und ich bin mir nicht sicher, ob meine körperliche Verfassung, ganz zu schweigen von meinem Ruf, selbst einen noch so kleinen Skandal aushalten könnte«, sagte sie. Er wolle mit ihr zusammensein, und sie wolle bei ihm sein, insistierte er: Es sei Zeitverschwendung, über Moral zu diskutieren. Sie wußte, daß er zu den Männern gehörte, die stets die Interessen anderer für ihre eigenen Ziele einspannen, sollte sie später sagen; dennoch hatte sein Vorschlag, den er ihr jetzt machte, etwas Unbezwingbares, und selbst bei aller Vorsicht war sie sich in diesem Moment einer unglaublichen Leidenschaft in seiner Stimme bewußt, die fast schon verzweifelt klang. In Venedig (sie nahmen laut Ingeborg nebeneinanderliegende Räume im Hotel »Danieli«, laut Onassis eine Suite im »Gritti«) liebten sie sich zum erstenmal nach der erzwungenen zölibatären Pause von Onassis. Die Kosenamen, die sie sich gaben – sie war seine »Mamita«, seine kleine Mutter, er war ihr »Mamico« –, sagten eine Menge über ihre Beziehung aus.

Sie jagten im großen Stil durch Europa, suchten die besten Restaurants auf, die vornehmsten Hotels, lieferten sich öffentlich Szenen und versöhnten sich hinter verschlossenen Türen: Die Harmonie war zwar brüchig, aber die Anziehungskraft schwand nicht (nach einer Woche in Oslo und Sandefjord schrieb Aristo an Costa Gratsos, er habe alle, auf die es in norwegischen Schiffskreisen ankomme, kennengelernt). Doch viele von Ingeborgs Freunden und Verwandten waren entsetzt über das, was einer von ihnen zurückhaltend als sein »exzessives griechisches Feuer« bezeichnete, sowie über die Intensität von Ingeborgs Verliebtheit. Sie hofften, er sei eine vorübergehende Störung, ein sozialer Aufsteiger, den sie fallenlassen würde, wenn der Groschen bei ihr fiele. Bei »Fayot's« in Paris machte er die Kellner auf sich aufmerksam, indem er wie in einer griechischen Taverne mit den Fingern schnippte und wie eine Schlange zischte; im »Maxim's« lenkte er die Aufmerksamkeit des Maître d'hôtel auf sich, indem er sein Messer gegen ein Glas schlug. Wenn Ingeborg insgeheim Zweifel kamen, so wußte sie auch, daß ihm die Gleichgültigkeit, was andere Leute von ihm dachten, seinen Elan und Stil verlieh; aber sie war glücklicher, wenn sie in den »Cabinets particuliers«, den besonderen Räumen für Liebende, dinierten. Später, in einer Woge sinnlicher Erinnerungen schwelgend, gestand sie, daß keiner ihrer Ehemänner eine Haut besaß, die sie so gerne gestreichelt habe wie die Aristos. (»Sie besaß einen Duft, eine Textur, eine Wärme, eine samtartige Weichheit, die man mit nichts vergleichen konnte und derer ich nie müde wurde.«) Keiner erregte sie auch so wie er: Beim Liebesakt »liebte er es, mich zwischen den Zehen zu lecken, behutsam wie eine Katze ... er pflegte jeden Teil meines Körpers zu liebkosen und mich mit Küssen zu bedecken, ehe er sich den Füßen widmete, die er anbetete.«

Aristos aktives gesellschaftliches Leben bedeutete nicht, daß er sich dem Geldverdienen nun weniger verschrieb. Nachdem Ingeborg Hermann Dedichen aus ihrem Leben verbannt hatte, ließ er sich in ihrem Apartment auf der Avenue Villiers nieder und setzte seine Gewohnheit fort, bis in die frühen Morgen hinein zu arbeiten, egal wie lange sie gefeiert und wieviel sie getrunken hatten. Er verbrachte Stunden damit, Telefongespräche nach London, Athen und Buenos Aires anzumelden. Seine Ausdauer erstaunte sie, seine Regenerierungsfähigkeit war außergewöhnlich. Manchmal arbeitete er, bis es hell war und die Vögel in den Bäumen des Place Malesherbes sangen. Als er nach mehreren Monaten des ununterbrochenen Zusammenseins nach Athen und Buenos Aires mußte, während sie gezwungen war, in Paris zu bleiben, um sich mit den rechtlichen Angelegenheiten im Zusammenhang mit ihrer geplanten Scheidung zu befassen, war Ingeborg froh über die Unterbrechung.

Während seiner Reise schrieb er ihr fast jeden Tag Briefe von außergewöhnlicher Ausführlichkeit, voller Selbstenthüllungen, entsetzlicher Qualen und Erinnerungen an die Jugendzeit.* Immer wieder flehte er sie an, treu zu bleiben, »hundertprozentig mein zu sein ... sag, daß Du mich liebst, sag, daß Du mir vollkommen treu bist ... Mamita, meine angebetete Ingse, enttäusche mein Vertrauen auch nicht einen Moment lang, laß niemals zu, daß Männer mit Dir flirten, Du mußt es mir versprechen!« Er überwachte sie mit Argusaugen, aufgeregt und besorgt wie eine Glucke: »Sage Deiner lieben Schwester in Oslo, daß sie nicht häßlich zu Dir sein soll, weil es sehr schlimm ist, wenn Geschwister häßlich zueinander sind.« Als sie vorhatte, eine kleine Gemme zu verkaufen, warnte er sie vor den Händlern, »die immer, wenn sie eine Frau vor sich haben, betrügen wollen. Das sind Juden.« Hier gab er zum erstenmal schriftlich seinen mindestens oberflächlich vorhandenen Antisemitismus preis, der ihm in späteren Jahren noch so viel Ärger bereiten sollte. Er wollte wissen, wie sie ihre Zeit

---

* Obwohl sie gleichaltrig waren, belog er sie bezüglich seines Alters und bekräftigte die Angaben in seinem griechischen Paß. Sie war wohl nicht völlig überzeugt: In dem von ihr mit Anmerkungen versehenen Exemplar von Joachim Joestens Biographie »Onassis«, die 1963 in New York erschien, hatte sie das Geburtsdatum 1906 mit einem roten Fragezeichen versehen.

verbrachte, wen sie traf, wo sie aß. Sein schülerhafter Ton amüsierte sie zunächst, aber seine Vorwürfe und sein Mißtrauen ärgerten sie auch zunehmend. Sie erzählte Artemis: »Es ist, als ob er mich ohne Vergangenheit wünscht, keine Erinnerungen, keine Stempel in meinem Paß.« Sie gewöhnte sich an mitternächtliche Anrufe, zu denen ihn Mißtrauen, Melancholie und zunehmende Hypochondrie trieben. Seine Briefe beschrieben Qualen: »Mamita, Du kannst so nicht weitermachen. Wenn Du mich wirklich liebst, wenn Du wirklich meine Liebe willst, mußt Du sofort kommen und mich heiraten.« Sie sei immer noch mit Hermann verheiratet, habe er das vergessen? antwortete sie dann. »Du schreibst mir nur nette Sachen, die nichts kosten, aber Du weigerst Dich, zu kommen. Du willst noch nicht einmal die kleinste Unannehmlichkeit auf Dich nehmen, um bei mir sein zu können«, schrieb er von Athen; sie haßte Athen; sie zog London vor, aber er behauptete, es sei zu teuer, wenn sie dort lebe (obwohl er ständig eine »Suite« im Savoy hatte), und fuhr dennoch fort, ihr die Konsequenzen seiner vielbeschworenen Enthaltsamkeit zu beschreiben: »Weißt Du denn nicht, wie dumm und ungerecht es ist, so verrückt vor Liebe zu sein und getrennt zu leben? Kannst Du Dir überhaupt vorstellen, wie oft ich morgens aufwache und mein Bett naß ist, weil ich im Schlaf eine Erektion hatte? Ich fühle mich dann den ganzen Tag über körperlich elend.«

Wie jede Frau, die zweimal Schiffbruch in der Ehe erlebt hat, besaß sie einen hochentwickelten Sinn für Selbstschutz, und obwohl es ihr widerstrebte, ihre Ansprüche auf seinen Schutz aufzugeben (er unterstützte sie nun recht großzügig), verlangte es sie danach, zumindest einen Rest von Unabhängigkeit zu bewahren. Es machte ihr nichts aus, daß die Leute wußten, daß Onassis ihr Geliebter war, jedoch sträubte sie sich, als seine Mätresse bezeichnet zu werden, wie sich ihr Neffe Finn Bryde erinnerte. »Geschäfte kennzeichnen sein Leben«, erzählte sie Costa Gratsos, der besser als jeder andere verstand, was sie damit meinte. Aristos Lavieren und Ausnutzen einflußreicher Beziehungen waren eine existentielle Notwendigkeit geworden. »Wie Achilles kämpfe ich für nichts anderes als meinen Ruhm«, erklärte er und begann damit, sich seiner griechischen Vorfahren sehr bewußt zu bedienen.

In London teilte er sich ein kleines Hinterhofbüro in der Leadenhall Street 101 mit Perikles Dracoulis, einem Onkel von Costa Gratsos; das waren schwierige und einsame Zeiten für ihn; sein Tabakimperium unter Kontrolle zu halten (es war noch immer Hauptquelle seines Reichtums und wurde in Athen von Onkel Homer und in Buenos Aires von den Vettern Nicos und Constantine Konialidis beaufsichtigt) und seine Reederei auszubauen, übte beträchtlichen Druck auf ihn aus. Er sublimierte durch Arbeit seine sexuelle Energie und arbeitete unermüdlich sechzehn Stunden am Tag, sieben Tage in der Woche, eilte von Büro zu Büro, von Dock zu Dock, bestach, spielte einen Agenten gegen den anderen aus, um seine Schiffe im Geschäft zu halten. Er aß selten zu Mittag, begnügte sich mit einem Bier und belegten Broten in seinem Büro. Trotz des scheinbaren Überflusses, der Suite im »Savoy«, der teuren dunkelblauen Pariser Anzüge (von Creeds in der Rue Royale), der zahlreichen Reisen zwischen London, Athen, Buenos Aires und Paris mußte er viel Geld aus seinem Tabakgeschäft abziehen, um sein junges Schiffahrtsunternehmen lebensfähig zu machen. Als Mamita anbot, ihr Apartment in der Avenue de Villiers gegen eine kleinere Vierzimmerwohnung am Place de Laborde einzutauschen, die ihrer Cousine Stina gehört hatte, bevor sie den Comte de Montais heiratete, nahm er die Chance wahr, Geld zu sparen. (»Er konnte sowohl knickrig als auch großzügig sein«, räumte ein Mitarbeiter ein. »Er konnte nicht immer der Versuchung widerstehen, selbst bei kleinen Dingen, einen oder zwei Dollar herauszuschinden.«) Als Inge wünschte, den Salon mit einem Paneel auszustatten, das zu ihren Louis-seize-Möbeln paßte, bestand er darauf, daß sie die gewirkten Tapeten aus dem alten Apartment nahm, und schrieb mißbilligend: »Wir haben weit dringendere und wichtigere Bedürfnisse.« Er kämpfte immer mit seiner Ambivalenz, selbst wenn er ihr ein Schmuckstück kaufte: »Mamita, wenn ich solche Dinge kaufe, muß es eine Gelegenheit sein, denn es macht mir mehr Freude, wenn Du es trägst und ich weiß, daß ich es billig bekommen habe, auch wenn es sehr hübsch ist.« Er schickte ihr Anfang 1936 einen Scheck über 60 Pfund und drängte sie immer noch, »sorgsam mit dem Geld umzugehen ... Du mußt sparsam sein.«

Er hatte es nicht geschafft, an jenem Weihnachten auch nur einen Tag bei ihr zu sein; er verbrachte die Feiertage damit, über eine Fracht in Antwerpen zu verhandeln, 200 Meilen von Paris entfernt: »Mamita, es widert mich an, mich um solche Probleme kümmern zu müssen. Ich wünschte, ich könnte mich eine Weile ausruhen und bei Dir sein«, schrieb er und fügte die altbekannte, inständige Bitte hinzu, keine Einladungen, außer familiärer Art, anzunehmen: »Wenn die Männer rausfinden, daß Du allein bist und Dich einsam fühlst, wollen sie, daß Du mit ihnen zum Essen ausgehst ... bitte, ich flehe Dich an, gehe nicht mit ihnen.«

Um Taxigebühren zu sparen – und weil er sich nicht im Londoner U-Bahn-System zurechtfand –, ging er häufig zu Fuß von seinem Büro ins »Savoy«. Dreißig Jahre später konnte er noch die alten Straßennamen seines gewohnten Heimwegs aufzählen: Cornhill, Cheapside, Newgate, Ludgate Hill, Fleet Street, Aldwych, the Strand. Der lange Weg hielt ihn in Form und half ihm, das Gefühl großer Einsamkeit, das ihn in London befiel, zu verscheuchen. Abends las er alles, was er über Schiffe finden konnte, von *Lloyd's List* und *Shipping Gazette* bis hin zum *New York Journal of Commerce*. Er konnte Versicherungsgebühren, Charterbedingungen, Verladevorschriften, Brennstoffpreise und Fahrpläne jeder bedeutenden Dampfschiffahrtsgesellschaft der Welt aufzählen. Als Meister mörderischer Preisdrückerei konnte er ein Geschäft so genau taxieren, daß Gratsos später schwor, »daß er die Beine eines Rivalen im Handumdrehen um ein Stück kürzen konnte«.

Im »Savoy« empfand er zum erstenmal in seinem Leben, daß er am Rande der Bedeutungslosigkeit existierte, daß er auf Probezeit unter Leuten weilte, »die so reich waren und so sorglos mit ihrem Reichtum umgingen«. Er ging ins Kino. Ihm gefiel Conrad Veidt in »King of the Damned«, er sah Grace Moore in »Love Me Forever« dreimal, wie er Mamita schrieb. Manchmal stand er morgens auf, wenn es noch dunkel war, und ging über die London Bridge zum Frühstück ins Hafenviertel in eines der Cafés in der Tooley Street oder Rotherhithe Street, wo sich der Duft von Toastbrot und Schinken mit dem Geruch von Hanf, Öl und Hopfen der Brauereien mischte. Es war keine nostalgische Sehnsucht, die ihn an diese Plätze zog, sondern eher die Anziehungskraft, die prächtige Raubtiere auf Männer mit geheimnisvollem Schicksal ausüben. Er wußte, daß er bruchstückhafte Informationen von den Schauermännern, Taljemännern und Seeleuten aufschnappen konnte, wenn sie die schmierigen Küchen aufsuchten und ihm dabei halfen, herauszufinden, wo sich eine Frachtmöglichkeit ergab.

Als er eines Abends ins »Savoy« kam, stieß er in der Empfangshalle auf einen Boten, der mit beunruhigenden Nachrichten auf ihn wartete: Der griechische Konsul in Rotterdam weigerte sich, eines seiner Schiffe, die *Onassis Penelope,* auszuklarieren; erst sollte ein griechischer Staatsbürger als Ersatz für einen an Blinddarmentzündung erkrankten Seemann gefunden werden. Das unter griechischer Flagge fahrende Schiff wollte mit dem Rest der aus Buenos Aires stammenden Fracht nach Kopenhagen auslaufen; eine Verspätung bedeutete für ihn kostspielige Entschädigungszahlungen und den Verlust der nächsten Fracht. Er rief den Konsul in Holland an und bat ihn inständig, die Anordnungen zu lockern; der Beamte blieb unerbittlich hart. Aristo arbeitete die ganze Nacht hindurch, holte Agenten aus ihren Betten, beriet sich mit Anwälten, änderte Verträge; am nächsten Morgen flog er nach Rotterdam und lud den Konsul auf einen Drink an Bord des festsitzenden Schiffes ein. »Mein Freund«, sagte er mit einer wundervoll großzügigen Geste und überreichte ihm ein kleines Päckchen, als sie ihre Gläser erhoben, »Sie befinden sich nun an Bord eines panamaischen Schiffes.« Das Päckchen enthielt die griechische Flagge. Er hatte dreißig Stunden lang nicht geschlafen, »aber das Vergnügen, die Amtsgewalt zu überlisten, war jede einzelne Minute Arbeit wert«.

In Paris amüsierte sich Ingeborg mittlerweile mit einem alten holländischen Verehrer, einem Dirigenten. Sie hatte bei solchen Dingen keinerlei Skrupel. Die Affäre war nicht mehr »als ein kleines Sandkorn« in ihrem Leben, eine Episode, um ihre Einsamkeit zu lindern: Sich auf sexuellem Gebiet schuldig zu fühlen kam bei ihrer skandinavischen Einstellung nicht in Frage. Aber Aristo spürte, daß irgend etwas nicht stimmte: Drei Tage ohne eine einzige Zeile von ihr waren verstrichen. Er schrieb ihr und fragte eindringlich: »Was ist los, Mamita? Du hast Zeit, den ganzen Tag über Bridge zu spielen, warum kannst Du Dir nicht zehn Minuten nehmen, um mir ein paar Worte zu schreiben? Ich glaube, daß irgend etwas nicht stimmt. Du bist ungerecht, weil ich hier leide und so hart arbeite, selbst mit schrecklichem Fieber, wie kannst Du nur so sein, wenn Du mich wirklich liebst? Warum bist Du so ungerecht? Haßt Du mich?« Natürlich hasse sie ihn nicht, versicherte sie. »Ungerecht« schien sein Lieblingswort geworden zu sein, erzählte sie einem Freund. Und später sagte sie: »Ich erinnere mich, irgendwo gelesen zu haben, daß eine Person schon sehr gerecht sein muß, um das Verhalten eines Geliebten nicht ungerecht zu finden.«

Von ihren Beteuerungen nicht überzeugt, rief er sie vom »Savoy« aus an, obwohl er handvermittelte Telefongespräche verabscheute (er vermutete, daß man in der Leitung blieb und »sich lustig über mein lausiges Englisch macht«). Er wollte wissen, ob sie ihm untreu gewesen sei. Sie wollte ihn nicht anlügen, obwohl sie wußte, daß Wahrheitsliebe gefährlich war. Ihre offenen Antworten auf seine schamlosen Fragen nach ihren Erfahrungen mit ihren früheren Ehemännern hatten schreckliche Eifersuchtsanfälle ausgelöst. Vorsichtig antwortete sie, sie habe einen alten Freund getroffen, doch sei die Episode beinahe nicht der Rede wert. Er möge doch bitte einen erotischen Impuls nicht mit Liebe verwechseln, sagte sie. Aber er nahm es übel.

Als die Industrienationen sich langsam von der Wirtschaftskrise erholten und seine Schiffe allmählich Gewinn abwarfen, war es an der Zeit, den nächsten Schritt einzuleiten. Kohle deckte immer noch zu 75 Prozent den Energiebedarf der Welt, aber sie wurde langsam vom Erdöl abgelöst. Trotz der eigenen, reichlich vorhandenen Bodenschätze waren auch die Vereinigten Staaten im Begriff, sehr viel Rohöl zu importieren; mit der stetig steigenden Industrieproduktion – die jährliche Wachstumsrate betrug 12 Prozent – und mit der schnellen Entwicklung Europas auf militärischem Gebiet dehnten sich die Raffinerien im gesamten Nahen Osten aus; allmählich entstand eine Nachfrage nach Tankschiffen, welche das Öl von den Terminals in Syrien, Libyen, Tunesien,

Algerien und aus dem Libanon zu den sich kräftig entwickelnden Märkten in der ganzen Welt transportieren sollten. Aristo war der Meinung, daß die richtige Antwort nicht mehr Tanker, sondern größere Tanker hieß. Wie alle griechischen Reeder jener Zeit war er ein »trockener« Verfrachter (Tabak, Getreide, Holz), aber er hatte sorgfältig gerechnet und kalkulierte, daß die Betriebskosten wesentlich zu senken waren, wenn er es schaffte, die üblichen 9000-Tonnen-Tanker um zwei Drittel zu vergrößern. Wie es mit Ideen nun einmal ist, und diese bewegte sich keineswegs in derselben Kategorie wie das Prinzip von der Unveränderlichkeit der Ausbreitungsgeschwindigkeit des emittierten Lichts, erzählten ihm die Ingenieure genau das, was die Experten über Einsteins Theorie auch gesagt hatten: Sie widerspreche dem gesunden Menschenverstand. Dabei führten sie Richtwerte für Wasserverdrängung, spezifisches Gewicht, höchstzulässigen Tiefgang und Ladewasserlinie an. Fazit: Ein 15000-Tonnen-Tanker sei unmöglich. Trotz dieses Widerstands war Aristo davon überzeugt, daß große Tanker die Zukunft waren, und nichts konnte ihn von dieser Idee abbringen. »Man scheitert erst, wenn man den Versuch aufgibt«, sagte er, als Gratsos vorschlug, die ganze Idee fallenzulassen. »Ein Mann ist nicht mal Scheiße wert, wenn er kein einziges Mal in seinem Leben versucht hat, Grenzen zu überschreiten.«

Er mußte eine Werft finden, die einen Tanker in der von ihm geplanten Größe bauen konnte. Ein Schiffsmakler namens Gustav Sandstrom, den er in Buenos Aires kennengelernt hatte, empfahl ihn an Ernst Heden weiter, den Chef der Gotaverken-Werft in Göteborg. 24 Stunden später saß Aristo, zusammen mit Mamita, in Hedens Büro. Ganz abgesehen von dem Problem, Heden überzeugen zu müssen, auf seiner Werft ein derart großes Schiff mit all den damit verbundenen technischen Problemen zu bauen, brauchte Aristo auch noch weitaus mehr Kredit, als dies bei griechischen Reedern sonst üblich war. Die Anwesenheit von Mamita, einer Tochter der hochgeachteten Byrdes von Sandefjord, dürfte seinem Ansehen wohl nicht geschadet haben.

Heden hielt das Schiff für realisierbar, schätzte aber die Kosten auf 800000 Dollar, also fast doppelt so hoch wie für einen 9000-Tonnen-Tanker. Er schlug daher vor: »Kaufen Sie doch zwei

9000-Tonner.« Aristo bestand jedoch auf dem großen Schiff, und in den folgenden drei Tagen erörterten die beiden Männer die Vertragsbedingungen, konnten sich aber nicht einigen. Aristo erhielt von Lars Christensen, Ingeborgs einflußreichem Begleiter an Bord der *Augustus,* die Zusage, für ihn zu bürgen, und Ingeborg becircte Anders Jahre, einen brillanten norwegischen Anwalt, der einige der größten Walfang- und Schiffahrtsunternehmen Skandinaviens beraten und organisiert hatte, für Aristo einzutreten. Heden war einverstanden, die »griechische Klausel« fallenzulassen, die zumindest 50 Prozent Eigenkapital und eine maximale Kreditlinie von fünf Jahren vorsah; das war zwar ein großer Fortschritt, aber immer noch nicht gut genug für Aristo; schwerwiegende und unüberbrückbare Differenzen blieben bestehen, als er schließlich nach London zurückkehrte. Als einer der größten »Druckmacher« der Geschäftswelt bombardierte er Heden in den darauffolgenden Wochen mit Telegrammen, Briefen, Anrufen und weichte damit stückchenweise den festen Vorsatz und die Vorausbedingungen des Werftbesitzers auf, bis sie den Vertragsbestimmungen glichen, die Aristo sich von Beginn an vorgestellt hatte.

Heden war in seinem Büro der Gotaverken, als ihm sein Sekretär mitteilte, Mr. Onassis wünsche ihn zu sprechen. »Herein mit ihm«, antwortete Heden und erwartete eine weitere weitschweifige Rede. Aber schon nach zwanzig Minuten war der Vertrag aufgesetzt: A. S. Onassis, Göteborg Ltd., hatte den ersten 15 000-Tonnen-Tanker der Welt für 800 000 Dollar in Auftrag gegeben; ein Viertel der Summe sollte während der Bauzeit in drei Raten bezahlt werden, der Rest zu 4,5 Prozent bei einer Laufzeit von zehn Jahren. Er werde ihn *Ariston* nennen, sagte er; ein Wortspiel mit seinem eigenen Namen, weil es auf griechisch auch gleichzeitig »das Beste« bedeute.

Jeden Tag schrieb er Mamita ausführliche Briefe voller Rechtschreibfehler, bat sie um Rat, um ihre Meinung, verlangte Beteuerungen ihrer Treue – die Angst nagte beständig an seinem Herzen. Die kleinen Dinge seines Lebens vertieften am meisten Ingeborgs Gefühle für Aristo: einsame Zugreisen durch Europa (»Ich würde gerne fliegen, aber es gab kürzlich so viele Unfälle, daß ich mich

82

nicht traue; gestern starben sieben Menschen bei einem Absturz in Norwegen«), die Stunden, die er damit verbrachte, schlechte Filme anzusehen, die er schon kannte, um die Zeit zwischen zwei Terminen zu überbrücken.

In dem Maße, wie sein Vermögen aus dem Schiffsgeschäft anwuchs, geriet der Tabakhandel, von dem soviel abhing, in Schwierigkeiten. In Athen hatte Homer es zugelassen, daß die Situation alarmierende Formen annahm. Mittlerweile fast schon ein Greis (Aristo schätzte ihn später auf rund sechzig Jahre), schien er sich der Krise und seiner wachsenden Unfähigkeit, mit ihr fertig zu werden, überhaupt nicht bewußt zu sein. Als schließlich durchsickerte, daß er abgesetzt werden sollte und daß Aristo plante, ein völlig neues Management in Athen einzusetzen, geriet er in Wut und drohte, Aristo zu erschießen und anschließend Selbstmord zu begehen. »Du bist nicht nur ein Feigling, sondern auch noch ein Dummkopf«, sagte Aristo. Als Mamita ihre Besorgnis zum Ausdruck brachte, beruhigte er sie: »Ich weiß, wie ich mich schützen kann. Jedenfalls ist er nur ein alter, verzweifelter Mann, dem plötzlich klar wird, wieviel er verjudet* hat. Ich empfinde Mitleid für ihn, denn er ist trotz alledem der Bruder meines Vaters, und ich werde ihm wieder helfen, aber das nächste Mal nur, indem ich ihm Geld gebe und ihn nicht mehr mit meinen Geschäften betraue.«

Trotz dieser hochtrabenden Worte war die Belastung enorm. Von allen Seiten stürmten Probleme auf ihn ein: Er beschäftigte sich mit der Krise in Athen, regte sich während jeder Bauphase der *Ariston* in Göteborg auf, kontrollierte die Vorgänge in Buenos Aires, stellte ständig Fahrpläne um, um auch noch die letzte Fracht am anderen Ende der Welt zu erwischen, arbeitete am Rande der Unverfrorenheit, um selbst noch unter den miserabelsten Bedingungen einen Profit zu erzielen. Darunter litt allmäh-

---

* Es ist unwahrscheinlich, daß Ari annahm, Homer habe ihn bewußt um Geld gebracht, obwohl er mit der Erfindung eines Verbs, mit dem er das Verhalten seines Onkels mit Leuten in Verbindung brachte, denen er zutiefst mißtraute, doch bewies, wie sehr er den alten Mann verabscheute.

lich seine Gesundheit. Er klagte über Kopfschmerzen, Schmerzen in den Händen und an den Nieren, Halsentzündungen und Bronchitis.

Obwohl er daran gewöhnt war, hart am Wind zu segeln, hatten die Investititionen in die *Ariston* selbst seine Geldmittel überstrapaziert, und so verhielt er sich Mamita gegenüber knausriger denn je. Selbst als er im August 1936 verzweifelt versuchte, sie davon zu überzeugen, nach Athen zu kommen, beharrte er: »Ich möchte nicht, daß Du mit dem Zug kommst, das kostet so schrecklich viel. Wenn Du Dich zum Kommen entschließt, dann selbstverständlich mit dem Schiff.« Nach zehn Tagen etwas nachgiebiger, bewilligte er eine Eisenbahnkarte zweiter Klasse. Sie hasse Athen, die Hitze und den Staub, die Nachtclubs, in denen er sich gerne entspanne, und sie könne die fieberhafte Überspanntheit der Hellenen nicht begreifen. Ihre Weigerung, ihn zu besuchen, als er sagte, er sei krank, versetzte ihn in Verzweiflung. »Glaubst Du etwa, daß ich gerne hier bin? Es ist keine Übertreibung, wenn ich Dir sage, daß ich Griechenland mehr hasse als Du«, behauptete er und erinnerte sie daran, daß ihn nur die Geschäfte in Athen hielten. Er schrieb ihr leidenschaftliche Briefe, böse Briefe, er schickte Telegramme, er rief sie an, um sich für die bösen Briefe zu entschuldigen. Seine Anrufe wie seine Briefe wechselten von einem Extrem in das andere: Auf der einen Seite schwor er ihr ewige Liebe und drängte sie dazu, von ihm ein Kind zu bekommen (»Es ist eine schwere und große Verantwortung, Mamita, aber wenn Du den Mut dazu hast, laß es uns zumindest versuchen«), im nächsten Moment griff er sie wütend als Snob an, weil sie eine Einladung zu einer Dinnerparty in der dänischen Botschaft in Paris angenommen hatte, und wies sie belustigt darauf hin, Dänemark habe gar keine Botschaft in Paris, »nur ein Konsulat, wie all diese kleinen Länder«.

Es gab die ersten Anzeichen von manisch-depressiven Zuständen, die ihn dann und wann bis an sein Lebensende beeinträchtigen sollten. »Meine Gesundheit, Mamita, es ist wirklich unglaublich. Ich bin dreißig Jahre alt und fühle mich, als ob ich auseinanderfalle«, schrieb er, wobei er bewußt das Märchen von seinem Alter aufrechterhielt und damit an ihre mütterlichen Instinkte appellierte. Sein Schwager, Dr. Theodore Garofalides, verordnete ihm während seines Aufenthalts in Athen eine einwöchige Bettruhe, bei der er 14 Pfund abnahm. Ingeborgs angeborenes kokettes Wesen störte empfindlich seinen Seelenfrieden, und er lebte in der ständigen Angst vor einem neuerlichen Seitensprung seiner Mamita. Ihr Treuebruch verletzte ihn so sehr, »daß ich Dir den Schmerz nicht schildern kann. Er nahm mir den ganzen Lebensmut. Mein Geltungsbedürfnis, meine ›amour propre‹ ließen es nicht zu, daß ich Dir diese Dinge schon früher erzählte, aber ich hatte in den vergangenen Tagen viel Zeit zum Nachdenken – meistens bin ich so beschäftigt mit den sorgenvollen Gedanken ans Geschäft und habe keine Zeit für persönliche Gefühle –, und ich möchte, daß Du meine Gefühle genau verstehst. Was bedeutet es eigentlich schon, wenn eine Frau, die ein Mann liebt, mit einem anderen Mann einmal oder ein paarmal ins Bett geht? Betrachtet man es vernünftig, bedeutet es nichts, aber es verletzt den Mann doch schrecklich, Mamita. Ich lachte früher über solche Dinge. Aber seit ich Dich liebe, habe ich begriffen, was Treue bedeutet. Es macht mir nichts, daß Du zweimal verheiratet warst, daß Du mehrere Abenteuer hattest, aber es macht mich verrückt, wenn ich daran denke, daß Du mich eines Tages wieder betrügst. Es macht mir nichts, wenn ich an Deine Vergangenheit denke, bevor wir uns kennenlernten. Ich habe keine beunruhigenden Vorstellungen von Dir und Deinen Ehemännern oder dem amerikanischen Liebhaber, aber ich kriege nicht das Bild von Dir und dem Holländer in Paris aus dem Kopf. Immerzu trage ich eine Art düsteres Bild in mir, das durch Deine Beschreibung entstand.«

Wieder schlug er vor, daß sie so schnell wie möglich nach ihrer Scheidung heiraten sollten: »Das Leben ist so kurz, Mamita, wir haben nur noch ein paar Jahre, unsere körperliche Liebe zu genießen: Meine ›jeunesse‹ währt nicht ewig.« Er habe sie mittlerweile als gemeinsame Nutznießerin (zusammen mit seiner Stiefmutter Helen) einer Lebensversicherung eingesetzt, die er 1933 über 3000 Dollar in Buenos Aires abgeschlossen habe – und flehte sie an, ihm sofort alles zu sagen, wenn sie ihn jemals wieder betrügen sollte!

In den folgenden Monaten verlor er seinen Diplomatenpaß (die Griechen waren der Meinung, daß er zu selten in Argentinien war, um sein Amt wahrzunehmen), ließ sich die Mandeln entfernen und unterzog sich einer Operation, bei der mehrere kleine Lymphknoten im Nacken entfernt wurden. Sobald er sich gesund genug fühlte, entschloß er sich, nach Argentinien zurückzukehren, um die dortigen Probleme zu lösen.

Mamita war einverstanden, ihn zu begleiten, aber kurz bevor das Schiff in Neapel ablegte, überfiel sie plötzlich eine große Angst um ihren guten Ruf. »Was wird meine Familie denken? Niemand wird verstehen, wie ich dich auf eine so lange Reise begleiten kann, ohne mit dir verheiratet zu sein ... es ist Wahnsinn!«

Aristo selbst dürfte wohl das Motiv für diese Entscheidung geliefert haben, als er ihr, mißtrauisch wegen ihres gesellschaftlichen Umgangs in Paris, mitgeteilt hatte, er »wünsche« ihr »den bestmöglichen Ruf, weil ich glaube, daß ein guter Ruf wesentlich für das menschliche Glück ist. Einige Leute, wenn sie sehr, sehr reich sind, können sich selbst gewisse Nachlässigkeiten bezüglich ihres Rufs erlauben. Sehr reiche Frauen dürfen extravagant sein, man wird ihnen wegen der Macht ihres Geldes verzeihen. Aber wenn das Geld normal vorhanden ist - oder ziemlich knapp -, muß man die öffentliche Meinung beachten und sich innerhalb gewisser Grenzen bewegen.« Aber nun verübelte er ihr diesen Sinn für Schicklichkeit: »Du hast dich in deiner Jugend einen Dreck um deinen Ruf geschert, mit zwanzig Jahren, mit dem Amerikaner, mit anderen, als du deine Jungfräulichkeit preisgegeben hast - und nun, als erwachsene, zweimal verheiratete Frau, vollkommen unabhängig von deiner Mutter, fängst du plötzlich an, dich um deinen Ruf zu sorgen ...«

Es sagt viel über ihre seltsame Beziehung und über ihre katastrophale Unfähigkeit aus, einander zu verstehen, als sie sich von seiner Wut überrascht zeigte - und verletzt von seiner Weigerung, ihr eine Korallenkette zu kaufen, die sie kurz nach ihrer Entscheidung, ihn nicht nach Argentinien zu begleiten, so bewundert hatte. Bei einer Freundin beklagte sie sich: »Stell dir vor, was es ihn gekostet hätte, mich nach Argentinien mitzunehmen, und trotzdem wollte er mir nicht einmal diese elende, kleine Halskette kaufen!«

Die Probleme in Buenos Aires waren längst nicht so schwerwiegend wie jene, die er in Athen meistern mußte; die Brüder Konialidis waren erfolgreicher als Homer, und nach wenigen Wochen lief alles zu seiner Zufriedenheit. Im Sommer 1937 gab es gute Gründe für seinen wachsenden Optimismus: Er hatte in letzter Minute einen Flug mit dem Zeppelin »Hindenburg« nach New York storniert und war statt dessen nach Dax gereist, um Änderungen an der *Ariston* mit einem Schiffsingenieur zu besprechen, der dort wegen seiner Arthritis mit Schlammbädern behandelt wurde; am 6. Mai endete der Flug der »Hindenburg«, in der Aristo gesessen hätte, mit der Katastrophe von Lakehurst. »Der Glückliche hat immer Glück«, meinte er. Der Gedanke, daß seine Haut auf diese Weise gerettet worden war, besaß auch etwas Mystisches für ihn.

Mittlerweile hatte der Präsident der Reichsbank, Hjalmar Schacht, ein riesiges Wiederaufrüstungsprogramm angekurbelt. Da man sich in Europa auf das Schlimmste gefaßt machte, erreichte der Boom auf dem Schiffssektor ungeahnte Ausmaße. »Es war beinahe unmöglich, nicht viel Geld zu verdienen, wenn man Schiffe hatte«, erzählte er später gerne. Da sein erster Tanker in Schweden fast fertig war und er bereits einen Jahreskontrakt mit Jean Paul Gettys »Tidewater Oil Company« über den Öltransport von Kalifornien zur »Mitsuis Corporation« in Yokohama abgeschlossen hatte, beschloß Aristo, zwei weitere, sogar noch größere Tanker als die *Ariston* in Auftrag zu geben.

Wenige Tage nach seiner Ankunft in Buenos Aires lud ihn sein alter Mentor Alberto Dodero zu einer Party ein, wo er den österreichischen Waffenkönig Fritz Mandl, Chef der »Hirtenberger Munitionswerke« in Wien, kennenlernen sollte. Aristo traf auf eine illustre, hochexplosive Gesellschaft: Zu den Gästen gehörten führende Mitglieder der großen deutschen Kolonie, Persönlichkeiten aus dem Showgeschäft (der gerade von Hedy Lamarr geschiedene Mandl ließ sich mit Vorliebe in der Gesellschaft von Schauspielerinnen sehen, und der deutsche Star Eva May beging

Selbstmord, als sie den Laufpaß bekam), Diplomaten aus drei faschistischen Diktaturen Europas sowie die pronazistischen argentinischen Generäle Basilio Pertine und Juan Molina. Die britischen und amerikanischen Geheimdienste waren brennend an der Gästeliste interessiert.

Obwohl Mandl sich seiner ausgezeichneten Beziehungen zu den Nazis rühmte und sich bereits 1927 den österreichischen Faschisten angeschlossen hatte (er war eng mit Franco und Mussolini befreundet), war er Jude. Da er sich verständlicherweise vor Hitlers Österreich-Plänen fürchtete, hatte er bereits eine Rinderfarm und eine Reisplantage vor den Toren Buenos Aires' gekauft und sah sich nun, mit 700 Kilo Gold im Rücken, die er bei der argentinischen Zentralbank deponiert hatte, nach weiteren Investititionsmöglichkeiten um. Aristo fühlte sich geschmeichelt, als sich Mandl an ihn wandte und seinen Rat über Schiffe erbat, und er fühlte sich in eine neue Welt der Brüderlichkeit unter Geschäftsleuten aufgenommen. »Eine Krähe hackt der anderen kein Auge aus«, rühmte er sich gegenüber seinem Vetter Costa.

Dodero lud Aristo – oder Ari, wie er ihn nannte – zu allen seinen Partys und langen Wochenenden in seinem Haus in der Nähe von Montevideo ein. Dort, jenseits des Rio de la Plata, pflegten ein Dutzend oder mehr Hausgäste, die Gefeierten des Tages und besonders die schönen Frauen, für die sich Dodero lebhaft interessierte, den besten Champagner zu schlürfen und gegen Mittag Rührei oder Pâté de foie gras mit Périgord-Trüffeln zu sich zu nehmen, die frisch aus Paris eingeflogen wurden. Doderos Partys genossen einen legendären Ruf; manchmal war es schon wieder hell, wenn das Orchester zum letzten Tango aufspielte und die Diener begannen, das Frühstück auf dem Rasen zu servieren. Dieser Lebensstil sagte Aristo enorm zu; er beobachtete alles genau und fing an, vielleicht unbewußt, sich den Mann zum Vorbild zu nehmen, den er Don Dodero nannte. Er ließ sich in einem Nachtclub sehen, gekleidet wie sein Gastgeber – die gleichen Krokodillederschuhe, das gleiche, mit Pomade nach hinten gekämmte Haar –, so daß Fritz Mandl die Bemerkung fallenließ, er solle »wegen Diebstahls der Identität einer anderen Person verhaftet werden«.

Ari, diesen von nun ab populären Spitznamen hatte ihm Dodero verpaßt, schrieb Mamita noch immer fast jeden Tag. Er lieferte sorgfältig bearbeitete Versionen von allem, was er im Schilde führte, und er gab sich Mühe, jene Gedanken zu wiederholen, an die sie sich schon so sehr gewöhnt hatte. (»Morgen wird eins meiner Schiffe von hier aus mit Getreide nach Kopenhagen auslaufen; ich werde ganz traurig, wenn ich daran denke, daß es innerhalb von dreißig Tagen nur ein paar Zugstunden von Dir entfernt sein wird und ich nicht mitfahren kann.«) Seine Mischung aus geschäftlichen Neuigkeiten und Sentimentalitäten kannte Mamita nur allzugut. Während dieses Aufenthaltes änderte er auch wieder seine Lebensversicherungspolicen, »damit Du, falls mir etwas zustößt, bis an Dein Lebensende mindestens 500 Kronen monatlich erhältst«. In diese Art und Weise verfiel er stets, wenn er mit ihr über Geld sprach, es war, als ob er mit einem kleinen Kind redete. »Ich möchte, daß Du Dich versorgt fühlst und keine Sorgen hast.« Das war eine recht rührende Handlung, die vielleicht durch den Absturz der »Hindenburg« beschleunigt worden war, und es war zudem eine Möglichkeit, sein schlechtes Gewissen bezüglich der Kurzweil und Freuden, die er bei Dodero und seiner Clique fand, zu beruhigen.

Im Juni 1938 gab Ari am Vorabend des Stapellaufs der *Ariston* für 150 Gäste im »Grand Hotel« von Göteborg ein Bankett. Ein Team griechischer Köche bereitete mit schwedischen Kollegen ein Festmahl, das aus skandinavischen und griechischen Köstlichkeiten bestand. Artemis kam mit Ehemann Theodore Garofalides; Vetter Nicos Konialidis aus Buenos Aires war mit seiner neuen Braut Merope, Aris Halbschwester, anwesend; die Sandstroms und Christensens kamen und durften sich als Taufpaten fühlen (Mme. Sandstrom wurde die Ehre zuteil, das Schiff zu taufen); und die Crème der skandinavischen Schiffskreise kreuzte auf, um den größten, jemals gebauten Tanker zu bewundern und einen abschätzenden Blick auf den sensationellsten Mann im Schiffsgeschäft seit Livanos zu werfen.

Ari trug ein steifes Frackhemd, das ihm unbequem war, aber er hielt eine würdige Rede und dankte allen, die so hart daran gearbeitet hatten, die *Ariston* zu ermöglichen. Er dankte den

Ingenieuren und Planern, den Arbeitern, die genietet und geschweißt hatten; er dankte seinen Geschwistern für ihr Vertrauen; er dankte seinen Vettern und seinem Schwager, daß sie seinen Stolz teilten. Schließlich äußerte er sich zuversichtlich über die Zukunft des Welthandels, ungeachtet der Tatsache, daß Hitler gerade Österreich annektiert hatte und die Japaner durch China stürmten. Ingeborg erwähnte er mit keinem einzigen Wort.

Kapitel 5

»Der Streit der Liebenden
ist die Erneuerung der Liebe.«

Terenz

Ari erholte sich in seiner Suite im »Savoy« von einem mordsmäßigen Kater, der von Mamitas Party zu ihrem 39. Geburtstag übriggeblieben war. Die Party hatte am Freitag, dem 1. September, gegen Abend begonnen und endete erst, als sie nach einem handgreiflichen Streit am Samstagnachmittag nach Paris zurückstürmte. Nun hörte er im Radio die Ansprache des britischen Premiers Neville Chamberlain, Deutschland habe das Ultimatum der britischen Regierung, seine Truppen aus Polen zurückzuziehen, nicht beantwortet, und »folglich befindet sich dieses Land im Krieg mit Deutschland«. Krieg mußte für einen neutralen Reeder nicht unbedingt etwas Schlimmes sein. Ari hatte sowohl seinen argentinischen als auch seinen griechischen Paß mit ihren jeweils unterschiedlichen Angaben behalten. Seine Frachter fuhren unter der Flagge Panamas, die *Ariston* war in Schweden registriert, die *Aristophanes* war unter norwegischer Flagge verchartert. Der 17 500-Tonnen-Tanker *Buenos Aires* stand kurz vor seiner Vollendung in Göteborg. Drei der größten Öltanker der Welt zu besitzen und vollkommen unparteiisch zu sein sollte wohl seine Aussichten in Kriegszeiten nicht schmälern! Wie er so an einem »Fernet Branca«, seine bevorzugte Medizin gegen Katergefühle, an diesem Sonntagmorgen nippte und der verdrossenen Stimme des britischen Staatsmannes zuhörte, schien er einer jener Männer zu sein, für die das Schicksal die freundlichste Lösung bereithielt.

Aber es sollte eine böse Überraschung für ihn geben: Die Schweden, die sehr darauf bedacht waren, ihre Neutralität zu wahren, erklärten sofort, sie würden die in ausländischer Hand befindlichen, aber unter ihrer Flagge fahrenden und auf ihren Werften gebauten Schiffe für unbestimmte Zeit auflegen – und zu

91

ihnen gehörte die in Stockholm liegende *Ariston* und die *Buenos Aires*, die in Göteborg zur Endmontage lag und unter der Flagge Argentiniens, das auf der Seite der Achsenmächte stand, registriert war.

Ari mußte folglich viel nachdenken und ging lange spazieren. Er erinnerte sich später, daß der Schuhputzer auf dem Piccadilly seine Krokoschuhe so lange polierte, daß er sich darin spiegeln konnte; es war ein trauriges Spiegelbild. Zwei Drittel seiner Tankerflotte, 32 500 Tonnen, die schönsten Tanker der Welt, waren ihm mit einem Handstreich genommen worden; er sorgte sich um die Sicherheit seiner restlichen Flotte. Noch am Sonntagabend telefonierte er mit Mamita; nachdem sie sich versöhnt hatten, schlug sie ein Treffen mit ihrem Freund Anders Jahre vor, dem norwegischen Anwalt, dessen diskrete Fürsprache ihm den Kredit für die *Ariston* verschafft hatte. Während des »Sitzkrieges«, wie der erste unblutige Herbst und Winter in England genannt wurde (in Frankreich hieß er »une drôle de guerre«), beschäftigten sich Ari und Jahre mit der Frage, wie zukünftige Beschlagnahmungen seiner Schiffe verhindert werden könnten. Ari überwand seine Angst vor dem Fliegen und flog mehr als ein dutzendmal zwischen Oslo, Stockholm, Sandefjord und Göteborg hin und her, ordnete und änderte seine Angelegenheiten, vereinheitlichte seine Verträge, stimmte die Bedingungen ab, änderte die Vertragsklauseln zwischen einzelnen Gesellschaften, zwischen Ländern und Kontinenten; alles mußte schnell und geheim über die Bühne gehen. Die daraus resultierende Anspannung drückte sich wieder in seinem schlechten Gesundheitszustand aus; Zahnfleischentzündungen, Kopfschmerzen und Nasenbluten plagten ihn während der harten Wintermonate von 1940 regelmäßig.

Mamita verbrachte Ostern bei ihm in London. Am 25. März, es war Ostermontag, reisten sie nach Oslo ab, um Aris Arrangements den letzten Schliff zu geben. Ihre Reise war sehr hektisch, aber es ging liebevoll zu, denn beiden war klar, daß die Zeit ablief; die Welt änderte sich mit jedem Tag. Am 5. April fuhr er nach London zurück, um die Verhandlungen mit den Japanern fortzusetzen; Mamita kehrte nach Paris zurück. Der Abschied in Oslo war tränenreich; er schmerzte Ari sehr. Einige Tage zuvor hatte ihm ein Wahrsager erklärt, sowohl in der Liebe als auch im Geschäftsleben lägen schlimme Zeiten vor ihm. Mamita hatte die traurigen Umstände ihres Abschieds vorausgesehen und ihre Gefühle in einem Brief geschildert, den sie ihm am Flughafen überreichte. »Es ist unser Schicksal«, sagte sie ihm; er wischte ihr mit dem Daumen eine Träne von der Wange. Ari erinnerte sich lebhaft an diese letzten Minuten in der Abflughalle; sie umarmten sich und wußten: Vielleicht sehen wir uns nie wieder.

Als er über die Nordsee nach England flog, las er: »Ich liebe Dich von ganzem Herzen. Darling, was mich betrifft, fühle ich mich recht wohl, aber ich bin schrecklich in Sorge um Dich – deshalb bitte ich Dich, momentan keine Rücksicht auf mich zu nehmen. Ich habe Geld, ich bin in Sicherheit – bitte, entschließe Dich in der einen oder anderen Weise, was für Dich das sicherste und beste ist; in diesen Zeiten können wir keine Pläne machen... ich muß aber wissen, daß Du Dich vor allen möglichen Gefahren bewahrst. Mein Liebling, ich finde es schrecklich, in solchen Zeiten wie diesen nicht bei Dir zu sein. Ich beneide all jene, die das Privileg genießen, von ihren Familien, Ehemännern und Kindern umgeben zu sein. Dennoch, ich habe andere Privilegien, für die ich Gott aufrichtig danke. Was auch immer geschieht, ich werde nie aufhören, Dich zu lieben. Deine einzige Pflicht ist es, Dich selbst um meinetwegen zu schützen, und bitte, telegrafiere oder schreibe mir ganz schnell. Gott schütze Dich, mein liebster Schatz, und denke immer daran, daß meine Liebe bei Dir ist. Tausend Küsse. Mamita.«

In London dachte er an »all die traurigen Momente, all die Tränen«, die er ihr aufgrund seines »unsteten Lebens« verursacht hatte. Davon überzeugt, daß sich sein Charakter erdbebenartig verändert hatte, schrieb er ihr: »Ich ließ es zu, von meinen Geschäften zu sehr aufgefressen zu werden. Ich weiß, daß ich meinen Seelenfrieden verliere. Ich weiß, daß Du mich verrückt machst. Aber ich liebe Dich. Mein Baby, Du hast soviel getan, um mir eine Freude zu machen, mir zu helfen, Du warst immer so lieb zu mir, Du hast mich wie ein Kind verwöhnt. Die Leute reden von meiner Willenskraft, meiner ›volonté‹ im Geschäftsleben. Aber ich war ein Feigling, was uns beide betrifft. Ich habe immer gesagt: morgen, nächsten Monat, nächstes Jahr ... und da stehen wir nun nach sechs Jahren, eine weitere Trennung, ein weiteres Herzeleid. Ich bin so blind gewesen.«

Am 10. Mai wurde Winston Churchill Premierminister, und Hitler fiel in die Benelux-Länder ein. Am 16. waren die deutschen Truppen an der Meuse durchgebrochen und kamen so rasch voran, daß man sie innerhalb weniger Tage in den Außenbezirken von Paris erwartete. Ari bat Ingeborg dringend, Frankreich sofort zu verlassen, aber sie weigerte sich, daran zu denken, Paris könne fallen, und zögerte sogar, die Wohnung zu verlassen, weil sie Probleme mit ihrer Wirbelsäule hatte. Ari ging es ebenfalls alles andere als gut, und sein Tenor schlug schnell von Zärtlichkeit und Besorgtheit in Erbitterung und Selbstmitleid um: »Verstehst du denn nicht, daß ich nun an die Möglichkeit denken muß, fast mittellos dazustehen!« sagte er ihr ärgerlich. Finanziell und gesundheitlich stehe alles auf des Messers Schneide, meinte er. Fast alle Reeder hatten London verlassen und waren nach New York gegangen, wo mittlerweile die profitträchtigsten Geschäfte abgewickelt wurden. »Die meisten meiner Kollegen leben nun in Sicherheit und Samt und Seide, selbst die dümmsten verdienen noch Geld«, beklagte er sich, da er in London festsaß und versuchte, den Verkauf an die Japaner abzuschließen. Er haßte es, mit den Japanern zu verhandeln. Aber seine Gefühle hatten nichts mit dem Umstand zu tun, daß Tokio einen Pakt mit Nazi-Deutschland geschlossen hatte, der in Washington und Whitehall zu großen Erschütterungen führte; es betraf eher ihre Art, Geschäfte abzuwickeln; die harte Verhandlungtaktik hinter ihrem lieblichen Lächeln ging ihm gegen den Strich. Er verhandelte nicht gerne mit Männern, die wie Orientalen denken und so knallhart wie jeder andere Abendländer handeln konnten. Vielleicht war ihm das zu wesensverwandt, meinte Ingeborg später.

»Eine Ader oder irgend so etwas ist in meiner Kehle geplatzt. Wenn ich rede, habe ich den Geschmack von Blut im Mund und den Geruch davon in der Nase. Und die ganze Zeit über stehe ich vor der Möglichkeit, nicht einen Pfennig zu behalten, mittellos wegen dieser Abenteurer zu werden, die sich Politiker nennen. Meine gesamte Arbeit von zwanzig Jahren, all die Opfer und der scheußliche und abnorme Lebensstil all dieser Jahre können in ein großes Nichts führen! Die meisten Männer würden in meiner jetzigen Lage aufgeben, Mamita; man verstände sie vollkommen, wenn sie Selbstmord begingen!« las sie, aber sie wußte, daß er das nie tun würde; ungeachtet der Tatsache, wie schlimm die Dinge noch kommen sollten, würde er sich niemals das Leben nehmen; sein Verantwortungsgefühl für die wenigen Leute, die er liebte, seine Schwestern, seine Stiefmutter, Ingeborg selbst, alle, die er mehr oder weniger versorgte, war zu groß, um ihm diesen Ausweg zu ermöglichen. »Mein Pflichtgefühl, mein Gefühl für Respekt, mein Stolz«, so hatte er ihr einmal gesagt, »mögen übertrieben sein, aber ich bin von Natur aus so.« Er war zur beherrschenden Figur innerhalb der Familie geworden, zum Entscheidungsträger, zum Versorger; es war eine Ehre, und er hatte sie sich verdient; sie vermutete, daß dieser Umstand die Leistung war, auf die er in seinem Leben ganz besonders stolz war.

Dickköpfig blieb sie bis zum 11. Juni in Paris, ehe sie schließlich vollkommen optimistisch zur britischen Botschaft fuhr, um ein Visum nach London zu beantragen. Der Botschafter war mitsamt dem Personal am Vorabend geflohen und hatte die Botschaft in der Obhut des Portiers gelassen, der immer noch seinen Zylinder und den purpurroten Frack trug und auf einen amerikanischen Diplomaten wartete, der mit den Amtssiegeln kommen sollte, um die Botschaft unter amerikanischen Schutz zu stellen.

Gemäß Aris Instruktionen hatte sie einige Tage zuvor Geld, Papiere und Schmuck aus ihrem Banksafe geholt. Sie belud ihr Auto mit allem, was hineinpaßte, verschloß das Apartment und fuhr Richtung Süden, um sich einigen Freunden in Bagnères-de-Bigorre, einem kleinen Städtchen in den Pyrenäen, anzuschließen. Die Straßen waren von Flüchtenden, Soldaten, Ambulanzwagen, Taxis, Pferdefuhrwerken, Menschen auf Fahrrädern und Tausenden von Regierungsbeamten verstopft, die in den Süden sollten, um dort eine Regierung zu verwalten, die nicht mehr existierte. Sie brauchte fünf Tage, um ihren Zielort zu erreichen, der sich 40 Meilen vor der spanischen Küste befand.

Die Deutschen marschierten am 14. Juni in Paris ein; drei Tage später riet die amerikanische Botschaft in London allen amerikanischen Bürgern in England, so schnell wie möglich nach Hause zu fahren; die Franzosen unterzeichneten am 22. Juni in Compiègne den Waffenstillstandsvertrag. An diesem Tag bekam Ari ein Ticket für das Schiff *SS Samaria* der »Cunard-Linie«, das am 1. Juli nach New York auslaufen sollte. Er wäre lieber viel eher aus London herausgekommen – Churchill hatte erklärt, die Schlacht um England stehe bevor –, und er bekam nur ein Zweiter-Klasse-Ticket, aber es war immerhin eine gültige Fahrkarte. »Es sah so aus, als ob sich die Dinge zum Guten wendeten«, erinnerte er sich später; der Vertrag mit den Japanern war unter Dach und Fach (es war ihm sogar gelungen, eines seiner Schiffe während eines Luftangriffs aus Marseille herauszubekommen, »unversichert, ein ungeheures Risiko«), und beide Schiffe waren nun auf ihrem Weg nach Fernost; die restliche Schreibtischarbeit konnte auch in New York erledigt werden. Er hatte von Ingeborg ein Telegramm erhalten (sie hatte seit ihrer Abreise aus Paris neun Stück geschickt), worin sie ihm mitteilte, sie sei im »Hotel Tivoli« in Bagnères-de-Bigorre in Sicherheit. Er spielte mit dem Gedanken, in das neutrale Lissabon zu fliegen und sich von dort durch Spanien nach Bagnères-de-Bigorre durchzuschlagen. Es hätte viel Zeit gekostet, wäre aber möglich gewesen; in Francos Spanien hätte ihm sein argentinischer Paß viele Türen geöffnet. Aber schließlich verwarf er die Idee; bei der gegenwärtigen Lage in Europa wäre es zu riskant gewesen, wenn nicht sogar sehr leichtsinnig.

Die unbewaffnete und unbegleitete *Samaria* lief auf Zickzackkurs, um operierenden U-Booten auszuweichen: Seelenlose Schiffe nannte Ari sie und verhehlte seine Furcht vor ihnen nicht. Seine Furcht schlug in Panik um, als ein 10 Meilen entferntes Passagierschiff torpediert wurde und innerhalb von zwanzig Minuten sank; die Panik der Passagiere kippte rasch in das stumpfsinnige Gefühl um, das zwischen Gefahr und Erlösung existiert. Schwarzer Rauch hing über der Stelle, wo das Schiff gesunken war; 10 Meilen sind inmitten des Nordatlantiks überhaupt keine Entfernung. Ari gab es auf, in seiner Kabine zu schlafen, und zog es vor, im Rauchsalon auf einem Sofa zu liegen, dicht bei den Rettungsbooten, seinen Aktenkoffer umklammernd, der seine

Verträge enthielt, seine Schiffsdokumente; Beweise für alles, was er besaß, für alles, was er darstellte; seine gesamte Zukunft befand sich in diesem Köfferchen. Mehrere Griechen aus London beobachteten sein Verhalten mißbilligend und gaben später unfreundliche Geschichten über ihn zum besten: Die Art und Weise, wie er mit zitternden Händen seine Zigaretten anzündete, seine Redseligkeit und das Flackern in den Augen, was ihn ein bißchen verrückt erscheinen ließ. Er aß fast nichts, sein Gesicht wurde hagerer, und sein Stoppelbart ließ ihn wie einen kranken Mann aussehen. Die Griechen versicherten den Mitreisenden (zu denen der französische Dramatiker Henry Bernstein gehörte, der achtmal seine eigene Auffassung von Mut in Duellen bewiesen hatte; das letzte trug er mit 62 Jahren aus), Ari sei kein »richtiger Grieche«, sondern ein Smyrnianer! Er sei also praktisch ein Türke. Ari hatte jedoch nie behauptet, tapfer zu sein, nicht einmal in seinen Briefen an Mamita, in denen er doch so mühelos ein besseres Bild von sich und seinem Mut hätte zeichnen können.

Er kam am 10. Juli 1940 in New York an. Dank »einer kleinen technischen Panne«, wie er es nannte (obwohl auch sein äußeres Erscheinungsbild nach zehn Tagen auf See, mit wenig Schlaf und ohne jemals die Kleidung gewechselt zu haben, gegen ihn gesprochen haben muß), hielt ihn die Immigrationsbehörde 24 Stunden auf Ellis Island fest. »Diese Insel vor dem Hafen sollte Teufelsinsel heißen«, schrieb er sechzehn Tage später an Ingeborg, wobei seine Wut und die ihm widerfahrene Demütigung noch immer in ihm brannten. »Es ist dort schlimmer als in einem Gefängnis dritter Klasse. Es wurde vor langer Zeit für alle Sorten von Abenteurern und dreckige europäische Einwanderer errichtet, und das Personal wurde speziell dazu ausgebildet, mit solchen drittklassigen Menschen umzugehen; heute konfrontieren sie erstklassige Menschen mit denselben Einrichtungen und demselben Personal.«

Nicos Konialidis, der aus Buenos Aires herbeizitiert worden war, wartete in New York. Ari erklärte ihm den Plan, den er mit Anders Jahre ausgearbeitet hatte. Als Norwegen im April 1940 besetzt wurde, war die Regierung ins Londoner Exil geflohen und hatte die *Aristophanes,* die unter norwegischer Flagge fuhr, requi-

97

riert. Nicos sollte nach Rio de Janeiro fliegen und den Tanker »verhaften«. Sollten die Norweger nicht bereit sein, ihm eine Million Dollar zu zahlen, werde die *Aristophanes,* die zu den größten Tankern der Welt gehörte und eine entscheidende Rolle bei den Kriegsanstrengungen der Alliierten spielte, während des Krieges in Brasilien bleiben und in Tausende von Prozessen verwickelt werden, sagte er. Es ging ihm eindeutig schlecht, als er mit seinem Vetter die Unterlagen durchging; er haßte die Hitze und Feuchtigkeit New Yorks, er klagte über Grippe und eine Halsentzündung; sein Zahnfleisch blutete so stark, daß er ständig an Salzwasser nippen mußte.

Konialidis hielt den Plan, den Ari so sorgfältig und gerissen ausgetüftelt hatte, schlicht für undurchführbar. Die norwegische Botschaft habe Hunderte von Schiffen requiriert und nie einen Pfennig Entschädigung gezahlt. »Sie werden zetern, aber sie werden zahlen«, antwortete Ari im Vertrauen darauf, daß die Alliierten nicht das Risiko eingehen würden, den Tanker »in einem juristischen Blitzkrieg« zu verlieren. Die Norweger zeterten, wie er vorausgesagt hatte, und sie zahlten, wie er vorausgesagt hatte. »Sie taten alles, was sie konnten, um mir nichts bezahlen zu müssen, aber da ich das Pfandrecht auf das Schiff besaß und es in Rio beschlagnahmt hatte, mußten sie mich schließlich auszahlen ... und während all die anderen Eigentümer sich dem Willen der Botschaft beugten, befand ich mich dank meiner Maßnahmen in einer sehr privilegierten und einzigartigen Position, die mich rettete«, schrieb er an Mamita.

Ari besaß 1939 ein Vermögen von 8 Millionen Dollar (nach heutigem Stand etwa 37,7 Millionen Dollar), jetzt, nach dem Verkauf der Schiffe an Japan und mit der Million, die er der Botschaft abgepreßt hatte, belief es sich auf 2,5 Millionen Dollar (heute etwa 11,78 Millionen Dollar). Finanziell hatte er Federn lassen müssen, aber er versicherte Mamita am 11. August 1940: »Nun mache ich mir keine großen Sorgen mehr um die Zukunft. Du mußt zugeben, wenn Mamico Tag und Nacht nachdenkt und nachforscht, wie ich das in Sandefjord und Gotenborg [sic] tat, kommt schließlich der Tag, wo sich seine Anstrengungen zum Erstaunen von jedermann auszahlen!«

»Mein allerliebster Schatz, wie kann ich mein Glück und meine Erleichterung darüber in Worte fassen, daß Du nun *wohlbehalten* in NY bist«, antwortete Mamita auf das erste Telegramm Aris, das sie in Bagnères-de-Bigorre im Vichy-Frankreich erhielt, der unbesetzten Zone, in der Marschall Pétain mit Zustimmung der Deutschen als Präsident fungierte. »Ich hoffe mit all meiner Liebe, daß Du nicht zuviel gelitten hast...« Ihr fiel es schwer, den Brief zu schreiben. Sie liebte ihn immer noch sehr, obwohl sie auch so etwas wie Mitleid für ihn empfand. Er würde niemals fähig sein, sich auszuruhen, ein normales Leben zu genießen. Sein Ehrgeiz machte sie traurig, denn es war eine Form von Gier. Immer noch verwirrte sie sowohl seine Großzügigkeit als auch seine Eifersucht. Manchmal wurde der Gedanke, niemals wieder Angst vor ihm haben zu wollen, so stark, daß sie der Meinung war, nichts anderes zu wollen. Die Widersprüche waren eine bedenkliche Grundlage für eine gemeinsame Zukunft. Das waren keine neuen Gedanken: Sie waren ihr schon tausendmal eingefallen.

Sie schrieb: »Aber, Darling, ich habe nicht den geringsten Funken Mut, erneut mit dem Herumgereise anzufangen, selbst wenn ich es könnte. Verstehe mich bitte, versuche, noch ein bißchen mehr Geduld zu haben, vielleicht kannst Du bald nach Europa zurückkommen ... ich fühle mich zu müde und kaputt, und mich schreckt der Gedanke, jetzt den Atlantik überqueren zu müssen ... warum soll ich also in einer Situation wie dieser zu Dir kommen? Die Trennung ist hart und traurig, aber laß uns für die guten Dinge dankbar bleiben. Im Moment hoffe ich nur, daß dieser Brief und Deine Briefe ihren Bestimmungsort rasch erreichen. In Gedanken bin ich mit all meiner Liebe bei Dir, versuche also, das Beste aus Deinem Alltag zu machen, das ist das Beste, was Du für mich tun kannst. Ich werde Dich immer lieben. Mamita.«

Der Krieg erschien ihr beinahe wie eine Gnadenfrist.

Die Alliierten brauchten dringend Handelsschiffe, und fast jedes Schiff war für die Transporte über den Nordatlantik recht. In der Kampfzone lagen die Frachttarife sehr hoch, und die Kriegsversicherungen zahlten häufig für ein brandneues Schiff, wenn nicht mehr als ein rostiger Eimer verlorengegangen war. Für die Reeder war es eine risikolose Zeit, und Manhattan war zum Goldenen Kalb geworden, um das sie alle tanzten. Ari war, als er sich erst einmal von dem Trauma der Atlantiküberquerung erholt hatte, wild entschlossen, mit von der Partie zu sein. Zunächst verbrachte er jedoch zehn Tage im Bett, litt unter Verstopfung und kam von dem Gedanken nicht los, daß seine gute Verdauung nur noch der Vergangenheit angehörte. Er ließ sich zwei gesunde Zähne von einem Zahnarzt entfernen, der ihm einredete, daß sie seinen Organismus vergifteten. Im 37. Stockwerk des »Ritz Towers« auf der Park Avenue mietete er sich eine Suite. Da er es nicht schaffte, ins New Yorker Komitee der griechischen Reeder aufgenommen zu werden, in diese verschwiegene Gruppe, welche die ersten griechischen Reederfamilien repräsentierte und in der der legendäre Stavros Livanos tonangebend war, bewegte er sich nun unter den jungen Aufsteigern, einer Gruppe, zu der ein weiterer dynamischer junger Grieche gehörte: Stavros Niarchos.

Jetzt, da ihm die Tanker genommen worden waren, der Rest seiner Schiffe an die Alliierten verchartert war oder unter der Flagge Panamas Frachten in Südamerika transportierte, stellte er fest, daß er Mamita schrecklich vermißte. Er ging dazu über, sie mit Telegrammen und Briefen zu überschütten, und beschrieb ausführlich die Pläne, sie aus Frankreich herauszubekommen, unter anderem den beunruhigenden Vorschlag, sie solle doch mit einem Tanker nach Mexiko fahren. Aber nun, da sie das Schicksal so weit auseinandergerissen hatte, war sie entschlossen, aus der Trennung einen Dauerzustand zu machen. Während des Sommers 1940 versuchte sie mit Tausenden von Worten in einer Sprache, die beiden fremd war, ihre Gefühle zu erklären. In unzähligen Briefen und Telegrammen drückte er sein Erstaunen, seine Verletztheit aus. Er machte ihre »Komplexe« hinsichtlich ihres Alters (ihr Haar werde allmählich grau, hatte sie ihm geschrieben) verantwortlich und wollte wissen, »was habe ich getan, daß ich eine solch entsetzliche Lage verdiene, in die Du mich bringst... Ich werde immer zu Dir gehören, Du hast Dir das Recht erworben, mich vollständig zu besitzen ... nun, da ich die größten Probleme hinter mir habe, nun, da gerechtfertigte Hoffnungen auf bessere Zeiten vor mir liegen, nun, da ich begreife, was ich Dir alles angetan habe, stehe ich an dem Punkt, daß ich Dich verliere oder daß sich Deine Liebe zu schwesterlichen Gefühlen gewandelt hat. Quelle ironie!«

Tränenüberströmt las sie seine Briefe. »Bitte, versuche, mich in aller *Freundschaft* zu verstehen, bitte, versuche, mich nicht zu verletzen, selbst wenn Du aus Rache so handeln möchtest. Wenn Du mir in liebevoller Weise schreibst, hilft mir das mehr als alles andere, aber akzeptiere bitte meine Situation. Je t'embrasse avec tendresse, Mamita.«

Er verstand sie überhaupt nicht; er begriff nicht, weshalb sie lachte oder weinte; er prüfte sich selbst, gab sich die Schuld, bekannte seine eigenen Fehler mit beinahe kindlicher Offenheit, aber er hatte keine Ahnung von ihrem Bedürfnis nach Bestätigung. Also fuhr er fort, sich an die eigene Brust zu schlagen, sich krampfhaft mit der eigenen Notlage zu befassen, wobei er sogar den Löwenanteil ihrer Traurigkeit auf sich nahm. Sie schrieb ihm: »Ich kann Dir nicht mehr länger so schreiben; es ist zu schwierig und schmerzlich für uns beide. Alles, was ich Dir gerne sagen möchte, scheint von vornherein aussichtslos zu sein. Wenn Du hier wärst, könntest Du es vielleicht mit Deiner Redekunst schaffen, meine Meinung wieder zu ändern. Alles ist so kompliziert, und ich möchte mich nicht selbst strafen, indem ich mehr schreibe.« Sie verstand ihn, wie es kein Grieche konnte und keine andere Frau jemals können sollte, und ihre Briefe waren Liebesbriefe, selbst wenn sie ihm Lebewohl sagte. Er stürzte sich mit all seiner Überzeugungskraft und all den wunderbaren Träumen auf sie, die ihn aus der Asche Smyrnas in eine Suite im 37. Stock des »Ritz Towers« in Manhattan geführt hatten. Daß Ari sich wehrte, hatte Ingeborg erwartet, denn sie nahm ihm etwas weg, und es lag nicht in seiner Natur, zu verlieren, sich etwas rauben zu lassen, was er wirklich wollte: Also kämpfte er.

Am 1. September 1940, ihrem 40. Geburtstag, brachten Freunde ihr Blumen und Schokolade. Eine jüdische Familie, die im »Tivoli« wohnte, schenkte ihr ein Kilo Zucker (»ein unschätzbar wertvolles Geschenk in diesen Zeiten«), aber von Ari kein Wort. Sie übte am Klavier, und am Abend lobte der Gesanglehrer ihre

Fortschritte. Trotz ihres Alters (»Ich bin so alt wie unser Jahrhundert«, sagte sie gerne) und ihrer Wirbelsäulenprobleme glaubte sie daran, eines Tages Berufssängerin werden und sich davon ernähren zu können.

Am folgenden Morgen erhielt sie ein verspätetes Telegramm aus New York, in dem ihr alles Gute zum Geburtstag, Glück für die kommenden Jahre gewünscht sowie um Entschuldigung für den Streit am vorherigen Geburtstag gebeten wurde. Die Unterschrift lautete: »Amour tendresses Onassis«. Er hatte zum erstenmal an ihren Geburtstag gedacht! »Ah, mon dieu, wie sind die Dinge doch kompliziert und traurig . . . gestern weinte ich so viel, daß ich trotz des herrlichen Wetters erst um 17 Uhr aus dem Bett fand«, schrieb sie ihm am 3. September. »Und heute morgen rührten mich Deine Worte so sehr, daß ich wieder weinte, meine Augen schmerzen, mein Kopf brummt, mein Rücken ist verspannt . . . aber trotzdem fühle ich mich besser . . . mir ist ganz wichtig, daß ich noch einmal anfangen kann, zu glauben, daß Du mich nicht nur aus Gewohnheit brauchst, sondern daß Du mich wirklich liebst und daß Dir das bewußt ist.«

Der amerikanische Konsul in Marseille war von Ingeborgs argentinischem Antragsteller und Bürgen namens Onassis nicht sonderlich beeindruckt. Während sie im Hotel »Splendide« in Marseille wartete, raspelte Ari in New York Süßholz. Er zog alle Register: Er überredete einen Bekannten im Auswärtigen Amt, dem widerwilligen Konsul ein Telegramm zu schicken und sich für »Mr. Onassis' Solvenz und Ehrbarkeit« zu verbürgen; er sagte Ingeborg, sie müsse den Konsul damit beeindrucken, daß sie ihn bei ihrer Ankunft in New York sofort heiraten werde und daß sie sich sofort nach Buenos Aires aufmachen würden; er brachte Hugh Reid, den Seniorpartner seiner amerikanischen Handelsbeauftragten, und Gregory Taylor, den Besitzer des Hotels »St. Moritz« in New York, dazu, sich telegrafisch für ihn zu verbürgen; er schickte dem Konsul ein Telegramm und bot ihm an, sofort »jede beliebige Summe, die Sie für angemessen halten«, auf Ingeborgs Namen bei einer amerikanischen Bank zu deponieren. Aber die unerwarteten Schwierigkeiten, sie aus Frankreich nach Amerika zu holen, machten ihn auf irrationale Weise wütend auf Ingeborg. »Weshalb gebe ich mir eigentlich soviel Mühe?« fragte er Costa Gratsos. »Sie beklagt sich ja doch nur, daß ich vergessen habe, ihr aus dem Taxi zu helfen, und ich kriege nicht einmal ein ›Dankeschön‹ für all die Mühen zu hören, die ich auf mich nehme, um ihr das Leben zu retten! Sie hätte lieber einen Mann, der niemals vergißt, ihr Blumen oder einen albernen, kleinen Glückwunsch zum Geburtstag zu schicken!« Warum er sich dann so aufrege, wollte Gratsos wissen. »Ich brauche sie wohl«, antwortete er.

Der US-Konsul ließ sich endlich erweichen, und Ingeborg kam Ende November 1940 an einem strahlenden Morgen, der wie ein gutes Omen wirkte, in New York an.

Die Liebesgeschichte entwickelte sich nach den Mustern einer Beziehung, die einerseits von Besessenheit und andererseits von Kapitulation geprägt ist. Anfänglich war es in New York herrlich; beide zeigten sich von ihrer besten Seite und wollten damit beweisen, daß sie keinen Fehler gemacht hatten. Aber ihr Gelächter hätte sie warnen sollen; zu Beginn lachten sie fast nur. Sie aßen niemals zu Hause, wie Ari die Hotelsuite nannte, abgesehen vom Frühstück. Und in den Restaurants, in der »Hauteur« des »Pavillon«, unter den Diplomaten und der Crème der Dunstreet- und Bradstreet-Intellektuellen, im »Colony«, wo Reichtum stillschweigend vorausgesetzt wurde, im Dämmerlicht des reich geschmückten »El Marocco«, das bereits Aris liebster Nachtclub war, sahen die Leute hoch, wenn sie ihr Gelächter hörten. Manchmal gingen sie abends in die bescheideneren Lokale, in griechische oder italienische, wo das Menü auf Schiefertafeln steht, oder solche Lokale, an deren Wänden die Fotos von Filmstars hängen und die Kellner wie Berufsboxer aussehen. Sie waren ein auffallendes Paar: Der kleine und dunkle Ari mit dem verrufenen Aussehen eines Hafenbewohners und die größere Ingeborg (oder Ingse, wie sie nun häufiger genannt wurde) mit ihren blonden Haaren (keine Spur von Grau), die wie bei Carole Lombard gewellt waren (sie wurde häufig mit der Lombard verglichen). Ari sorgte dafür, daß sie bei »Bergdorf's« Kleider, bei »Maximilian« Pelze und bei »Helena Rubinstein« Kosmetikbehandlungen erhielt. Trotz ihrer vierzig Jahre besaß ihre Schönheit immer noch einen Hauch von der Ausgelassenheit eines jungen Mädchens.

Ari hatte sich während Ingses Abwesenheit einer Playboy-Clique angeschlossen und trank allmählich weit mehr als früher in Europa. Sie hatte ihn niemals betrunken gesehen, niemals erlebt, wenn er nicht mehr Herr seiner Sinne war, aber manchmal flakkerten seine Augen; und seine grundlose Eifersucht kam zum Vorschein, wenn zuviel Alkohol in seinem Blut zirkulierte; er wurde nach einigen Drinks streitsüchtig und rechthaberisch, obwohl er gewöhnlich Reibereien vermied, bis sie alleine waren.

Seine geschäftlichen Aktivitäten hatte er keineswegs heruntergeschraubt, wie er in seinen Briefen nach Frankreich behauptet hatte. Die Schiffe, die er an Japan verkauft hatte, waren durch Frachter ersetzt worden, die er in Südamerika aufgegabelt hatte. Sein Appetit auf Geld hatte absolut nicht nachgelassen. Er hatte keine Lust, jetzt aufzuhören, wo die Preise für Schiffe und Frachtraten so rasch anzogen, wie der Krieg in Europa eskalierte. Ein Frachtschiff, das er in Buenos Aires für 350 000 Dollar ergattert hatte, war bereits in der Karibik auf dem Weg nach New York, wo es überholt werden sollte, dreimal soviel wert. Ari erzielte in Florida einen Gewinn von glatten 700 000 Dollar. Er liebte den Nervenkitzel des Geschäfts – er konnte fast den Adrenalinausstoß in seine Blutbahn spüren, wenn irgendwelche Verhandlungen begannen. Zeit bedeutete ihm nichts, wenn er an einer Transaktion arbeitete; manchmal konnte er 48 Stunden lang nur mit Kaffee und kurzen Nickerchen durchhalten; er konnte sich vollständig bekleidet hinlegen, sofort einschlafen und genau in dem Moment aufwachen, den er sich vorgenommen hatte. Das sei ein Trick, erzählte er Ingeborg. Ari benötigte sein ganzes Leben lang keinen Wecker.

Auch wenn sie sich betrogen fühlte, wieder einmal in den Stricken seines Ehrgeizes gefangen zu sein, so wurde sie immerhin von ihren gesellschaftlichen Verpflichtungen in Bewegung gehalten. Obwohl er sich nicht viel aus Kunst, Musik oder den Vergnügungen des Landlebens machte, hatte Ari sich einen interessanten Bekanntenkreis aufgebaut – größtenteils aufgrund des plötzlichen Auftauchens seines Rollenvorbilds Alberto Dodero in der New Yorker Scene. Dodero hatte sich einen Landsitz in Center Island an der Nordküste von Long Island gekauft, eine Autostunde von Manhattan entfernt. Wieder wurde Ari bei Don Dodero und seiner zweiten Frau, einem ehemaligen Hollywood-Starlet namens Betty Sunmark, ein häufiger Gast bei den Abendgesellschaften am Wochenende. Über die Doderos lernte er viele Leute aus dem Showbusineß kennen, aber auch die schlicht und ergreifend Reichen und Einflußreichen, unter anderem Otto Preminger, Ludwig Bemelmans, Spyros Skouras und eine sehr schöne, langhaarige Schauspielerin namens Constance Keane, mit der er sich ein paarmal traf und dabei Ingses Halsband abschüttelte. »Es war keine Affäre, aber es war auch nicht unschuldig«, sagte er später. Gemeinsam machten sie die Runde durch das »Copacabana«, den »Storck Club«, das »Monte Carlo 21«, das »Versailles« auf der East Fiftieth Street, das unvermeidliche »El Morocco« oder »Elmo's«. Sie war ungefähr zwanzig Jahre alt, und nach Ingeborg kam sie ihm wie ein Kind vor und hinterließ keinen tiefen Eindruck bei ihm, außer der Befriedigung einer Eroberung. Er vermißte sie nicht, als sie nach Hollywood ging.

Ari genoß diese Wochenenden in Center Island sehr. Als ihm sein Versicherungsbroker Cecil Stewart anbot, auf seinem Hausgrundstück auf der Insel ein Cottage zu nutzen, griff er sofort zu. Ingse betrachtete das Cottage, das nach seinem Vorbesitzer »Foster House« hieß, als eine Chance, ihrem Leben einen Sinn zu geben. Innerhalb eines Monats hatte sie alle Räume anders eingerichtet; sie stöberte in Trödelläden, besuchte Auktionen; vom Lastwagen der Heilsarmee, die eine Sammlung durchführte, kaufte sie ein Sofa, das sie für das Empfangszimmer mit einem lindgrünen Baumwollstoff bezog. Gerührt von ihrem Fleiß, ihrer Sparsamkeit und ihrem sicheren Gefühl für Stil (er war immer noch der Meinung, daß Klasse etwas ist, was man bei »Tiffany's« kaufen kann, erinnerte sich ein Freund), taufte Ari das Haus in »Mamita Cottage« um. Sie stellten Antoine und Louise, ein französisches Ehepaar, ein, das sich um das Haus kümmerte, und für den Cadillac gab es noch einen Chauffeur, einen Italiener namens Carmine.

Ingse war eine hervorragende Gastgeberin, und »Mamita Cottage« wurde rasch ein beliebter Treffpunkt am Wochenende. Ari liebte es, Grillabende zu veranstalten, und lud seine Zechkumpane zu Pokerspielen rund um die Uhr ein, obwohl er es gewöhnlich vorzog, zu kiebitzen. Er wurde ein geschickter Wasserskiläufer, eine Sportart, die ihm in Europa vollkommen entgangen war. Der erste Sommer in den Staaten, der Sommer von 1941, war für Mamita eine schöne Zeit; sie war wahrscheinlich glücklicher, als sie es jemals wieder sein sollte. Ari war nicht ruhiger geworden, aber er war nicht länger entwurzelt, kein Nomade mehr; er genoß allmählich seinen Reichtum, obwohl er immer noch nicht reich aussah. »Ich hatte keine Ahnung, daß er ein so reicher Kerl war«, erinnerte sich Otto Preminger. »Er sah so aus, als ob er in seinen Anzügen schliefe.« Ingses Sinn für Klasse führte vielleicht auch dazu, daß selbst die etablierten Griechen, die Embiricos und Livanos, die sich so lange bemüht hatten, sich Ari vom Hals zu halten, auf einen Drink vorbeischauten. Ein weiterer, häufiger Gast war Stavros Niarchos. Er hatte sich mit seiner zweiten Frau Melpomene nicht weit entfernt in Lloyd Neck ein Haus gekauft. Es ging Niarchos wie Ari: Die griechischen Reeder alter Schule hielten ihn für einen Parvenu. Diese Ablehnung verband anfänglich die beiden Männer, aber ihr Drang nach Anerkennung, ihr Bedürfnis, ihren Erfolg zur Schau zu stellen, sollte auf eine tödliche Auseinandersetzung hinauslaufen.

»Wenn ein Grieche einen anderen Griechen trifft, machen sie ein Restaurant auf«, lautete ein uralter Witz in New York. Wenn sich jetzt Griechen trafen, redeten sie dagegen gewöhnlich vom Krieg: Wie lange würde er dauern? Sie verdienten alle viel Geld an ihm, aber niemand hatte deshalb ein schlechtes Gewissen. Krieg ist Geschichte, und Geschichte ist schlicht Ausdruck göttlicher Fügung, sagten sie. Weshalb also sollte es schlecht sein, ihn für sich zu nutzen? Aber Ari machte der Krieg Sorgen; seine Familie hatte beschlossen, in Athen zu bleiben, als die Deutschen einfielen, und jetzt gab es Meldungen über Menschen, die auf der Straße vor Hunger ohnmächtig wurden; er hatte erfahren, daß Rosinen und getrocknete Feigen, die den Griechen in der Not als Hauptnahrungsmittel dienten, beschlagnahmt und nach Deutschland verschifft wurden. Am Erntedankfest – sie hatten rund zwanzig amerikanische Freunde zum Abendessen eingeladen – verließ er plötzlich wortlos den Tisch.

Ingse entdeckte ihn am Strand. »Meine Großmutter hätte jetzt ein Gebet gesprochen«, erzählte er ihr. Sie fragte, weshalb er nicht beten wolle. Er antwortete: »Gebete ändern nichts. Das Leben ist vorherbestimmt.«

»Du willst keine Freiheit, Ari, weil du sie schon hast, du willst eine behördliche Genehmigung«, sagte Ingeborg, als er nach einem Wochenende in New York ins »Mamita Cottage« zurückkam und zur Rede gestellt wurde. Es war wenige Tage nach Pearl Harbor. Er sei fast 42 Jahre alt und der Überzeugung, ihm liefe die Zeit davon; er habe sein ganzes Leben lang hart gearbeitet; nun wolle er ein bißchen Spaß haben, bevor es zu spät sei. Er bat um nichts Geringeres als um die Erlaubnis, sich amüsieren zu dürfen. Diesen Gedanken konnte sie nur schwer ertragen. Zweifellos verstehe er es, sich die schwache Stelle eines anderen Menschen zunutze zu machen, sagte sie. Er versicherte, es habe sich nichts geändert, er liebe sie immer noch. »Du willst also einfach nur mit anderen Frauen schlafen?« wollte sie wissen. »Ich will andere Menschen kennenlernen«, antwortete er ungerührt, wobei er wie immer etwas verbarg. »Und du denkst daran, daß es mit uns beiden genauso weitergehen soll wie bisher?« fragte sie in einer Anwandlung von Verständnis, das wohl noch größer war als ihre Angst. Ob er den Gedanken, sie zu heiraten, aufgegeben habe? Er erwiderte, er müsse ständig an die Frösche Äsops denken, die großen Durst verspürten, aber nicht in den Brunnen springen wollten, weil sie vielleicht nicht wieder herauskämen. Sie wolle nicht, daß er ihretwegen in irgendeinen Brunnen springe, antwortete sie ihm.

Um diese Zeit begegnete er zum erstenmal Geraldine Spreckles. Dreißig Jahre später sagte er zu ihr: »Du rauchtest gerade eine Zigarette und trugst den größten Brillanten, den ich jemals außerhalb eines Museums gesehen habe. Ich hielt dich für die schönste Frau der Welt.« Auf diese Anspielung entgegnete sie, daß der Brillant vielleicht etwas damit zu tun hatte, und schenkte ihm ein Lächeln, das einst sein Leben umgekrempelt hatte. »Schon wenn sie nur eine Treppe hinunterging, war sie eine Sensation«, erinnerte sich Costa Gratsos, der die beiden einander vorgestellt hatte. Die Erbin eines Zuckerfabrikanten wollte Schauspielerin werden (und hatte einen Vertrag mit Warner Brothers), fuhr sehr schnell Motorrad, liebte Nachtclubs, zündete Geldscheine an und machte Männer verrückt. Aber Gratsos spürte, daß sie nicht zu Ari paßte. »Dies ist ein freies Land, ich kann mir nehmen, was ich will.« Das war Aris beliebteste Retourkutsche, und dabei rieb er seinen Daumen gegen Zeige- und Mittelfinger wie ein levantinischer Händler. Diese Geste zeigte er nur bei Männern wie Gratsos, die ihn so gut kannten und den Humor und die Selbstironie verstanden, die in dieser vertrauten Gebärde zum Ausdruck kam.

Geraldine war keine x-beliebige WASP*-Erbin. Ihr Vater war bei einem Autounfall ums Leben gekommen, als sie noch ein Baby war, und ihre Mutter hatte einen Türken geheiratet. Geraldine hatte fast ihre gesamte Kindheit in Konstantinopel verbracht und sprach perfekt Türkisch, eine Sprache, die sie vor der englischen Sprache lernte. Ihre Mutter hatte nicht einen Pfennig aus dem Nachlaß ihres Mannes erhalten, und Geraldine wußte, was es hieß, arm zu sein, ehe sie mit zwanzig Jahren ihr Erbe antrat. Gratsos erinnerte sich an Aris triumphierenden Gesichtsausdruck, als er diesen Umstand herausfand. Solche Übereinstimmungen widersprachen allen Unstimmigkeiten: Das sei Schicksal, insistierte er, und umwarb sie um so hartnäckiger.

Geraldine war von Ari fasziniert. Sein scharfer Verstand, seine Vielseitigkeit und sein »Joie de vivre«, sein Selbsterhaltungstrieb, die Geschichten, die er erzählte, seine ungezähmte männliche Energie beeindruckten sie ungeheuer. Er brachte sie zum Lachen – und er war unverschämt (»Der Lüge nicht überführt zu werden war für ihn dasselbe, wie die Wahrheit gesagt zu haben«), ein fintenreicher Mann, ein Rebell, und er konnte absolut böse sein: »Die Unannehmlichkeiten, die er verursachte – und sie dann mit einem schallenden Gelächter wieder in Ordnung brachte«, erinnerte sie sich. Noch nie hatte sie einen solchen Menschen kennengelernt. »Ari hatte etwas Außergewöhnliches an sich, man meinte sofort, ihn ganz genau zu kennen; er schien so offen zu

---

* White Anglo-Saxon Protestant = weißer angelsächsischer Protestant.

sein, so leicht zu durchschauen, aber je länger man ihn kannte, desto mehr begriff man, wie schwierig es war, ihn festzulegen; sich mit jenen Knoten und Verdrehungen einer Seele zu befassen, die einem das Gefühl geben, einen Menschen zu verstehen, war bei ihm eine unmögliche Angelegenheit.« Seine widersprüchlichen Geschichten von seiner Vergangenheit verwirrten sie, seine Flunkereien (»Er schien nie sehr stolz auf seine Vergangenheit in Smyrna zu sein«), aber sie verteidigte ihn stets, wenn ihre Freunde ihn verächtlich machten. Er nannte sie Mamasita. Als er herausfand, daß sie russische Musik liebte, bat er ihren gemeinsamen Freund Sascha de Seversky, eine Liste der besten russischen Restaurants in New York zusammenzustellen, und lud sie in jedes ein. Sie tranken Champagner und Wodka, aßen Beluga-Kaviar und Blinis. »Wir diskutierten und stritten uns die ganze Zeit. Ich diskutierte gerne, ich war ganz gut darin«, sagte sie.

Die 22jährige Geraldine erwachte jedoch eines Morgens und machte sich nach Kalifornien auf.

Kalifornien war, wie Ari fand, ein guter Ort. Aber zunächst einmal kehrte er nach Buenos Aires zurück und regelte einige geschäftliche Angelegenheiten. Als er ein Dauervisum für die Vereinigten Staaten beantragte, gab er an, am 21. September 1900 in Saloniki, Griechenland, geboren zu sein; er bezeichnete sich als argentinischen Staatsbürger im Besitz eines Passes mit der Nr. 701014, ausgestellt vom Polizeipräsidenten in Buenos Aires und für zwei Jahre gültig. Als ständige Adresse gab er Reconquista 336, Buenos Aires, an; als Adresse in den Vereinigten Staaten nannte er das »Ritz Towers«, Park Avenue 57, New York City. Am 8. Mai 1942 erteilte das Außenministerium ihm das Visum. Er schloß seinen Tabakbetrieb in Buenos Aires und flog Anfang Juni nach Los Angeles, »um mich auf meine Reedereigeschäfte zu konzentrieren und in der Nähe meiner Freunde zu sein«, wie er sagte. Zwei seiner neuen Tanker, die *Calirrhoë* und die *Gulf Queen,* die er von »Gulf Oil« gekauft hatte, lagen in San Pedro und waren von der amerikanischen Regierung gechartert worden. Costa Gratsos wurde griechischer Handelsmarineattaché in San Francisco; Spyros Skouras war zum Präsidenten der 20th Century Fox in Hollywood ernannt worden (sowie zum Vorsitzenden des griechischen Kriegshilfefonds); Otto Preminger, Gloria Swanson, Ludwig Bemelmans, Alberto Dodero und der ehemalige britische Diplomat Sir Charles Mendl und seine Frau, die ehemalige amerikanische Schauspielerin Elsie Wolfe, sowie viele andere seiner Trinkgenossen aus New York lebten nun an der Westküste. Er nahm sich eine Suite im »Beverly Hills Hotel« und war bereits so bekannt, daß er eine rosafarbene Karteikarte bekam, das Symbol für die wichtigsten Gäste des Hotels.

Geraldine Spreckles war Schwesternhelferin geworden. Sie bewohnte mit ein paar Freundinnen ein Strandhaus in Malibu (ihre Reitpferde standen im nahe gelegenen »Riviera Country Club«) und war über Aris Auftauchen in Kalifornien gar nicht entzückt. Sie bat ihn, zu gehen und sie in Ruhe zu lassen. Er aber kreuzte immer wieder mit Steaks und Kaviar bei ihr auf und lud sich selbst zu den regelmäßigen Wochenendpartys ein. Geraldine erinnerte sich: »Ich sagte ihm, er sei nicht mein Typ, und er fragte mich, wer mein Typ sei. Ich sagte, daß ich mir einen netten, ordentlichen amerikanischen Burschen wünsche.« Er nannte den Namen eines jungen Fliegers der US-Air-Force, mit dem sie sich verabredet hatte. »Ist das dein Typ?« Geraldine räumte ein, er habe den Nagel auf den Kopf getroffen. Eine Woche später stand Ari mit dem jungen Flieger, der total betrunken in seinen Armen hing, an ihrer Eingangstür. Er ließ ihn vor ihre Füße plumpsen und sagte: »Hier hast du deinen superamerikanischen Jungen!«

Gratsos war entsetzt, als er erfuhr, was Ari angestellt hatte. »Er dachte wirklich, daß er mit der Demütigung des Gegners einem Mädchen wie Geraldine imponieren könnte. ›Du verstehst wirklich nichts von Frauen, Ari‹, sagte ich ihm.« Er riet ihm, Geraldine Spreckles zu vergessen. »Er machte sich doch wirklich einen schönen Lenz mit dem Aufreißen all dieser kleinen Filmsternchen, er verschwendete doch nur seine Zeit mit einem Mädchen, das ihn wahrscheinlich ganz oben auf ihre Ekelliste gesetzt hatte, nachdem er das mit ihrem Freund gemacht hatte.«

Ari wurde ein Muster-Playboy à la Hollywood und arbeitete emsig an seinem Ruf als großer Liebhaber. Er traf sich mit Paulette Godard und dem französischen Sexstar Simone Simon, hatte eine diskrete Geschichte mit Gloria Swanson. Als Constance

Keane ihn im »Beverly Hills Hotel« anrief, konnte er sich kaum an ihr Gesicht erinnern; aber ihre Stimme rief so nette Erinnerungen an ihre Stelldicheins in New York wach, daß er ein gemeinsames Abendessen vorschlug. Als sie sich trafen, mußte er feststellen, daß sie nicht mehr Constance Keane war; sie war Veronica Lake geworden.

Sie dinierten im »Romanoff's«, tanzten im »Mocambo«. Miss Lake wurde sehr betrunken. Ari nahm sie mit – in Geraldine Spreckles Wohnung am Strand. Er packte den beduselten Star in Miss Spreckles Bett und wartete auf ihre Heimkehr. Miss Spreckles war keineswegs begeistert. »Ich sagte ihm, daß ich das für das scheußlichste Beispiel schlechter Manieren hielte, das ich jemals erlebt habe«, erinnerte sie sich nach vierzig Jahren. »Er hielt das für sehr witzig, aber er wollte mir damit auch beweisen, daß er immer ein anderes hübsches Mädchen bekommen konnte. Himmel, er konnte mich vielleicht auf die Palme bringen!«

Sie könne keinen Alkohol vertragen, erklärte er ihr, als sie auf den berühmten Star hinunterblickten, der sanft zu schnarchen anfing. »Nicht wie du, Mamasita. Du kannst jeden unter den Tisch trinken«, sagte er. Seine Versuche, ihre Aufmerksamkeit zu erlangen, brachten Geraldine am Ende fast immer zum Lachen. »Wir gingen wieder zusammen aus. Es war eine schickliche Romanze, abgesehen von der Tatsache, daß wir uns in Nachtclubs herumtrieben. Offen gestanden, jedesmal, wenn ich mit ihm ausging, ging das Ganze immer bis in die Puppen, und wenn ich es nicht mehr aushielt, ging ich einfach nach Hause.« Sie hatten kein einziges Mal miteinander geschlafen. Geraldine kannte sich mit der levantinischen Mentalität aus: »Ari sah in mir die zukünftige Ehefrau und keine Mätresse. Er behandelte mich sehr respektvoll.« Die meiste Zeit wurden sie von Ludwig Bemelmans begleitet (von einer Anstandsdame überwacht, wäre übertrieben ausgedrückt, obwohl es auf dasselbe hinauslief).

Sascha de Seversky mißbilligte Aris Absichten äußerst scharf. »Du willst nicht Geraldine heiraten, du willst die oberen Zehntausend heiraten«, klagte er ihn eines Abends im »Polo Lounge« an. Ari erwiderte, daß »Zahlen Sicherheit verschaffen«. Seversky mochte Ari und mißbilligte einzig seine Heiratsabsichten. Bei nächster Gelegenheit bat Ari um Geraldines Hand, und sie sagte ja (»Das war eine häufige Frage, er lag mir ständig damit in den Ohren«).

Ari flog am 16. Juli nach New York, um Mamita die Neuigkeit mitzuteilen. Am selben Tag schrieb J. Edgar Hoover einen persönlichen und vertraulichen Brief an Admiral Emory S. Land, dem Chef der »War Shipping Administration«, die während des Krieges alle Bewegungen der zivilen Schiffahrt kontrollierte. Der Brief bestand aus nur zwölf Zeilen. Er wurde von einem Sonderboten überbracht und lautete:

> Mein lieber Admiral,
> aus vertraulichen Mitteilungen erfuhren wir, daß Mr. Aristoteles Onassis, der Miteigentümer der Tanker *Calliroy* und *Antiope* sein soll, am Donnerstag, dem 18. Juni 1942, mit einem Pan American Clipper von Buenos Aires, Argentinien, in die Vereinigten Staaten flog. Nach Aussage unseres Informanten bezweckt Onassis, die Verkaufsverhandlungen für diese beiden Tanker an die War Shipping Administration fortzusetzen.
> Der Informant berichtete, daß keinerlei Informationen darüber vorlägen, ob Mr. Onassis mit der Reise in die Vereinigten Staaten noch andere Motive verbinde, teilte aber mit, daß er feindliche Gefühle gegenüber den Kriegsanstrengungen der Vereinigten Staaten zum Ausdruck gebracht habe und daß während seines Aufenthaltes in den Vereinigten Staaten jeder seiner Schritte sorgfältig überwacht werden sollte.
> Ihr sehr ergebener
> John Edgar Hoover

Früher oder später mußte Ari dem FBI auffallen. Seine enge Beziehung zu Fritz Mandl – dessen bemerkenswerte Leistung, sein Vermögen 1938 aus Österreich herauszubekommen, noch immer die Geheimdienste der Alliierten verblüffte – und vielen anderen prodeutschen Argentiniern sorgte dafür. In Kalifornien hatte er sich dem rechtsgerichteten Kreis um Lady Mendl angeschlossen;

Otto Preminger war der Überzeugung, daß einige von ihnen »durch und durch Nazis« waren oder sogar Nazi-Agenten. Ari hatte auch durch nichts bewiesen, daß seine Loyalität der richtigen Seite galt; er war beinahe mit Spyros Skouras handgreiflich geworden, als er sich weigerte, den griechischen Kriegshilfefonds zu unterstützen: »Ich habe erlebt, was mit Männern geschieht, die sich in die Politik einmischen.« – »Du bist auch nur so ein beschissener Emporkömmling aus Smyrna«, griff Skouras auf eine alte rassistische Beleidigung zurück. »Ich habe stets der Versuchung widerstanden, den netten Jungen zu spielen«, erwiderte Ari. Er trug noch nicht einmal zu Mamitas Spendensammlung bei, mit deren Hilfe Nahrungsmittelpakete für norwegische Seeleute gekauft wurden.

Sie war zur Begrüßung gekommen, als er an diesem Donnerstagnachmittag durch den Ausgang von »LaGuardia« kam. Als kleiner Zivilist in einem zerknitterten Anzug stach er aus der Menge der uniformierten Männer heraus; sie fuhren sofort nach Center Island. Ingeborg war glücklich; sie erzählte ihm, Stavros und Melpomene Niarchos hätten sich schrecklich gestritten, und Melpo, von der Untreue ihres Mannes entnervt, habe offensichtlich eine massive Überdosis Tabletten eingenommen; aber als der Krankenwagen gekommen sei, habe sie Ingeborg zugewinkt; sie wollte Stavros nur einen Schrecken einjagen. Ingeborg mochte Niarchos nicht, weil sie Melpo vielleicht mochte und merkte, daß er sie lieblos behandelte. Vielleicht sah sie aber auch die Rivalität und die Fehden zwischen den beiden Männern voraus, den Tag, an dem sie um jeden Zentimeter Boden kämpfen, um den Besitz der größten Yacht und der begehrenswertesten Frauen der Welt wetteifern würden. Obwohl Niarchos aus einer wohlhabenden Familie stammte, die ein gutes Stück bessergestellt war als der Onassis-Klan, sträubte sich angesichts seiner Eitelkeit und seiner affektierten Art, zu reden (es sollte wahrscheinlich echt Englisch klingen, aber es hörte sich so geschwollen an, daß die Leute gelegentlich annahmen, er habe einen Sprachfehler), alles in Ingse. »Achte auf seine Augen, achte bloß auf seine Augen«, warnte sie Ari unablässig; ihre Vorsicht war verständlich; sie hatte genug griechische Dramen gelesen, um zu wissen, daß tiefgehende Eifersüchteleien zwischen Griechen nur durch Blutvergießen beendet werden können, manchmal sogar zwischen Freunden, selbst zwischen nahen Verwandten. Und obwohl Aris und Niarchos' Leben und Vergangenheit keine Berührungspunkte besaßen, hatten sie auch soviel Gemeinsames und teilten sich so viele Vorzüge und Schwächen, so viele ehrgeizige Ziele, daß sie Brüder hätten sein können.

Ingeborg wußte, daß Ari nicht ohne Grund nach New York gekommen war, aber sie war ahnungslos. Er war in das Zimmer gezogen, das neben ihrem lag. Am Anfang war dieser Raum lediglich aus Schicklichkeitsgründen eingerichtet worden. Er blieb während des langen Wochenendes in »Mamita Cottage« schweigsam und mürrisch. Am Tage seiner Abreise nach Kalifornien erzählte er ihr von seinen Plänen. Sie erholte sich noch von dem Schock, als sie wenige Tage später einen Scheck über 200 000 Dollar erhielt. Der Begleitbrief war herzlich und kurz, unterzeichnet mit »Mamico«. Sie hatte sich, wie man damals sagte, die große Abfuhr geholt.

Am 13. November 1942 schickte die amerikanische Botschaft in Buenos Aires eine Sonderdepesche nach Washington: Man besitze »Informationen, daß Onassis faschistisches Gedankengut vertritt und als gefährlich und skrupellos gilt«. Der FBI ging sofort mit Hilfe seiner Außendienstabteilung in Los Angeles dem Vorwurf der Spionage nach.

Kurz darauf rief Sascha de Seversky Ari an und teilte ihm mit, er müsse sich unbedingt mit ihm treffen. Da er sich gerade auf den Weg zu Filmaufnahmen ins Warner-Studio machen wollte, schlug Ari einen Drink im »Sportsmen's Lodge« auf dem Ventura Boulevard in Coldwater Canyon vor, das auf halbem Weg zwischen dem »Beverly Hills Hotel« und den Studios lag. Er dachte, daß de Seversky über Geraldine sprechen wollte, die er wie ein Vater liebte; Ari respektierte ihn sehr und vertraute ihm völlig.* Nach

---

* Ausgebildet auf der Kaiserlichen Marineakademie und der Militärflugschule in Rußland, hatte Major Alexander P. de Seversky sein rechtes Bein verloren, als er im Ersten Weltkrieg während eines Nahkampfs am Rigaer Meerbusen niedergeschossen wurde. Als Marineattaché wurde er nach Washington gesandt. Nach

114

der Bestellung der Getränke sagte de Seversky, daß er »in den Besitz« von Berichten »gekommen sei«, die ihm Sorge bereiteten. Ari erinnerte sich: »Ich glaube, sie stammten vom FBI, aber ich bekam sie nie zu Gesicht, deshalb weiß ich es nicht genau. Aber in ihnen wurde behauptet, ich sei ein Lump und Faschist. Der Mist vom Faschismus war zum größten Teil eine Unterstellung, bezog sich fast nur auf meine Freundschaft mit Mandl und einigen anderen Leuten in Buenos Aires. Sie hatten eine Menge herausgefunden. Sie waren ganz bestimmt gründlich. Es gab sogar dummes Zeug über Versicherungsansprüche, die Jahre zurücklagen und von denen sie behaupteten, sie seien nicht in Ordnung.«

De Seversky machte sich auch Sorgen um Geraldine, weil er erfahren hatte, daß Ari sie dazu bringen wollte, in einen Tanker, den er bauen lassen wollte, zu investieren. »Ihr Geld wird sich wahrscheinlich in dem Moment verdoppelt haben, wo der erste Vertrag unterzeichnet ist«, beruhigte Ari ihn, wie er Geraldine beruhigt hatte. De Seversky war erleichtert, als sie sich entschloß, die Sache nicht mitzumachen. »Ich erfuhr später, daß er bei vielen Schiffen so verfuhr, daß er andere Leute Geld in Schiffe investieren ließ, die unter seiner Regie liefen, aber ich mißtraute ihm einfach«, gab Geraldine später zu.

Wenige Tage nach diesem Treffen im »Sportsmen's Lodge« bestätigte Gratsos, daß Ari vom FBI überwacht wurde. Seitdem er die fünfzehn Liberty-Schiffe der griechischen Regierung beaufsichtigte, die in Amerika vorgefertigt worden waren, um die Konvois im Nordatlantik zu verstärken, besaß Gratsos gute Verbindungen zu Washington. Jeder, der regelmäßig zwischen Argentinien und den Vereinigten Staaten pendle, errege mit Sicherheit Aufmerksamkeit, erzählte Gratsos. Buenos Aires »wimmle von Abwehragenten«, und der Rio de la Plata sei ein sicherer Hafen für Nazi-Kriegsschiffe. Ari empfand immer noch, daß man ihm »etwas ans Zeug flickte ... ihn verfolgte«. Schließlich wandte er sich an Johnny Meyer, der für Howard Hughes arbeitete und vorzügliche

---

der Revolution entschloß er sich, in den Vereinigten Staaten zu bleiben. 1935 entwickelte er das P-35-Jagdflugzeug, den Prototyp der P-47-Thunderbolt, und arbeitete später an dem ersten automatisch nachziehenden Bombenzielgerät.

Beziehungen zu Washington besaß. Wenn nur einiges von dem stimmte, was man sich über ihn erzählte, dann war Meyer ein Mann, der gefährliche Geheimnisse mit sich herumtrug. Manchmal fälschlich für einen gebildeten Gangster gehalten, diese Sorte von New Yorker Unterweltlern, die zwischen den Kriegen ihre Geschäfte machten, hielt er sich gerne für den allerbesten Störungssucher, den alles entscheidenden Macher. Jene, die ihm begegneten, hatten ihn als Mann mit vielen amüsanten und skandalösen Geschichten über die berühmten Leute, die er kannte und für die er arbeitete, in Erinnerung. Ari kannte ihn durch de Seversky, der gesagt hatte, daß »Meyer alle Welt kennt und die (Erfolgskonto-)Bescheinigungen als Beweis besitzt«. Meyers Hauptbeschäftigung bestand darin, sicherzustellen, daß die Regierung bei der Vergabe von Rüstungsaufträgen Hughes' Flugzeugwerke nicht übersah. »Ich weiß nicht, wo alle Gestalten vergraben sind«, faßte er gerne seine Art des »Modus operandi« zusammen, »aber ich weiß, wo die meisten von ihnen schlafen – und das ist sogar noch besser.«

Ari schilderte Meyer sein Problem. »Er sagte, daß irgend jemand ihn zu vernichten versuche, und er wollte, daß ich herausfand, wer das war.« Meyer kam eine Woche später mit einem Dutzend von Anhaltspunkten zu ihm zurück. Spyros Skouras sei jüngst in Washington gewesen, um im Außenministerium über den griechischen Kriegshilfefonds zu sprechen; es war durchgesickert, daß er einige unschöne Bemerkungen über Ari fallengelassen hatte. Meyer hatte ebenfalls erfahren, daß jemand in der griechischen Botschaft einen feindseligen Bericht über Ari an den FBI geschickt hatte; Ari hegte keine Zweifel, wer dieser Jemand war: Stavros Niarchos, der in die griechische Marine eingetreten war, war Assistent des Marineattachés in der griechischen Botschaft.

Alle diese Aufregungen wurden plötzlich von der Tatsache übertroffen, daß Geraldine Spreckles kurz vor der in San Francisco angesetzten Hochzeit die ganze Geschichte abblies. Sie habe niemals behauptet, ihn zu lieben, erklärte sie mit der bemerkenswerten Offenheit, die schöne, reiche Mädchen so häufig besitzen. Sie sagte ihm: »Du hast mich so dazu gedrängt. Ich fühlte mich in die Ecke getrieben. Man kann aber eine Ehe nicht aus der Ecke heraus anfangen, Ari, wir sind keine Boxer, wir sind anständige Menschen.« Kurze Zeit später heiratete sie ihren Vetter. Die Ehe dauerte nicht lange, und wenig später heiratete sie Andrew Fuller. Ari kehrte nach New York und zu Mamita zurück.

Von Geraldines Zurückweisung gedemütigt und voller Scham über die Art, wie er Ingeborg behandelt hatte, dankbar, daß sie den Lebewohl-Scheck noch nicht eingelöst hatte, wurde er besonders aufmerksam und liebevoll; er kaufte einen Steinway-Flügel für das Apartment im »Ritz Towers«, wo sie nun im 35. Stock wohnte, zwei Stockwerke tiefer als er. Sie liebte ihn mehr denn je; die kommenden Monate waren voller Situationen, an denen sie bis an ihr Lebensende hängen sollte: Ezio Pinza in der »Met«, Lena Horne in der Café-Lounge des »Savoy-Plaza«. Es machte ihm Spaß, Ingeborg beim Klavierspielen zuzuhören; sie brachte ihm ein Stück aus Bachs »Inventionen« bei. Später, bei Katina Paxinous Party für Arthur Rubinstein, ließ er sich in aller Bescheidenheit dazu drängen, sein Können auf den Tasten zu beweisen. Er spielte das einzige Musikstück, das er in seinem ganzen Leben gelernt hatte. Beeindruckt, wie gut er seine Sache gemacht (er hatte heimlich viele Monate geübt) und mit welcher List er erfolgreich aufgetreten war, neckte Ingeborg ihn: »Ich hatte keine Ahnung, daß du die Musik so leidenschaftlich liebst.« Er sei ein Mann vieler Leidenschaften, antwortete er. »Das ist eine Wahrheit, die all meine Bösartigkeiten und Grausamkeiten entschuldigt.«

Er pendelte weiterhin zwischen Los Angeles und New York hin und her. Ingeborg wußte, daß er sich noch mit anderen Frauen verabredete und ihnen schwer erhältliche Luxusgüter schickte, die er von seinen Schiffen holte (Geraldine erhielt immer noch gläserweise Kaviar, bis Andrew Fuller dahinterkam und Ari aufforderte, es zu unterlassen). Aris Frauen kosteten Mamita viele schlaflose Nächte und Eifersuchtsgefühle, doch das Mädchen, das er im Frühjahr 1943 in Stavros Livanos' Suite im »Plaza« kennenlernte, störte ihre Ruhe nicht. Athina Livanos war vierzehn Jahre alt, ein Kind, und Ari hatte bislang kein Interesse für »junges Gemüse« gezeigt – »Nymphchen«, wie sie später genannt wurden.

117

Tina hatte sich bei einem Reitunfall ein Bein gebrochen und humpelte auf Krücken in die Suite ihres Vaters, um ihm vorgestellt zu werden. Ari, der sich nicht eingestehen wollte, wie sehr er gefesselt war, notierte in sein Tagebuch lediglich: Samstag, 17. April 1943, 19 Uhr.

Ingse hatte sich seit Bagnères-de-Bigorre stark verändert. Sie wünschte sich nun, mit Ari verheiratet zu sein, aber eine Ehe war kein Gesprächsstoff mehr zwischen ihnen. Selbst wenn er sie von Los Angeles aus anrief und ihr erzählte, wie sehr er sie liebe und vermisse, wurde eine Hochzeit nicht mehr erwähnt. Er hatte sich auch geändert. Sein Alkoholkonsum, den er zwar noch unter Kontrolle hatte, wurde exzessiv. Nach einem alkoholseligen Pokerabend im Haus eines Freundes in Lloyd Neck waren Ingse und er in ihrem Chris-Craft-Motorboot ins »Mamita Cottage« zurückgekehrt, wo er sie körperlich angriff. Er schlug sie lange Zeit, und gerade, als sie dachte, er würde erst aufhören, wenn sie bewußtlos wäre, rollte er sich auf dem Fußboden zusammen und schlief wie ein Kind ein. Was ihn eigentlich so wütend gemacht habe? Sie habe ein Paar karierte Hosen getragen, die ihm mißfielen, sagte er am nächsten Tag. Er war völlig zerknirscht und flehte um Verzeihung. Aber einige Wochen später schlug er sie wieder. Das war der Beginn eines neuen Beziehungsmusters. Er gestand, sexuelles Vergnügen an der Gewalt zu finden, und quälte sie mit Geschichten, wie seine Grobheit viele seiner Freundinnen erregt habe und wie toll es gewesen sei, hinterher Liebe zu machen. »Alle griechischen Männer schlagen ihre Frauen«, sagte er. »Wer gut liebt, schlägt gut.«

Sie verließ das »Ritz Towers« und zog in eine Wohnung auf der East Fifty-first Street. Aber ihre Affäre und der Zyklus von Prügeleien, wenn er betrunken war, und tränenreichen Versöhnungsszenen ging weiter. Ingses Vertrauensbruch in Paris war nicht vergessen und hatte eine übermäßige Bedeutung bekommen. Obwohl er ihr weiterhin teure Geschenke machte und seine Liebe beteuerte, konnte er ihr gegenüber niemals wieder aufrichtig sein noch ihr vertrauen. Die kleinste Kleinigkeit brachte ihn in Rage. »Das war eine richtige Krankheit: Er suchte nach einer Gelegenheit, wartete geduldig auf den nichtigsten Vorwand, um damit seine Exzesse zu rechtfertigen«, erinnerte sich Ingeborg. Als sie sich während einer Dinnerparty, die sie im »Pavillon« gaben, unwohl fühlte, ließ sie sich von einem jugoslawischen Reeder nach Hause fahren, weil Ari seine Gäste nicht im Stich lassen konnte. Der Mann kehrte äußerst korrekt sofort zur Party zurück, die sich inzwischen ins »El Morocco« verlagert hatte. Viel später besuchte Ari sie. Diesmal war selbst er entsetzt, was er angerichtet hatte: Ihr Gesicht war böse zugerichtet, ein Auge war »zu Brei« geschlagen worden, ihr Körper wies zahllose blaue Flecken auf, und ihre linke Hand war gelähmt, weil sie damit seine Tritte und Faustschläge abgewehrt hatte. Früh am nächsten Morgen packte er sie in den Cadillac und fuhr zum »Mamita Cottage«. Dort schickte er das Personal weg und pflegte sie, bis ihre Verletzungen verheilt waren. Aber sein Verhalten war für Ingeborgs Freunde kein Geheimnis, noch überraschte es sie. »Ein Grieche, der so lange in Argentinien lebte – was erwartest du eigentlich?« sagte eine New Yorker Freundin. »Er wuchs in zwei Ländern auf, die zu den machohaftesten der ganzen Welt gehören. Machotum bedeutet überall Unterdrückung der Frau. Griechen und Welsche behandeln ihre Frauen wie Dreck.« Ingeborgs Arzt ließ sich durch ihre Erklärungen und Ausreden, die sie für ihre Verletzungen fand, nicht täuschen. Er versuchte, sie »nach einer schrecklichen Tracht Prügel, die mir Ari grundlos verabreicht hatte«, wie sie später einem Mitarbeiter Onassis' nach Paris schrieb, zu einer Klage gegen ihn zu bewegen.

Als sie nach New York zurückkehrte, nach der letzten und brutalsten Prügelszene, besprachen Ari und sie die Situation und ihre möglichen Folgen. Sie hielt ihm vor, er könnte eines Tages zu weit gehen und sie töten; er schwor, er liebe sie; wieder einmal sprachen sie von einem gemeinsamen Kind, obwohl Ingeborg nahezu 44 Jahre alt war. Sie hörte Ari früher gerne von einer gemeinsamen Zukunft sprechen, aber nun, als sie seinen Plänen lauschte, kippte ihre Resignation in Verzweiflung um. Als er sie in jener Nacht verließ, versuchte sie, sich mit »Nembutal« das Leben zu nehmen. Er kehrte zurück und fand sie gerade noch rechtzeitig. Mit der Hilfe von Dorothy Stewart, der Ehefrau seines Brokers und Ingses bester Freundin, brachte er sie mit Kaltwasserbädern und Unmengen von Kaffee wieder zu Bewußtsein. Er konnte nicht begreifen, weshalb »sie mir diese entsetzliche Geschichte angetan hat«. Sie sei nur ein Mensch, mit ihrem Verständnis am Ende, antwortete sie; sie habe keine Tricks auf Lager, könne nur in Übereinstimmung mit ihren Gefühlen handeln; sie nannte ihn nie wieder Mamico.

Als der Krieg zu Ende ging, war Ingeborg nur eine weitere Verwundete, besser dran als die einen, schlechter dran als die anderen. Sie besaß noch immer eine formvollendete Figur, aber der Kummer und die Ungewißheit der letzten fünf Jahre hatten ihre Spuren hinterlassen. Sie konnte sich nicht mehr mit Befriedigung im Spiegel betrachten. Ari hingegen war in seinen besten Jahren. Drei seiner Schiffe, die er an die amerikanische »Maritime Commission« verchartert hatte, brachten ihm pro Jahr je Schiff 250000 Dollar; seine Tanker konnten ihre skandinavischen Ankerplätze verlassen, wo sie seit 1940 gelegen hatten. Von den 450 griechischen Schiffen, die am Krieg beteiligt waren, waren 360 mit Tausenden von Menschen untergegangen; Onassis hatte kein einziges Schiff und keinen einzigen Seemann verloren.

Er könne sich nun ausruhen, meinte Ingeborg, und freute sich für ihn, daß er so gut davongekommen war. »Geld darf einen Mann nicht von harter Arbeit abhalten, es befreit ihn nur von einer gewissen Art harter Arbeit«, erwiderte er. Er hatte viele Pläne; Ingeborg wußte, daß sie darin keinen Platz hatte; selbst das kleine Schild »Mamita Cottage« war von dem Haus in Center Island entfernt worden, wo er nun häufig ohne sie seine Gäste bewirtete. Sie versuchte, sich in einen anderen Mann zu verlieben. In ihrer direkten Art schrieb sie ihm: »Von nun an kannst Du nicht mehr auf mich zählen. Trotz Deiner ständigen Treuebrüche habe ich Dich nicht ein einziges Mal betrogen; ich habe nun genug, ich nehme mir meine Freiheit zurück; ich möchte mein Leben nicht Deinen Launen unterwerfen und Deinen falschen Versprechungen vertrauen . . .«

Seine Antwort war leidenschaftlich, besitzergreifend, verletzend und hohl . . . ein alter Märchenerzähler, der, wie so oft, seine Pflichtübung absolvierte. Ingeborg fiel, wie sie es immer getan hatte, darauf herein. So zog sich ihre Affäre trostlos in die Länge.

Kapitel 6

»Gesetze sind wie Spinnweben.
Wenn eine arme, schwache Kreatur
sie berührt, ist sie gefangen;
aber eine stärkere kann
sie durchbrechen und davonkommen.«

Solon

Aris alles beherrschende Leidenschaft war das Geschäft. Er konnte alles nur unter dem Gesichtspunkt eines kommerziellen Werts betrachten, und als er Athina Livanos betrachtete, wußte er, daß er nicht nur auf eine sehr wertvolle Siegestrophäe blickte, sondern auch auf eine sehr hübsche Kapitalanlage. Wenn das Liebe ist, dann liebte Ari – tief, begierig, vollkommen hingerissen. Er liebte ihr goldschimmerndes Haar, ihr schmales, feines Gesicht mit den makellosen Zähnen; ihre Augen, in den goldenen und braunen Farben des Herbstes, blickten, was bei einem so lieblichen Gesicht überraschte, leicht boshaft. Sie sah nicht typisch griechisch aus; die gebürtige Engländerin war während des Krieges per Kongreßverfügung Amerikanerin geworden. Nun waren ihre Kleidung, ihre Gesten, die Art und Weise, wie sie sich gab, betont amerikanisch; nur ihr Tonfall blieb auf erstaunliche Weise britisch.

Athina oder Tina, wie sie von Freunden und der Familie genannt wurde, am 19. März 1929 in Kensington, London, geboren, durchschaute mit ziemlicher Sicherheit seine Gedanken, die kommerziellen wie auch die fleischlichen. Er war aus demselben Holz geschnitzt wie ihr Vater; falls sie Ari heiratete, so schätzte sie, lieferte sie sich nur einem anderen Herrn und Meister aus. Der Gedanke dürfte sie wohl nicht gestört haben, denn wie alle griechischen Mädchen ihrer Herkunft war sie für die Ehe erzogen worden; und wie die englische Aristokratie war sie auf ein bestimmtes Milieu ausgerichtet worden, ein Milieu, das sie so sehr liebte, daß sie noch nicht einmal neugierig war, was es darüber hinaus noch gab.

Tina fing zu Beginn des Herbstsemesters 1939 in der Heathfield

School an, und zwar in der vierten Klasse der Unterstufe, in die nur sie, Sheila Rohll und Bridget Cronin gingen, während sich ihre ältere Schwester Eugénie in einer höheren und größeren Klasse befand, in der die Namen der britischen Oberschicht – Curzon, Villiers, Boscawen, Hubbard – vorherrschten. In ihrem dritten Semester in Heathfield (Motto: »Einer für alle«) gewann Tina einen emaillierten blauen Bogen für gute Leistungen. Neben den üblichen Fächern lernte sie Schneidern und wirtschaftliche Haushaltsführung und spielte Lacrosse und Tennis. Sie war dort glücklich. Im Schulbericht des Sommers 1940 steht: »Tina hat eine gute Arbeit im Semester geleistet. Sie hat einen hervorragenden Platz in der Klasse belegt und ist überaus fleißig und hilfsbereit. Wir freuen uns, daß sie ihren blauen Bogen erhalten hat.«

Nachdem sie miterlebt hatten, wie ihre Namen in einen Stuhl der Kapelle geschnitzt wurden, eine alte Tradition in Heathfield, verließen die Schwestern im Sommer 1940 Heathfield und kamen auf das Kloster Villa Maria in Montreal, wo sie ein Jahr blieben, ehe Tina auf ein Internat in Greenwich, Connecticut, wechselte und Eugénie sich bei Miss Hewitts einschrieb, der New Yorker Anstalt zur Schulung junger Damen der Gesellschaft.

Tina hatte bereits eine von der Familie gebilligte Zuneigung zu John Vatis entwickelt, einem etwa gleichaltrigen Jungen und Sproß einer Reederfamilie mit »Spitzenstammbaum« (zur Bestimmung der Hierarchie des Prestiges gehörte bei griechischen Reederdynastien sowohl ein scharfes Bewußtsein für die Herkunft als auch für das Vermögen der Familie), als sie das Interesse Aris bemerkte. Für Tina folgte eine Phase beträchtlicher Faszination, während sich Ari um ihr väterliches Haus in Oyster Bay herumtrieb und dabei ein eindrucksvolles Bild jugendlichen Aktivitätsdranges abgab: Schwimmen, Wasserski, rasante Fahrten auf seinem Fahrrad. Eugénie, die seine albernen Auftritte beobachtete und feststellen mußte, daß sie nicht auf *sie* Eindruck machen sollten, äußerte, er wirke wie ein »turnender Wasserspeier«.[*]

---

[*] gargoyle = Wasserspeier, Gargoylismus = plumpe, mißgestaltete Schädelform, erinnert an Wasserspeier gotischer Kathedralen. Manchmal haben diese Kranken auch Minderwuchs oder sind sog. »Sitzriesen« (d. Übers.).

In einem ungemein leicht zu beeindruckenden Alter stehend, verstand Tina aber gleichzeitig auch etwas von der Macht der Reserviertheit und behandelte ihn daher mit koketter Schweigsamkeit; sie gab sogar vor, nichts zu verstehen, als er hinter seinem Rennboot ein langes Band mit den Buchstaben T.I.L.Y. (Tina I Love You) flattern ließ; sie hörte jedoch seinen Geschichten über sein Leben zu (»Alles, was irgend jemand wirklich über Aris Kindheit wissen wird, wird das sein, was er selbst zu erzählen vorzieht«, vertraute sie Eugénie scharfsichtig an), spielte Wortspiele mit (»Wenn ich ein Schiff wäre, was für eine Sorte wäre ich dann?« – »Ein Tanker«, antwortete sie. »Ein Zerstörer«, sagte er und brüllte vor Lachen. »Ich bin ein Zerstörer«) und schlenderte mit ihm ausgiebig die Küste von Long Island entlang. Er wirkte auf ihren englisch geschulten Geist sehr befremdlich; wenn sie seinen Geschichten über die Vergangenheit zuhörte, erinnerte sie das an orientalische Märchenerzähler auf dem Marktplatz. Sie wußte niemals, was sie glauben sollte; das Geheimnisvolle an ihm entzündete ihre mädchenhafte Phantasie.

Während er sich noch in den letzten Zügen seiner Scheidung von Melpo befand, bekundete Niarchos schon sein Interesse an Tina und wurde von ihrem Vater extrem kurz abgefertigt. Entschlossen, keinen einzigen Fehler zu begehen, nahm sich Ari Zeit; er machte es sich zum Prinzip, zu beiden Livanos-Mädchen nett zu sein, und er schmeichelte sich bei ihrer Mutter Arietta ein. Sonntags lud er die Familie zum Mittagessen oder zu Grillpartys in sein Haus oder zu Fahrten in seinem Motorboot ein; alles zielte auf Tina ab, und Tina wußte das. Als er schließlich um ihre Hand anhielt, wurde Stavros Livanos wütend. Er hatte nichts gegen Ari als Schwiegersohn (eine geschäftliche Verbindung Livanos-Onassis hatte ihren Reiz), aber er hatte um die falsche Tochter angehalten. Schwestern heiraten streng in der Reihenfolge ihres Alters, erinnerte er Ari. »Ihre Töchter sind keine Schiffe, Mr. Livanos, Sie können sich die erste in der Linie nicht zuerst vom Hals schaffen«, sagte Ari und schüttelte damit Jahre des Kriechertums mit einem einzigen Satz ab. Ein Mann müsse die Grundregeln des Lebens beachten, meinte Livanos. »Diese Grundregeln sind keine Regeln«, gab Ari zurück.

Livanos war der Überzeugung, Ari werde klein beigeben und Eugénie doch akzeptieren, aber dieses eine Mal in seinem Leben klappte es nicht so, wie er es geplant hatte. Ein Jahr später gab er nach. Er behauptete, nicht länger Tinas unglückliches Gesicht ertragen zu können; außerdem beruhigte ihn das Interesse des frischgeschiedenen Niarchos an Eugénie. Für den erzkonservativen Livanos, der jede Art von Publicity verabscheute, stellten Onassis und Niarchos nicht gerade die Schwiegersöhne dar, die er in einer perfekten Welt gewählt hätte; der Gedanke, drei der größten Privatflotten der Welt in einer Familie zusammenzuziehen, war jedoch ein großer Trost für ihn.

Ari gestattete es sich natürlich nicht, sich ausschließlich mit romantischen Angelegenheiten zu befassen. Der Kongreß verabschiedete 1946 das Ship Sales Act (Gesetz zum Verkauf von Schiffen). Damit wurde es alliierten Unternehmern ermöglicht, Liberty-Schiffe mit Genehmigung ihrer jeweiligen Regierung zu erwerben. Bei einem Kaufpreis zwischen 550000 und 125000 Dollar, wobei der Restbetrag bei einer siebenjährigen Laufzeit und drei Prozent Zinsen zahlbar war, stellten die Schiffe ein richtiges »Schnäppchen« dar. Die griechische Regierung beauftragte die »Vereinigung der Griechischen Reeder«, als ihr Agent aufzutreten. Von den reichen und mächtigen Eignern beherrscht, die bei Ausbruch des Krieges nach New York gegangen waren, beschloß die Vereinigung, daß einhundert Schiffe für ihre Bedürfnisse genug wären. Doch als Ari dreizehn Schiffe bestellte, teilte man ihm mit, keines sei verkäuflich; Livanos dagegen erhielt das Dutzend, das er geordert hatte. Ari tobte vor Wut; die Vereinigung ignorierte ihn. Manuel Kulukundis, der die Vereinigung in den zwanziger Jahren gegründet hatte, machte nicht viel Federlesens; Ari sei nie in Betracht gekommen; die Vereinigung befasse sich mit griechischen Schiffen, und Aris Schiffe zeigten die Flagge Panamas, sagte er. Dieselbe Geschichte geschah, als die amerikanische »Maritime Commission« Griechenland sieben T2-Tanker anbot. Ari wandte sich direkt an die griechische Regierung und wollte alle sieben; Athen bestand darauf, nur über die Vereinigung zu verhandeln; wieder wurde er kaltgestellt. Er haßte die herrschenden Kader der alternden Griechen ebenso stark, wie er ihre Welt bewunderte; sie sollten ihm eines Tages jede Schiffstonne bezahlen, die sie ihm vorenthalten hatten; und er sollte sich an ihnen im Geschäftsleben und noch weit mehr im Privatleben rächen.

Am 28. Dezember 1946 heirateten Ari und Tina. Tina war 17 Jahre alt, Ari 46. Die Hochzeit wurde, dem allgemeinen Ritual entsprechend, in der Gesellschaftsspalte der *New York Times* erwähnt:

ATHINA LIVANOS VERMÄHLT
Hochzeit mit Aristo S. Onassis
in hiesiger griechischer Kirche

Miss Athina Livanos, Tochter von Mr. und Mrs. Stavros George Livanos, wohnhaft im Hotel Plaza dieser Stadt und in London, England, wurde gestern nachmittag in der griechisch-orthodoxen Kirche mit Aristo S. Onassis, wohnhaft in dieser Stadt und in Oyster Bay, L.I., Sohn des verstorbenen Sokrates Onassis und der verstorbenen Mrs. Penelope Onassis aus Athen, Griechenland, getraut. Die Zeremonie wurde von Erzbischof Athenagoros mit Unterstützung von Vater Euthimion durchgeführt.

Die Schwester der Braut, Miss Eugénie Livanos, war Brautführerin. Brautjungfern waren die Fräulein Nancy Harris, Andree Maitland, Janet Bethel und Joan Durand, alle aus dieser Stadt. Beatrice Ammidown und Cornelia Embiricos waren Blumenmädchen. Andre Embiricos war Brautführer. Im Terrace-Room des Plaza wurde ein Empfang gegeben.

Tina Livanos gewonnen zu haben war weit mehr als die Erfüllung eines Traumes. In Aris Augen war dies die Begleichung einer alten Rechnung, die er mit seinem Schwiegervater und dem Rest des griechischen Establishments noch zu begleichen hatte, weil sie ihm seinen Anteil an der Kriegsbeute verweigert hatten. »Jetzt hast du dich gerächt«, sagte Gratsos ihm am Tage der Hochzeit.

125

Im Terrace-Room des »Plaza« wimmelte es von Männern, die ihr Bestes getan hatten, ihn zu demütigen, und ihn den »Fallschirmspringer« nannten – »er fiel geradewegs vom Himmel auf uns«. Er antwortete: »Das ist noch nicht genug, Costa. Ich werde diesen Hurensöhnen den Arsch aufreißen. Ich habe Krieg mit diesen Gorillas.« Gratsos sah sich in dem Raum um, in dem wunderschön gekleidete Frauen und Männer in Cutaways, mit weißer Nelke im Knopfloch, herumstanden. »Das ist eine sehr zivilisierte Art, Krieg zu führen«, meinte er trocken. Ari sagte, er solle sich nicht täuschen lassen. »Wir werden nie den Versuch aufgeben, uns gegenseitig die Ärsche auf dem Fußboden festzunageln. Nur ab und zu, um den Damen zu gefallen, legen wir eine Feuerpause ein und geben damit vor, zivilisiert zu sein.«

Zu Livanos' Hochzeitsgeschenken gehörte eines seiner Liberty-Schiffe, auf dem immer noch eine Hypothek von 400 000 Dollar lastete. Später fügte der alte Mann ein Stadthaus am Sutton Square (East River) hinzu, das der »Tina Realty Corporation« urkundlich übertragen wurde. – Ingeborg, die mit ihrer 35 000-Dollar-Abfindung und einem monatlichen Wechsel von 500 Dollar wieder in Paris lebte, erhielt ein Telegramm von Ari, in dem er sich beklagte, sie sei von seinen Freunden und Freundinnen die einzige gewesen, von der er kein Hochzeitsgeschenk erhalten habe!

Mr. und Mrs. Onassis verbrachten ihre erste Nacht in einer Suite des »Plaza«. Wenn ein 46jähriger Mann ein 17jähriges Mädchen heiratet, ist es beinahe sicher, daß mit diesem Umstand etwas Spannungsgeladenes und gewisse Zweifel einhergehen. Das einzig Überraschende war für Ari allerdings, daß sie die Hochzeitssuite bewohnten und dies vollkommen legal war.

Sie begaben sich auf eine ruhige Flitterwochenreise. Zuerst nahmen sie ein Hausboot, mit dem sie über die Flußwege nach Florida fuhren, dann ein langsames Schiff nach Buenos Aires. Sie ließen die Vergangenheit ruhen und wurden in Buenos Aires von Spyros Skouras begrüßt, der sie großzügigst bewirtete. Fritz Mandl kreuzte auf und gab ihnen zu Ehren einen großen Empfang im »Plaza«. Alberto Dodero lud sie nach Montevideo ein, wo sie Eva Perón kennenlernten. Dodero war ein langjähriger Förderer der

Peróns; ihre Profile zierten seine goldenen Manschettenknöpfe; er schenkte ihnen Brillanten und Rolls-Royces. Die perónistische Regierung erwiderte die Gunst mit Frachtverträgen, Darlehen zum Kauf weiterer Schiffe und vielen anderen Dingen.

Das unerwartete Auftauchen von Mandl und Eva Perón in Bet Alba, Doderos palastartigem Wohnsitz am Rio de la Plata, war kein Zufall. Trotz des äußeren Scheins ging es Dodero wirtschaftlich schlecht, und er brauchte dringend neues Kapital – ein normales Bedürfnis bei einem Mann, der an nichts anderes dachte, als das »Maxim's« in Paris für eine Party zu mieten oder ein Diner für fünfzig Gäste zu geben, bei dem die Männer goldene Zigarettenetuis mit Monogramm und die Frauen einen Brillanten erhielten. Er hatte einst versucht, über Ingeborg Ari dazu zu bewegen, Geld in seine »Rio Plata Navigation Company« zu stecken. Sie hatte sich geweigert, indem sie, nicht ganz wahrheitsgemäß, behauptete, sich niemals in Aris Geschäfte einzumischen.

Faktisch Mitdiktatorin von Argentinien (ihre Popularität bei den Massen hatte ihrem Mann Juan Perón bei den Präsidentschaftswahlen von 1946 sehr geholfen), bot Eva Perón all ihren Charme auf, um Doderos Anliegen zu unterstützen. »Ich versichere Ihnen, daß Argentinien keinerlei wirtschaftliche Schwierigkeiten von Bedeutung hat. Wirtschaftlich gesehen könnten wir die größte Nation der Welt werden.« Hier ergebe sich die einzigartige Gelegenheit für Mandl und Ari, sich mit Dodero zusammenzutun, eine Gesellschaft mit einem Mann zu gründen, der bereits in den Plänen und im Herzen des Präsidenten einen ganz besonderen Platz besitze, sagte sie. Mandl schluckte den Köder. Ari wollte es sich noch überlegen. »Wenn Mandl, Don Alberto und ich zusammengegangen wären, hätte sich in der Tat ein sehr großes Unternehmen ergeben. Aber wer hätte es kontrolliert? Und wären die Peróns fähig gewesen, ihre Hände nicht nach solch einer Beute auszustrecken? Das Risiko war einfach viel zu groß«, sagte er später.

Zwei Monate nach ihrem Hochzeitstag kehrte das Paar in seine Wohnung am Sutton Square 16 in einer Sackgasse am Sutton Place von New York City zurück. Tina machte sich sofort daran, ihr neues Heim mit französischen Stilmöbeln, schwarzen Marmorfußböden, kostbaren Tapeten und erlesenen Gemälden, darunter ein Renoir, auszustatten; Ari widmete sich seinen Geschäften; obwohl er nun ein Büro in der Broad Street 80 besaß, das von Nicolas Cokkinis geleitet wurde, arbeitete er oft im Sutton Square und leierte auch häufig Geschäfte und Kontakte auf den großen Festen an, die er und Tina so gerne gaben. Dabei tummelten sich dann Stars aus dem Showbusineß mit Bankiers und Anwälten, Künstler und Musiker mit Brokern aus der Wall Street und Schiffsmagnaten. Sie waren verschwenderisch und erregten Aufmerksamkeit. Obwohl sie erst achtzehn Jahre alt war, etablierte sich Tina rasch als die emsigste, jüngste und schönste Gastgeberin New Yorks. »Ich bin so glücklich«, erzählte sie Ari, erzählte sie ihren Freunden, erzählte sie jedermann in ihrem so verblüffend englischen Tonfall, der immer noch eher an das Klassenzimmer als an einen Salon erinnerte. »Ich bin so *vollkommen* glücklich!«

Immer bereit, überall dort seine Hand im Spiel zu haben, wo es sich lohnte, und manchmal noch weit mehr als das, schloß Ari Charterverträge für Kohlentransporte nach Südamerika, Frankreich und Deutschland für sechzehn Liberty-Schiffe ab, die er gar nicht hatte. Er legte die Verträge der »First National City Bank« vor, die ihm seit seinem ersten Tabakunternehmen in Buenos Aires kleinere Kredite gewährte, und bat um ein Darlehen, um den Kauf der Schiffe finanzieren zu können. Die Bank rückte die Hälfte des Geldes heraus. Die Bedingungen waren härter als die Bedingungen, welche die anderen New Yorker Griechen von der amerikanischen Regierung eingeräumt bekamen, aber er konnte damit leben und war innerhalb von ein paar Jahren in der Gewinnzone.

Er wollte immer noch die T2-Tanker an sich bringen, die jedoch, bei 1,5 Millionen Dollar pro Schiff, eine unglaublich teure Angelegenheit waren. Während er bereit war, ohne viel Federlesens die Liberty-Schiffe zu übernehmen, die auf Kosten der Regierung aufgelegt worden waren und von den amerikanischen Unternehmern nicht gewollt wurden, bestand die »Maritime Commission« darauf, daß die 16000-Tonnen-Tanker, die sechs Millionen Gallonen Öl befördern konnten und daher von beträchtlicher strategischer Bedeutung waren, nur an Bürger der Vereinigten

Staaten verkauft werden sollten. Ari versuchte alles, um die Ausschlußklausel zu umgehen. Er überredete Constantine Konialidis, mittlerweile Bürger Uruguays, einen einzigen T2 zu beantragen. Als der Antrag am 12. September 1947 zurückgewiesen wurde (»Wir sind der Meinung, daß der Verkauf an einen Nichtbürger, der unter der Flagge Panamas fahren läßt, das Schiff einer effektiven Kontrolle durch die Vereinigten Staaten entzieht«), hatte Ari eine Idee.

»Ich bin nicht am Besitz, sondern an der Nutzung dieser Tanker interessiert«, umriß er kurz seine Idee in der New Yorker Anwaltskanzlei »Lord, Day and Lord«, zu der als dienstältester Berater Herbert Brownell junior gehörte. Ari wollte eine Aktiengesellschaft gründen, deren Aushängeschild eine Gruppe hochangesehener Amerikaner sein sollte; er selbst wollte nur einen Anteil am Aktienpaket halten, der unterhalb einer Kontrollmöglichkeit lag. Mehrere andere griechische Reeder hatten die Möglichkeit dieses Tricks bereits erkannt; zu ihnen gehörten Niarchos und Kulukundis. Die Anwälte waren schnell der Überzeugung, daß dies zumindest in technischer Hinsicht legal war. Darüber hinaus wußten sie, vorausgesetzt, ein angesehener amerikanischer Verwaltungsrat existierte und die Schiffe würden gegen Bargeld gekauft, daß die Rechtsabteilung der Commission absolut keine Fragen hinsichtlich der tatsächlichen Kontrolle der Aktiengesellschaft stellen würde, selbst wenn der Antragsteller zugab, daß sich fast das gesamte Kapital in ausländischer Hand befand.

Ari flog nach Washington, um mit Joseph H. Rosenbaum, dem ältesten Teilhaber der Anwaltskanzlei »Goodwin, Rosenbaum, Meacham & Bailen« zu sprechen. Rosenbaum und Robert W. Dudley, ein Mitarbeiter in Rosenbaums Kanzlei und Schwager des ehemaligen Kongreßabgeordneten Joseph E. Casey, waren auf Klienten spezialisiert, die danach trachteten, überschüssige Schiffe von der »Maritime Commission« zu kaufen. Sie hatten sich auch mit Konialidis' erfolglosem Antrag für einen T2 beschäftigt. Nun machte Ari ihnen klar, wie er die Angelegenheit gerne geregelt sähe. Innerhalb von zwei Wochen war die »United States Petroleum Carriers Inc.« als amerikanische Aktiengesellschaft mit einem zugelassenen Aktienkapital, das in tausend Aktien gestückelt wurde, gegründet worden. Sechshundert dieser Aktien wurden an ein Trio von Strohmännern ausgegeben, nämlich an Robert L. Berenson, Robert W. Dudley und Admiral H. L. Bowen, die alle amerikanische Staatsbürger waren. Vierhundert Aktien wurden nicht ausgegeben.

Am 30. Dezember 1947 bewilligte die »Maritime Commission« den Verkauf von vier T2-Tankern an die »United States Petroleum Carriers Inc.«. Fast unmittelbar danach zahlte Dudley an Admiral Bowen 7500 Dollar für dessen 250 Aktien, womit sich Dudleys Anteil verdoppelte. Eine Woche später kaufte Robert Berenson die Aktien Dudleys für 125 000 Dollar (ursprünglicher Wert 1000 Dollar), und am selben Tag erwarb die »Sociedad Industrial Maritime Financiera Ariona, Panama, S. A.«, im Besitz von Aristoteles S. Onassis und Nicolas und Constantine Konialidis, die restlichen vierhundert Aktien des autorisierten Kapitals. Während der folgenden sechs Monate erwarb dieselbe panamaische Aktiengesellschaft zusätzlich neunzig Aktien von Berenson, was ihr 490 Aktien bzw. einen 49prozentigen Anteil an der Aktiengesellschaft verschaffte. Zur selben Zeit reduzierte Berenson seinen eigenen Anteil auf 48 Prozent, indem er jeweils zehn Aktien an drei mit Ari eng befreundete amerikanische Bürger verkaufte – Clifford N. Carver, der für ihn während eines kurzlebigen Walfangunternehmens gearbeitet hatte; Nicolas Cokkinis, der sein New Yorker Büro leitete; und Arne C. Storen, einen befreundeten Schiffsingenieur. Vom Gesichtspunkt der Kontrolle mittels stimmberechtigter Aktien waren Cokkinis (der zehn Tage vor dem Erwerb seiner USPC-Aktien die amerikanische Staatsbürgerschaft erhalten hatte), Carver und Storen das Zünglein an der Waage. Bei einem Streit zwischen Berenson und dem Onassis-Konialidis-Gespann konnte einer der drei die fremden Anteile auf den Sitz des Kutschers schieben.

Niarchos (der Ende 1947 Aris Schwager wurde, als er Eugénie zu seiner dritten Ehefrau machte) und mehrere andere griechische Reeder hatten ähnliche Coups geschafft. Aber selbst Niarchos' Erfolge konnten Aris gute Laune nicht verderben, als er in seine wohlverdienten Ferien nach Südfrankreich aufbrach. Er hatte nicht nur seine T2-Tanker (der harte Winter von 1947 hatte die Vereinigten Staaten in eine Energieversorgungskrise gestürzt, welche die Frachtraten für Tanker in die Höhe schnellen ließ), sondern er verhandelte auch mit der »Metropolitan Life Insurance Company« in New York über einen spektakulären Kredit über 40 Millionen Dollar, um eine brandneue Generation von Supertankern bauen zu können.

Tina fühlte sich in Monte Carlo ganz in ihrem Element, zwischen all den Menschen, die sie mochte, dieser feinen Gesellschaft, die für sie der Quell der Freude und für Ari des Aufstiegs war. Wie bei allen echten Mitgliedern der oberen Zehntausend war ihre Stärke die Illusion. Sie war begeistert, als sie im »Hotel de Paris« zufällig auf Eva Perón und Alberto Dodero stießen. Eine weniger unschuldige Frau, eine etwas erfahrenere Frau hätte wohl in weiser Voraussicht einen Mann wie Ari nicht so sehr in die Nähe einer Frau wie Eva Perón gelassen. Bei ihrer ähnlichen Vergangenheit – 1919 (in 1923 umgeändert, als ihr Mann an die Macht kam) in armseligen Verhältnissen in einem Pampa-Dorf außerhalb Buenos Aires zur Welt gekommen, hatte Eva ihre Reize eingesetzt, um sich in der Welt nach oben zu arbeiten, und prunkte jetzt mit ihrem Reichtum – dürften sie wohl in vieler Hinsicht vollstes Verständnis füreinander besessen haben. Ari vertraute Dodero an, er würde Eva liebend gerne unter weniger formellen Umständen treffen; es war ein Gespräch zwischen alten Freunden, zwischen Männern von Welt. Don Dodero, der Eva auf einer Staats- und Vergnügungsreise durch Europa begleitete, meinte, das ließe sich machen. Als unermüdliche Wohltäterin fordere Eva von jedermann Tribut für die Eva-Perón-Stiftung, sagte er; zehntausend Dollar würden zum Ziel führen.

Eva empfing ihn in ihrer Villa in Santa Margherita an der italienischen Riviera. »Sie kommen immer gleich zur Sache, nicht wahr?« sagte sie ihm. Danach machte sie Rühreier. Das seien die teuersten Rühreier seines Lebens gewesen, erzählte er Meyer, und außerdem hätte er schon weitaus bessere gegessen. Nachdem Doderos Schiffe, seine Fluggesellschaft und fast alle seine Ländereien für magere drei Millionen Dollar von den Peróns enteignet worden waren, sagte Dodero (der immer noch ein beruhigendes Vermögen besaß, das in Uruguay versteckt war): »Der Präsident machte mit mir das, was Onassis aufgrund meiner Hilfe mit seiner Frau tat.«

Ari konnte im Frühjahr 1948 einiges feiern: Am 30. April brachte Tina im »Harkness Pavilion«, einer Privatklinik in New York City, einen Jungen zur Welt; er wurde nach Aris ermordetem Onkel Alexander genannt. Aris erster amerikanischer Tanker, die *Olympic Games*, wurde auf der Werft der »Bethlehem Steel's Sparrow Point« in Baltimore vom Stapel gelassen; vier weitere befanden sich im Bau. »Fünf Tanker – und ich mußte nur ein einziges Mal meine Hand in die Hosentasche stecken, um mir die Eier zu kratzen«, erzählte er einem englischen Freund. Er trank immer noch sehr viel, mit Vorliebe »Gibsons« (ein Cocktail aus Gin, einem kleinen Spritzer französischem Vermouth, mit Eis verquirlt, in einem gekühlten Glas mit einer Cocktail-Zwiebel serviert), doch machte ihn das weder langsamer, noch beeinträchtigte es seine Fähigkeit, seine Schiffe mit »other people's money« zu finanzieren. OPM (mit anderer Leute Geld) nannte er dieses Rezept. Ebenso wie er Verträge unterzeichnet hatte, Kohle auf Schiffen zu transportieren, die er noch nicht hatte, so hatte er Verträge für Öltransporte in Tankern abgeschlossen, die noch nicht einmal im Bau waren, ein Umstand, der Zweifel an der Moral, wenn nicht Rechtmäßigkeit seiner Methoden aufkommen ließ. Selbst wenn seine ethische Einstellung alles andere als perfekt war – und er lebte nach den Worten eines ehemaligen Mitarbeiters »vom Taschenspielertrick in den Mund« –, arbeitete OPM weiterhin tadellos für ihn. Die Öl-Majors, einschließlich »Mobil«, »Socony« und »Texaco«, zogen es vor, langfristige Charterverträge zu festen Tarifen mit Ari abzuschließen, anstatt sich Kopfschmerzen beim Bau und Betreiben ihrer eigenen Tankerflotten zu holen, was zudem bedeutet hätte, unter amerikanischer Flagge zu fahren und amerikanische Gehälter und Steuern zu zahlen; ihre Charterverträge waren so gut wie Gold auf der Bank. Unter der Flagge Panamas, mit niedrigen Betriebskosten und ohne Steuerpflicht, war Ari in der Lage, aus jeder Fracht Gewinn zu schlagen; ein Tanker war am Ende eines einzigen Chartervertrags, der über sechzig Monate lief, bezahlt.

Den »goldenen Griechen« nannten ihn allmählich die Schlagzeilenverfasser. Dennoch hatte er die Achtung jener Leute noch nicht gewonnen, deren Achtung er am meisten ersehnte – in den Augen des griechischen Establishments war er immer noch der Emporkömmling aus Smyrna. »Sie behaupteten sogar, daß ich mein Haar schwarz färben ließ, wenn ich zu einem Rendezvous ging, und grau, wenn ich mich mit Geschäftsleuten traf«, sagte er. Viele der besten Geschichten über seine Person erfand er selbst. Die Presse liebte ihn. Er sah immer noch wie ein Mann aus, der sich in einer Hinterhofschlägerei selbst behaupten konnte, und seine Saga vom Lump, der reich wurde, war genau das, was die Öffentlichkeit lesen wollte. Je reicher er wurde, desto bescheidener schilderte er seinen Start. Wie man ihn auch einordnete, er gab immer guten Stoff ab, und er besaß das Gespür des Politikers, der Presse genau das Richtige zu liefern. Obwohl die Journalisten wußten, daß er zu Wutausbrüchen neigte, die seine Mitarbeiter bewogen, auf Zehenspitzen um ihn herumzugehen, schrieben sie nur über seinen Charme, seine Großzügigkeit, seine entspannte Art. Seine Liebesgeschichte mit den Medien war nicht vollständig von seiner Selbstgefälligkeit motiviert. »Sein Image sanktionierte seine knallharten Geschäfte«, sagte Meyer. Im Pressejargon: Wie er sein Geld machte, war weniger wichtig, sondern wie er es und mit wem er es ausgab. »Wir wußten, daß Ari in vieler Hinsicht ein Arschloch war, aber das war nicht wichtig. Er war eine Berühmtheit. Berühmtheiten sind kurzlebige Phänomene. Man nutzt sie, so gut man kann«, gab ein Klatschspaltenjournalist zu. Gratsos, der nun als Aris »Haus-Intellektueller« galt, warnte ihn vor der Publicity, die er hatte. Zu häufig an exponierter Stelle in den Klatschspalten zu stehen sei für das Image eines seriösen Geschäftsmannes nicht gut, meinte er. Ari antwortete: »Das ist nur mein Mythos. Je mehr die Leute etwas von diesem Mythos lesen, desto weniger werden sie von dem Mann wissen. Costa, alter Sportsfreund, ich bin wirklich eine sehr private Person.«

Das »alter Sportsfreund« veranlaßte Gratsos, sich zu fragen, ob Ari eigentlich klar war, wie sehr er unter dem Einfluß Tinas und ihrer Freunde stand. Diese Übernahme eines typisch englischen Ausdrucks, levantinisch moduliert, schien eigentlich nur seine Fremdartigkeit zu unterstreichen. Tina erzählte ihren Freunden häufig, er erinnere sie an einen »rehabilitierten Wilden«, der sich nur einen Deckmantel von Ehrbarkeit verschafft habe, »der aber nicht dick genug ist, um ihn glaubhaft zu machen«. Ihr Scharfsinn überraschte Gratsos stets aufs neue.

Inzwischen hielt der Wettkampf zwischen Ari und Stavros Niarchos mit ihrem Erfolg Schritt. Ari ließ einen 28000-Tonnen-Tanker bauen, Niarchos gleich zwei. Weniger in der Öffentlichkeit stehend als Ari und gewiß weniger zum Mythos erhoben, ärgerte Niarchos seinen Schwager auf jede nur mögliche Weise; Ari war eifersüchtig auf seinen ununterbrochenen Aufmarsch anonymer, aber immer phantastischer Mätressen; er neidete ihm seine dandyhafte Eleganz und fluchte über »sein verdammtes kontinentales Getue«. Ari konnte noch nicht einmal den elegantesten Anzug einen Vormittag tragen, ohne an eine Vogelscheuche zu erinnern. Sie waren in jeder Hinsicht grundverschieden: »Niarchos strahlte die ›ennui‹ des Reichen aus, Onassis besaß die ›joie de vivre‹ des Armen«, faßte ein amerikanischer Manager im Ölgeschäft die Unterschiede zwischen den beiden zusammen.

Dennoch besaß die Rivalität, die den Ehrgeiz der beiden anstachelte und Freunde zum Grinsen brachte, auch ihre dunkle Seite. Beide Männer erwarteten von ihren Frauen, in jeder Hinsicht loyal zu sein, ihre Vorurteile und Feinde, ihre Mißgunst und ihr Begehren zu teilen. Beide Männer beurteilten die Treue und Ergebenheit ihrer Freunde am Grad der Abneigung, die sie gegenüber dem anderen zum Ausdruck brachten. Ari verbot Tina sogar, an Eugénies Hochzeit mit Niarchos teilzunehmen. Die Entfremdung bereitete den Schwestern großen Kummer; Ari sah jedoch nichts Schlechtes an seinen Forderungen; laut Aussage eines ehemaligen Angestellten in London betrachtete er »Versöhnungsbereitschaft als Schwäche und Entspannung als Niederlage. Er wäre ohne einen Feind verloren gewesen . . . manchmal mußte der Feind aus dem engsten Kreis seiner eigenen Familie geholt werden.«

Am 11. Dezember 1950 wurde ihr zweites Kind, ein Mädchen, in New York geboren; es erhielt den Namen Christina; das war siebzehn Tage vor ihrem vierten Hochzeitstag. Tina, 21 Jahre alt, schön und enorm reich sowie davon überzeugt, jemand, den sie brauche, müsse sie noch mehr brauchen, bezweifelte nicht, daß ihr Leben einen Wendepunkt erreicht hatte. Ihre Ehe, gemessen daran, daß sie und Ari immer zusammengewesen und zusammen gereist waren, immer zusammen unter einem Dach gelebt und dieselben Freunde geteilt hatten, war vorüber. Die Veränderung kam schleichend und war fast unvermeidbar, bedenkt man Aris Ehrgeiz, immer um eine Nasenlänge im Ziel voraus liegen zu müssen, und ihr Interesse an ihrem eigenen gesellschaftlichen Milieu.

Zusätzlich zu ihrer Wohnung am Sutton Square besaßen sie nun ein Haus in Montevideo, eine Dauersuite im »Plaza« von Buenos Aires, bei Athen eine Villa am Meer und ein Apartment auf der Avenue Foch in Paris. In Südfrankreich hatten sie eine Villa angemietet, »Château de la Croë« genannt, die inmitten eines 10 Hektar großen Grundstücks in der schönsten Gegend von Cap d'Antibes stand. Sie hatte 42 Räume und nicht ganz soviel Personal wie der Buckingham-Palast: Der Herzog von Windsor hatte vor ihnen dort gewohnt. Tina fand es himmlisch, obwohl selbst sie von der Größe der Villa überrascht gewesen sein muß. »Ein Millionär soll immer ein bißchen über seine Verhältnisse leben, um seine Kreditwürdigkeit zu erhalten«, erzählte Ari seinen Freunden mit der Sorglosigkeit eines Mannes, der weiß, daß solche Angelegenheit keineswegs seine Verhältnisse übersteigt. Er war gar nicht erfreut, als sich Niarchos einen ähnlich herrlichen Palast an der Küste genehmigte. »Stavros leidet meines Erachtens an einer Identitätskrise. Er haßt mich, weil er selbst keine originellen Einfälle hat«, beklagte er sich. Tina meinte, den Grund zu kennen: Stavros sei ihrer Meinung nach in sie verliebt. Selbst wenn sie sich noch so sehr angestrengt hätte, eine beunruhigendere Vorstellung, die sich im Kopf ihres Mannes festsetzte, hätte sie sich nicht ausdenken können.

Kapitel 7

Als die amerikanischen Werften für seinen Geschmack zu teuer wurden, kundschaftete Ari den Schauplatz Hamburg aus. Die zweitgrößte deutsche Stadt, in der seit tausend Jahren die größten Schiffe gebaut worden waren, war eine Ruine. »Die Vorstellung, wie irgend jemand dort wieder Schiffe bauen könnte, war unmöglich, die Stadt war ein Katastrophengebiet«, erinnerte sich Ari später. Das »Potsdamer Abkommen« von 1945 untersagte den Deutschen, Schiffe von mehr als 15 000 Tonnen zu bauen (als »verdammtes Spielzeug« tat er nun Schiffe von der Größe seines ersten Tankers ab). Doch Costa Gratsos hatte darauf bestanden, daß er hinfuhr, weil er davon überzeugt war, daß es nur eine Frage der Zeit war, wann der kalte Krieg Westdeutschland von einem geschlagenen Feind zu einem wertvollen Verbündeten machen würde. »Dann werden die Einschränkungen des Potsdamer Abkommens nur leeres Geschwätz sein.«

Begleitet von Tina und seinem deutschen Berater, Dr. Kurt Reiter, inspizierte Ari die Werften und überprüfte die Lage. Zunächst war er gelangweilt und desinteressiert und machte häufig kein Geheimnis aus seinem Wunsch, in sein Hotel zurückzukehren, oder aus der Tatsache, daß er lieber etwas trinken wollte. Dann platzte anscheinend der Knoten. »Er rief mich eines Nachts aus dem Hotel ›Atlantik‹ an, sehr aufgeregt, aber ganz nüchtern«, erzählte Gratsos. »Ihm waren die unglaublichen Möglichkeiten eines Wiederaufbaus in dieser Stadt klargeworden; er spürte das Wirtschaftswunder vor allen anderen; er sagte: ›Wir müssen eine Möglichkeit zur Umgehung dieses verdammten ›Potsdamer Abkommens‹ finden, weil die Menschen hier bereit sind, sich den Arsch aufzureißen, um für uns zu arbeiten!‹ Ich sah keine Möglichkeit, das Abkommen zu umgehen, außer geduldig zu warten, aber ich sagte ihm, daß ich darüber nachdenken würde.«

Ari fing an, die Werftbesitzer ernst zu nehmen, obwohl viele Treffen in »Ehmkes Restaurant« am Gänsemarkt stattfanden, manchmal auch im »Tarantella«, einem Nachtclub, wo Ari angeblich den »Gibson« in Hamburg einführte. Er verabscheute Büros – »Gratsos war ein Manager mit aufgeräumtem Schreibtisch, Ari war ein Manager ohne Schreibtisch«, erklärte ein Mitarbeiter. Büros waren für Ari zu düster und zu traurig, und er war der Meinung, die besten Verträge wie auch der beste Sex gingen aus üppiger Schwelgerei hervor. Ari trank reichlich Alkohol, und die konservativen deutschen Industriellen fanden ihn schwierig im Umgang; trotzdem katzbuckelten sie vor ihm – was er wußte; er nutzte ihre Not aus – was sie wußten. Tina erzählte später Freunden, daß sie diese Seite Aris nicht mochte.

Rund eine Woche später, nachdem Ari ihn angerufen und gedrängt hatte, eine Möglichkeit zur Umgehung des »Potsdamer Abkommens« zu finden, kreuzte Gratsos in Hamburg auf und »sah wie die Katze aus, die den Kanarienvogel gefressen hat«, wie sich Tina erinnerte. Was er davon halte, zum Walfang zurückzukehren? fragte er (sie hatten sich während des Krieges nebenbei mit dieser Sache beschäftigt, und Ari bezeichnete es damals als »Glücksspiel in seiner reinsten Form«). Ari überlegte kurz und sagte: »Ich fragte dich nach Tankern, und du erzählst mir was von Walen. Einer von uns beiden muß verrückt sein.« Aber es gab einen Zusammenhang: Ebenso wie Deutschland daran gehindert wurde, große Schiffe zu bauen, hatten die Alliierten verboten, die Walfangflotte aus der Vorkriegszeit wieder aufzubauen. Es gab also nicht nur eine Lücke auf einem sehr lukrativen Markt, sondern Gratsos hatte darüber hinaus herausgefunden, daß das »Potsdamer Abkommen« Umrüstungsarbeiten nicht untersagte. Ari konnte die deutschen Werften beauftragen, einen 18 000-Tonnen-Tanker in ein Walfang-Mutterschiff umzubauen. »Und wenn die Baurestriktionen aufgehoben werden, kannst du im Handumdrehen losmarschieren.« Gratsos erinnerte sich, daß Ari zu grinsen anfing. »Er sagte nur: ›Das ist ja wunderbar‹, und am nächsten Tag fingen wir an.«

Mit Hilfe einer verwirrenden Serie von Verträgen wurde das Mutterschiff *Olympic Challenger* (der ehemalige T2-Tanker *Herman F. Whiton*), finanziert von einer Aktiengesellschaft, die von einem Argentinier kontrolliert wurde und der »American Pacific Tankers Inc.« in New York angeschlossen war, auf eine in Panama registrierte Gesellschaft übertragen und von der »Olympic Whaling Company« in Montevideo, Uruguay, betrieben. Bezeichnenderweise hatten weder Panama noch Uruguay die Washingtoner Konvention von 1946 unterzeichnet, welche die Fangquote pro Saison auf maximal 16000 Wale festsetzte. Die siebzehn Fangschiffe der *Challenger* liefen unter der Flagge Honduras' oder Panamas, obwohl der Kommandeur und die meisten der 519 Seeleute Deutsche waren. Der Leiter der Expedition war der gebürtige Norweger Lars Andersen, den viele Walfänger als den größten Harpunisten aller Zeiten bezeichneten. Der Nazi-Kollaborateur (er stand nach dem Krieg vor Gericht und wurde zu 160000 Dollar verurteilt) fungierte gerade als Juan Peróns Ratgeber bei der argentinischen Walfangflotte, als Ari ihn in Buenos Aires ausfindig machte. »Er ist ein gerissener, teurer, unfreundlicher und skrupelloser Hurensohn«, erzählte Ari Gratsos. »Genau wie ich – nur er hat eine Harpune!«

Gratsos Vorahnungen erwiesen sich als richtig. Am 2. April 1951 wurden die Beschränkungen für den deutschen Schiffsbau aufgehoben; innerhalb weniger Wochen hatte Ari einen 100-Millionen-Dollar-Kredit zum Bau von achtzehn Tankern (unter anderem zwei 45500-Tonnen-Tanker) auf die Beine gestellt, die in Hamburger und Kieler Werften gebaut werden sollten; als sie das im »21« feierten, erinnerte ihn Gratsos vorsichtig an die Höhe seiner Verpflichtungen. »Ich hoffe, daß du nicht alle Segel gesetzt hast«, sagte er. Wenn Ari ein Maler wäre, warf Tina ein, würde er sicherlich die größten Wandgemälde der Welt malen.

Inzwischen erweckten seine Aktivitäten zunehmend das Interesse offizieller Stellen. »Ein neuer und erstaunlich ideenreicher Kapitalgeber ist hier in der Person eines gewissen A. Onassis aufgetaucht«, schrieb der amerikanische Konsul in Hamburg, Halleck L. Rose, in einem vertraulichen Bericht am 21. Januar 1952 an das Außenministerium. »In den vergangenen zwei Jahren hat [er] zehn große Schiffe geordert, ein erfolgreich laufendes Walfangunternehmen gegründet und angeboten, zwei im Besitz des Bundes befindliche Werften zu kaufen, die zusammen die größte Werftgemeinschaft Westdeutschlands bilden. Trotz des Umfangs seiner Aktivitäten ist hier sehr wenig über diesen Herrn bekannt, außer der Tatsache, daß er Bankreferenzen mit achtstelligen Dollarbeträgen vorlegen kann. Er soll gebürtiger Grieche sein und die amerikanische Staatsbürgerschaft besitzen, aber während seiner Besuche in Hamburg hat er sich weder an die Staatsbürgerschafts- noch Visastelle dieses Amtes gewandt.«

Ari nahm an, der Walfang sei, ähnlich wie der Krieg Mitte des 19. Jahrhunderts, als die Generäle und ihre Damen auf einem Hügel bei Sewastopol picknickten und den Sturmangriff der leichten Infanterie beobachteten, ein Zuschauersport. Als er mit seinen Gästen am heißen Grog nippte, setzten die Jäger ihre Granatharpunen mit schrecklichem Eifer ein; ein breiter Streifen Blut dehnte sich auf der Meeresoberfläche aus. Die *Olympic Challenger* war das erste Mutterschiff, das einen Hubschrauber zur Auffindung der Beute einsetzte; er schwebte surrealistisch wie ein Falke über der Szene. Einige seiner Gäste hatten Fiestas in Rio und große Bälle in Venedig erlebt, aber keiner von ihnen hatte etwas Vergleichbares wie dieses Schauspiel gesehen. Nur Ari, so war die einstimmige Meinung, konnte auf die Idee verfallen, eine Waljagd in der Antarktis zu organisieren. Die Männer wurden aufgefordert, ihre Geschicklichkeit an den Harpunen zu beweisen. »Vermutlich wollte er nur, daß sie das Blut an ihren Händen spürten und sich damit mitschuldig machten«, sagte Gratsos.

Neben Tina, Kurt Reiter und Nicolas Cokkinis gehörten zur Party noch Frederick Pratt, ein Direktor der »Socony Oil«, und seine Frau, der Schiffsmakler Marshal Dodge mit Frau und Mr. und Mrs. Alter Saunders. Saunders war Syndikus der »Metropolitan Life«, die das Geld für die Flotte aufgebracht hatte, inklusive der vier Millionen Dollar zum Umbau der *Olympic Challenger*. Die Expedition begann sechzehn Tage vor Eröffnung der Jagdzeit; getötet wurde noch siebzehn Tage über ihr Ende hinaus. Leute wie die Pratts und die Dodges legten großen Wert auf die Beachtung von Gesetzen, erinnerte Tina ihren Mann; sie warnte ihn immer dann, wenn sie der Meinung war, daß er es hinsichtlich einer möglichen Gefährdung ihres gesellschaftlichen Ansehens zu weit trieb. Er erwiderte, daß er sich an die Gesetze halte, an seine Gesetze; und er lachte über ihre Rügen. An Bord der Challenger kamen Tina und Ari sich sehr nahe; Ari verheimlichte nicht die Tatsache, daß ihn das grausame Spektakel erregte. »Die Jagd rief bei Tina ganz gewiß ein psychisches Hoch hervor«, sagte eine engbefreundete Reisebegleiterin. Später sprach Ari von der »raubtierhaften Befriedigung«, die ihm die Wärme von Tinas Körper unter den weichen weißen Seidennachthemden verschaffte, die sie an Bord der Challenger trug.

Jeden Abend, während seine Gäste vom feinsten Porzellan speisten und von weißbehandschuhten Kellnern bedient wurden, arbeitete er unermüdlich im Funkraum des Schiffes. Die meisten Funkverbindungen wurden nach Paris hergestellt. Während er sich hinter dem üblichen Labyrinth von Panama-Gesellschaften versteckte, kaufte er unauffällig alle Aktien der »Société des Bains de Mer et Cercle des Etrangers« (SBM) auf, an die er herankommen konnte. Im Besitz der SBM befand sich aus der Zeit Edwards VII. ein Gebäudekomplex in Monte Carlo, zu dem das Casino, der Yacht-Club, das »Hotel de Paris« und rund ein Drittel der 152 Hektar des Fürstentums gehörten. Zwischen den Häfen von Marseille und Genua, zwischen den Ölfeldern des Nahen Ostens und den Märkten von Europa und Nordamerika gelegen, stellte Monte Carlo eine perfekte Operationsbasis dar; das Klima gefiel ihm, das gesellschaftliche Leben fand Tinas Beifall, und es war steuerfrei. Aber seine Anstrengungen, den geschlossenen Club zu mieten, waren nicht angekommen; und niemand versuchte, ihm den Grund zu verheimlichen: Der Aufsichtsrat der SBM in Monte Carlo hielt ihn nicht für den geeigneten Mann.

In genau 48 Minuten übernahm er bei der Jahreshauptversammlung im Sommer 1953 die Kontrolle über die SBM, und innerhalb einer Woche war sein Personal in den »Old Sporting Club« auf der Avenue d'Ostende eingezogen. Kein General stand jemals stolzer auf einem eroberten Festungswall als Ari, als er auf den Balkon trat und hinausschaute: Fast alles, was er sah, gehörte ihm. Er war 53 Jahre alt (oder 47, laut seiner Pressemitteilung), und es war genau dreißig Jahre her, da er als Emigrant auf seinem Weg nach Argentinien zum erstenmal die Lichter Monte Carlos vom Deck der *Tomasi di Savoya* gesehen hatte.

Fürst Rainier von Monaco begrüßte die Übernahme, die frisches Blut und Geld versprach; mit seinem fürstlichen Veto bei allen SBM-Entscheidungen hatte er nichts zu befürchten. Sein winziges Fürstentum an der Mittelmeerküste, das seinen Ruf in einer anderen Zeit aufgebaut hatte, als sich Erzherzöge und berühmte Kurtisanen an der Riviera tummelten, befand sich seit vielen Jahren in einer großen Krise; Onassis, der es als sicher ansah, daß man ihm das Zepter über die wirtschaftliche Seite Monacos überließe, würde seine reichen Freunde mitbringen, die Roulettekugel würde bald wieder rollen, und Monte Carlo würde etwas mehr sein als nur ein sepiabraunes Foto in den Fotoalben vergangener Zeit, etwas mehr als die wehmütigen Erinnerungen der Aristokraten.

In Washington wurden Aris Schritte noch eingehender überwacht als üblich. J. Edgar Hoover berichtete dem Stellvertretenden Oberstaatsanwalt Warren Burger, das FBI habe erfahren, daß »Onassis' Agent, ein gewisser Charles Simon, am 29. Juni 1953 zum Generalmanager der Société ernannt wurde und daß Onassis folglich, abgesehen von dem Fürsten von Monaco, den die Franzosen als bedeutungslose Figur betrachten, deren einziges echtes Interesse sich auf verläßliche Geldquellen zur Finanzierung seiner Vergnügungen richtet, wohl als der wirkliche Herrscher Monacos angesehen werden kann«.

Der Sommer 1953 war der erfolgreichste in Aris Leben. In Hamburg lief die *Tina Onassis* vom Stapel. Die noch nicht dreijährige Christina schleuderte die Champagnerflasche gegen den Bug; Alexander drückte auf den Knopf, der den größten Tanker der Welt (55 000 Tonnen, 6 Millionen Dollar Baukosten) von der Helling in die Elbe gleiten ließ. Bei den Howaldtwerken in Kiel kamen die Umbauarbeiten der kanadischen Fregatte *Stormont*, die Onassis' Privatyacht werden sollte, gut voran, obwohl sich die Pläne täglich änderten, weil die Innenausbauten immer grandioser wurden; die Yacht sollte *Christina* heißen.

Ari feierte gerade seine Übernahme Monacos mit seinen französischen Bankiers im »Café de l'Opéra« in Paris, als er erfuhr, daß Niarchos vom Justizministerium in Washington wegen Verstoßes gegen das Ship Sales Act von 1946 angeklagt worden war, angeklagt, das Gesetz umgangen zu haben, um Tanker in seinen Besitz zu bringen, deren Verkauf an Ausländer verboten war. Damit schien sein gesamtes amerikanisches Unternehmen bedroht zu sein. Falls man ihn für schuldig befand, mußte er mit einer harten Gefängnisstrafe rechnen.»Onassis scherte sich herzlich wenig um Niarchos' Schwierigkeiten, ihm bereiteten die Anklagepunkte Sorge. Sie sollten erst gelüftet werden, wenn Niarchos in die Vereinigten Staaten zurückgekehrt war. Er war der Überzeugung, daß es ein Trick war, um Druck auf Niarchos auszuüben, bei anderen Untersuchungen zu kooperieren«, erinnerte sich einer der Bankiers, der mit ihm an diesem Tag zu Mittag aß. Ari hatte allen Grund zur Sorge, da seine eigenen Verträge denen von Niarchos entsprachen; sie hatten sogar in einigen Fällen dieselben Leute aus Washington vorgeschoben; es gab also nicht viel, was Stavros Niarchos nicht über die Geschäfte des Aristoteles Sokrates Onassis wußte. Es war kein Mitleid, als Ari sagte: »Ich mag den Gedanken nicht, daß Stavros' Gans in den Vereinigten Staaten gerupft wird.«

Am 22. Oktober informierte Hoover sein New Yorker Büro, daß gegen Ari, Nicolas Cokkinis und Robert L. Berenson Haftbefehle erlassen worden waren, und zwar aufgrund eines geheimen Anklagebeschlusses, der von einem bundesstaatlichen großen Geschworenengericht am 13. Oktober im Bezirk Columbia gefällt worden war.»Das New York Office soll sofort über diskrete Nachforschungen die genauen Aufenthaltsorte dieser drei Individuen feststellen. Es soll alles unternommen werden, über vertrauliche Quellen die zukünftigen Reisepläne dieser drei Personen herauszufinden. Alle Informationen, die dem New York Office bezüglich ihrer gegenwärtigen Aufenthaltsorte bekannt werden, sollen sofort an das Bureau und das Washingtoner Field Office weitergeleitet werden. Verhaftungen ohne vorherige Genehmigung durch das Bureau dürfen nicht stattfinden.« Dem Memorandum des Direktors war eine Anweisung des Abteilungsbevollmächtigten

Allen J. Krause beigefügt, daß »eine Verhaftung von Robert L. Berenson, wenn er dieses Land freiwillig betritt, unerwünscht ist ... eine Verhaftung von Berenson zieht notwendigerweise die Aufdeckung der geheimen Anklagepunkte nach sich, die damit Onassis und Cokkinis bekannt werden. Danach werden sie dieses Land nicht mehr betreten, wenn sie wissen, daß ein Anklagebeschluß gegen sie vorliegt.«

Ari verbrachte den größten Teil des Sommers in Südfrankreich und pendelte zwischen Monte Carlo und dem »Château de la Croë« hin und her. In Monte Carlo wohnte er im »Hotel de Paris«, während die Dekorateure letzte Hand an ein »pied-à-terre« oberhalb seines Büros des »Olympic Maritime« anlegten. Die Übernahme der SBM hatte ihm weltweit Ruhm eingebracht. Er war nun mehr als nur einer dieser reichen Griechen; die Öffentlichkeit nahm sich seiner in einer Art und Weise an, die seine wahre Bedeutung übertrieb. Sein Reichtum wurde eingehend geschildert, die Menschen erkannten ihn auf der Straße und baten um Autogramme; Frauen starrten ihn aus der Nähe an, berührten ihn, als ob er ein Filmstar wäre. Journalisten berichteten von seinen Erfolgsrezepten (»Wenn du kein Geld hast, borge es dir, bitte nicht um kleine Summen, borge dir eine Menge Geld, aber zahle es zum fälligen Termin zurück«) und erfanden Geschichten über seine Extravaganzen. »Ich bin dazu berufen, reich zu sein, und selbst ein weltweiter Sieg des Kommunismus könnte das nicht ändern«, verkündete er. Er nahm die Gewohnheit an, eine dunkle Sonnenbrille zu tragen, und stellte einen Public-Relations-Mann ein. Bald machten ihn die Schlagzeilenverfasser zum König von Monaco, eine sensationslüsterne Erhebung in den Adelsstand, die den Fürsten nicht gerade entzückte. Er gab sich überrascht von dem Ausmaß seines neuen Ruhms, aber die Zeitungsausschnitte wurden gesammelt und ihm wöchentlich von einer Sekretärin vorgelesen; und wenn er jetzt Reden hielt, bekamen seine Worte einen leicht landesväterlichen Ton: »Ich liebe dieses Land, aber es ist eine Legende, die sich im Niedergang befindet. Ich werde meine Arbeit tun, und ich werde auch die Ihre tun«, sprach er zu den Bürgern Monacos. »Ich werde bauen, ich werde Verschönerungen durchführen lassen, ich werde renovieren. Die neue

Verwaltung der SBM wird Monaco zu neuer Grandeur verhelfen. Ich werde sie dabei unterstützen.«

Er dinierte gerade an einem Augustabend mit Tina im Hotel »Carlton« in Cannes, als Spyridon Catapodis an den Tisch kam und sie begrüßte. Tina schätzte Catapodis nicht (sie beschrieb ihn als »schmierig«) und zeigte unmißverständlich ihren Unmut, als Ari ihn aufforderte, Platz zu nehmen. Die beiden Männer waren sich in den dreißiger Jahren zum erstenmal in London begegnet. Catapodis war ein Schulfreund Costa Gratsos' in Ithaka gewesen; seine übrige Vergangenheit, wie so viele seiner Geschäfte, blieb im dunkeln. Der fettleibige Mann, der kaum größer als Ari war, roch nach süßlichem Damenparfum und sprach sehr hektisch, unterstützt von stutzerhaften Gesten; wie so viele dicke Männer war er leichtfüßig und protzte mit seinem tänzerischen Können. Tina wußte, daß er in sexueller Hinsicht einen widerlichen Ruf besaß, obwohl sie sich nicht sicher war, wo seine Vorliebe lag; sie hatte ihn mit schönen Frauen gesehen, aber auch mit schönen jungen Männern. Ihm gehörten einst ein paar Trampschiffe, die im östlichen Mittelmeerraum zwischen Alexandria und den russischen Häfen am Schwarzen Meer operierten. Im wesentlichen war er ein Mittelsmann und Organisierer. Darüber hinaus galt er als spielsüchtig. Tina wußte, daß er Ari in der Vergangenheit einige Male einen Gefallen erwiesen hatte, aber nicht mehr als eine Hotelsuite in einem Ort zu beschaffen, wo es angeblich keine Suiten gab, dachte sie.

Sie unterschätzte seine Nützlichkeit für Ari. Ein Geschäft, das Catapodis in die Wege geleitet hatte (Versorgung der irakischen Regierung mit einer Flotte von Liberty-Schiffen und Tankern), platzte erst, als aufgrund eines Staatsstreichs in Bagdad seine Kontakte auf Eis gelegt wurden. Bei einem Drink beklagten sie den Verlust des Kontrakts mit dem Irak. Während sie darüber nachsannen, was ihnen durch die Lappen gegangen war, wurde Ari unruhig; bis zu den Ohren in Projekten steckend, vermißte er doch noch die Erregung, die er zu Beginn eines neuen Geschäfts empfand. Hochgesteckte Ziele stimulierten ihn immer; ein mit dem irakischen Geschäft vergleichbares Paket besaß jedoch damals einen ganz besonderen Reiz für ihn: Als er sein großangelegtes Tankerprogramm anfing, war er davon ausgegangen, daß weltweit die Nachfrage nach Öl um 8 Prozent jährlich steigen würde. Das hatte sich als zu optimistisch herausgestellt; die Frachttarife waren zusammengebrochen; mehrere seiner Tanker waren bereits aufgelegt worden, und er sah sich nach Käufern für Tanker um, die noch im Bau waren. Er schlug vor, den Versuch zu unternehmen, das Irak-Geschäft irgendwo anders in der arabischen Welt wieder aufleben zu lassen.

Niemand wird jemals mit Sicherheit sagen können, was die beiden Männer beschlossen. Über alle Zweifel erhaben bleibt die Tatsache, daß alle beide im Sinn hatten, einen Spekulationserfolg zu erringen. Auf dieser Ebene verstanden sie sich bestens. Als sie sich in jener Nacht trennten, war Catapodis davon überzeugt, daß Ari ihn damit beauftragt hatte, ein Geschäft in die Wege zu leiten, für das er ein Stück vom Kuchen abbekommen sollte (er war sich sicher, daß eine Summe von einer Million Dollar jährlich und steuerfrei genannt worden war); Ari war dagegen der Überzeugung, daß Catapodis bei den Arabern die Belohnung kassieren würde.

Ungefähr eine Woche später umriß Catapodis im Hotel »Martinez« in Cannes Mohammed Abdullah und Ali Alireza das Konzept einer saudiarabischen Tankerflotte, die Onassis liefern und betreiben würde. In enger Zusammenarbeit mit dem mächtigen Finanzminister Scheich Abdullah Al Suleiman Al Hamdan monopolisierten die beiden Brüder die saudische Werftindustrie, kontrollierten den Hafen von Dschidda und besaßen die Alleinvertretung für Lincoln-Automobile im Königreich; sie waren also nicht leicht zu beeindrucken. Catapodis setzte stark auf die nationalen Bestrebungen der Araber; er mußte dennoch die Einlage in der Spielkasse erhöhen (»Sie wären überrascht, wenn Sie wüßten, wie viele Wüstenblumen man gießen muß«, erzählte er Ari). Laut Catapodis wollten die Alirezas 125 000 Pfund an dem Tag haben, an dem der erste Onassis-Tanker laut Vertrag einen saudischen Hafen verlassen würde; eine jährliche »Provision« von 50 000 Pfund sollte für die Dauer des Vertrages auf ein Schweizer Konto überwiesen werden, darüber hinaus 100 Pfund für jeden Onassis-Tanker, der in einem saudischen Hafen gelöscht würde.

145

Unter diesen Voraussetzungen wollten die Alirezas in Verhandlungen mit Scheich Abdullah Al Suleiman Al Hamdan treten. Das war keine leicht zu bewerkstelligende Angelegenheit. Die Hintertreppen der saudischen Politik seien »dunkel, schlüpfrig und ausgetreten«, sagte Catapodis später. Der Tod des alten Königs Abdul Aziz Ibn Saud sowie Arbeiterunruhen auf den Ölfeldern hatten die Angelegenheit sogar noch komplizierter gemacht. Catapodis war stolz auf seine Leistung, als er Ari im November 1953 Bericht erstattete. »Hier ist Ihre Zitrone, mein Freund, Sie müssen sie nur noch auspressen«, sagte er, wie er sich erinnerte.

Der Profit war potentiell ungeheuer hoch, die globalen Verwicklungen enorm. Bei einem Erfolg würde er, Ari, reicher und mächtiger als einige Nationen werden. Es war lebenswichtig, daß der Vertrag rasch und unauffällig unter Dach und Fach kam: Die ARAMCO, das Konsortium, das von vier großen amerikanischen Ölgesellschaften dominiert wurde – »Standard Oil of California«, »Mobil«, »Exxon« und »Texaco« –, hatte mit den Saudis einen Vertrag abgeschlossen, der sowohl das Transportrecht als auch die Explorations- und Produktionskonzessionen einschloß. Er war 1933 unterzeichnet worden und galt bis zum Jahre 2000. Aristoteles Onassis unterschätzte keineswegs die Wut, die aufkommen würde, wenn man herausfand, was er vorhatte. Er sagte: »Ich stand kurz davor, meinen Finger in den amerikanischen Kuchen zu stecken« – einen Kuchen, den ein Beamter im Außenministerium einst »die fetteste materielle Beute der Geschichte« genannt hatte.

Er sollte ihn später »das größte Zittergeschäft meines Lebens« nennen. Mitte November flog er nach Düsseldorf, um Dr. Hjalmar Schacht zu bitten, sein Verhandlungsteam zu leiten. Schacht, der ehemalige Präsident von Hitlers Reichsbank, war 1946 in Nürnberg von der Anklage der Kriegsverbrechen freigesprochen worden, wurde aber später von einem deutschen Entnazifizierungsgericht für schuldig befunden. »Nachdem man ihm das Hakenkreuz vom Ärmel gebürstet hatte«, wurde er 1948 aus dem Gefängnis entlassen und war nun darauf spezialisiert, Länder der moslemischen Welt zu beraten. Das Nachrichtenmagazin *Der Spiegel* nannte ihn im Januar 1953 »den Medizinmann der Hochfinanz« und berichtete, daß er in ganz Nahost »beinahe mystische Verehrung« genoß. Ari war überzeugt, daß er der Mann war, der sich einen Weg durch das Gestrüpp der Wüstenreich-Diplomatie bahnen konnte. Nach knapp einer Stunde hatten die beiden Männer in Schachts Büro am Schadowplatz 14 eine perfekte Abmachung getroffen.

Ari unterließ es, Catapodis von Schacht zu erzählen. Als Catapodis herausfand, daß der ehemalige Präsident der Reichsbank Gespräche »mit hohen saudischen Persönlichkeiten« in Genf (einschließlich Finanzminister Scheich Suleiman) führte, vermutete er, daß Ari versuchte, ihn aus dem Geschäft zu drängen und die »Provision« zu umgehen, die den Brüdern Alireza versprochen worden war.

Ari schlief nach einer feuchtfröhlichen Nacht im »Maxim's« seinen Rausch aus, als Catapodis in der Avenue Foch in sein Schlafzimmer platzte. Bein Anblick des massigen, stierähnlichen Körpers Catapodis', der sich über ihn beugte und an den Aufschlägen seines Seidenpyjamas zerrte, das Gesicht nur wenige Zentimeter von dem seinen entfernt, muß ihn Panik ergriffen haben. »Du blöder Drecksack, du wertlose Smyrna-Scheiße, du hast das ganze Geschäft vermasselt. Wir werden zusammen aus diesem Kinderboot steigen und am Daumen lutschen.« Die Tirade dauerte einige Minuten. Alle Hausbewohner kamen angerannt, niemand wußte so recht, wie man reagieren sollte, deshalb versuchte auch niemand, dazwischenzugehen; Ari beruhigte ihn endlich, nahm ihm seine Befürchtungen. Später machte er sich über die Situation lustig (»Nichts verdirbt einem den ganzen Tag mehr, als von einem wütenden Griechen mit stinkendem Atem aufgeweckt zu werden«), aber die ganze Geschichte wurmte und demütigte ihn sehr; schließlich leugnete er, daß sie jemals stattgefunden hatte.

Ende Dezember hatte Schacht einen Vertragsentwurf ausgearbeitet, der die Saudis zufriedenstellte und alle Elemente beinhaltete, die Ari heiter stimmten: List, Waghalsigkeit, Phantasie. In dem schlicht als Dschidda-Vertrag bezeichneten Abkommen, dessen Existenz immer noch ein streng gehütetes Geheimnis war, verpflichtete Ari sich, der Führung der saudiarabischen »Mari-

147

time Company«, der SAMCO, Tanker mit einer Gesamtkapazität von 500 000 Tonnen zu liefern. In Dschidda registriert, aber von saudiarabischen Steuern befreit, sollte die Flotte unter der einheimischen Flagge fahren und ihre Offiziere von einer Marineschule kommen, die Ari gründen und finanzieren wollte. Die Gesellschaft würde das Vorrecht genießen, arabisches Erdöl zu transportieren, und zwar 10 Prozent (oder mindestens 4 Millionen Tonnen) der jährlichen Fördermenge des Landes. Obwohl die Tanker, die sich am oder vor dem 31. Dezember 1953 im Besitz der Muttergesellschaften der ARAMCO befanden und auf ihren Namen registriert waren, nicht von dem Vertrag betroffen waren, stand es Ari frei, von der ARAMCO Schiffe zu übernehmen, wenn sie überflüssig wurden. »Ein üppiger Fischzug«, nannte ein prominenter Londoner Schiffsbroker das Abkommen, das Ari innerhalb von einem Jahrzehnt das strategisch wichtige Monopol über den Transport von mehr als 45 Millionen Tonnen saudischen Erdöls jährlich sicherte.

Am 18. Januar 1954 kamen Ari und Tina an Bord der *Tina Onassis* in Dschidda an. Nikolas Cokkinis und Spyridon Catapodis (überzeugt, daß er noch mit von der Partie war) waren einige Tage zuvor per Flugzeug eingetroffen, um dafür zu sorgen, daß alles glattlief. Der Vertrag wurde am 20. Januar ohne Zwischenfall in Finanzminister Suleimans Villa unterzeichnet. Es war Aris 48. Geburtstag (seinem griechischen Paß zufolge), ein doppelter Grund zum Feiern also; es wurden offizielle Fotos gemacht. Ari und Tina wurden von den Saudis festlich bewirtet; es gab Picknicks am Roten Meer und Bankette, an denen hochgestellte Mitglieder der königlichen Familie teilnahmen. Tina wurde von den vier Hauptfrauen König Sauds zum Tee in den Palast geladen; der König schenkte Ari zwei Araberfohlen und ein Paar vergoldete Krummsäbel.

Aber bislang hatte noch niemand der ARAMCO und dem Rest der Welt die sensationellen Vertragsbedingungen verraten. Wer würde es den Ölmännern erzählen? Der Vertrag, der von Scheich Suleiman im Namen der Regierung unterzeichnet worden war, mußte noch durch königliches Dekret abgesegnet werden. Ari wußte, daß er ohne die Unterschrift des Königs unter dem Vertrag gar nichts besaß. Er schlug vor, daß der Vertrag bis zur Ratifizierung durch den König »in der Familie bleiben sollte«. Scheich Suleiman, dem viel daran lag, sich von dem Vertrag zu distanzieren, nachdem das ›ad valorem‹ abgemacht war, bot an, Ari den Zeitpunkt und die Art und Weise der öffentlichen Bekanntmachung zu überlassen.

Kapitel 8

»Es ist entsetzlich,
überführt zu werden.«

Horaz

Die Avenue Foch glänzte im abendlichen Januarregen. Ari ging in seinem Arbeitszimmer mit nach vorn gekrümmten Schultern auf und ab; er ging zum Fenster und starrte hinaus, wobei er leicht auf seinen Fußballen wippte; eine vertraute Haltung, die Randolph Churchill an »einen Bantam-Boxer« erinnerte, »der beobachtet, wohin sich sein Gegner bewegen wird«. Gratsos wußte, daß es keine Nervosität war, die ihn so unruhig machte; Wut, nicht Nervosität, setzte ihn unter Spannung. Er hatte seit Oktober mit dem geheimen Anklagebeschluß, der über ihm hing, leben müssen. Jedesmal, wenn eins seiner Schiffe in einen amerikanischen Hafen einlief, wurde es beschlagnahmt; ein US-Marshal brachte den Beschlagnahmebeschluß an der Schiffsbrücke an. Für einen gewöhnlichen Sterblichen hätte der von einem bundesstaatlichen großen Geschworenengericht erlassene Anklagebeschluß eine Schande bedeutet; Ari jedoch führte sein Leben nach anderen Gesetzen, und nach seinen eigenen Maßstäben hatte er nichts getan, für das er sich schämen mußte. Er machte eine ungeduldige Bewegung mit Händen und Schultern. »Anklagebeschluß hin oder her, ich bin stolz auf das, was ich getan habe«, erzählte er Gratsos, der später diesen Satz in das »Verteidigungspapier« aufnahm, das er für Ari zur Vorlage beim »Justice Department« ausarbeitete.

Der Zeitpunkt war sehr ungünstig: Der Vertrag mit Saudiarabien war immer noch nicht vom König ratifiziert worden, und das letzte, was er brauchen konnte, war ein öffentlich ausgetragener Streit mit der amerikanischen Regierung.

»Er war besonders wütend auf Brownell«, der Oberstaatsanwalt geworden war, erinnerte sich Gratsos. »Sieben Jahre zuvor war er

150

[Herbert Brownell junior] einer der Anwälte in der Kanzlei gewesen, die seinen Plan zum Erwerb der überschüssigen Schiffe geprüft und gebilligt hatte. Ari sagte zu mir: ›Nun will mich derselbe Kerl wegen krimineller Vergehen anklagen, weil ich seinen Rat annahm. Wie kann er das machen? Wie kann der Bastard das ungestraft tun?‹« Obwohl er daran glaubte, daß »Recht ein Mysterium ist, bei dem die Logik endet und der Zufall anfängt«, hatte Gratsos eine Begabung, die Gedanken und Schwächen anderer zu erraten und zu definieren, und war der Meinung, daß sich Brownell wohl »nicht allzu gemütlich« in der Situation fühlte. Er riet Ari dringend, dem Oberstaatsanwalt auf die Pelle zu rücken. »Er wird wohl kaum Geschmack an der Aussicht finden, in den Zeugenstand gerufen zu werden und von einem Klugscheißer von Anwalt wegen der Ratschläge und Meinungen fertiggemacht zu werden, die er vor seiner Zeit als Justizbeamter noch vertrat.« Er ermutigte Ari, in die Staaten zu fahren und das Justizministerium zu zwingen, die Anklagepunkte aufzudecken. »Laß uns doch genau herausfinden, was drinsteht, denn was immer Brownell und seine Leute über dich wissen: Auch du weißt sehr viel über Brownell.« Er nannte das eine »stabilisierende Verteilung der Erkenntnisse«.

Onassis beklagte sich, daß es »im Justizministerium voller lebenskluger Burschen wimmelt«. Er erinnerte Gratsos daran, daß seine Anwälte davon abrieten, sich in die Nähe der Vereinigten Staaten zu begeben. Niarchos hatte von seinen Beratern denselben Rat erhalten und saß in London fest. Gratsos antwortete: »Brownell war auch ein Anwalt, und sieh mal, was passierte, als du auf seinen Rat hörtest!« Mehr als ein Dutzend seiner Schiffe sowie die sich aus ihnen ergebenden Einnahmen waren beschlagnahmt worden. Das Problem mußte rasch gelöst werden. Wenn er jetzt zurückkehre, so argumentierte Gratsos, habe er eine Chance. »Das Justice Department wird dich nicht erwarten, und Brownell wird dich nicht wollen.«

Am 1. Februar 1954 passierte Ari ohne Schwierigkeiten die Zoll- und Paßkontrolle des Flughafens »Idlewild International«. Drei Tage später, am 4. Februar, schickte er dem Oberstaatsanwalt ein Telegramm:

»Ich möchte Sie davon in Kenntnis setzen, daß ich Montagabend aus Europa kam und mich während meines Aufenthaltes in diesem Land Ihnen und Ihrem Ressort bezüglich aller Informationen, die Sie interessieren, zur Verfügung stelle.«

Er hätte sich sein Geld sparen können, denn Hoovers Leute hatten bereits berichtet, daß er wieder im Lande war: Er »reiste mit einem argentinischen Paß ein und erklärte bei der Ankunft, zwei Monate in diesem Land bleiben zu wollen, und gab für diese Zeit seine Adresse mit Central American Steamship Agency, Madison Avenue 655, New York, an«. Hoover informierte den Stellvertretenden Oberstaatsanwalt Warren Olney III. Der vom Verhandlungsrichter erlassene Haftbefehl zur Verhaftung Aris wurde dem Polizeichef des südlichen Bezirks von New York »zur angemessenen Ausführung« überstellt.

Von der medizinischen Wirkung seines zweiten »Gibson« überzeugt, den er »Brownells Bluff« genannt hatte, aß Ari im »Colony« am Freitag, dem 5. Februar, zu Mittag, als ein bundesstaatlicher Marshal ihm mitteilte, er sei verhaftet. »Er sagte, er habe mir hoffentlich nicht den Appetit verdorben. Ich sagte ihm, ich sei über den Zeitpunkt nicht gerade glücklich. Das ›Colony‹ ist nicht gerade der Ort, wo ein Typ erwartet, auf der Hut sein zu müssen«, schilderte Ari diesen Zwischenfall. Nicht einmal Gene Cavallero, der Chef des »Colony«, der gerade seinen Spezialsalat für Ari mischte, begriff, was sich abspielte. Ari begleitete den Marshal ins Foyer, wo man ihm erlaubte, seinen Anwalt Edward J. Ross anzurufen. Ross sprach mit dem Marshal und bot ihm an, Ari in aller Frühe am Montag zum Bezirksgericht in Washington zu begleiten. »Ich denke, daß Sie jetzt nichts mehr davon abhält, zurückzugehen und sich Ihre Mahlzeit schmecken zu lassen«, sagte der Marshal, als Ross' Angebot vom Büro des Sheriffs angenommen worden war. Ari hatte jedoch den Appetit verloren. »Es war eine sehr zivilisierte Pleite«, bemerkte er später dazu. Er wußte, daß Brownell die erste Runde gewonnen hatte.

Als die Anklagepunkte an jenem Wochenende aufgedeckt wurden, erfuhr Ari zum erstenmal, daß er wegen sieben zivilrechtlicher Vergehen und wegen eines strafrechtlichen Vergehens, nämlich das der kriminellen Konspiration zum Zwecke der Übervorteilung der Regierung der Vereinigten Staaten, angeklagt war: Neun Personen und sechs Aktiengesellschaften waren namentlich erwähnt. »Na gut, wie wird wohl das Lösegeld aussehen?« fragte er, nachdem sein Team von Rechtsanwälten die Situation geprüft hatte. Eliot Bailen, ein junger Anwalt, der die Washingtoner Kanzlei, die das Geschäft gutgeheißen hatte, verlassen hatte, um Aris persönlicher Berater zu werden, sprach die möglichen Konsequenzen aus: Gefängnisstrafe bis zu fünf Jahren oder eine Geldstrafe von 10 000 Dollar oder beides. »Ich finde es überraschend, daß ein so vielbeschäftigter Mann wie Sie, Mr. Onassis, noch die Zeit fand, sich so viele Feinde zu machen«, sagte Ed Ross. Ari antwortete: »Ich weiß, und das macht mir allmählich auch wirklich Sorgen.«

An jenem Wochenende gab es nur einen einzigen heiteren Augenblick. Als seine Anwälte die Anklage Zeile für Zeile durchgingen und die Größenordnung des Problems zunehmend offenkundig wurde (»Die Justiz schien alle Antworten parat zu haben, ohne uns eine einzige Frage gestellt zu haben«, sagte Gratsos), fragte Ari: »Wissen wir eigentlich, wer den bundesstaatlichen Fall gegen mich führen wird?« Der Admiral, meinte Ross und spielte damit auf Warren Burger an, den Stellvertretenden Oberstaatsanwalt und zukünftigen Oberrichter der Vereinigten Staaten. »Er hat viele Ihrer Schiffe beschlagnahmt, in Justizkreisen heißt er Admiral.«

Die Stimmung Aris wechselte ständig »von pathetischem Selbstmitleid bis hin zu einer fast wie gelähmt wirkenden Erstarrung«, erinnerte sich ein Anwalt an das Wochenende in Center Island; Ari diktierte mindestens ein halbes Dutzend Erklärungen, wurde immer wieder davon überzeugt, sie zu verwerfen, bis schließlich eine Presseerklärung von tausend Worten fertig war; sie war ein interessantes Dokument, das ein Mitarbeiter als »eine Mischung aus Rechenschaftsbericht des Präsidenten und den reuelosen, irren Worten eines Mörders auf dem Weg zum elektrischen Stuhl« beschrieb. Die Anwälte versuchten, ihn zu überzeugen, »die reichlich sentimentalen Aussagen zu streichen und bei einer kurzen, würdigen Erklärung zu bleiben, daß er zu allen Anklagepunkten am geeigneten Ort Stellung nehmen werde«. Er fragte Gratsos nach seiner Meinung. »Ich muß mich diesen Herren anschließen«, sagte sein ältester Verbündeter und betonte dabei, es handele sich nur um eine Presseerklärung und nicht um eine Gedichtsammlung. Ari antwortete: »Scheiße, Costa, hier geht's um Propaganda«, und ordnete an, die Presseerklärung am nächsten Morgen abzugeben.

Die Erklärung ging ausführlich darauf ein, er sei freiwillig in dem Augenblick in die Vereinigten Staaten zurückgekehrt, als er erfuhr, »daß mehrere Anklagepunkte unbekannten Inhalts vom Department of Justice geltend gemacht wurden, die auch mich betreffen könnten«. Seine Frau und seine beiden Kinder seien amerikanische Bürger, und ihm bedeute sein guter Name in Amerika sehr viel. Auf seine Beziehungen zu amerikanischen Geschäftsleuten und zur Regierung sei er sehr stolz. Kurz nach dem Zweiten Weltkrieg habe er sich glücklich geschätzt, die Schließung einer der besten Werften Amerikas (die »Bethlehem Yards« in Sparrows Point) verhindern zu können, indem er ihr einen Auftrag für die erste Flotte von Supertankern erteilte. »Bei Ausbruch des Koreakrieges bot ich meine gesamte ausländische Flotte zusammen mit meiner Walfangflotte sowie meine persönlichen Dienste und Geldmittel bedingungslos für die gesamte Dauer des Krieges der amerikanischen Marine an – ein Angebot, das meines Wissens kein anderer Reeder machte und für das mir die Marine offiziell ihren Dank aussprach.«

Die Abschnitte, die sich mit den aktuellen Geschäften befaßten, stellten eine außergewöhnliche Verbindung von Enthüllung und Irreführung dar. »Die einfachen Tatsachen sind folgende«, erklärte er und fuhr fort, eine Situation zu beschreiben, die alles andere als einfach war. »Die United States Petroleum Carriers, Inc., eine amerikanische Gesellschaft, wurde 1947 von einer Gruppe amerikanischer Bürger gegründet, um Schiffe zu kaufen und zu betreiben. Einige Zeit später wurde einer ausländischen Gesellschaft, die ich repräsentiere, von der amerikanischen Gruppe ein Angebot gemacht, und sie erwarb 49 Prozent der Aktien dieses amerikanischen Unternehmens, was die Schiffsgesetze zulassen.« Mit Hilfe des Know-hows, der Geldmittel und Sicherheiten, die die ausländische Gesellschaft zur Verfügung stellte, die er angeblich »repräsentierte«, habe die USPC innerhalb eines Zeitraums von drei Jahren mehr als zwanzig Schiffe gekauft. »Das amerikanische Unternehmen und ihre Tochtergesellschaften erzielten Roherträge von über 50 Millionen Dollar und einen Betriebsgewinn von über 20 Millionen Dollar ... diese erfolgreiche Reederei wurde zu allen Zeiten von amerikanischen Bürgern, die 51 Prozent der Aktien besitzen, verfügungsberechtigt besessen und kontrolliert.«

Bekleidet mit einem dunkelblauen Anzug, blauem Hemd, schwarzer Krawatte und einem schwarzen Mantel, flog er am frühen Montagmorgen nach Washington und stellte sich selbst dem Bezirksstaatsanwalt Leo Rover. »Ich nehme an, daß jetzt zum Gefecht geblasen wird«, sagte er. Rover forderte einen Marshal auf, die Formalitäten der Verhaftung vorzunehmen. Nachdem man ihm die Fingerabdrücke abgenommen, seine Personalien aufgenommen und Fotos für die Verbrecherkartei angefertigt hatte, wurde er in eine Arrestzelle mit kleinen Dieben, Strichjungen und einer Gruppe Puertoricaner gesteckt, die angeklagt waren, am vorherigen Tag durch eine Schießerei den Kongreß terrorisiert zu haben. Obwohl er nicht länger als vierzig Minuten in der Zelle saß, erschütterte ihn das sehr und belebte die Erinnerungen an die Gefangenschaft seines Vaters. Die Verhaftung holte ihn aus den Klatschspalten und Wirtschaftsseiten der Zeitungen heraus und rückte ihn mit einem Schlag rund um die Welt auf die Titelseiten. Die Journalisten bemerkten eine deutliche Blässe unter seiner gebräunten Gesichtshaut, als er sich vor dem Richter Bolitha J. Laws des Bezirksgerichts in allen acht Punkten für nicht schuldig erklärte. Gegen eine Kaution von 10 000 Dollar wurde er freigelassen, durfte aber die USA nicht verlassen.

In London waren Niarchos mittlerweile Gerüchte über den »Dschidda-Vertrag« zu Ohren gekommen (in Anbetracht des wohlgemuten Spyridon Catapodis, der, wieder an der Riviera, seinen Coup feierte, mutet es merkwürdig an, daß Ari sich überhaupt vorstellen konnte, das Geschäft geheimhalten zu können). Da er zu den führenden Transporteuren saudiarabischen Öls gehörte, das nicht in ARAMCO-Schiffen transportiert wurde, begriff Niarchos, wie schnell er von diesem lukrativen Markt verdrängt werden konnte. Aber es ging eigentlich um viel mehr; obwohl Ari Geliebte hatte, denen er seine Geheimnisse anvertraute, und Verwandte, denen er seine Gesellschaften anvertraute, teilte allein Niarchos seine Träume. Es war unvermeidlich, daß er diesen Vertrag als neue Dimension in ihrem Privatkrieg ansehen mußte; keine historische Vergangenheit bedeutete ihnen mehr als die der Griechen mit ihrem Sinn für Stolz und Ehrgeiz, wo Mut und Wertschätzung auf Leistung und Besitz beruhten. Ihr Schwiegervater hatte einmal gesagt, der Umgang mit Schiffen sei eine Art blutiger Sport; Stavros Niarchos wußte, daß die Zeit reif war, ein wenig Blut zu vergießen.

Robert Aime Maheu war nur wenige Monate auf eigenes Risiko im Geschäft, als ihm 5000 Dollar im voraus für einen Auftrag angeboten wurden, den er für Niarchos ausführen sollte. 5000 Dollar waren für einen Privatdetektiv, der normalerweise 50 Dollar plus Spesen am Tag verdiente, eine Menge Geld. Was wolle Niarchos für seine 5000 Dollar haben? fragte Maheu den englischen Anwalt, der in seinem kleinen Büro auf der 15. Straße 917, N.W., in Washington, D.C., saß. Der Anwalt beschrieb die weitreichenden Konsequenzen des Onassis-Vertrages mit den Saudis und unterstrich die Bedrohung, die er für Amerikas ausländische Interessen darstellte. »Mr. Niarchos möchte, daß Sie diesen Vertrag in Grund und Boden bohren. Er will, daß Sie die ganze Chose durcheinanderbringen, Mr. Maheu.« Sein Mandant wünsche, daß Maheu seine Beziehungen zu Washington nutze und dafür sorge, daß die Erschütterungen durch den »Dschidda-Vertrag« bis »an die Spitze« gespürt werden.

Das war Maheus erster großer Auftrag im Schnüffler- und Denunziantengewerbe (»Ich wurde nicht über Nacht reich«, hat er gesagt, »aber ich arbeitete sehr gut«). Im Alter von 37 Jahren hatte Maheu 1947 den FBI verlassen, um in einem Molkereiunternehmen zu arbeiten. Er war ein großer Bewunderer Hoovers und vergaß nie, ihm zum Geburtstag einen Gruß zu schicken (»Jene von uns, die wirklich die zersetzenden Kräfte durchschauen, die

Sie so konsequent bekämpft haben und weiter bekämpfen werden«, stand in einem Geburtstagsgruß, »danken dem Herrgott, daß Er Sie mit so vielen Jahren körperlicher und geistiger Gesundheit gesegnet hat. Wir beten, daß Er noch lange damit fortfahre«). Und als die Molkerei zwei Jahre später Bankrott machte, verschaffte ihm der so reich gesegnete Direktor eine Stelle bei der »Small Defense Plants Administration« in Washington. Im Jahre 1954 gründete Maheu die »Robert A. Maheu Associates«. Später, als Hauptgeschäftsführer von Howard Hughes' Unternehmen in Las Vegas (wo er als gläubiger Katholik die Geschäftspartner mit Tischgebeten bei Arbeitssessen überraschte), zog er es vor, seine Firma als Unternehmensberatung zu bezeichnen, obwohl fast alle seine Partner Ex-FBI- und Geheimdienstler waren.

Von Anfang an besserte der CIA mit einer monatlichen Pauschalsumme von 500 Dollar das Budget für die Büroausgaben auf; nebenbei produzierte er einen Pornofilm für den CIA, der den Eindruck erwecken sollte, als schäkere Indonesiens Präsident Sukarno mit einer Blondine herum; danach war er für das Unternehmen als Mittelsmann tätig und rekrutierte für die geplante Verschwörung zur Ermordung Castros die Unterweltfigur Johnny Rosselli.

Es ist also unwahrscheinlich, daß Niarchos sich an Maheu wandte, weil er eine Unternehmensberatung im Sinn hatte. Und kurz nachdem sein Londoner Anwalt Maheus Büro verlassen hatte, lieferte ein Bote Fotografien von Ari und ein ausführliches Dossier über ihn, seine Unternehmen und seine wichtigsten Angestellten ab.

Rund zwei Wochen nach Aris Verhaftung in Washington sickerten Einzelheiten über den »Dschidda-Vertrag« – verstümmelt, unvollständig, aber wirksam – zu einer römischen Zeitung durch, die über Maheu vom CIA finanziell unterstützt wurde. Rom war zum damaligen Zeitpunkt das Zentrum der geheimen politischen Tätigkeit des CIA. Unter William Colby, der später Direktor des CIA wurde, bestand das oberste Ziel der Dienststelle darin, die hochentwickelte sowjetische Technik einzuholen, indem schädigende oder verleumderische Geschichten in ausländischen Publikationen untergebracht wurden, die dann aufgegriffen und weltweit wiederholt wurden.

Wie vorauszusehen war, brachte die ARAMCO ihre Bestürzung gegenüber der saudischen Regierung zum Ausdruck; überall reagierten die Reeder mit scharfen Protesten. In London startete Niarchos einen kaum verhüllten Angriff auf seinen Schwager, als er Alan Campbell-Johnson, einen erfahrenen PR-Mann (Lord Mountbattens Mitarbeiter während des Krieges und sein Presseattaché, als er in den letzten Tagen des Raj* Indiens Vizekönig wurde), veranlaßte, den Vertrag im Parlament zur Sprache zu bringen; er war davon überzeugt, daß sein Haß auf Ari auf ein politisches Echo stoßen würde. Seine Anweisung war kurz und bündig: »Ich wünsche, daß Onassis zur Strecke gebracht wird.«

Campbell-Johnson, der zweimal als Liberaler für das Parlament kandidiert hatte, »erkannte, daß die nationalen Interessen betroffen waren«, und organisierte ein Treffen zwischen Niarchos und Jo Grimond, dem damaligen Agitator der Liberalen Partei, der bald darauf ihr Parteiführer werden sollte, um die Fragen zu erörtern, die im Parlament zur Sprache gebracht werden sollten. Obwohl Campbell-Johnson Niarchos für einen »erbärmlichen Mann ohne Ausstrahlung« hielt, war er doch überzeugt, daß er eher »aus Sorge denn Wut« handelte und daß seine Anstrengungen, den Vertrag mit den Saudis zu sabotieren, dazu dienen sollten, »Onassis' Exzesse zu zügeln, nicht aber den Mann zu vernichten«.

Niarchos' Versuche, in London Scherereien anzuzetteln, kamen für Ari nicht überraschend. Als Ari mit Suleimans Unterschrift aus Dschidda zurückgekehrt war, hatte Gratsos ihm an diesem Tag vorausgesagt, Niarchos werde ganz bestimmt »irgendeine Art von Störmanöver« versuchen. Ari hatte geantwortet: »Er wird schon dafür sorgen, daß sein Arsch nicht zu kurz kommt. Wir dürfen deshalb trotzdem nicht winseln.« Nur Tina, die sich ihre Sympathien für ihren Schwager bewahrt hatte (sie wußte, daß sie damit ihren Ehemann eifersüchtig machte), war unvorbereitet auf das, was sie als einen »Akt des Verrats innerhalb der Familie« betrachtete. »Verwandtschaftliche Beziehungen sind ähnlich wie Prinzipien vergessen, wenn sie Profite bedrohen«, sagte ihr Ari.

---

* Mit »Raj« wird die britische Herrschaft in Indien bezeichnet.

»Als die Einzelheiten des ›Dschidda-Vertrags‹ langsam an die Öffentlichkeit sickerten, waren die Leute angesichts der Reichweite des Abkommens total verblüfft«, sagte Gratsos. »Ich sagte Ari, weder Livanos noch Niarchos könnten begreifen, was er getan habe. ›Typen wie diese können niemals etwas begreifen, was ihre Phantasie übersteigt‹, antwortete er mir.« Dennoch war er sich immer noch nicht des Umfangs der Geschütze bewußt, die auf ihn gerichtet wurden. Insgeheim war Gratsos der Meinung, daß er »visionär, aber schlecht vorbereitet« war.

Maheu verlor keine Zeit, das Telefon in Aris New Yorker Büro auf der Madison Avenue anzuzapfen; in der Wohnung auf der Avenue Foch wurden ebenfalls Wanzen installiert. Er stellte Wirtschaftsexperten des Militärs ein, die für den Vizepräsidenten Richard M. Nixon und den Nationalen Sicherheitsrat die Folgen des »Dschidda-Vertrags« genau analysieren und schildern sollten; selbstverständlich stellte der Vertrag eine ernsthafte Bedrohung des amerikanischen Einflusses im Nahen Osten dar. Während beispielsweise der Versuch des Iran, die »Anglo-Persian Oil Company« (später BP) 1951 zu nationalisieren, an der Tatsache scheiterte, daß der Iran keine eigene Tankerflotte besaß, mit der er dem Boykott hätte widerstehen können, den die multinationalen Gesellschaften ausgerufen hatten, ermöglichte der »Dschidda-Vertrag«, alle zukünftigen multinationalen Restriktionen zu umgehen und die gesamte arabische Welt zu destabilisieren; das war der Explosivstoff der Unterlagen, die Maheu Richard Nixon vorlegen ließ.

Nixon hatte im »Permanent Subcommittee on Investigation« des Senats gesessen, der sich monatelang mit den äußerst komplizierten und verworrenen Tatsachen im Zusammenhang mit den Verkäufen der überschüssigen Tanker beschäftigt hatte; er wußte also eine Menge über Ari und seine Methoden. Was die beiden Männer nun genau während ihrer Lagebesprechungen im Kapitol sagten, wurde nicht in Memoranden oder Protokollen festgehalten; Maheu war ein Mann, der sich wenig aus Schriftkram machte.*

---

* Während seines Verleumdungsprozesses gegen Howard Hughes' »Summa Corporation«, bei dem es 1975 um 17,5 Millionen Dollar ging, wurde Maheu

Bekannt ist, daß Maheu leidenschaftlich daran glaubte, daß die Lösung dessen, was sie beide als Bedrohung empfanden, in der Zerstörung von Aris Glaubwürdigkeit bestand; und Nixon scheint ihn ermutigt zu haben, ihn mit allen Mitteln zu hetzen. John Gerritty, ein Agent Maheus, der mindestens an einer Besprechung im Kapitol teilnahm, war beeindruckt, mit welchem Nachdruck der Vizepräsident zu dieser Jagd aufrief (»Nixon warf uns den ganzen Brocken hin ... dies sei eine streng geheime, höchst heikle Angelegenheit der nationalen Sicherheit, und wenn wir den Auftrag übernehmen und erwischt würden – na ja, dann könne die Regierung uns nicht helfen, sie würde jegliche Beteiligung leugnen«). In der Politik ist die Frage, wo nationale Interessen aufhören und die Verteidigung von Wirtschaftsinteressen anfängt, nie leicht zu beantworten, aber da eine wichtige Funktion Nixons darin bestand, Gelder für den Wahlkampffonds der Republikaner einzutreiben, muß der Gedanke, welche Auswirkungen der Vertrag zwischen Onassis und den Saudis auf die freigebigen Ölgesellschaften haben würde, ein wichtiges Element gewesen sein.

Maheus Schachzug, den Vizepräsidenten in die Angelegenheit hineinzuziehen, war brillant, denn Nixon verband mit dem CIA-Boß Allen Dulles eine starke Freundschaft; sie ging auf das Jahr 1947 zurück, als sie zusammen für die »Herter Commission« durch Europa reisten und die Effektivität des Marshallplans untersuchten. Über Allen gewann Nixon die Freundschaft seines älteren Bruders John Foster Dulles; die Nixons und Janet und John Foster Dulles dinierten häufig in Georgetown. Foster Dulles stand auf dem Höhepunkt seiner Macht, ein Außenminister, der so omnipotent war, daß einige Staatsmänner des Westblocks wohl noch nicht einmal im Traum daran gedacht haben, irgendeinen Schritt von außenpolitischer Bedeutung zu unternehmen, ohne ihn vorher zu konsultieren. Mit der Person Nixons hatte Maheu

aufgefordert, seine Rechnungen an Niarchos vorzulegen. Er sagte, er habe Niarchos zwar in London, New York, Washington, Rom, Beirut und Athen getroffen, ihm aber niemals Rechnungen vorgelegt, sondern während der Zeit seiner Arbeit um zusätzliche Begleichung von Spesen gebeten – Geld, das sofort auf sein Konto überwiesen wurde.

Vater Sokrates Onassis: Die Herausforderung der Küstengegend sagte ihm zu

Mutter Penelope: Nichts in seiner Welt vermißte er so sehr wie die Liebe seiner Mutter

Der leidenschaftliche Schwimmer, Ruderer und Wasserball-spieler Aristo spielte sich gerne vor den Mädchen auf

Die Primadonna
Claudia Muzio, die
Aristo eine wichtige
Lektion fürs Leben
mitgab

Ingeborg Dedichen
und ihr Liebhaber, den
man nun Ari nannte,
auf der Jungfernfahrt
seines ersten
Tankers *Ariston* im
Jahre 1938. Seine
Ausdauer erstaunte sie

Gloria Swanson: Ihre Gunst genossen
einst sowohl Ari als auch Joe Kennedy

»Von nun an«, schrieb Ingeborg nach
Kriegsende an Ari, »kannst Du nicht
mehr auf mich zählen . . . ich nehme
mir meine Freiheit zurück.«

»Nur ab und zu, um den Damen zu gefallen, legen wir eine Feuerpause ein und geben damit vor, zivilisiert zu sein.« So faßte Ari seinen prächtigen Hochzeitsempfang im Terrace Room des »Plaza« zusammen. Er wirkte auf den englisch geschulten Geist seiner Braut sehr befremdlich. Links von Tina sitzt ihre Schwester Eugénie mit Stavros Niarchos. Tinas Vater, Stavros Livanos, steht hinter ihm

Stavros Niarchos mit Eugénie und Tina – den Schwestern, die e heiratete und zu Grab trug

ie *Christina* verläßt Monte Carlo. Es hatte über 4 Millionen Dollar gekostet,
e 322 Fuß lange kanadische Fregatte, die er für 50 000 Dollar erworben hatte,
das zu verwandeln, was Exkönig Faruk »das letzte Wort in Sachen Opulenz«
annte und ein weiterer Gast als »die Kristallisation von Aris Charme« bezeichnete

Das Geschmacksniveau, das
auf der *Christina* anzu-
treffen war, war bisweilen
zweifelhaft – so waren die
Barhocker mit der weißen
Vorhaut von Walen überzogen

Christina war Daddys kleines Mädchen

Zu Füßen des Meisters: J. Paul Getty und Ari

Ari begrüßt Maria Callas

Auch wenn vergangene und
zukünftige Betrugsmanöver
Maria Callas' Gemüt
belasteten, zeigte sie es nicht,
wie hier, als sie am »Dom
Perignon« nippte und Aris
berückenden Geschichten
lauschte

an den höchsten Befehlsebenen des Staates und des CIA angesetzt. Für Aristoteles Sokrates Onassis entwickelten sich rasch die
Katastrophen.

Ari zog sich in Monte Carlo gerade zum Abendessen um, als
Costa Gratsos aus New York anrief, um ihm mitzuteilen, die *Daily
News* sei in den Besitz einer Kopie des Schreibens von Hoover an
die »War Shipping Administration« gelangt, das ihn als Antiame-
rikaner brandmarke. Gratsos las eine Kopie des zwölf Jahre alten
Briefes vor, den ihm die New Yorker Zeitung beschafft hatte, weil
sie von Ari eine Stellungnahme wünschte. »Was ich gerne sagen
möchte, würden sie noch nicht einmal in diesem Schmierblatt
drucken«, fluchte Ari und hielt eine minutenlange Schmährede
auf die Presse und Hoover. Gratsos ließ sich von dem Wutanfall,
der sich nur in der Art, wie er zum Ausdruck kam, von seinem
eigenen unterschied, nicht anstecken und sagte ihm, es sei seiner
Meinung nach vernünftig, in irgendeiner Weise auf diese An-
schuldigung zu reagieren. »Es war nicht aus der Welt zu schaffen.
Ich hatte bereits mit John Meyer darüber gesprochen. Es handelte
sich eigentlich um eine Sache, um die er sich häufig mit ein paar
Telefonanrufen kümmern konnte. Diesmal konnte er nichts ausrichten. Er sagte, die *News* arbeite ›auf der anderen Seite‹«, erinnerte sich Gratsos.

Ari war bitterböse auf die Amerikaner (»Ich mußte mir sogar
vom Gericht die Erlaubnis holen, ihr gottverdammtes Land verlassen zu dürfen ... sie wollten mich am langen Arm verhungern
lassen«), und Gratsos lag sehr viel daran, nicht von seiner Einstellung »Ich-gegen-den-Rest-der-Welt« in die Ecke gedrückt zu werden. Ari machte Niarchos für alles verantwortlich. Es bestehen
kaum Zweifel, daß Maheu den schädigenden Brief Hoovers an die
Zeitung weiterleitete. Gratsos vermutete, daß Niarchos (»voller
alter Rechnungen und neuer Methoden, sie zu begleichen«) irgendwie in die Sache verwickelt war. Weder Niarchos noch Ari
waren jemals vollkommen über irgendeinen Verdacht erhaben:
Sie intrigierten gegeneinander aus reiner Gewohnheit und manchmal aus purem Vergnügen. Er fragte Ari wieder, wie er mit der
Situation umgehen wolle. »Wenn man mich an die Wand drückt,

verteidige ich mich selbst«, antwortete er. »Ich befinde mich im totalen Wirtschaftskrieg. Ich muß auf jeden Fall gewinnen.«

Anfang April 1954 fuhr Ari wieder zu einer Audienz bei König Saud nach Dschidda. Unter den verschiedenen Zusätzen, die dem Vertrag beigefügt wurden, befand sich eine Klausel, die bestimmte, daß »A. S. Onassis das Recht hat, die Gesellschaft, deren Hauptsitz in Saudi-Arabien sein wird, mit einer oder mehreren Gesellschaften zu vereinigen, wenn deren Aktienmehrheit direkt in seinen Händen liegt oder von seinen Familienmitgliedern griechischen Ursprungs kontrolliert wird, vorausgesetzt, daß Juden weder direkt noch indirekt an diesen Gesellschaften beteiligt sind und diese Gesellschaften keinen Handel mit Israel treiben«. Ari, der seine Geliebte aufgefordert hatte, gegenüber Juden auf der Hut zu sein und sich nicht »verjuden« zu lassen, hatte keine Gewissensbisse, dies als ein kommerzielles Schmiergeld zu akzeptieren; und obwohl er diese Klausel später als eine Forderung der Saudis hinstellte, stammte ihr Wortlaut von Hjalmar Schacht und war mehrere Wochen, bevor die Saudis das Thema ansprachen, von Ari in Düsseldorf gutgeheißen worden.

Der am 18. Mai von König Saud feierlich ratifizierte »Dschidda-Vertrag« wurde zum Krisenthema in Washington. John Foster Dulles wurde beständig sowohl durch Bulletins seiner Berater im Außenministerium als auch der ARAMCO und des CIA auf dem laufenden gehalten. Die Situation erforderte Fingerspitzengefühl. Der amerikanische Botschafter George Wadsworth warnte vor dem Nationalstolz der Saudis bezüglich der vorgesehenen Flotte: »Hohen saudischen Kreisen mangelt es offensichtlich an Hintergrundwissen«, telegrafierte er, »um wirklich die angesprochenen prinzipiellen Fragen abschätzen zu können; und gemäß ihrer gerissenen Händlermentalität schlußfolgern sie, daß der Fremde schreit, weil er finanziell angeschlagen ist, und sie bei entsprechenden Maßnahmen an Boden gewinnen.« Nachdem er persönlich ein scharf formuliertes Kommuniqué an König Saud geschickt hatte, in dem die potentielle Gefahr, welche die Flotte für die amerikanischen Interessen darstellte, unterstrichen wurde, berichtete Wadsworth, daß der König »mit gewisser Erregung und, wie ich meinte, Verärgerung [reagierte], jedoch nicht in bezug

162

auf meine Person, sondern eher, wie ich vermute, weil ihm die ganze Angelegenheit lästig war«.

Ari eilte in die Vereinigten Staaten zurück, um seine Sache im Außenministerium vorzutragen und zu beteuern, daß der »Dschidda-Vertrag« eine Mußheirat war: Obwohl er versucht habe, sein Engagement zu begrenzen, seien die Saudis entschlossen gewesen, eine nationale Flotte aufzubauen, und er habe entweder zu ihren Bedingungen unterzeichnen müssen, oder er hätte das Geschäft vergessen können, sagte er. »In allen Ländern sind neue Ideologien von politischer und wirtschaftlicher Emanzipation im Umlauf ... früher oder später werden alle ölproduzierenden Länder des Nahen Ostens sich dazu verpflichtet fühlen, ihre eigenen Tankerflotten aufzubauen«, argumentierte er. »Dieser Vertrag lag seit fast einem Jahr auf dem Tisch und wartete darauf, daß ihn jemand in die Hand nahm«, behauptete er. »Es war wie eine geladene Waffe, die herumlag; jeder hätte danach greifen können; ich stürzte mich schließlich darauf, ehe jemand anderes danach gegriffen und mich an die Wand gedrückt hätte.« Ein in Sachen Nahost tätiger Beamter beobachtete: »Er machte den Eindruck eines Mannes, der in der Klemme sitzt.« Aber die Ölmänner lehnten es ab, ihm diese Version abzukaufen. Falls seine Tanker an den saudischen Terminals der ARAMCO anlegen sollten, würde man sie wegjagen, wurde ihm gesagt. »Sie drehen mich jetzt durch den Fleischwolf. Ich erwischte sie mit heruntergelassenen Hosen, und das können sie mir nicht verzeihen«, sagte er, nachdem er die knallharte Antwort der ARAMCO erhalten hatte.

Man hatte ihn dazu gebracht, sich nichtig zu fühlen, und Gratsos fragte sich, »ob er je zuvor mit seiner eigenen Nichtigkeit konfrontiert worden war«. Gratsos, der sich dessen bewußt war, daß Ari in einem geopolitischen Machtkampf um sein ureigenes Überleben kämpfte, sagte ihm: »Du stehst ganz vorne an der Front. Die Front ist ein gefährlicher Aufenthaltsort.« Er hatte Befürchtungen bezüglich des Geschäfts mit den Saudis und der Mentalität der darin verwickelten Leute gehegt – und er hatte die ganze Zeit geahnt, daß sich der Vertrag in Aris Händen in nichts auflösen würde, und zwar »schon in dem Moment, wo irgend jemand ihn sich zu genau ansehen würde«.

163

Der Mai war ein schlechter Monat für Ari; der Höhepunkt war eine böse Szene auf dem Flughafen von Nizza, die keineswegs sein Gemüt besänftigte oder seinem Ruf förderlich war. Fünf Monate zuvor war Spyridon Catapodis das Herz in die Hosentasche gerutscht, als er bestimmte Passagen in seinem Vertrag überprüfen wollte, die seine Belohnung für das Geschäft mit den Saudis genau regelten; Onassis' Unterschrift hatte sich, wie er behauptete, in nichts aufgelöst. »Es war, als hätte sie nie existiert.« Wieder suchte er Ari in der Avenue Foch auf, begleitet von Leon »Lou« Turrou. Turrou war ein nützlicher Begleiter; der ehemalige FBI-Agent und Oberst des Abwehrdienstes hatte nach dem Krieg die Armee verlassen und war zum CIA gegangen, für den er in einem Paul-Getty-Unternehmen (eine Gesellschaft, die CIA-Agenten unterbrachte) in Paris arbeitete; seine Beziehung zu Catapodis war unklar, obwohl ihn der Grieche als seinen »persönlichen Berater« vorstellte. Seine Anwesenheit in der Avenue Foch 88 zu ungefähr der Zeit, in der Maheu es schaffte, im Apartment eine Wanze unterzubringen, legt die Vermutung nahe, daß er auch ein Mann Maheus war.*

Ari meinte, der Vertrag sei wohl mit einer Tinte minderer Qualität unterschrieben worden. Obwohl Catapodis mit einem Scheck über 25000 Dollar abzog, gelang es Ari irgendwie, den Originalvertrag zu behalten, und Catapodis schaffte es trotz aller Mühen nicht, ihn an sich zu bringen oder Ari noch einmal zu erreichen; bis zu ihrer Begegnung im Flughafen von Nizza; er packte Ari an der Gurgel, zwang ihn auf die Knie und würgte ihn weiter. »Du bist noch nicht einmal ein richtiger Grieche!« schrie Catapodis mit einem von Cognac und Wut geröteten Gesicht. »Du bist nichts als ein gottverdammter Türke!« Er spuckte ihm ins Gesicht und ging weiter; eine überfüllte Abflughalle ist nicht gerade der beste Austragungsort für eine Privatfehde; innerhalb weniger Stunden war sie das Gesprächsthema an der Riviera.

Unter Aris Mitarbeitern wuchs die Bestürzung, als der Druck

---

* Maheu bezeugte, daß »er nach einer Beratung mit der Agency [CIA] dafür sorgte, ein Abhörgerät in Onassis' Wohnung zu installieren«. Kongreßdokument, O.C. 1975.

zunahm. Den Gerüchten über seine enge Verbindung mit Hjalmar Schacht folgte die Bekanntwerdung der antisemitischen Klausel im »Dschidda-Vertrag«. Zu dieser Zeit wurden auch seine engen Beziehungen zu dem ehemaligen Waffenkönig Mandl und dem faschistischen Diktator Juan Perón aufgedeckt. Ein Angestellter Onassis' in Monte Carlo erinnerte sich: »Es sah schlecht aus. Wir hatten jeden Tag mit Juden zu tun. Die amerikanische Lobby der Juden hatte bereits die Ölgesellschaften aufgefordert, mit uns keine Geschäfte mehr zu tätigen. Ich konnte mitansehen, wie die Auswirkungen das gesamte Unternehmen gefährdeten.« Seine Leute in Deutschland rieten ihm davon ab, Alfried Krupp von Bohlen und Halbach, der Chef des Hauses Krupp, das bis zum Ende des Dritten Reiches Hitler unterstützte, zum Stapellauf der *Olympic Cloud* in Bremen einzuladen. »Wir wiesen darauf hin, daß es Krupps erster öffentlicher Auftritt nach seiner sechsjährigen Haftstrafe als Naziverbrecher sei, daß es Aufmerksamkeit erregen könne«, erinnerte sich ein Mitarbeiter. »Ich weiß nicht, ob er blutrünstig oder resigniert war, aber er bestand auf der Einladung.« Einer seiner Männer in New York erinnerte sich, daß er gesagt haben soll: »Ich glaube nicht, daß hier und da ein Nazi mehr jetzt noch viel an meinem Ruf ändert.«

Am 12. Juni war er wieder in Paris und entspannte sich an der Bar im »Maxim's«, als er erfuhr, daß Niarchos in einem Privatzimmer mit dem Reporter der *New York Times,* C. L. Sulzberger, zu Mittag aß. »Was heckt Niarchos deiner Meinung nach nun aus?« wurde er gefragt. »Meinen Untergang«, erwiderte er liebenswürdig – mit ein paar »Gibsons« intus gefiel er sich in seiner Rolle als Bösewicht auf dem Richtblock.

Ein Stockwerk höher, in einem Raum, der eher für eine Verführung denn für Geschäftsabwicklungen geeignet war, wie Sulzberger sich erinnerte, tat Niarchos genau das. Zwischen paranoischen Anfällen – er glaubte, man spioniere ihm nach –, wobei er wiederholt an die Tür ging und prüfte, ob niemand lauschte (als er zum vierten Male die Tür aufmachte, »schnappte er tatsächlich den Kellner, der mit hängenden Ohren genau vor der Tür stand«), erzählte er Sulzberger, Ari habe für ein Butterbrot Monte Carlo aufgekauft – »nur ein paar Millionen Dollar« –, um Geschäftsleute und Politiker, die Freikarten im Fürstentum bekämen, »zu bestechen und zu stürzen«. »Niarchos schien sich daran zu stoßen und es für höchst unmoralisch zu halten.« Kurz danach sprach er die Saudi-Geschichte an. Sie sei »höchst unorthodox und verwerfe alle herkömmlichen Geschäftspraktiken«, beklagte er sich und betonte gleichzeitig, daß »er nicht betroffen sei und mehr Geschäfte in Aussicht habe, als er möglicherweise in den kommenden Jahren durchführen könne«. Er erzählte Sulzberger, er spreche nur mit ihm, weil er wisse, dieser sei »an der moralischen Seite der Situation« interessiert. Schließlich händigte er dem Mann von der *Times* einen dicken Umschlag aus, aus dem Papiere quollen, die den Eindruck erwecken sollten, als ob sie Licht in die unergründlichen Geschäfte Aris bringen könnten. Sulzberger, der sie rasch überflog, hielt alles für ziemlich mageres Material (»Es schien zum größten Teil aus Zeitungsausschnitten und anderem öffentlich zugänglichen Material zu bestehen«, schrieb er in sein Tagebuch) und äußerte seine Überraschung, daß sich Niarchos bei seinen Geschäften auf solch dürftige Informationen verließ. Niarchos erklärte gerade, es gäbe noch weitere Dokumente, die er beschaffen könne, als der Oberkellner ihm mitteilte, daß Ari unten sei und ihn kurz zu sprechen wünsche. Sulzberger lachte höhnisch auf. »Um Himmels willen, lassen Sie ihn heraufkommen, denn er muß Agenten haben, die jedes Ihrer Worte hörten«, sagte er vergnügt zu seinem Gastgeber. Niarchos hielt das nicht für einen besonders gelungenen Einfall und ging nach unten. Als er zurückkam, meinte er achselzuckend: »Trotz alledem ist er mein Schwager, und als er hörte, ich sei hier, wollte er mich kurz begrüßen.« Er sah, laut Sulzberger, ziemlich rot im Gesicht aus.

Einige Tage später rief Tina aus St. Moritz an und teilte Ari mit, sie habe sich ein Bein gebrochen: »Ich bewegte mich noch nicht einmal. In der einen Sekunde stand ich noch, eine vollkommen gesunde Frau, in der nächsten Sekunde saß ich mit einem kompliziert gebrochenen Bein auf dem Fußboden.« Als sie Ari kokett daran erinnerte, daß ihr Bein bei ihrer ersten Begegnung ebenfalls in Gips gewesen sei, sagte er ihr, daß sie kein kleines Mädchen mehr sei. Ob sie in der Lage sei, zum Stapellauf seines neuesten Tankers nach Hamburg zu kommen, wollte er wissen, als ob er

darauf wartete, gegen gewisse, bisher unbekannte Launenhaftig-
keiten ihres Charakters loszuwettern. Sie versicherte ihm, sie
würde dasein. »Ich laufe vor lauter Langeweile schon fast Amok,
mein Liebling.«

Sie hatte ein sehr emsiges Jahr hinter sich; sie mußte den
Innenausbau der *Christina* überwachen, Ski fahren, so viele Partys
besuchen; sie lebte völlig isoliert von Aris Bedürfnissen und
Problemen. Tina schwärmte für das schicke Nomadentum: Haute
couture in Paris, London wegen Ascot, New York wegen der Met.
Es war bereits Juni, und sie konnte an einer Hand abzählen, wie
viele zusammenhängende Wochen sie mit Ari in jenem Jahr
verbracht hatte. Wie sie gelernt hatte, in seinem Schatten zu
leben, hatte sie gelernt, mit seiner Abwesenheit zu leben. Sie
waren nun seit acht Jahren verheiratet. Obwohl sie mittlerweile
exquisiten Flirts nicht abgeneigt war und es liebte, von Bewunde-
rern umgeben zu sein, wußte sie auch, wie man Diskretion wahrt.
Der beharrlichste ihrer damaligen Verehrer war der venezolani-
sche Ölmillionär Renaldito Herrera. Ari schien sich nicht an ihrem gesellschaftlichen Leben zu stoßen, an ihren Tête-à-têtes mit
hübschen jungen Skilehrern und der Art von Männern, die sich zu
reichen und schönen Frauen hingezogen fühlen. Sie war der
Inbegriff einer Dame der Gesellschaft. »Das kann sie am besten«,
sagte er. Er war beträchtlich erwachsener geworden seit der Zeit
mit Ingeborg, als seine Tage und Träume, wenn er nicht bei ihr
war, von Eifersucht und Mißtrauen gekennzeichnet waren. Tina
hatte, im Vergleich zu Ingeborg, immer ihm gehört, ein Besitztum, eine Leibeigene, eine typisch griechische Ehefrau.

Dennoch verbarg sie nicht ihren Unmut, als er ihr sagte, daß
sein neuester Tanker (bis dahin nur Baunummer 883 genannt)
nicht nach Alexander genannt werden würde; der größte Tanker
der Welt – 2000 Tonnen schwerer als die *Tina Onassis* – sollte nun
zu Ehren des saudischen Königs getauft werden; als Flaggschiff
der saudischen Flotte vorgesehen, wollte Ari, daß die ARAMCO
und alle Welt dies erfuhren. Über 120 000 Deutsche, darunter
einige der bekanntesten Persönlichkeiten der westdeutschen Wirtschaft und Gesellschaft, nahmen an der Zeremonie auf der Hamburger Werft der Howaldtwerke teil. Es erinnerte, wie Gratsos

unbehaglich dachte, »an einen Skalptanz rund um die ARAMCO«. Prinzessin Anne-Marie von Bismarck ließ eine Flasche mit heiligem Wasser aus dem Zam-Zam-Brunnen in Mekka am Rumpf des Schiffes zerschellen (die Flasche, der der Druck geschüttelten Champagners fehlte, da die Delegation aus Riad Alkohol strengstens untersagt hatte, zerbrach erst beim dritten Versuch), und die *Al Malik Saud Al-Awal* lief über die Schlittenbalken in die Geschichte. »An was hast du gedacht, als sie ins Wasser glitt, Ari?« wollte ein Freund wissen. »Ich dachte, geradewegs in deinen Hintern, ARAMCO«, antwortete er.

Nach dem Hegelschen Prinzip, daß Quantität in Qualität umschlägt, hatte Allen Dulles eindrucksvolle Tatsachen gegen Ari zusammengetragen. Am Donnerstag, dem 1. Juli, schickte der amerikanische Meister der Spionage seinem Bruder, dem Außenminister, einen Lagebericht des CIA, der den Interna des »Dschidda-Vertrags« nachging. Der Tenor war von Anfang an feindselig gegenüber Ari. »Wir glauben, daß es hier um einen gerissenen Griechen geht, der der SAG [der saudiarabischen Regierung] eine Reihe von Waren verkaufte, auf die sich die prestigehungrigen Araber stürzten.« Kaum einer hatte sich mit mehr Begeisterung darauf gestürzt als Scheich Abdullah Suleiman, der Finanzminister, der »annähernd 100 000 Dollar für seine Unterschrift erhielt«, berichtete ein Agent für den Nahen Osten. Obwohl die Saudis zunehmend »streitsüchtig und schwierig werden, glauben wir nicht, daß sie diesen Vertrag zusammenphantasierten«, fuhr der Lagebericht fort. »Onassis hat ganz offensichtlich große Pläne, die Tankerindustrie zu monopolisieren, weil er in Kuweit, im Iran und Irak dasselbe Thema anschlägt.« Man vermutete, daß die Jungfernfahrt der »Al Malik« arrangiert wurde, um das »Ego der saudiarabischen Regierung und König Sauds zu befriedigen und möglicherweise andere Nahostländer zu beeinflussen, ähnliche Vereinbarungen mit Onassis zu treffen«.

Es war die Strategie des Außenministeriums, amerikanische Ölunternehmen als »Instrumente der Außenpolitik im Nahen Osten« einzusetzen, und Foster Dulles war daher entschlossen, den Vertrag rückgängig zu machen. Wie auch immer, die Krise hatte beunruhigende Zweideutigkeiten in dem ursprünglichen Vertrag der ARAMCO mit den Saudis zutage gebracht. In einem vertraulichen Memorandum stellte der Rechtsberater Bob Metzger die Frage, ob es weise sei, so unvernünftig auf einem Vertrag herumzureiten, der nicht ganz so hieb- und stichfest sei, wie das 1933 bei der Unterzeichnung vielleicht noch ausgesehen habe. Die Saudis hatten dem Konsortium das Recht garantiert, »Erdöl explorieren, prospektieren, fördern, vorbehandeln, verarbeiten, transportieren, verkaufen, fortschaffen und exportieren« zu dürfen. Aber was könne man eigentlich unter »exportieren« verstehen? fragte Metzger mit dem peniblen Sinn für legale Details und Beweisführungen. Der »Webster« definiere es als »ins Ausland schaffen oder verschicken« – aber was von beidem? »Wenn es ›ins Ausland schaffen‹ bedeutet, mag das Recht das Exklusivrecht einschließen, es mit den Mitteln, die das Unternehmen wählt, zu transportieren. Wenn es aber andererseits auch bedeutet, es ›ins Ausland schicken‹, beinhaltet dieses Recht nicht notwendigerweise das Exklusivrecht auf die Wahl des Mittels, mit welchem das Öl verschickt wird.« Das sei ein heikler Punkt, und Metzger räumte ein, er glaube nicht unbedingt, daß die Gesellschaft in einem internationalen Schiedsspruchverfahren verlieren würde. »Auf der anderen Seite«, so fügte er belehrend hinzu, »bin ich nicht davon überzeugt, daß sie gewinnen wird.«

Dulles, der Architekt einer harten Linie in der Außenpolitik, machte klar, daß er die Ölgesellschaften bis aufs Messer in jeder Auseinandersetzung unterstützen werde, selbst wenn die Entscheidung der ARAMCO, die Onassis-Tanker zu boykottieren, dazu führen könne, daß die Araber den ganzen Krempel nationalisierten. Am 16. Juli übermittelte er Botschafter Wadsworth per Telegramm eine energische und kompromißlose Anweisung:

Vom praktischen wirtschaftlichen Standpunkt aus betrachtet, glauben die USA, daß Saudi-Regierung sich in ernsthafte Schwierigkeiten begibt. Wesentliche Verluste bei Durchführung des Onassis-Vertrages. Finanzielle Vorteile für Saudi-Regierung sind äußerst winzig, verglichen mit potentiellem Verlust von Öl-Royalties. Verlust

von Märkten für nur eine Million Barrel Öl wird ungefähr die beabsichtigten jährlichen finanziellen Vorteile
kompensieren. Wenn Vertrag in Kraft tritt, wird Feindseligkeit und Widerstand seitens vieler Ölkäufer wahrscheinlich ARAMCO-Produktion schmälern, Einnahmen und Saudi-Royalties in weit größerem Umfang.
Wachsende Anzeichen, daß Widerstand enorm wird.
Vom Dollar-und-Cent-Standpunkt betrachtet, scheint
Saudi-Regierung übel in die Irre geführt.

Seit kurzem erst auf dem Posten in Saudi-Arabien, hatte Wadsworth vor, sich zu behaupten und sein Geld wert zu sein. Er
wußte, daß die »Dollar-und-Cent«-Bemerkung eine Grobheit son-
dergleichen war, da die »Ölkäufer« ganz einfach die Männer waren, die die ARAMCO führten. Wenn er noch irgendwelche Zweifel besaß, müssen sie von dem FYI-Anhang (»Nur für Sie
bestimmt«) zerstreut worden sein:

> Für uns sieht es so aus, als ob diese Meinungsverschie-
> denheit zu einem kritischen Punkt in unseren Beziehun-
> gen zu Saudi-Arabien führen und eine ähnliche Situa-
> tion wie 1950 und 1951 im Iran entstehen könnte.
> Ausgehend vom Tenor der Saudi-Korrespondenz mit
> der ARAMCO, erscheint es ziemlich wahrscheinlich,
> daß [der] König die ARAMCO-Konzession verstaatlicht,
> wenn er klipp und klar mit der Weigerung der Gesell-
> schaft konfrontiert wird, mit Onassis zu handeln. Ent-
> scheidung des Königs, diesen drastischen Schritt zu un-
> ternehmen, mag auf dem falschen Eindruck basieren,
> daß er andere findet, die für ihn Öl fördern und verkau-
> fen, und daß er bei Verzicht auf Zusammenarbeit mit
> Amerika sich selbst zum Helden der arabischen Welt
> macht.
> Andererseits scheint es möglich, daß der König in
> einer Art Täuschung gefangen ist, ermutigt durch ver-
> gangene Erfolge, der ARAMCO Zugeständnisse abzu-
> ringen, und früheres Stillschweigen der USG [Regie-

rung der USA] angesichts solcher Zugeständnisse. Wenn [der] König sich entschließt, auf amerikanische Gesellschaften zu verzichten, müssen wir natürlich jedes Mittel einsetzen, um ihm und seinen Ratgebern die schrecklichen Auswirkungen klarzumachen, die das für seine Stellung, seine Regierung und sein Land hat.

Der Außenminister erteilte Wadsworth die Anweisung, den König und seine Ratgeber zu bitten, sich einmal zu überlegen, wie ihre Situation »nach nur einem Jahr« ohne die Einnahmen aus Erdölverkäufen aussehe; und, noch bedrohlicher, sich daran zu erinnern, was Dr. Mossadeghs Iran passierte, als er Irans Ölindustrie verstaatlichte (er war zugunsten des jungen Schahs Mohammed Reza Pahlevi mit Hilfe eines vom CIA unterstützten Putsches gestürzt worden). Dulles war der Überzeugung, daß König Saud – in Kenntnis der »Tatsachen« – die Beziehung zu Onassis hintanstellen und sein Unabhängigkeitsstreben mit einem gewissen Realitätssinn in Einklang bringen würde; er vermutete ebenfalls, daß Ari bereits den Appetit auf das große saudische Abenteuer verloren hatte und »wahrscheinlich darauf erpicht ist, sich aus der Affäre zu ziehen«, weil ihm nicht nur der Zorn der ARAMCO entgegenschlug, sondern noch viele seiner Tanker aufgelegt werden mußten, da er vor der Tatsache stand, aus seinen regulären Kontrakten mit anderen Ölgesellschaften rund um die Welt immer häufiger hinausgedrängt zu werden.

Obwohl Foster Dulles eine moralistische nationale Haltung bei seiner Führung der amerikanischen Außenpolitik aufrechterhielt, war sein Bruder bereit, in einer unvollkommenen Welt »Feuer mit Feuer zu bekämpfen«. Es war vielleicht nicht ganz ohne Bedeutung, daß Wadsworth zwar angewiesen wurde, den allgemeinen Unmut über Saudi-Arabiens eklatante Verletzung der Konzession mit der ARAMCO zum Ausdruck zu bringen, aber nicht zuviel Aufhebens von diesem Aspekt zu machen, da »die Lösung der Angelegenheit Onassis nicht in erster Linie von der buchstabengetreuen Einhaltung der betreffenden Vereinbarungen abhängt«. Kurz nach dieser Botschaft für Riad flog Robert Maheu nach London zu Gesprächen mit Niarchos.

Die beiden Männer trafen sich in der Suite des Reeders im »Claridge's«; es war eine lange Unterredung, die mit Lachs zum Frühstück begann und bei einer Flasche Cognac in den frühen Morgenstunden des nächsten Tages endete. Niarchos sagte, er bedauere die Entfremdung, die der Vertrag in der Familie verursacht habe; das Wort »Entfremdung« benutzte er sehr häufig, wie sich einer seiner Mitarbeiter, der bei der Sitzung anwesend war, erinnerte. »Das Unglück und die Tragödien, die er verursacht, reichen über unser Zeitalter hinaus und verändern die Geschichte«, erzählte er ihnen. Alan Campbell-Johnson erinnerte sich später: »Onassis war wie ein jüngerer Bruder, der sich über den Pakt der Familie, sich an die Spielregeln zu halten, hinwegsetzte; sie waren Rivalen auf einem abgesteckten Markt, und die Gefahr des Saudi-Geschäfts bestand darin, daß es den abgesteckten Markt zerstörte; Niarchos war der Ansicht, daß dies sowohl für Onassis' Interessen als auch für seine eigenen schädlich war.« Während der strapaziösen Sitzung im »Claridge's« widmete man sich ausführlich dem Nebenschauplatz Catapodis. »Stavros war der Überzeugung, man könne daraus Kapital schlagen; er wollte Ari damit treffen; die Frage war, wie wir das zu unserem Vorteil wenden könnten«, sagte ein Mitarbeiter.

Am 27. September gab Catapodis im britischen Konsulat in Nizza eine sechzehn Seiten lange eidesstattliche Erklärung ab (»das Evangelium des heiligen Spyridon«, nannte Gratsos sie), ergänzt von mehr als dreißig Beweisstücken: Briefe, Memoranden, Telegramme, Fotos von ihm, Ari und Tina, Nicolas Cokkinis und seiner Frau, Suleiman und Alireza, die während der Feiern in Dschidda aufgenommen worden waren. Selbst wenn es nur die halbe Wahrheit war (»Ich habe meine Wahrheit, und Onassis hat seine Wahrheit«, erzählte Catapodis einem Freund), versetzte das Ganze Aris übel zugerichtetem Ruf einen weiteren Schlag. Catapodis' Anschuldigungen, die Ari als skrupellosen Glücksritter hinstellten, der Verträge mit unsichtbar werdender Tinte unterschrieb, säten Zwietracht und Mißtrauen in den Reihen der Saudis; er spezifizierte Bestechungsgelder an Palastangestellte, darunter eine Provision über 350 000 Dollar an Finanzminister Suleiman. Bestechungsgelder gehörten in den Wüstenreichen zum Alltag;

die Einzelheiten störten Ari wenig, ihm bereitete der Tenor der eidesstattlichen Erklärung Sorgen: Er denke nur an sich selbst und schere sich einen Dreck um die Amerikaner oder Saudis – das war auf jeder Seite die zwischen den Zeilen zu lesende Botschaft. Selbst nach der Unterzeichnung des Vertrages habe er sich noch um einen Vertrag mit der ARAMCO bemüht, »durch welchen er entweder sehr viel Geld oder andere wertvolle Konzessionen als Dank für die Annullierung seines Vertrages mit der saudi-arabischen Regierung bekommen hätte«, behauptete Catapodis. Als er dieser List »energisch widersprochen habe«, habe Ari geantwortet, daß »er sich nichts aus Geschäften mit den Arabern mache« und daß er deshalb darauf bestanden habe, eine Konventionalstrafe bei Nichterfüllung des Abkommens vertraglich auszuschließen.

Vielleicht fürchtete sich Catapodis, wie er behauptete, wirklich vor den politischen Erschütterungen; vielleicht riet er Ari tatsächlich von einer so riesigen internationalen Intrige ab und warnte ihn davor, sich mit der ARAMCO anzulegen, wie er behauptete; und vielleicht hatte Ari auch imperialistische Regungen. »Er sagte mir, er wisse genau, was er tue, und er sei zuversichtlich, am Ende eine wichtige Rolle bei der Erschließung der Bodenschätze Saudi-Arabiens zu spielen, was ihn endlich zum reichsten und mächtigsten Mann der Welt machen würde.« Und vielleicht glaubte Maheu jedes Wort, als er Niarchos eine Kopie der eidesstattlichen Erklärung aushändigte.

Es war klar, daß Niarchos den Sieg förmlich roch, als er das Dokument in Athen an Bord der *Créole* las, seinem eleganten Schoner mit dem schwarzglänzenden Rumpf. Obwohl einige Bemerkungen Catapodis' schwer zu verdauen waren, klangen einige wahr. Ari hatte seine Vorsicht bewiesen, sich nicht mit Regierungen in ein Bett zu legen, als er Eva Peróns Vorschlag ablehnte, sich mit Mandl und Dodero zusammenzuschließen. Er wußte, daß nichts die Araber davon abhalten konnte, alles einzukassieren, wenn erst einmal seine saudiarabische Marine-Akademie die Saudis dazu ausgebildet hatte, die Show zu übernehmen, so, wie das Perón-Regime Doderos Imperium 1949 an sich gerissen hatte. »Es besteht die Wahrscheinlichkeit, daß Catapodis die Sache auf den Punkt brachte, als er behauptete, Ari habe den Vertrag unterzeichnet, weil er wußte, daß die Yankees ihn niemals schlucken würden, aber mit dieser Pistole auf der Brust wohl dazu gezwungen wären, einen Vertrag abzuschließen, der seinen Marktanteil an den Tankerkontrakten der ARAMCO vergrößert hätte«, sagte ein Londoner Reedereifachmann, der Ari gut kannte.

Niarchos willigte ein, daß Maheu die eidesstattliche Erklärung nach Saudi-Arabien mitnehmen und den König mit ihrem Inhalt vertraut machen sollte. Es gab da nur ein Problem, und das war bedenklich: Die Saudis bewilligten Einreisevisa; Anträge für Ausreisevisa konnten nur in Dschidda gestellt werden und wurden nach Gutdünken des Königs erteilt. Da einige der mächtigsten Männer Saudi-Arabiens in dem Affidavit erwähnt wurden, hatte Maheu keine Lust, in der Stadt festzusitzen. Nachdem er ein Exemplar im Königspalast abgegeben hatte, um seinen Weg in den Palast zu ebnen, wandte er sich an Karl Twitchell, den amerikanischen Geologen, der dazu beigetragen hatte, die amerikanischen Ölgesellschaften und König Ibn Saud 1933 an einen Tisch zu bringen; er galt immer noch als eine angesehene Vertrauensperson in Saudi-Arabien. Obwohl Maheu sowohl mit Billigung des Außenministeriums als auch des CIA tätig war, konnten beide seine Operation nicht offen unterstützen; es war ihm aber immerhin gestattet, wie er später behauptete, sich mit Niarchos über nachrichtendienstliche Kanäle der Amerikaner in Verbindung zu setzen.*

Wenige Tage nach seiner Ankunft wurde Maheu aufgefordert, den Beratern des Königs, die sein Vertrauen genossen, »einen Überblick zu geben« – in der Villa des Finanzministers Scheich Abdullah al Suleiman. Die Saudis hörten höflich zu, nippten an ihrem Kaffee; auf ihren Gesichtern lag ein Ausdruck, zu dem er keinen Zugang fand. Ihr Schweigen beunruhigte ihn; es war wie die Stille nach einem Schuß. Danach wurde ihm mitgeteilt, man

---

* Es ist bekannt, daß Niarchos' Beziehung zum CIA eng ist: Die Agency betrachtet ihn als »nützlichen und bereitwilligen Informanten«, behauptet Brian Freemantle in seinem Buch »CIA: The ›Honorable‹ Company«, Stein and Day, New York 1984.

werde sich am nächsten Tag mit ihm in seinem Hotel in Verbindung setzen.

Es bereitete dem König keine besonderen Bauchschmerzen, daß seine Minister erwischt worden waren. Sein Regime war bereits »von Korruption untergraben und von Skandalen erschüttert, die Gesprächsgegenstand in ganz Nahost waren«.* Tatsächlich paßte Maheus Mission perfekt in seine Pläne; daß er Mohammed Abdullah Alireza zum Handelsminister ernannt hatte, war bei vielen Mitgliedern des Hauses Saud auf Mißfallen gestoßen (bei rund fünfhundert Prinzen direkter Linie war die Einholung der allseitigen Zustimmung der Familie immer ein einengender Faktor); es gab Gerüchte über Meinungsverschiedenheiten in den Fluren des Palastes von Riad. Obwohl König Saud die Einmischung des amerikanischen Außenministeriums in die nationalen Angelegenheiten Saudi-Arabiens übelnahm, hatte ihn die scharfe Kritik Dulles' dazu gebracht, nüchterner zu denken. Da die eidesstattliche Erklärung Catapodis' praktischerweise beide, Alireza und Suleiman, seine Hauptunterhändler bei dem Geschäft mit Onassis, erwähnte, konnte er zwei Fliegen mit einer Klappe schlagen: Maheu wurde bestärkt, Catapodis' eidesstattliche Versicherung in die europäische Presse zu lancieren. »Europäer nehmen die Bestechungsfrage viel ernster als wir, und wir sollen uns genötigt fühlen, ihre abendländischen Zartgefühle zu achten«, erklärte ein Palastangestellter, als er dem Amerikaner das Ausreisevisum und eine Reservierung für den nächsten Flug nach London überreichte.

Im Oktober zitierte der König Ari nach Riad und teilte ihm mit, Suleiman sei erledigt. Er sei ein Mann der überholten Politik (»Was dadurch bewiesen wurde, daß er sich erwischen ließ«, meinte Ari) und spiele keine Rolle mehr in einem modernen Saudi-Arabien. »Die Zukunft löscht die Vergangenheit aus«, sagte der König und erklärte, es gebe viele Dinge im »Dschidda-Vertrag«, die ihm mißfielen und Unannehmlichkeiten zwischen seinem Land und seinem langjährigen Geschäftspartner und Freund ARAMCO verursachten. Er wolle einen »gerechten Frieden«,

* Leonard Mosley, »Power Play«, Random House, New York 1973.

175

und falls Ari nicht bereit sei, das Abkommen erneut mit der ARAMCO zu verhandeln, müsse die Angelegenheit einem Schiedsspruchverfahren unterworfen werden, sagte er. Mittlerweile befanden sich der Vorsitzende des Verwaltungsrats der ARAMCO und seine Mitarbeiter bereits in Dschidda und waren bereit, die Situation sofort mit ihm zu erörtern. Ari nahm diese Entwicklung arg mit. Da Suleiman erledigt war und der Appetit des Königs nicht mehr dem entsprach, was er einmal war, hatte er ein schlechtes Blatt. Er versuchte trotzdem noch, ins Geschäft zu kommen: Er werde die monopolistische Klausel fallenlassen, falls die ARAMCO garantiere, daß ein festgesetzter Prozentsatz des saudischen Öls von seinen Tankern transportiert werden könne. Die Amerikaner heizten ihm tüchtig ein.

»ARAMCO hat nichts Substantielles oder Prinzipielles eingeräumt und hat die wertvolle königliche Zusicherung, daß die Saud-ARAMCO-Beziehungen auf der Basis der vollen Kooperation fortgeführt werden, ungeachtet des Ausgangs des Schiedsspruchs«, telegrafierte Wadsworth an jenem Abend an das Außenministerium. In einer Anwandlung undiplomatischer Offenheit fügte er hinzu: »Onassis hat sich, als er endlich auf die Prozentsatzfrage festgenagelt wurde, selbst ausgetrickst und überlistet.«

Kapitel 9

»Heute fast nur Blauwale getötet«, schrieb ein deutscher Arbeiter an Bord der *Olympic Challenger* am 7. September 1954 in sein Tagebuch, einen Monat vor Eröffnung der Fangsaison vor der Westküste Südamerikas. »Wehe, wenn das rauskommt!« Mit dem Walfang verdiente sich Bruno Schlaghecke seinen Lebensunterhalt, aber die Mordgier, die während der Fangzeit herrschte, das Töten von so vielen kleinen Pottwalen, denen noch nicht einmal die Zähne gewachsen waren, führte dazu, daß er sich »innerlich dumpf und leer« fühlte. Am 22. Oktober schrieb er: »Fleischfetzen der 124 Wale, die wir gestern töteten, liegen immer noch auf Deck. Kaum einer von ihnen war ausgewachsen. Mitleidlos und kaltblütig wird alles getötet, was vor die Harpune kommt.«

Das Gemetzel ließ Ari kalt; ihn interessierte nur die Höhe des Profits und das Abenteuer. Er hinterfragte niemals die ethischen Grundsätze der Fangexpedition; die Wale waren zum Fangen da. Es war bloß eine Frage, den Gegner zu schlagen und so viele Wale wie möglich zu fangen. Seine erste Expedition im Jahre 1950 hatte »sehr hübsche« 4,2 Millionen Dollar netto eingebracht. »Der Walfang ist das größte Würfelspiel der Welt«, sagte er und ignorierte dabei die Tatsache, daß er mit falschen Würfeln spielte. Die Norweger vermuteten Hjalmar Schachts Hand hinter seinem Erfolg. Es war Schacht, der 1936 die anglo-niederländische Unilever-Gruppe, die größte Aufkäuferin von Waltran in der Welt, dazu zwang, den Bau der Nazi-Flotte zu finanzieren, indem er die deutschen Gewinne der Gesellschaft einfrieren ließ und mit einer abschreckenden Reduzierung der Margarinequote drohte. Seine Verwicklung in Aris Saudi-Plan dämpfte keineswegs den Verdacht, daß der Exnazi auch sein Majordomus beim Walfang war.

Der Verdacht, der Ari anhaftete, wurde durch die Kontroversen um seine komplexen Aktivitäten noch verstärkt. »ARAMCO, Monaco, Warren Burger, Catapodis, König Saud ... er hatte so viele Probleme. Ich glaube, er fand eine einfache, primitiv männliche Befriedigung an seinen Walfangexpeditionen«, sagte ein Mitarbeiter. Die Fangsaison von 1954 brachte auch ein neues Risiko mit sich; auf der Konferenz über die Ausbeutung und Erhaltung der Meerestierarten im Südpazifik, die in Santiago stattfand, hatte Peru seine Territorialgewässer auf 200 Meilen ausgedehnt, innerhalb derer es »die militärische, administrative und physische Rechtsprechung« ausüben wollte; die Vereinigten Staaten, England und Norwegen waren unter den Seenationen, die dagegen protestierten. Abgesehen von ein paar Schimpfkanonaden mit Thunfischfängern, die sich in das Gebiet verirrt hatten, schien es unwahrscheinlich, daß die Peruaner es jemals ernsthaft verteidigen würden.

Während seine Flotte noch durch den Panamakanal Richtung Südpazifik fuhr, startete die peruanische Presse eine giftige Kampagne gegen »Onassis, den Walfang-Piraten«. Die führende Zeitung Limas, die *La Nacion,* warnte, daß seine geplante Verletzung der peruanischen Gewässer nicht ungestraft bleiben dürfe: »Wenn er darauf besteht, muß er zur Rechenschaft gezogen und seine Schiffe müssen beschlagnahmt werden.« Gratsos fürchtete, daß der Angriff alles andere als spontan war! »Washington verfolgte ihn, und wir hatten bereits einen Geschmack davon bekommen, wozu der CIA fähig war. Er hatte mächtige Leute verärgert.« Aber Aris Schiffe fuhren unter panamaischer Flagge, und Panama war ein Schützling der Vereinigten Staaten; Washington betrachtete die Kanalzone als seinen Hinterhof. »Keiner dieser Dagos wird sich mit Panama anlegen, denn das hieße, Onkel Sam auf die Schuhe zu pinkeln«, sagte Ari. »Und natürlich hatte er recht, obwohl ich immer noch glaubte, daß er sich dort unten vorsichtig bewegen und viel in Deckung gehen sollte«, erinnerte sich Gratsos. Trotz seiner zur Schau gestellten Selbstsicherheit beachtete Ari Gratsos Warnungen und befahl Kapitän Wilhelm Reichert, einem ehemaligen deutschen Marineoffizier, der die *Olympic Challenger* und ihre sechzehn Fangschiffe kommandierte, sich außerhalb der

200-Meilen-Zone zu halten, bis im Januar die Saison in der Antarktis begann.

»Heute überstieg der Fang 60 000 Barrel, eine niemals zuvor erreichte Leistung«, notierte Schlaghecke am 31. Oktober. »Immer mehr Wale kommen herein . . . Pottwale, Blauwale, Finnwale, Buckelwale . . .« Mehr als 50 Prozent der gefangenen Blauwale und 96,4 Prozent der Pottwale waren unter der erlaubten Mindestgröße, und der gesamte Fang von 580 Bartenwalen wurde innerhalb einer internationalen Schutzzone eingebracht. »Diesmal hält sie nichts auf«, schrieb Bruno Schlaghecke.

Präsident Manuel Odria nahm am 15. November mit seinen Kabinettsmitgliedern und dem peruanischen Generalstabschef der Marine, Admiral Guillermo Tirado, im »Palacio de Gobierno« in Lima an einer Cocktailparty teil, als er von der Behauptung einer Hamburger Zeitung informiert wurde, daß die Onassis-Flotte die 200-Meilen-Zone verletze und daß die deutschen Seeleute »mit Belustigung und Verachtung« auf die Anwesenheit der peruanischen Marine in diesem Gebiet reagierten. Innerhalb von Stunden wurden vier Fangschiffe von peruanischen Matrosen geentert und nach Paita, nördlich von Lima, dirigiert. In den frühen Stunden des nächsten Tages war Reichert an Bord des Mutterschiffes (380 Meilen vor der Küste, wie später behauptet wurde, obwohl keiner es je genau wissen wird, da das Logbuch und die Karten mit der Reiseroute in einem beschwerten Sack über Bord geworfen wurden) sehr erstaunt, als ein peruanischer Bomber über ihm erschien und ihm bedeutete, nach Lima zu fahren. Er signalisierte Volldampf in Richtung offene See. Feuer aus Maschinengewehren bestrich das Deck, und eine Serie von Bomben explodierte zur Warnung vor dem Schiffsrumpf. »Wir werden von peruanischen Flugzeugen bombardiert und im Tiefflug mit Bordwaffen angegriffen«, funkte die *Olympic Challenger* zur Geschäftszentrale der Gesellschaft in Panama, ehe sie sich einer Entermannschaft des Zerstörers *Aguirre* ergab.

Vier Tage später berief Spyridon Catapodis im Pariser Hotel »George V« eine Pressekonferenz ein und verkündete, er habe beim Kriminalgericht einen Prozeß angestrengt, in dem Aristoteles Onassis angeklagt sei, ihn »durch verschiedene Betrugsmanöver« um 200 000 Dollar Provision und seinen Anteil am Gewinn aus dem »Dschidda-Vertrag« gebracht zu haben. Ari tat ihn als »Hausierer in Sachen Verträge« ab, der von mächtigen rivalisierenden Plagegeistern als Aushängeschild vorgeschoben werde, um seinen guten Namen und Ruf in Mißkredit zu bringen: »Diese Anschuldigungen sind Teil einer Propaganda, die seit der Bekanntwerdung des Vertrags im Gange sind, und zwar mit dem einzigen Ziel, das Abkommen aufs Spiel zu setzen«, sagte er in New York. Unsichtbar werdende Tinte! Wie konnte irgend jemand so einen Schwachsinn glauben? Aber die Leute taten es.

Im Bundesgericht von New York klagte das Justizministerium am 23. November gegen Ari und neun Partner, zu denen seine Schwester Merope Konialidis als Verwaltungsratsmitglied einer der angeklagten Gesellschaften gehörte, auf 20 Millionen Dollar, den geschätzten Einnahmen aus sechzehn überschüssigen Schiffen, die angeblich gesetzwidrig erworben worden waren. Zum erstenmal begann Ari Gratsos Überzeugung ernst zu nehmen, daß Washington und Peru als Verbündete wirkten. Ari sagte mit einer Art wütendem Stolz: »Das ist schon ein gewisser Rekord, wenn zwei Länder einem einzigen Mann den Krieg erklären.«

Fünf seiner Schiffe waren beschlagnahmt worden, und vierhundert seiner Seeleute saßen in Peru im Gefängnis; der Rest seiner Flotte war nach Balboa in Panama zurückgekehrt. Trotzdem waren diejenigen, die ihn gut kannten und in jenen Tagen trafen, von seiner Reaktion auf die Krise überrascht; er strahlte »eine Gemütsruhe aus, die häufig dem Pokerspieler oder demjenigen zugeschrieben wird, der ein Geheimnis hütet«, dachte Graham Stanford, der später eine autorisierte, aber unglaublich beschönigende Version von Aris Leben für Englands populärstes Sonntagsblatt *News of the World* schrieb. Ari hatte ein Geheimnis: Er hatte seine Walfangflotte mit einem Schutzwall von Versicherungen für alle nur denkbaren Risiken umgeben, wozu eine Kriegsversicherungsklausel gehörte, die Konfiskationen bis zu einer Höhe von 15 Millionen Dollar deckte; außerdem hatte er sich gegen jegliche Unterbrechung der Expedition mit einem Betrag von 30 000 Dollar täglich versichert; eine dritte Police versicherte ihn gegen Verluste, sollte es seine Flotte nicht schaffen, rechtzeitig zur Eröffnung der Fangsaison in der Antarktis zu sein. »Lloyd's of London«, die das Risiko auf sich genommen hatte, hatte nicht mehr als 10 Prozent der denkbaren Summe in den Vereinigten Staaten und weiteren Ländern zur Verfügung. »Man war der Ansicht, daß niemand da unten so weit ginge, ein Schiff unter der Flagge Panamas anzugreifen, weil man Washingtons Politik gegenüber Panama kannte. Das war ein sehr schlimmer Irrtum von uns und ein sehr guter für Mr. Onassis«, gab ein Seeversicherungsagent von »Lloyd's« zu.

Der peruanische Angriff verursachte ein erdbebenähnliches Umschwenken der öffentlichen Meinung: Eine Woche, nachdem er in Paris als Schwindler größten Kalibers verdammt und in New York vom Justizministerium angeklagt worden war, sah sich Ari als fast heroische Gestalt. In London stellte die *Times* Überlegungen an: »Andere Reederkreise können Mr. Onassis dankbar sein, daß er unfreiwillig eine Situation zur Entscheidung gebracht hat, gegen die die meisten großen Seemächte bereits vehement protestiert haben ... Ob diese [panamaische] Flagge das Banner der Freiheit der Meere ist, worauf Mr. Onassis besteht, oder ob sie von der Totenkopfflagge nicht zu unterscheiden ist, wie die Peruaner meinen, hängt im Moment davon ab, wer durch das Fernglas blickt.«

Ari ließ Tina nach London kommen, weil er ihren Beistand brauchte. Er wußte, daß ihm ihre Anwesenheit den Hauch von Klasse verlieh, obwohl sie beide erkannten, daß ihr gemeinsames Leben keinen Sinn mehr für sie hatte. »Ich bin einfach ein Teil der Kulisse, ein Speerträger in Aris neuestem Drama«, erklärte sie Londoner Freunden ihre Anwesenheit. Viele Frauen in ihrer Lage wären nicht so anpassungsfähig gewesen; sie schien in dieser Hinsicht überhaupt keine Selbstgefälligkeit zu besitzen; vielleicht aber bestand ihr Trotz in ihrer Gleichgültigkeit, ihrer Fähigkeit, ihn weder auf einen Sockel zu stellen noch verächtlich zu machen. »Meine Rolle bestand einfach darin, dazusein, wie ein teures Parfum«, erzählte sie später Lady Carolyn Townshend in einem Ton, der frei von Anklage war. Sie war dabei, als er in seiner Suite im »Claridge's« (er sagte immer »Claridge«) eine Pressekonferenz abhielt, um Perus »tropische Verrücktheit« zu verurteilen. Die

Presse behandelte ihn wie einen Filmstar oder eine berühmte Persönlichkeit, die vielleicht in Kürze im Gefängnis landen könnte.

Der ungeheuer komplizierte Krieg, der gegen Ari geführt wurde, eskalierte dermaßen, daß es unmöglich war, seine einzelnen Bestandteile zu analysieren. Am 14. Dezember, einen Tag, nachdem die »Olympic Whaling« eine Strafe von 57 Millionen peruanischen Soles, rund 2,9 Millionen Dollar, in Lima mit einem von Ari unterzeichneten Scheck gezahlt hatte (das Bargeld stammte von »Lloyd's«), ließ er sich überall entschuldigen und flog mit Tina und den Kindern zu ihrem ersten Weihnachten an Bord der *Christina* nach Südfrankreich. Er wußte, daß sein Traum, eine »Saudi-Onassis-Superflotte« aufzubauen, zerschlagen war; der Krach mit der ARAMCO sollte im neuen Jahr in Zürich vor ein Schiedsgericht, aber das war eine reine Formalität; man hatte ihn gezwungen, die Grenzen des Möglichen anzuerkennen. »Ich spielte um einen hohen Einsatz und verlor.« Er war nun zur Diversifizierung seiner Tankerbasis entschlossen; sein Aufkauf Monte Carlos war der Anfang. Da beinahe alle seine Sinne auf das Saudi-Geschäft gerichtet gewesen waren, fand Monaco zunächst nur am Rande Beachtung; nun wollte er diese »arschtraurige Stadt in etwas sehr Stilvolles« verwandeln. Als sie sich während des Silvesterballes 1954/55 im »Hotel de Paris« zuprosteten, meinte Gratsos: »Das war vielleicht ein hartes Jahr, was?« Nach längerem Schweigen grinste Ari: »Es gab da gewisse Augenblicke, ja!«

Seine Durchlaucht, Fürst Rainier III., und Aristoteles Sokrates Onassis besaßen keine einzige gemeinsame Eigenschaft. »Wenn er nicht so überaus nützlich gewesen wäre, dann wäre Onassis genau derjenige gewesen, der ihn vollständig ignoriert hätte«, erinnerte sich ein Stallmeister Rainiers. Rainier, der 1949 im Alter von 27 Jahren den Thron von Monaco bestiegen hatte, sah sehr eingebildet aus. Hinter diesem äußeren Erscheinungsbild versteckte sich eine angeborene Schüchternheit. In England (Stowe) und der Schweiz (Le Rosey) erzogen, war er 1944 in die französische Armee eingetreten und erhielt das »Croix de guerre« verliehen. Obwohl er ein hervorragender Sportler mit einer Schwäche

für schnelle Autos war, war er dennoch unentschlossen und mißtrauisch, ein Mann mit wenig Freunden. Bei einer jährlichen
Apanage von mageren 150 000 Dollar brauchte er ständig Geld,
um seine teuren Hobbys finanzieren zu können – und die der
schönen französischen Schauspielerin Gisèle Pascal.

Im Gegensatz dazu war Ari ein geselliger, protzig auftretender
Mann, ein Mann, der körperlich seine besten Jahre hinter sich
hatte, aber immer noch auf einschüchternde Weise selbstbewußt
wirkte (»Ich kann in jeder nur denkbaren Keilerei meine Stellung
behaupten«, hatte Ari während der harten Zeiten von 1954 Rainier erzählt). Rainiers anfängliche Begeisterung für Ari war verschwunden; vielleicht sah er in Aris Arroganz einen Narzißmus,
der so vorherrschend wie sein eigener war; die Zeitungsmeldun-
gen, die Ari ständig als den ungekrönten König von Monaco und
die Macht hinter dem Thron bezeichneten, nagten am Herrscher-
stolz. Wenn auch die »Flitterwochen« kurz waren, so waren sie
doch auch produktiv: Drei neue Stockwerke und ein aufsehener-
regendes Dachrestaurant wurden in dem renovierten »Hotel de
Paris« eröffnet, das vertiefte Hafenbecken sollte betoniert werden,
tonnenweise war heller Sand bestellt worden, um die armseligen
Strände zu verschönern.

Stets unter der Oberfläche schwelend, aber in der Zeit ihrer
ersten Versuche in der Staatskunst auch stets verneint, wurde der
Gegensatz zwischen den beiden Männern durch etwas verschärft,
was wie eine außergewöhnliche Umkehrung der von ihnen erwarteten Rollen wirkte: Der Fürst wollte Monte Carlo in ein zweites
Las Vegas verwandeln; Ari wollte Glanz und Gloria der Vergangenheit wiederbeleben und ein Erholungsgebiet für die Reichen
schaffen. Nicht größer als einige Hollywood-Filmgelände, die er
gesehen hatte, war Monte Carlo für ihn einfach ein Baugrund-
stück, das er »bis an die Zähne« mit den besten Hotels und den
luxuriösesten Apartmenthäusern bebauen wollte. Für die Spiel-
casino-Abteilung seiner Kapitalanlage hatte er wenig Zeit; er hielt
diese »Art von Glücksspiel« für unmoralisch. »Also wirklich,
Mr. Onassis«, beklagte sich Rainier, »ich brauche Sie nicht, um
mir sagen zu lassen, was unmoralisch oder moralisch ist.« Und Ari
antwortete: »Wenn Sie eine Frau mit schlechtem Ruf werden

wollen und dabei kein Geld verdienen, können Sie ebensogut eine ehrenwerte Frau bleiben.«

Sie kamen am besten miteinander aus, wenn sie sich in Ruhe ließen; sich aber in Ruhe zu lassen war eine Sache, die sie nicht schafften. Ari fühlte sich von einem feudalistischen Management gefesselt, von einem Verwaltungsrat, der von Rainier-Leuten dominiert wurde, die er die »korporierten Kriegsherren« nannte; Rainier wußte, daß er trotz seines Vetorechts von einigen seiner eigenen Leute zunehmend als der Thron hinter der Macht angesehen wurde, und nannte Beispiele für Aris Ausdrucksweise, dem es häufig an Takt und Respekt mangelte (»Sie müssen mich mit jemandem verwechseln, der Scheiße zu verschenken hat«, unterbrach er einmal Monacos Finanzminister). Trotzdem funktionierte die unpassende Heirat irgendwie; die chronischen Verluste der Nachkriegszeit wurden gestoppt; 1955 schüttete die SBM zum erstenmal nach dem Zweiten Weltkrieg eine Dividende aus.

»Monte Carlo wird immer blühen und gedeihen, solange es dreitausend reiche Männer auf der Welt gibt«, sagte Ari gerne. Seitdem er die Zugkraft von Freundschaften mit Leuten aus dem Showbusineß aufgrund seines jugendlichen Sichaustobens mit Claudia Muzio kennengelernt hatte, begann er persönlich, viele dieser dreitausend nach Monte Carlo zu locken. Obwohl der Fürst Schauspieler nicht besonders schätzte, war er trotzdem beeindruckt von der neuen Art des Nervenkitzels und des Glamours, den sie in das Fürstentum brachten. Auch wenn ihm das Wort »hype« wohl unbekannt gewesen sein dürfte, verstand er die Nützlichkeit all dessen, was sich mit diesem Begriff verband. Aris Partys, besonders seine Partys an Bord der *Christina,* »waren wie die bei Gatsby ein absolutes Muß«, sagte der Hollywood-Mogul Darryl Zanuck, ein häufiger Gast. Es war keineswegs unüblich, auf seiner Yacht mehr als ein Dutzend internationale Berühmtheiten und königliche Hoheiten anzutreffen. Wenn die Einkommen nicht mehr schätzbar sind, sind es die Exzesse der Superreichen, die schließlich die Phantasie erregen: die Habgier des Schahs, Gettys Sparsamkeit, Howard Hughes' Zurückgezogenheit und Aris Talent für effektvolle Auftritte.

Nirgends war er glücklicher als an Bord seiner Yacht. Es hatte über vier Millionen Dollar gekostet, die 322 Fuß lange kanadische Fregatte, die er für 50 000 Dollar erworben hatte, in das zu verwandeln, was Ägyptens Exkönig Faruk »das letzte Wort in Sachen Opulenz« nannte und ein weiterer Gast als »die Kristallisation von Aris Charme« bezeichnete. Wenn auch das Geschmacksniveau bisweilen zweifelhaft (Marcel Vertes' Fresken der vier Jahreszeiten im Speisesalon der *Christina* stellten die Familie in allegorischen Szenen dar: Tina beim Schlittschuhlaufen, Alexander und Christina beim sommerlichen Picknick auf einer Wiese) und manchmal auch vulgär war (die Barhocker waren mit der weißen Vorhaut von Walen überzogen: »Madame, Sie sitzen gerade auf dem größten Penis der Welt«, informierte Ari einst Greta Garbo), so war es doch niemals billig. Modernste Technologie (Radar, Telefon- und Telexsystem mit 42 Anschlüssen, Klimaanlage, Operationssaal und Röntgenapparat, ein elektronisch gesteuerter Temperaturregler, der dafür sorgte, daß das Wasser im Swimmingpool – dessen Boden auf Deckhöhe angehoben werden konnte und dann als Tanzfläche diente, die mit Mosaikszenen aus der griechischen Mythologie geschmückt war – auf einer angenehm erfrischenden Temperatur von 10 Grad unter der Lufttemperatur gehalten wurde) durchzog das Schiff wie ein Nervensystem. Zusätzlich zu seiner eigenen vierzimmrigen Suite auf dem Brückendeck (mit eingelassener Badewanne aus blauem Siena-Marmor, der Replik eines Bades, das für einen minoischen König gebaut worden war, und venezianischen Spiegelwänden) gab es noch neun weitere luxuriöse Suiten, die alle nach griechischen Inseln benannt waren (»Ithaka« wurde gewöhnlich seinen besonderen Ehrengästen reserviert und mehrere Male von der Garbo, der Callas und Jackie Kennedy bewohnt). »Ich glaube nicht, daß es auf Erden irgendeinen Mann oder irgendeine Frau gibt, die sich nicht von dem völlig schamlosen Narzißmus, den dieses Schiff ausstrahlt, verführen lassen«, sagte Richard Burton. »Ich habe dafür gesorgt, daß es so ist«, antwortete Ari. Er fühlte sich stets von großen Namen angezogen. »Berühmtheiten sind für Ari wichtig«, erzählte Tina einem Freund, »seine ganze Phantasie beschäftigt sich mit ihnen.« Manchmal liebte er es, einen Gast mit einer Information zu überraschen, mit unerwarteten Kenntnissen aus

185

dessen Welt. Margot Fonteyn beispielsweise, die Frau von Roberto »Tito« Arias, der panamaische Anwalt Aris, fand ihn charmant, obwohl eine perfekte Gastgeberin doch schwerwiegende Bedenken gegenüber jedem Mann hegen muß, der »niemals ins Theater oder Ballett ging« und es vorzog, mit ihrem Mann bis zwei Uhr morgens in Nachtclubs geschäftliche Angelegenheiten zu diskutieren. Sie war daher völlig verblüfft, als sich Ari eines Abends kenntnisreich über Ballett äußerte. »Giselle« sei sein Lieblingsballett; er habe es als junger Mann in Buenos Aires erlebt, wie die Pawlowa es getanzt habe, sagte er. Eine Tänzerin aus ihrer Truppe sei ihm besonders aufgefallen; er wurde aber nicht ausführlicher.

Am Montag, dem 27. Juni 1955, unterschied sich die Sommernacht durch nichts von den anderen in Monte Carlo. »A Prize of Gold« spielte im Freilichtkino; die Roulettekugel rollte im Kasino; die Menschen vertrödelten ihre Zeit in den Straßencafés; die *Christina* schaukelte sanft im Hafen. Ari befand sich in New York; Rainier war in seiner Villa in der Nähe von Saint-Jean Cap Ferrat von der Außenwelt abgeschnitten; er erholte sich von einer Blinddarmoperation. Beide Männer ahnten nicht, daß eine Katastrophe unmittelbar bevorstand. Um 22.30 Uhr enthüllte Finanzminister Arthur Crovetto in einem kleinen rechteckigen Raum in einem Gebäude in der Nähe des Palastes, daß sich das Fürstentum am Rande des Bankrotts befand. Das Oberhaupt einer der ältesten Familien Monacos, der Vorsitzende von Rainiers Kabinett, wußte in dem Moment, als er seine Erklärung vor der Sondersitzung des Nationalrats abgab, daß seine Karriere zu Ende war.

Die Staatsmittel wurden der Tradition entsprechend bei dreizehn Banken im gesamten Land angelegt. Aber seit zwei Jahren, so gab er zu, sei nur einer Bank die Staatskasse anvertraut worden: der »Société Monegasque de Banque et de Métaux Précieux«, die 1949 von Constantine Liambey gegründet worden war. Liambey hatte kräftig in eine Fernsehgesellschaft Geld gesteckt, Monacos Geld, mit Zustimmung Crovettos. Die Gesellschaft geriet in Schwierigkeiten; Crovetto schoß weitere 900 Millionen Franc aus der Staatskasse in den gemeinsamen Topf; innerhalb von drei

Tagen fielen die Aktien an der Pariser Börse von 33 000 auf 16 000 Franc. Die Mitglieder des Nationalrats vernahmen Crovettos Geschichte mit Erstaunen. Der Rat, der nichts weiter als eine beratende Versammlung darstellte (achtzehn führende Geschäftsleute wurden von den sechshundert stimmberechtigten männlichen Wählern des Fürstentums gewählt), war unverhohlen vom Fürsten und dessen Kabinett übergangen worden. Nun bat Crovetto sie flehentlich um 330 Millionen Franc, um den Zusammenbruch des Staates abzuwenden.

Sie waren gewillt, die Schulden zu decken, aber der Preis dafür war hoch: Crovetto mußte gehen, zusammen mit dem restlichen Kabinett samt Anhang; Rainier wehrte sich wütend; man konnte seine Schreie draußen vor seiner Villa hören, berichtete die *Paris Match*. »Vor hundert Jahren hätten wir nicht ihren Rücktritt, sondern ihre Köpfe gefordert«, sagte der distinguierte Biologe und Vizepräsident des Rates, Auguste Medicin, zum Fürsten. Obwohl der Rat die Usurpation nicht erreichte, behinderten seine Bedingungen den Herrscherstil des Fürsten. Sein Fürstentum war fast ruiniert, seine engsten Berater waren entlassen – Rainier steckte in einer ganz hübschen Klemme. »Wer hat hier wohl Lektionen über Moral nötig«, sagte Ari, als er die Neuigkeiten in New York erfuhr. Aber die Krise betraf ihn ebenso wie Rainier, denn Monaco brauchte mehr als nur eine Geldspritze. Zu Gratsos sagte er: »Sie brauchen frisches Blut, keine weiteren Dollar. Rainier soll aufhören, sich darum zu kümmern, wo er seinen Schwanz reinstecken kann, und sich eine Prinzessin suchen, die dem Ort wieder neues Leben schenkt.«

Anfang Juli machte er sich mit Tina und ungefähr einem Dutzend Gästen an Bord der *Christina* zu einer Kreuzfahrt nach Venedig auf. Am Samstag, dem 16. Juli, schrieb Ingeborg Dedichen, die von einem kurzen Aufenthalt in einem italienischen Badekurort zurückgekehrt war, in ihr Tagebuch: »Venedig – Lido entsetzlich – schrecklich heiß – deprimiert, kein Hotel – *Christina* lief ein! Ari ging auf dem Deck hin und her – hätte anrufen können – fühle mich schrecklich – schrieb Brief – deprimiert, aß zu Abend und kehrte zurück – ah! ah! ah!« Und am folgenden Tag schrieb sie in der Stadt, in der sie sich 22 Jahre zuvor zum erstenmal geliebt hatten, verbittert: »Keine Nachricht von Ari! – Nicht wirklich überrascht.« Sie hatte ihn zum letztenmal in ihrem Leben gesehen, sie wußte es nur noch nicht.

Aris Weigerung, ihren Brief zu erwidern, war unfreundlich. Ein Pariser Freund, der bei der Kreuzfahrt dabei war, sagte später: »Aber sein Leben war mit genügend Problemen befrachtet. Er arbeitete doppelt so hart, machte sich Sorgen über die Krise in Monaco, unterhielt seine Gäste.« Natürlich, Mamitas unerwartete Anwesenheit in Venedig – eine einsame, ältere Frau, die ihm soviel gegeben hatte, soviel wußte – störte zu diesem Zeitpunkt sein inneres Gleichgewicht. »Wir sollten vier oder fünf Tage in Venedig bleiben, aber wir fuhren verfrüht und sehr überstürzt ab«, erinnerte sich ein Gast.

Obwohl Ingeborgs Venedig-Brief nicht erhalten ist, ist es wahrscheinlich, daß er den vielen anderen ähnlich war, die sie geschrieben hatte und in denen sie ihn daran erinnerte, was sie einmal füreinander gewesen waren, daß er ihr versprochen hatte, stets für sie zu sorgen, in denen sie ihn um eine Erhöhung ihres monatlichen Wechsels bat.

Trotz der traurigen Episode in Venedig kehrte Ari erfrischt und mit einer aufregend neuen Idee nach Monte Carlo zurück. Aber zunächst mußte er sich mit verschiedenen anderen Angelegenheiten befassen. Zu den drängenden Problemen (laut Sir Lionel Heald, dem englischen Anwalt, der ihn bei seinem Streit mit der ARAMCO beriet) gehörte sein Image in der Öffentlichkeit. Am Tage seiner Ankunft in Monaco ließ er Nigel Neilson zu sich kommen. Der PR-Mann war ihm von einem bekannten Juristen empfohlen worden.

Der Neuseeländer Neilson hatte eine erstaunliche Karriere hinter sich: Er war Schauspieler, Sänger und Soldat gewesen; in Syrien ritt er bei dem letzten Kavallerieangriff der Geschichte mit; im Zweiten Weltkrieg kämpfte er in der Eliteabteilung »Special Air Service« und erhielt das Militärverdienstkreuz für besondere Tapferkeit. Jetzt war er Wirtschaftsprüfer (Cheese Bureau, Londoner Börse) bei der »J. Walter Thompson Organization« in London. »Er bat mich, ihm zu sagen, wie ihn die Öffentlichkeit meiner Meinung nach sehe. Bevor ich antworten konnte, hielt er seine

Hand hoch. ›Ich vergesse meine guten Manieren. Sie sind mein Gast. Ich will Sie nicht in Verlegenheit bringen. Ich sage Ihnen, was die Leute meines Erachtens über mich denken. Sie sagen, daß ich ein dreckiger Grieche mit zuviel Geld bin. Habe ich recht?‹ Ich antwortete, daß das ungefähr zutreffe«, beschrieb Neilson später ihre erste Zusammenkunft. Ari trug weiße weite Hosen, ein kurzärmliges blaues Hemd, weiß-braune Schuhe und eine dunkle Sonnenbrille mit schwerem schwarzen Gestell. Er war kleiner, als er auf Zeitungsfotos wirkte; Neilson war der Auffassung, daß ihn sein Büro (»eine Mischung aus Museum und Soldatenstube«) im »Old Sporting Club« kleiner als der Durchschnitt wirken ließ. An den Wänden hingen goldgerahmte Bilder der Onassis-Tanker; hinter seinem Schreibtisch zeigte eine Magnetkarte den derzeitigen Aufenthaltsort seiner Flotte rund um die Welt. »Die Menschen haben sehr finstere Vorstellungen von Ihnen«, sagte Neilson in einem Ton, der sowohl ehrlich als auch humorvoll klang; sechs Wochen später kündigte er bei J. Walter Thompson und wurde Aris Public-Relations-Chef.

Neilson wurde nicht im Zweifel gelassen, was man von ihm erwartete. »Boykottiert von den Amerikanern wegen der ARAMCO-Geschichte (die Hälfte seiner Flotte war momentan überflüssig), hatte Ari sein Augenmerk auf die britischen Gesellschaften gerichtet. Heald sagte mir: ›Ihr Job wird darin bestehen, ihn in den Schoß der Gemeinde zurückzubringen, ihn zur Persona grata bei unserem Volk zu machen.‹« Neilson besaß zufällig Beziehungen. Über die Frau seines Bruders hatte er Kontakt zu Basil Jackson, dem Präsidenten der »British Petroleum«. Weshalb, so fragte er Jackson bei dem zustande gekommenen Treffen, chartere die BP denn nicht Onassis' Tanker? Jackson kam wenige Tage später zu ihm: »Ich habe mit meinen Direktoren gesprochen, und alle haben ganz offen gesagt, daß wir mit so einer Person nicht ins Geschäft kommen können.« Ob jemand von ihnen Ari persönlich kennengelernt habe, wollte Neilson wissen. Ja, zwei von uns, antwortete Jackson. »Ich fragte Jackson, ob er käme, wenn ich eine Einladung zum Mittagessen mit Ari auf der Yacht in Südfrankreich arrangiere, damit er den Mann selbst beurteilen könne. Er sagte, daß er es schrecklich gerne machen würde.«

Kurz nachdem Neilson in London begann, Aris Ruf aufzupolieren, lud dieser Pater Tucker zum Lunch auf die *Christina* ein. Es sollte eine höchst heikle Angelegenheit werden (»Eine Sitzung unter vier Augen«, nannte Ari das), denn Rainiers im Vatikan ausgebildeter Hofgeistlicher war kein Bewunderer Aris und sah in ihm »einen Mann, der sich widerrechtlich einen fremden Grubenteil aneignet und darauf aus ist, die Flagge Panamas auf dem Palast zu hissen«. Dennoch teilten sie in etwa die Sorge um den traurigen wirtschaftlichen Zustand Monacos und waren sich auch der Tatsache bewußt, daß das Fürstentum ohne männlichen Thronfolger direkter Linie nach dem Protektionsvertrag unter die französische Oberherrschaft geraten würde – einschließlich französischer Steuergesetzgebung, französischer Bürokratie, französischen Militärdienstes. Rainier war ein gesunder 33jähriger Mann, der sein Junggesellendasein genoß – doch was wäre, wenn er einen Unfall erlitte? Selbst jetzt hielt er sich irgendwo am Mittelmeer auf und zeigte keinerlei Neigung, zurückkehren zu wollen – der Bankskandal war immer noch ein kitzliges Thema in Monaco.

Der 63jährige, mürrische Amerikaner, der auf einem Motorroller durch seinen Pfarrbezirk fuhr und sich nachmittags in einem klerikal-schwarzen Badeanzug am Strand entspannte, war in der Welt der Martinis und Morgenandachten zu Hause. Nach ein paar »Gibsons« brachte Ari das Thema aufs Tapet, über das er seit seiner Venedig-Kreuzfahrt nachgedacht hatte. Er sagte, daß sich »der Symbolwert des Fürsten auf wunderbare Weise vermehrt, wenn er eine Fürstin hat«. Die Leute würden nachts ruhiger schlafen, wenn er verheiratet wäre, fügte er hinzu. »Als Gott die Zeit schuf, schuf er viel davon«, antwortete der Priester. »Dennoch lobte er meine Fürsorge für die Menschen«, erinnerte sich Ari später an die Konversation. »Ich sagte ihm, daß ich, wenn meine Zeit gekommen sei, in den Himmel zu gehen, kein Lob erwarte. Ich bemerkte, daß er an der Sache mit der Heirat interessiert war. Wir sprachen über dies und das. Er kam auf das Thema zurück und meinte, wie schwierig es für Rainier sei, eine passende Braut zu finden. Tucker hatte mehr als seelsorgerische Aufgaben am Hofe: Er hatte die Schienen geölt, auf denen Gisèle Pascal aus der Gunst des Fürsten schlitterte. Ich brachte ihn vorsichtig auf sein eigenes Land: Eine amerikanische Fürstin wäre romantisch und visionär – genau die Art, wie Amerikaner ihre Träume lieben. Ich dachte an jemanden wie Marilyn Monroe.« Was genau danach noch besprochen wurde, ist unklar, aber es gibt keinen Zweifel, daß Ari der Meinung war, zumindest Tuckers stummes Kopfnikken, wenn nicht sogar seinen Segen erhalten zu haben, die Gefühle der Monroe bezüglich kleiner Prinzen auszuloten.

Als sie Joe DiMaggio heiratete (das Baseball-Idol, dem Ari nach Spyros Skouras' Meinung äußerlich ähnlich war), hatte Ari an Skouras telegrafiert: »Wäre heute nacht gerne in DiMaggios Bett.« Diese Ehe war gescheitert, und sie war nun mit Arthur Miller zusammen. Aber was für eine Chance hatte ein Schriftsteller gegenüber einem Fürsten? »Schöne Frauen können sich nicht mäßigen«, hatte Ari einmal gesagt. »Sie brauchen einen unerschöpflichen Nachschub für Ausschweifungen.« Nur Skouras wollte damit nichts zu tun haben; er hatte genug Probleme mit Marilyns Berufsleben; in ihre Privatangelegenheiten wollte er nicht hineingezogen werden. Ihre letzten drei Filme hatten der »20th Century Fox« einen Bruttogewinn von 25 Millionen Dollar eingebracht. Die Aktionäre forderten, daß das Studio sie schnell in einem weiteren Film unterbrachte. Sie war in New York und weigerte sich, vor Abschluß eines neuen Vertrags nach Hollywood zurückzukehren.

Ari rief Georges Schlee an. Der russische Veranstalter, der Liebhaber und Mentor der Greta Garbo, hatte Ari bereits einige wertvolle Dienste erwiesen. Er hatte die Einladungen und unvermieteten Villen organisiert, als Ari Monte Carlo mit den Leuten zu schmücken wünschte, die der Stadt einen Hauch von Klasse verleihen sollten. Schlee war es auch, der Ari der Garbo vorgestellt hatte. Schlee unterbreitete Gardner (»Mike«) Cowles junior, dem Gründer von *Look* und Freund der Monroe, die Idee; Cowles gab den Vorschlag an den Star weiter; in Cowles' Farmhaus in Connecticut, ganz in der Nähe, wo sie mit Arthur Miller wohnte, wurde ein Treffen arrangiert. Am Swimmingpool erörterten Schlee und Cowles mit ihr die Idee; sie war begeistert; sie stellte, wie sich der Verleger erinnerte, zwei Fragen: Ist er reich? Sieht er gut aus? Cowles hatte den Verdacht, daß sie noch nicht einmal wußte, wo

191

Monaco lag. Er fragte, ob sie der Meinung sei, der Fürst wolle sie heiraten. »Gebt mir zwei Tage Zeit mit ihm, und natürlich wird er mich dann heiraten wollen«, antwortete sie mit der ganzen Selbstsicherheit einer Dame, deren Name immer in den Schlagzeilen steht. »Sieht auf den ersten Blick nach einem Geschäft aus«, berichtete Schlee Ari. Bevor die Pläne jedoch weiter gedeihen konnten, erklärte Rainier seine Absicht, eine andere Filmschauspielerin zu heiraten: Miss Grace Kelly. Mit ihrem wie gemeißelt wirkenden Gesicht und ihrer subtilen Sinnlichkeit war sie die absolute Antithese zur Monroe; sie sah aus, als ob sie geradewegs aus dem »Social Register« (Auflistung der Namen prominenter Mitglieder der Gesellschaft) von Philadelphia gestiegen wäre; ihr Vater, John B. Kelly, Sohn eines Farmarbeiters aus County Mayo, war ein Mörtelträger und Maurer gewesen, ehe er ein millionenschwerer Bauunternehmer wurde. Obwohl Grace bereits seit fast sechs Jahren Filmschauspielerin war – elf Filme, zwei »Academy Awards«, ein »Oscar« –, hatte sie sich ihren Platz in der Geschichte Hollywoods erst mit ihrer Rolle in Alfred Hitchcocks Film »Über den Dächern von Nizza« gesichert, in dem sie eine kühle, elegante Erbin spielte, die von einem ehemaligen Juwelendieb, gespielt von Cary Grant, besessen ist.

Als Ari von der *Christina* aus den »Amtsantritt« von Grace Kelly beobachtete (gefolgt von fünf Privatdetektiven, zwanzig Angestellten der MGM, 73 Verwandten, Brautführerinnen, Schmarotzern und Vertretern der Weltpresse), wandte er sich einem Freund zu und sagte: »Ein Fürst und eine Filmkönigin. Das reinste Phantasiegebilde.« Er meinte das nicht verächtlich, weil er vollkommen begriff, daß eine Stadt wie Monte Carlo Phantasiegebilde braucht, so wie Detroit Autos und Iowa Getreide braucht. Angehörige der oberen Zehntausend und Juwelendiebe, Filmstars und ungeladene Gäste, Duodezfürsten und Hochstapler versammelten sich auf der Spielwiese Riviera. Sirenen heulten, Autohörner hupten; auf der Wallanlage des Palastes feuerten Kanonen 21 Schüsse Salut; Feuerlöschboote richteten Wasserstrahlen in die Luft; ein Orchester am Kai spielte »Love and Marriage«, als Aris Privatflugzeug den Hafen mit Tausenden von roten und weißen Nelken bombardierte. »Aber was mir am lebhaftesten in Erinnerung blieb«, sagte ein Gast, der an diesem Aprilmorgen von 1956 an Bord der *Christina* war, »ist die Tatsache, daß Tina mit ihrem englischen Tonfall ein kleines Gedicht rezitierte, das sie wahrscheinlich in Heathfield gelernt hatte: ›Das Leben ist eine Reise: immer weiter / durch viel Freud und Leid hindurch.‹« Ari hatte in den vergangenen Monaten bestimmt seine eigenen Phasen von Freud und Leid durchlebt.

Bei der Konferenz der »Internationalen Walfang-Kommission« in Moskau hatten die Japaner eine eindrucksvolle Schmährede gegen Aris illegale Fangmethoden gehalten. Er tat sie als Anhäufung von Gerüchten, Unterstellungen und Lügen ab, die von eifersüchtigen Konkurrenten erfunden worden seien. Er schien den Sturm bereits heil überstanden zu haben, als die *Norwegian Whaling Gazette* im Januar unwiderlegbare Beweise für die japanischen Anklagen publizierte. Zusammen mit Berichten vom Chemiker und Chefingenieur der *Olympic Challenger* druckten sie eidesstattliche Erklärungen von sieben Mannschaftsmitgliedern ab; Logbuchauszüge, Fangtabellen, Fotografien und persönliche Tagebucheintragungen unterstrichen den ökologisch nicht vertretbaren Raubbau und die Vertuschungsmanöver bestochener panamaischer Inspektoren. Es war klar, daß seine Flotte den Walbeständen großen Schaden zugefügt hatte. Die Norweger erwirkten eine einstweilige Verfügung, 63 000 Tonnen Waltran, die von einem seiner Schiffe in Hamburg entladen worden waren, zu beschlagnahmen; die *Olympic Challenger* und ihre Fracht wurden in Rotterdam unter Beschlag genommen. »Laß uns aussteigen«, sagte er zu Gratsos, nachdem die Gerichte den ausgetüftelten Versuch, das beschlagnahmte Mutterschiff auf eine seiner anderen Gesellschaften zu übertragen, vereitelt hatten. Den Boden für den Ausstieg hatte Ari bereits seit dem peruanischen Angriff vorbereitet: Ende März flog Gratsos nach Tokio zu Gesprächen mit der »Kyokuyo Hogei Kaisha Whaling Company«; 24 Stunden später ließ er sich ein Gespräch nach Monte Carlo vermitteln; es war zwei Uhr nachts. Er war in einem Nachtclub auf der Ginza, als das Gespräch durchgestellt wurde. Gratsos erzählte Ari, er habe einen Vertrag über 8,5 Millionen Dollar abgeschlossen. Das waren einige Millionen mehr, als Ari erwartet hatte. Im Hintergrund konnte er Musik hören: »Wo zum Teufel steckst du, Costa?« fragte er. Gratsos antwortete, er würde feiern. Ari sagte: »Du bist betrunken.« Gratsos gab zu, kurz davorzustehen. Aris Walfangunternehmen, in einer Hamburger Bar geboren, wurde in einem Tokioer Nachtclub beerdigt.

Inzwischen war der Fall Catapodis aus Mangel an Beweisen in Paris abgewiesen und nach New York verlagert worden. Ari war zuversichtlich: »In jedem Land der Welt, das den Anspruch auf Gerechtigkeit erhebt, wird das Gericht über eine solche Anklage, gestützt auf solche Beweise, lachen.« In der gerichtlichen Vorverhandlung brachte er den Verdacht einer kriminellen Verschwörung zur Sprache. Catapodis war nur allzu bereit, seine Beziehung zu Stavros Niarchos zu bestätigen, den er als »Freund und Nachbarn« bezeichnete. Aber Niarchos war darauf erpicht, sich den Mann vom Hals zu halten, den Ari als »Hausierer in Sachen Verträge« beschimpft hatte, einen Mann, der nicht darüber erhaben war, für seine reichen arabischen Freunde ein wenig zu kuppeln. Südfrankreich sei ein Dorf, gab Niarchos zurück. »Man trifft sich häufig. Man trifft Catapodis vielleicht im Kasino. Wenn ich jeden Abend ins Kasino gehen würde, würde ich ihn dort treffen. Andererseits haben wir uns nie ernsthaft unterhalten. Heutzutage sagen viele, er ist mein Freund, und das hängt davon ab, was man unter einem Freund versteht. Meiner Anschauung gemäß definiere ich Freundschaft völlig anders, und seine Gedankenwelt mag sich von meiner unterscheiden. Nur weil ich ein Landsmann bin, derselben Rasse angehöre, hat er mich vielleicht einen Freund genannt. Was mich betrifft, er war nicht mein Freund. Ich möchte das mal so ausdrücken.«

Eingehend von Aris Anwalt, Charles Tuttle, befragt, gab Niarchos zu, daß seine Gesellschaft Maheu im Zusammenhang mit dem Saudi-Geschäft angeheuert und daß der Washingtoner Agent, bevor Maheu zu seiner Mission nach Dschidda aufbrach, Niarchos eine Kopie der eidesstattlichen Erklärung Catapodis' ausgehändigt habe. Es war klar, daß der Fall Catapodis ins Schwimmen geriet. Aber bevor Tuttle zum Todesstoß ansetzen konnte, ver-

kündete Niarchos, daß weitreichende Fragen der Sicherheit ange-
sprochen seien: »Die ganze Geschichte ist festgefahren«, sagte er,
»und ich möchte von Washington geklärt wissen, ob ich auf diese
Fragen antworten darf oder nicht.« Vier Tage später zog Spyridon
Catapodis die Klage zurück.

Obwohl er jetzt gewonnen hatte, wußte Ari auch, daß man ihn
übel hereingelegt hatte. Seine schlimmsten Ahnungen hatten sich
bestätigt, und es gab nichts, was er dagegen hätte tun können. Er
sagte: »Niemals zuvor in der Geschichte schlossen sich so viele
Kräfte zusammen, um ein einziges Individuum zu bekämpfen
und zu vernichten.« Wenn auch die psychischen und materiellen
Kosten des »Dschidda-Vertrags« hoch waren, gab es doch auch
Hinweise, daß die Ölgiganten, nachdem sie ihn daran erinnert
hatten, wer der Boß ist, bereit waren, einen Waffenstillstand
auszurufen: So charterte beispielsweise die »Socony-Vacuum Oil
Company«, eine Tochter der ARAMCO, die *Al-Malik Saud Al-
Awal,* die von ihrem im Persischen Golf gelegenen Terminal Öl
nach Philadelphia transportierte (das hatte er die ganze Zeit über
angestrebt, aber der Chartervertrag hatte gleichzeitig seinen Plan,
eine Antitrust-Klage gegen die ARAMCO einzuleiten, vom Tisch
gefegt). Und kurz nachdem Nigel Neilson den BP-Verwaltungsrat
zu einem Treffen mit Ari überredet hatte (mit den Worten: »Wie
ich hörte, haben Sie irgend etwas gegen mich«, kam er bei einem
Lunch in einer Privatsuite des Savoy gleich zur Sache. »Ich wüßte
gerne genau, weshalb Sie mich für so einen üblen Kunden halten«), charterte der britische Ölgigant den ersten Onassis-Tanker.

In Washington nahm der Kuhhandel mit Warren Burger ein
plötzliches Ende. »Ich werde nicht klein beigeben, Mr. Burger.
Wenn es sein muß, werde ich bis an mein Lebensende prozessieren, weil ich weiß, daß ich gewinnen werde«, hatte er den Stellvertretenden Generalstaatsanwalt zu Beginn gewarnt. Nun wurden,
als Gegenleistung für Schuldbekenntnisse seiner Aktiengesellschaften und einer Presseerklärung des Justizministeriums, die
»ganz und gar wie eine staatliche Siegestrophäe aufgemotzt worden war«, alle strafrechtlich relevanten Anklagepunkte gegen ihn
fallengelassen. Ari redete sich ein, daß er zumindest einen moralischen Sieg errungen hatte. An dem Abend, an dem man den

195

Bedingungen des Vergleichs zugestimmt hatte, dinierte Ari, umgeben von seinen Mitarbeitern, in »Harvey's Restaurant« in Washington. Am anderen Ende des Raumes saßen J. Edgar Hoover und Clyde Tolson. Von Gratsos zurückgehalten, zu ihrem Tisch zu gehen und »auf sie einzudreschen«, begnügte Ari sich damit, sie mit einem kalten Blick zu fixieren. »Das hier ist eine blöde Stadt. In England wäre ich für das, was ich tat, zum Ritter geschlagen worden. Hier klagen mich die Bastarde an«, sagte er. Durch Burgers Ermittlungen war sehr viel über sein Unternehmens-Labyrinth herausgekommen (vierzig Agenten waren auf den Fall angesetzt worden), und Gratsos befürchtete deshalb, Aris schlechter Ruf könne »das unliebsame Interesse« der Regierungsbehörden anderer Länder wecken. »Das ist mir scheißegal«, schrie Ari beinahe und blickte dabei Hoover an. »Die besten Geschäfte halten dem moralisch prüfenden Blick niemals stand. Jeder Geschäftsmann und Politiker auf der ganzen Welt weiß das.« Ein langjähriger Mitarbeiter sagte später: »Ari konnte es mit den Besten aufnehmen, aber ich glaube nicht, daß er die psychischen Wunden, die ihm dieser Krieg mit Washington zufügte, jemals vergaß.«

In einem Memorandum vom 4. Januar 1956 an Hoover dankte Burger dem FBI für die »hervorragende Zusammenarbeit, die glänzende Leistung bei der Überprüfung des in Frage kommenden komplizierten Finanz- und Firmenaufbaus« und gab einen Überblick über den Vergleich:

Nach den Bedingungen des Vergleichsabkommens wird die Regierung 7 Millionen Dollar erhalten, davon 6,6 Millionen in bar und annähernd 400 000 Dollar durch die Übertragung der Onassis-Anrechte auf Zahlungsforderungen. Eine zusätzliche Summe von annähernd 500 000 Dollar wird gezahlt, um die Kapitalrückstände und Zinsen für einige Schiffe der Maritime Administration zu begleichen und die Zahlungen für die Hypotheken auf den laufenden Stand zu bringen. Das Vergleichsabkommen zwingt zudem die einheimischen Aktiengesellschaften, die die Schiffe besitzen, sich so zu reorganisieren, wie es das Ministerium für notwendig erachtet, damit gewährleistet ist, daß amerikanische Bürger die Schiffe besitzen und die Kontrolle über sie ausüben.

Ari übertrug 75 Prozent der Aktien von »Victory Carriers«, »Western Tankers« und »Trafalgar Steamship Company« seinen in Amerika geborenen Kindern Alexander und Christina. Ihre Anteile wurden in eine Stiftung eingebracht, die von der »Grace National Bank of New York« bis zu ihrem 21. Lebensjahr kontrolliert werden sollte. Den verbleibenden Anteil von 25 Prozent hielt Ari über die »Ariona«, eine panamaische Gesellschaft. Sofort nach Gründung der Stiftung wurden unter Ausnutzung des »Verschacher- und Bauprogramms« der »Maritime Administration«, das Reedern gestattete, unter amerikanischer Flagge fahrende Schiffe entregistrieren zu lassen, wenn sie als Gegenleistung Order zum Bau neuer Schiffe erteilten, vierzehn seiner 21 in den Vereinigten Staaten registrierten Schiffe unter fremde Flagge gestellt. Im Gegenzug verpflichtete sich die Stiftung, drei neue Tanker auf amerikanischen Werften bauen zu lassen, und erteilte der »Bethlehem Steel« die Aufträge.

Die Strafe sollte innerhalb von fünf Jahren in Raten gezahlt werden. Laut Aussage eines Washingtoner Anwalts war »alles Spiegelfechterei, ein bißchen Zahlenhokuspokus, um der Justiz ein gutes Aussehen zu verschaffen«. Zweifellos sollte die Welt dies nach Aris Willen auch glauben, da sein Ego nichts anderes zulassen konnte, aber insgeheim akzeptierte er das Ganze als Niederlage. »Gebt dem Mann die zwei Dollar«, beendete er die Episode. Seine Reisen in die Vereinigten Staaten wurden immer seltener und kürzer.

Die Anwesenheit Tinas in Monte Carlo im Frühjahr 1956 war ungewöhnlich. Frühling hieß eigentlich England; Frühling in England, Sommer am Mittelmeer, Herbst in Amerika, Winter in der Schweiz, Partys fast jeden Abend. Ihre einkalkulierbaren Verhaltensweisen und Aris unberechenbares Umherschweifen verbargen die Tatsache, daß sie sich entschlossen hatten, getrennt zu leben, abgesehen von den Gelegenheiten, wenn sie als glückliche

197

Gastgeber fungierten; eine glatte Selbsttäuschung, da sie ihre Gäste häufig nur sehr flüchtig kannten (»Ich umgebe mich gerne mit netten Burschen, die nicht als letzte durchs Ziel gingen«, hatte Ari einmal seine Vorstellung vom idealen Tischgenossen kurz und bündig umschrieben).

Ihr pragmatisches Ehekonzept nahm sicherlich jenen Nachmittag im Jahre 1957 vorweg, an dem Tina im »Château de la Croë« Ari mit Jeanne Rhinelander, einer ehemaligen amerikanischen Schulfreundin, die im nahen Grasse wohnte, im Bett erwischte. Das war das Ende für das Château (»Etwas, was so schlecht war, wie Schlechtes nur sein kann, hat dieses entzückende Haus beschmutzt«), das Niarchos prompt für Eugénie kaufte, und der Anfang vom Ende ihrer Ehe. »Er ließ mir in seinem ganzen Leben niemals Gerechtigkeit widerfahren«, erzählte sie Lady Carolyn Townshend, »er anerkannte niemals meinen Beitrag zu seinem Leben.« Die Ehe sei ein Fehler gewesen, geschlossen, als sie sehr jung gewesen sei und fast vollkommen unter dem Einfluß ihrer dominanten Mutter gestanden habe, erzählte sie Freunden. Und sie sagte häufig, wenn sie nicht ganz nüchtern war: »Wie Marc Anton ist Ari ein kolossaler Kindskopf, fähig, die Welt zu erobern, unfähig, einem Vergnügen zu widerstehen.« Schon vor der Rhinelander-Affäre wußte sie, daß Ari mit anderen Frauen schlief. Sie konnte es immer ahnen, mit welcher Frau, behauptete sie. Oft habe sie auch den genauen Zeitpunkt gewußt.

Von ihrem Vater hatte sie eine habsüchtige Veranlagung geerbt (»Mit der Aussicht auf eine Party, ein Kleid oder einen einfachen Brillanten kann man Tina glücklich machen«, sagte Ari) und nahm sich jetzt aus Rache das, was ihr das Leben an Vergnügungen zu bieten hatte. Sie hatte zahllose Affären. »Ihre Empfänglichkeit für gutaussehende Männer wurde nur von ihrer Empfänglichkeit für besonders gutaussehende Männer übertroffen«, sagte eine Freundin. Dennoch sagte sie einem französischen Schauspieler, den sie mit einer gewissen Leidenschaftlichkeit erobert hatte: »Das fehlende Glück in meinem Leben wird von den vielen Vergnügungen überdeckt.« Aris Mutmaßungen wurden bestätigt, als er ein besonders ausführliches Dossier über eine Woche erhielt, die sie mit einem Liebhaber in Rio de Janeiro verbracht hatte. Die Untreue verwundete nicht sein Herz, sondern sein Selbstwertgefühl. Jetzt, da er Mitte Fünfzig war und dazu noch übermäßig trank, verfolgten ihn sämtliche Ängste der männlichen Menopause. Nun ergriff ihn die Einsamkeit. »Wir sind einfach zwei verletzliche Menschen, Johnny, wir sind nur zwei große Kinder mit zerstörten Illusionen«, erzählte er Meyer kurz nach der Affäre von »Château de la Croë«. »Schrecklich sind die Dinge, die sich verheiratete Leute antun, die behaupten, sich zu lieben, und die gemeinsame Kinder haben.« Meyer spürte, daß Ari ganz besonders dieser Situation ungeschützt ausgeliefert war. »Ich sagte, ›Scheiße, Ari, du hast sie nicht wegen der Qualitäten gehei- ratet, die man von einer Nonne erwartet.‹ Mir taten beide leid. Tinas Vertrauensbrüche waren verständlich, sie hatten keine wirk- liche Bedeutung. Um ihrer beider willen wollte ich nicht erleben, daß sich die Ehe in Luft auflöste.«

Aber der Lauf der Ereignisse ließ sich nicht aufhalten. Darüber hinaus gab es Anzeichen, daß Ari noch immer ein Opfer dieser alarmierenden Anfälle psychotischen Verhaltens war, die zum erstenmal bei Ingeborg in New York aufgetreten waren. Ein Au- genzeuge seiner Gewaltausbrüche war Alan Brien. Frisch von Oxford, am Anfang einer Journalistenkarriere stehend, war er ins »Château de la Croë« eingeladen worden, um für das heute nicht mehr existierende englische Magazin »Illustrated« einen Artikel über Ari zu schreiben. Der Auftrag stammte von Randolph Chur- chill, der für das Magazin »Life« eine Kurzbiographie schreiben sollte und nun Brien als Ghostwriter einsetzte. Ari und Randolph hatten sich sehr angefreundet und nutzten diese Freundschaft zu ihrem gegenseitigen Vorteil. »Randolph hatte offensichtlich Pro- bleme, Onassis als Ebenbürtigem Fragen zu stellen; zwischen den beiden herrschte in gewisser Weise eine ziemliche Förmlichkeit, während ich dagegen nur der unbekannte Schreiberling war, der alle möglichen Fragen stellen durfte«, erinnerte sich Brien.

Da er in seiner zweiten Nacht im Château nicht schlafen konnte, ging er in den frühen Morgenstunden in die Bibliothek hinunter, um sich ein Buch zu holen. Auf dem Rückweg zu seinem Zimmer hörte er die Geräusche einer Schlägerei, die aus Aris Suite kamen. Er erkannte Aris Stimme, der »du Hure, du Hure« schrie, und

Tinas haltloses Schluchzen. Die Tür zur Suite war angelehnt, und Brien konnte Schatten an der Wand sehen – »ein Mann, der zuschlug, der Schatten einer Frau, die sich mit den Händen zu schützen versuchte«. Für jeden Gast wäre das eine heikle Situation gewesen, um so mehr für einen jungen Mann, der wußte, daß seine Anwesenheit nur toleriert wurde, um Randolph einen Gefallen zu erweisen. »Aber ich nehme an, daß Humanität sich über alles hinwegsetzt. Ich wußte, daß ich es stoppen mußte«, erinnerte sich Brien an sein Dilemma. »Ich war kurz davor, den Raum zu betreten – ich hatte mich entschlossen, hineinzugehen und zu sagen: ›Sie können mich aus Ihrem Haus rauswerfen, wenn Sie wollen, aber ich werde nicht ruhig zusehen, wie Sie eine Frau verprügeln‹ –, als sie sich umarmten und sich leidenschaftlich zu küssen anfingen. Sie gingen ins Schlafzimmer, und ganz eindeutig gingen sie ins Bett, um zu bumsen. Ich habe diese Szene nie vergessen, die bedrohlichen Schatten . . . es war wie in einem Film von Orson Welles, selbst das Château erinnerte an Kanes Xanadu.«

Die 27jährige Tina, Mutter von zwei Kindern, besaß einen Körper, der noch immer die Grazie einer Heranwachsenden hatte, und ihre neue Nase (»Ein bißchen wie die Pinocchios«, dachte sie), die sie nach einem Autounfall in der Schweiz erhalten hatte, gab ihrem Gesicht eine interessante Note. Obwohl sie sich als Privatperson amüsierte und kapriziös war, zeigte sie sich oft zurückhaltend und mißtrauisch – als ob sie um ihr früheres Vertrauen gebracht worden wäre und entschlossen sei, sich niemals wieder hereinlegen zu lassen. »Sie hatte so etwas wie Angst, vor Fremden ihr soigniert wirkendes Äußere zu verlieren«, sagte eine Freundin bezüglich ihres Verhaltens in der Öffentlichkeit. Das war eine hilfreiche Verteidigungshaltung gegenüber den überheblichen monegassischen Matronen der feinen Gesellschaft, die ihre Position nicht für so großartig hielten, wie sie selbst das glaubte. Die feine Gesellschaft war ihre Leidenschaft, und in London, Paris und New York hatte sie sich einen ausreichend gesicherten Platz in ihr erobert, nur Monaco war nicht groß genug für sie und Fürstin Gracia Patricia. Das Fürstentum wurde »zum Todesstreifen, wo wir, wie wir eines Tages feststellen werden, unsere Ehe begruben«, erzählte sie Ari lange, bevor sie es schließlich auch taten.

Aber selbst als sie begriff, daß sie niemals wieder ein gemeinsames Leben führen konnten, wollte Tina, daß Ari in den Augen der Leute, die sie am meisten bewunderte, Ansehen genoß, und hörte daher niemals auf, ihn bei seinem sozialen Aufstieg zu ermutigen. »Wenn du willst, daß man dich schätzt, mußt du dich mit geschätzten Leuten umgeben«, sagte sie ihm immer wieder. Jetzt, am Montag, dem 16. Januar 1956, abends auf seiner Fahrt nach La Pausa, der Villa des millionenschweren Verlegers Emery Reves in Roquebrune, hoch in den Bergen oberhalb von Cap Martin, dachte Ari mit Befriedigung darüber nach, wie sauer Rainier sein würde, wenn er herausfand, daß er sich mit dem berühmtesten Engländer der Welt traf – mit Sir Winston Churchill.

Churchill war Aris ganz großer Fisch; er war seit Jahren hinter ihm her. Jetzt, über seine Freundschaft mit dem Sohn des Staatsmannes, Randolph, hatte er endlich eine Einladung erhalten, mit dem großen Mann in der Villa zu dinieren, die der Herzog von Westminster in den zwanziger Jahren für seine Geliebte Coco Chanel hatte bauen lassen (Ari schätzte solche Details). Der gebürtige Ungar Emery Reves kannte Churchill seit den dreißiger Jahren. Er besaß die Rechte, die Artikel des Briten in mehreren Zeitschriften zugleich veröffentlichen zu dürfen. Nach dem Krieg erwarb er die Auslandsrechte für Churchills Kriegserinnerungen und seine »Geschichte der englischsprechenden Völker«, womit er viel Geld für sich und seinen Mandanten verdiente. In La Pausa befand sich eine in der Welt einmalig schöne Privatsammlung impressionistischer Gemälde; zu ihr gehörten neun Renoirs, vier Cézannes und drei Degas, ergänzt von einer Porzellansammlung, alten Gläsern, Möbeln und spanischen Teppichen des 15. Jahrhunderts, mit denen es nur wenige Museen der Welt aufnehmen konnten. Churchill war mit einem Gefolge von Privatsekretären, Butlern, Detektiven von Scotland Yard und – gelegentlich – Familienmitgliedern ein häufiger Gast des Hauses.

Die Herrin von La Pausa war Wendy Russell, eine erstaunliche Schönheit, ein ehemaliges New Yorker Mannequin, sehr viel jünger als Reves, dessen Frau sie werden sollte. Aris Auftritt erstaunte sie. Er sah, wie sie sich erinnerte, »absolut schrecklich aus, in einem schlechtsitzenden Anzug, und dazu klammerte er sich an langstieligen Rosen fest, die fast seine Körperlänge hatten«. (Verkehrter kann man es nicht machen: Er hätte die Rosen entweder im voraus schicken müssen oder am folgenden Tag. Jetzt wußte der Butler nicht, was er mit ihnen anfangen sollte. Später ordnete Miss Russell an, sie den Dienern zu geben.) Als sie sich zur Begrüßung die Hand schüttelten, merkte sie, daß seine Handfläche feucht war. »Er sagte: ›Ich bin ein Nervenbündel, Mrs. Reves.‹ Ich sagte: ›Ich bin nicht Mrs. Reves. Ich bin Wendy Russell. Sie dürfen mich Wendy nennen.‹« Sie führte ihn in den Salon. »Er trank schnell hintereinander ein paar Drinks«, bevor Churchill hereinkam; Churchill war deprimiert; seine Frau Clementine lag im Krankenhaus. Angespornt von Randolph und Churchills Privatsekretär, Anthony Montague Browne, einem häufigen Gast auf der *Christina*, hatte Wendy Russell gehofft, Ari sei vielleicht der Richtige, die »Former Naval Party« (sein Codename im Krieg) aus seiner schlechten Stimmung zu reißen. Sie war vielleicht auch von der freundlichen Kurzbiographie beeinflußt worden, die Randolph für den »London Evening Standard« über Onassis verfaßt hatte: »Neben Griechisch spricht er fließend Spanisch, Französisch und Englisch ... er ist der geborene Redner mit Sinn für Poesie ... wenn sein Zuhörer gerade ganz gebannt ist, bringt er plötzlich das ganze Kunstwerk durch ein bewußt einkalkuliertes komisches Pathos zum Einsturz.« Ari hatte sich auf seine Weise bei Randolph beliebt gemacht; wie fast alle Journalisten, die damals über ihn schrieben, war Randolph seiner großzügigen Gastfreundschaft erlegen; er stellte ihn als witzig dar, als charmanten Gastgeber und Gesellschafter.* »Randolph schien hinter diesen dunklen Brillengläsern die Anzeichen von Gangstertum, den rücksichtslosen Burschen nicht zu sehen«, sagte seine Schwester Sarah, die vermutete, daß Ari gerne Sonnenbrillen

---

* Randolph idealisierte Ari nicht vollkommen. »Er ist ein Türke«, erzählte er Alan Brien. »Er behauptet, Grieche zu sein, weil das die richtige Seite war.«

trug, weil er »keinen Augenkontakt mochte«. Später äußerte sie auch »schwerwiegende Bedenken über Männer, die weiße Schuhe mit schwarzer Lasche tragen – Ehebrecher-Schuhe!«.

Der Abend fing schlecht an. Ari begrüßte den großen alten Mann mit levantinischer Unterwürfigkeit (»Er wollte Sir Winstons Hand küssen, benutzte geschwollene Redewendungen«, erinnerte sich Wendy Russell: »›Ich fühle mich zutiefst geehrt‹, et cetera, et cetera«), die Churchill lästig war und die anderen Gäste peinlich berührte. Ari trank ziemlich viel. Von seinem Sinn für Poesie merkte man nichts. Er schien über fast alles zu lachen, sogar über ernste Dinge: ein tiefes und dennoch seltsam hohl klingendes Gelächter, das die Gastgeberin störte. Während einer Unterhaltung über die Mittelmeerinsel Zypern, die seit dem Ersten Weltkrieg von den Briten verwaltet und die nun von einer griechisch-zypriotischen Untergrundbewegung zerrissen wurde, um die Insel mit Griechenland zu vereinen, unterstützte er unglücklicherweise vehement die Sache der Insurgenten, die von dem schwarzbärtigen Erzbischof Makarios, dem Oberhaupt der griechisch-orthodoxen Kirche der Insel, beschützt und finanziert wurden.* Das war ein Standpunkt, der überlegt vorgebracht wurde, um Churchill, der sich der strategischen Bedeutung der britischen Militärbasen auf der Insel bewußt und über die Ermordung so vieler britischer Soldaten empört war, nun wirklich sehr wütend zu machen.

Als er an diesem Abend ging, und Churchill hatte klar zu erkennen gegeben, daß er ihn loswerden wollte, wußte Ari, daß er so gut wie alles falsch gemacht hatte. »Ich habe mich selbst zum Narren gemacht. Es tut mir wirklich leid«, entschuldigte er sich bei Wendy Russell. Sein total niedergeschlagenes Aussehen, seine nach Weltuntergang klingende Stimme erweckten ihr Mitleid. »Wann kommen Sie wieder einmal zum Essen?« Das klang eher nach einer Einladung denn nach einer rein rhetorischen Frage. Er starrte sie an und wußte nicht, was er sagen sollte. »Warum bitten

---

* Als der militante Erzbischof sein erzwungenes Exil auf den Seychellen verlassen durfte, schickte Ari die *Olympic Thunder,* die ihn im Triumph nach Hause brachte.

Sie uns nicht auf Ihr Schiff?« schlug sie freundlich vor, voller Verständnis, daß Churchill ein Mann war, der Ehrfurcht erweckte. »Würden Sie denn kommen?« fragte er. Es sei ein Zeichen schlechtester Manieren, wenn sie das ablehnen würden, versicherte sie ihm.

Als sie in die Bibliothek zurückkam, hatte Churchill einen Wutanfall. »Was für ein verdammter Idiot, was für ein Arschloch...« Das war eine heikle Situation. »Mein Bester«, sagte sie und wußte, daß die Entscheidung, Ari einzuladen, ein fürchterlicher Mißgriff gewesen war (sie hätte Randolph niemals trauen dürfen, niemand tat das), »begreifen Sie nicht, daß er diese Dinge nur sagte, um Sie wütend zu machen, Sie zu reizen... Sehen Sie sich an, mein Lieber, Sie waren schon seit langem nicht mehr so aufgekratzt!«

Der welterfahrene Emery Reves durchschaute das trickreiche Vorgehen Aris, etwas, was Miss Russell übersehen hatte. Er war überzeugt, daß der »grobe Redeschwall des Griechen«, seine »Art, als schrecklich ungehobelt und naiv bezüglich gesellschaftlicher Dinge zu erscheinen, von Anfang bis Ende ein großes Schauspiel war«. Er schimpfte heftig mit Wendy, weil sie sich hereinlegen ließ. Wie konnte sie nur annehmen, daß ein solcher Mann aufrichtig war? Er vermutete, daß Ari überall auf der Welt Schulden hatte, und erinnerte sie an ein Sprichwort der Ungarn, daß jemand, der sich genug borgt, sich immer wieder etwas borgen kann, weil die Leute sich aus Angst, daß die Blase sonst platzt, nicht trauen, ihm nichts mehr zu leihen. Er war der Überzeugung, daß Ari so vorging. Als die Einladung auf die *Christina* kam, nahmen sie alle unter der Bedingung an, daß keine Presse anwesend sein durfte, eine Regel, die in La Pausa strikt beachtet worden war. Als Ari die Gangway hinunterkam, um den »größten Fisch, den er bislang ins Netz bekommen hatte«, zu begrüßen (»Oh, mein lieber, lieber Freund, willkommen, willkommen an Bord«), war dennoch ein Schwarm von Fotografen und Journalisten dabei, um ihre Fotos zu machen und ihre Geschichten zurechtzufeilen, welche die Legenden von der bemerkenswerten Freundschaft aufpolieren sollten. Churchill, der Schwierigkeiten hatte, die Gangway hinaufzukommen, war sichtlich verärgert über die Anwesenheit so vieler Kameras. Emery Reves sah darin einen Vertrauensbruch, den er Ari niemals verzieh, obwohl der perfekt gekühlte »Dom Perignon« und die Unmengen von Kaviar Churchills sofortige Absolution sicherten. Ari kniete zu seinen Füßen und fütterte ihn wie ein kleines Kind. Er hatte schneller und leichter Zugang zu Churchill gefunden, als er es jemals für möglich gehalten hatte.

Kapitel 10

»Unser Heimatland ist das Land,
wo es uns am besten ergeht.«

Aristophanes

In gesellschaftlicher Hinsicht waren Aris größte Hoffnungen Wirklichkeit geworden; er hatte von jenem wundersamen Milieu Besitz ergriffen, das er ins Visier genommen hatte. Die Kombination von Grips, Charme und Rätselhaftigkeit, die ihn zu diesem erfolgreichen Tycoon gemacht hatte, etablierte ihn auch als eine der faszinierendsten neuen Berühmtheiten der feinen Gesellschaft; aber er war eine Berühmtheit mit vielen Problemen. Zweifellos wußte Ari, daß Rainiers Rückkehr aus den Flitterwochen – »in der affektierten Pose eines Kreuzfahrers«, doch obwohl sein Verhalten pittoresk war, gefiel es den Leuten – zukünftige Schwierigkeiten bedeutete. Die Unterwürfigkeit, mit der die Monegassen den Fürsten behandelten, gehörte nicht zu Aris Repertoire; nur bei höchst förmlichen Anlässen nannte er ihn Fürst Rainier; er zog das einfache Rainier vor. In Anspielung auf seinen Familiennamen nannte er ihn vor seinen Mitarbeitern stets nur Mr. Grimaldi.*
Sein Anteil an der SBM verlieh seiner Behauptung, er und nicht Rainier sei die dominierende Kraft im Fürstentum, eine gewisse Glaubwürdigkeit. Ihre gegensätzlichen Positionen bezüglich der Richtung und Identität, die Monaco bekommen sollte, hatten sich verhärtet. Ihr letztes Treffen vor der Hochzeit war das bislang

---

* Ari war sehr auf Ränge und Titel bedacht. Im »Château de la Croë« zeigte er Besuchern stets einen kleinen Zettel im Aufzug, der angebracht worden war, als der Herzog und die Herzogin von Windsor dort lebten. Auf dem Zettel wurde der Dienerschaft befohlen, ruhig zu sein und sich niemals ohne Aufforderung aus ihren Wohnbereichen zu entfernen. Unterschrieben war der Zettel mit ›Ihre Königliche Hoheit‹. »Sehen Sie sich das an!« sagte er zu dem englischen Journalisten Alan Brien. »Dort steht Ihre Königliche Hoheit. Sie ist überhaupt keine Königliche Hoheit. Der Titel wurde ihr nur verliehen. In Frankreich tut sie vornehm.«

feindseligste gewesen. Ari beschuldigte ihn der Habgier. »Er ist erst zufrieden, wenn Monaco nur noch aus Hotels, Touristen und Briefkastenfirmen besteht.« Und Rainier sagte ihm: »Mr. Onassis, Sie sind schlecht erzogen worden. Ihr Geld hat Ihnen alles gebracht, nur keine Manieren.« Aris Freundschaft mit Churchill verbesserte die Lage keineswegs. Der Fürst war immer noch sauer auf die Engländer. Der Präzedenzfall, den der britische Königshof geschaffen hatte, indem er nur einen untergeordneten Repräsentanten aus seinem diplomatischen Dienst zur Hochzeit nach Monaco entsandte, hatte auch alle anderen europäischen Adelshäuser zu einer ähnlich kühlen Reaktion veranlaßt; Ägyptens Exkönig Faruk war der vornehmste Vertreter ausländischer Königshäuser, die an der Hochzeit teilnahmen. Dennoch schien Ari ihre Kämpfe beinahe zu genießen; das war kennzeichnend für sein Lebensgefühl. »Er lebte instinktiv, und Instinkt ist unerbittlich«, sagte einer seiner französischen Bankiers.

Aber im Moment war Rainier das geringste Übel. Die Wiederannäherung an die Ölgesellschaften hatte nicht zu den von ihm erwarteten großen Charteraufträgen geführt, und mehr als die Hälfte seiner hoch mit Hypotheken belasteten Flotte war unproduktiv. Nur Costa Gratsos war zuverlässig genug, mit seinen schlimmsten Ängsten betraut zu werden, nur sein ältester Freund wußte, wie sehr er sich quälte. Insgeheim befürchtete er, daß Aris beruflicher Instinkt ihn im Stich gelassen hatte. »Aris Nase für ein Geschäft war, wenn er in Form war, einfach so perfekt«, daß Gratsos (dessen eigene Genialität auf Schulbildung und Ratio beruhte) ihn für »eine Art Zauberer« hielt. Nur jetzt sah es so aus, als ob seine große Trickkiste nichts mehr hergab. Nur ein Wunder konnte ihn noch retten. Ironischerweise ergab es sich, daß John Foster Dulles derjenige wurde, der das Wunder bewirkte.

Am Morgen des 19. Juli 1956 informierte der Außenminister den ägyptischen Botschafter in Washington, Dr. Ahmed Hussein, daß die Regierung der Vereinigten Staaten, gereizt durch Präsident Gamal Abdel Nassers provokativen Flirt mit den Sowjets, beschlossen hatte, ihre Hilfe für den Assuan-Staudamm einzustellen. Wenige Stunden nach Bekanntmachung dieser Entscheidung hatte Ari Randolph Churchill an der Strippe, der ihm prophezeite, Nasser werde als Vergeltungsmaßnahme versuchen, den Suezkanal, die Lebensader, die Ost und West verband, zu nationalisieren. Premierminister Anthony Eden (Randolph nannte ihn den »Jerk Eden«, den »Krampf-Eden«) könne jedoch nicht zulassen, daß sich die Ägypter kampflos den Kanal aneignen würden. Es war ganz offensichtlich, daß das Öl für Europa und die Vereinigten Staaten bei Schwierigkeiten in Nahost gezwungenermaßen um das Kap der Guten Hoffnung verschifft werden mußte, eine Fahrt, die doppelt so lang wie die Kanalroute war.

Randolph Churchill trank zuviel und wiederholte gerne den ordinärsten Klatsch. Obwohl Ari sich häufig seines trinkfesten Begleiters erfreute (einmal kreuzten beide in London so betrunken zu einem Fernsehinterview auf, daß der Produzent einfach nur so tat, als ob er die Unterhaltung filmte), seine gesellschaftlichen Beziehungen nützlich und sein gutinformiertes Geschwätz amüsant fand, »war Randolph auch ein wenig lästig geworden, man konnte ihn nicht loswerden«, erinnerte sich Nigel Neilson. Jetzt aber lauschte Ari aufmerksam seinen Worten. Als der Suezkrieg im Oktober 1956 an zwei Fronten ausbrach, mit einem britisch-französischen Angriff auf den Kanal und einem israelischen Vorstoß auf die Sinai-Halbinsel, war Ari der einzige große und unabhängige Reeder, dessen bester Flottenteil zur Verfügung stand und nun ausschwärmte, um von dem Run auf Schiffe, die das Öl um das Kap transportieren sollten, zu profitieren. Die Ölgesellschaften, die sich gegen ihn verschworen hatten, um ihn existentiell unter Druck zu setzen (»bis zum Nullpunkt«, wie später ein Mitarbeiter des Außenministeriums zugab), bekämpften sich nun untereinander, um seine Schiffe chartern zu können, wobei sie die Kurse auf dem Spotmarkt von 4 Dollar pro Tonne auf mehr als 60 Dollar hinauftrieben.

Ari verdiente jetzt in einem Umfang Geld, den er sich in seinen kühnsten Träumen nicht vorgestellt hatte. »Das Glück ist immer auf der Seite des größten Tankers«, hatte er beharrlich gesagt, und nun bewies er es, indem er bei einer einfachen Charter vom Persischen Golf nach Europa einen Profit von 2 Millionen Dollar machte. Der Krieg dauerte nicht lange, aber angesichts des von versenkten Schiffen blockierten Kanals wurden doppelt soviel

Tanker benötigt, um durch die Fahrt um Afrika allein Westeuropas Grundbedarf an Rohöl zu befriedigen. »Die Ölgesellschaften planten, Ari zu vernichten, und dabei machten sie ihn zum reichsten Mann der Welt«, sagte Costa Konialidis. Als der »Worldscale Index« (eine Art Dow-Jones-Barometer für Frachttarife) von 220 auf die Rekordhöhe von 460 kletterte, blieb Ari jedoch blind gegenüber der Tatsache, daß der Boom nicht ewig anhalten konnte. Ende des Jahres flehte Gratsos ihn an, aus dem Spotmarkt herauszugehen und einige sicherere, weniger lukrative Zeitchartverträge abzuschließen, die die Ölgesellschaften anboten. Es war schwierig, einen Mann, der innerhalb von weniger als sechs Monaten zwischen 75 und 80 Millionen Dollar auf dem Spotmarkt gemacht hatte, davon zu überzeugen, den Tisch zu verlassen. »Ich bin heiß, Costa, ich bin ganz vorne. Ich habe das Tor erreicht, ich bin noch nicht mal aus der Puste. Warum zum Teufel sollten wir jetzt die Würfel liegenlassen?« argumentierte er mit einem Lächeln, das plötzlich grausam wirkte.

Er war davon überzeugt, der Kanal würde für lange Zeit, möglicherweise für Jahre, geschlossen bleiben. Auf Anregung Gratsos' übernahmen die Treuhänder von »Victory Carriers« (VC) in New York, die vom Justizministerium nach den Bedingungen des Vergleichs ernannt worden waren, die Initiative und vercharterten Anfang 1957 ein Dutzend Tanker auf der Basis von Kontrakten, die über 39 Monate liefen, an die »Esso«. »Ari ging an die Decke, als er es erfuhr«, erinnerte sich ein ehemaliger leitender Angestellter der VC. »Costa blieb ganz ruhig. Ich hörte ihn sagen: ›Reden wir in drei Monaten darüber, Ari!‹ Er hatte viel Stil und jede Menge Grips im Kopf.« Der Kanal wurde im April 1957 wiedereröffnet. Der »Worldscale Index« stürzte unter die Grenze von 100. »Du hast es richtig gesehen, ich falsch«, gab Ari intern Gratsos recht. Das konnte kaum als Entschuldigung gegenüber einem Mann durchgehen, der ihm Millionen gerettet hatte.

Er tat den Preissturz nach der Suezkrise »als Teil des Spiels« ab. Im tatkräftigen, mittleren Alter stehend, war er der Überzeugung, daß seine besten Jahre noch vor ihm lagen; ständig suchte er nach Herausforderungen, nach neuen Schlachtfeldern. Der neueste Kuchen, in den er seine Finger steckte, war die TAE, die staatliche griechische Luftverkehrsgesellschaft; er hatte sich jedoch keine Rosine herausgepickt. Premierminister Konstantin Karamanlis, dessen rechtsgerichtete »Nationalradikale Union« bei den Wahlen von 1956 an die Macht gekommen war, hatte sich entschlossen, den Reichtum und das Know-how der expatriierten Reeder vor seinen Karren zu spannen und Ari ermutigt, die kleine (zwölf DC-3, eine DC-4), Verluste machende Luftverkehrsgesellschaft für nur 2 Millionen Dollar zu übernehmen. Niarchos erhielt den Auftrag, außerhalb Athens in Skaramanga eine große Werft zu bauen – ein Geschäft, das Ari liebend gern selbst bekommen hätte. »Ich denke manchmal, daß ich nur von meinem Haß auf diesen Hurensohn Stavros in Bewegung gehalten werde«, gestand er Gratsos an dem Morgen, an dem er erfuhr, daß sein Schwager sich die Werft geschnappt hatte. Dennoch war Skaramanga im Vergleich zu der Siegestrophäe, eine eigene nationale Luftverkehrsgesellschaft zu besitzen, die Ari prompt in »Olympic Airways« umbenannte, eine kleine Enttäuschung. Der Mann aus Smyrna verheimlichte seine Jubelgefühle und erpreßte, erkämpfte und erbeutete weiterhin einige außergewöhnlich großzügige Zugeständnisse von einer Regierung, die verzweifelt darauf aus war, weitere reiche Exgriechen dazu zu bringen, ihr Geld in der griechischen Industrie anzulegen. Karamanlis, dem man erzählt hatte, was ihn erwarte, ignorierte die Warnungen; er wünschte sich für Griechenland eine erfolgreiche Luftverkehrsgesellschaft mit international anerkanntem Ruf; Ari war der Mann, der die Waren liefern konnte. Aber er hatte nie zuvor mit jemandem verhandelt, der ihm auch nur annähernd ähnlich gewesen war. Hinter verschlossenen Türen wurde man handelseinig. Ari heimste ein Zugeständnis nach dem anderen ein: Schadenersatz der Regierung bei Verlusten durch wilde Streiks; Schadenersatz für Verluste bei Transatlantikflügen; das Recht, Gewinne ins Ausland transferieren zu können; Befreiung von Landegebühren in Griechenland; das Recht, Investitionsgüter zollfrei einzuführen; die Inanspruchnahme eines staatlichen Darlehens bis zu 3,5 Millionen Dollar zu einem festen Zinssatz von 2,5 Prozent; vollkommene Befreiung von Körperschaftssteuern; ein totales Verbot von Transatlantikflügen anderer Gesellschaften. Sein ursprünglich auf zwanzig Jahre geplantes Monopol in der griechischen Zivilluftfahrt, zu dem auch die Wartung und das Auftanken der Flugzeuge aller ausländischen Linien gehörte, wurde bis in das Jahr 2006 ausgedehnt.

Das waren qualvolle Verhandlungen für die Politiker. Sie entdeckten rasch, daß Ari aus dem Verwirrspiel und dem Chaos, das er scheinbar klaren geschäftsmäßigen Verhandlungen vorzog, immer als Sieger hervorging. Er konnte von einer Sekunde zur nächsten von einer »unwiderstehlichen Heiterkeit zu einer unerklärlichen Wut« umschwenken; Widerstand gegen seine Forderungen verstärkte nur seine Halsstarrigkeit. »›Was springt für mich dabei heraus?‹ Das ist die einzige Frage, die ihm überhaupt der Mühe wert zu sein scheint«, beklagte sich ein Unterhändler der Regierung. Karamanlis ging darüber hinweg; das gehörte für ihn zu dem Preis, den Geschäfte mit Ari kosteten.

Aber eine Reederei ist etwas anderes als eine Luftverkehrsgesellschaft. Und während er in Athen seine Forderungen stellte, suchte er in Paris nach jeder Unterstützung, die er überhaupt bekommen konnte. »Ich möchte, daß Sie mir dabei helfen, die ›Olympic Airways‹ vom Boden zu kriegen«, erklärte er ohne Umschweife Francis (»Tom«) Fabre, einem alten Bekannten aus New York, der die französische Linie UTA leitete. Tom Fabre, ein Mann mit sanfter Stimme, einem täuschenden Anflug von Geistesabwesenheit und einer Vorliebe für englische Tweedanzüge, hatte Ari nur als Playboy kennengelernt. Zum erstenmal nun stieß er auf die ernst zu nehmende Seite dieses Mannes – und war beeindruckt. »In zwei Jahren, von heute an gerechnet, steigen Sie wieder aus«, sagte Ari ihm. »Länger brauche ich Sie nicht. Das ist der Vertrag. Sind Sie dabei oder nicht?« Die Eindeutigkeit des Vorschlags, selbst die Schroffheit, mit der er vorgebracht wurde, amüsierten den Franzosen. Und die Vorstellung, die »Olympic Airways« in ein internationales Unternehmen zu verwandeln, war eine Herausforderung, die sein eigenes Ego reizte. Er schätzte, daß zwei Jahre auch genügten, um die Grenzen jeder Geschäftsverbindung mit einem Mann wie Ari auszuloten.

Im Juni nahm die »Olympic« den internationalen Flugverkehr auf und flog zweimal pro Woche die Route London–Paris–Athen–

Nikosia–Beirut. Ihre überalterten Propellermaschinen wurden durch drei DC-6B ergänzt, die von Fabres UTA gechartert wurden, welche auch die technischen und administrativen Serviceleistungen ausführte. Zwei Jahre nach dem Tag, an dem Ari und Fabre im UTA-Büro in Paris den Vertrag per Handschlag besiegelt hatten, zog sich der Franzose zurück. »Er war wirklich sehr auf Draht, aber wie ein Gassenjunge«, sagte Fabre. »Hätte er eine formale Erziehung und Ausbildung genossen, wären ihm Hände und Füße durch ihre Regeln gebunden gewesen ... er durchbrach ethische Konventionen, er fühlte sich nicht an unwesentliche Gesetzesvorschriften und moralische Grundsätze gebunden.«

Die »Olympic« war keine vom Glück begünstigte Luftverkehrsgesellschaft. Ari wurde ihrer daher schnell überdrüssig. Dennoch ließ es sein Stolz nicht zu, sie aufzugeben, obwohl er ständig damit drohte, gewöhnlich, um Karamanlis weitere Zugeständnisse abzuringen, der weiterhin treu und fest an Aris Funktion des finanziellen Katalysators glaubte. »Je lauter Ari quiekt, desto fester hält er die Zügel in der Hand«, beklagte sich Niarchos, der liebend gern die »Olympic« an sich gerissen hätte. Die Gesellschaft stolperte von einer Krise in die nächste, ohne organisatorisch gestraffte Befehlsebenen, ohne homogene Leitung, ohne Investitionsstrategien. In einem Jahrzehnt der bedeutenden Expansion der internationalen Luftfahrt stagnierten ihre Erträge nahezu. Aber Aristoteles Onassis war die einzige Privatperson der Welt, die von sich behaupten konnte, eine internationale Luftverkehrsgesellschaft zu besitzen.

Er lebte in Saus und Braus, selbst nach den Maßstäben einer Stadt wie Monte Carlo. »Wenn man dreihundert Millionen Dollar hat, fängt man nicht an, seine Autos zu verkaufen und seine Dienstboten zu entlassen, um ein paar Tausender einzusparen ... das ist sinnlos«, erzählte er Reportern, die unbedingt herausfinden wollten, wie er nach der Suezkrise die Rezession in der Schiffahrt meistern wolle. Die *Christina* war immer noch der beliebteste Treffpunkt der Reichen und Gefeierten. Churchill und die Garbo gehörten zu denjenigen, die regelmäßig an Bord der Yacht dinierten, die immer noch den Riviera-Hafen dominierte; der junge

212

Senator aus Massachusetts, John F. Kennedy, und seine schöne Frau Jacqueline wurden zu einer Cocktailparty eingeladen, um Churchill kennenzulernen. Die Einladung war eine Idee Winstons gewesen, der Joe Kennedy kennenlernte, als dieser 1940 in London Botschafter der Vereinigten Staaten war; obwohl seine anfängliche Sympathie für den alten Mann in Verbitterung umgeschlagen war, nachdem dieser die Ansicht geäußert hatte, Großbritannien könne die Nazis nicht besiegen, und sehr hartnäckig versucht hatte, die Vereinigten Staaten aus dem Krieg herauszuhalten, interessierte er sich jetzt für seinen Sohn, über den man sich positive Dinge erzählte. Er sagte zu Ari: »Man sagt mir, daß er das Zeug zum Präsidenten hat; ich möchte dieses Zeug zum Präsidenten gern kennenlernen.«

›Er sieht nicht gerade wie ein werdender Präsident aus‹, dachte Ari, als er Kennedy an Bord begrüßte und ihn darauf hinwies, nicht länger als vorgesehen zu bleiben: »Ich muß Sie bitten, um sieben Uhr dreißig zu gehen. Sir Winston ißt pünktlich um acht Uhr fünfzehn zu Abend.« Er glaubte, die meisten Menschen durchschauen zu können, und Kennedy erschien ihm nicht wie ein Mann, der reif für das Weiße Haus war. Er sah Jacqueline sehr viel lieber an; er registrierte alles an ihr. Sie trug ein einfaches weißes Kleid in der Trapezform, die Saint Laurent gerade kreiert hatte; der Saum bedeckte knapp das Knie. Sie trug keinen Hut, und der Abendwind spielte in ihren kurzgeschnittenen dunklen Haaren. Sie besaß ein introvertiertes Wesen, das aber weder schüchtern noch gelangweilt wirkte. Ari bewunderte die Art, wie sie auf ihren Mann einging, ohne von ihm in den Schatten gestellt zu werden. Er war überrascht, mit welcher Perfektion sie sich mit den französischen Gästen in deren eigener Sprache unterhielt. Sowohl ihre Bildung als auch ihr gutes Aussehen und ihre Jugend waren offensichtlich ein nutzbringender Aktivposten für Kennedys öffentliches und privates Leben. Ari bewies, daß er sie nicht gleichgültig betrachtet hatte, als er später Gratsos erzählte: »Sie hat so was verdammt Eigensinniges an sich. Sie ist sehr sinnlich.« (Jacqueline hatte auch einen aufreizenden Witz. Das Treffen mit Churchill war ein Reinfall gewesen, denn der alte Mann hatte sich in einer seiner meschuggen Stimmungen befunden. »Vielleicht

213

hielt er dich für den Kellner, Jack«, sagte sie später ihrem in einem Dinnerjackett steckenden Ehemann.) Ari und Gratsos erteilten sich immer noch gute Ratschläge über die Gefahren der Schürzenjagd und gestanden sich ebenso häufig ihre Entgleisungen. »Sie ist zu jung für dich«, meinte Costa, als er die Komplexität und Intensität von Aris Interesse spürte; Jacqueline war vier Monate jünger als Tina.

Im Sommer 1958 brachte eine Serie von Zwischenfällen Ari in die Schlagzeilen. Die Tanker-Rezession hielt länger an und war einschneidender, als irgend jemand es für möglich gehalten hatte; er war gezwungen, Aufträge für neue Schiffe zu stornieren – dazu gehörten auch die drei Tanker, die von der »Bethlehem Steel« gebaut werden sollten als Gegenleistung dafür, daß er vierzehn seiner amerikanischen Tanker, die der Stiftung gehörten, aufgrund des »Verschacher- und Bauprogramms« der amerikanischen »Maritime Administration« unter liberianischer Flagge fahren ließ. Er kürzte seinen verbleibenden Seeleuten auch die Löhne um 20 Prozent; in Anbetracht seiner markanten gesellschaftlichen Stellung war das ein ungünstiger Moment. Im Gegensatz zu den meisten reichen Leuten war er stets bereit, sich an der Erörterung seines persönlichen Reichtums zu beteiligen. In einem Interview für die Serie »Panorama« der BBC, das im Mai an Bord der *Christina* gefilmt wurde (die Kameras schwenkten langsam über den Kamin, der mit Lapislazuli zu fünf Dollar pro 5 Quadratzentimeter eingelegt war, über den Handlauf um die Bar, der aus schönsten elfenbeinfarbenen Walzähnen mit eingravierten Szenen aus der »Ilias« und der »Odyssee« bestand, die kostbaren Ikonen und die Treppe mit Marmorbrüstung), erklärte er, weshalb er gezwungen gewesen sei, die Löhne seiner Matrosen zu kürzen. »Nachdem wir den Offizieren und den Mannschaftsgraden unseren Plan unterbreitet hatten, die Schiffe aufzulegen, boten sie freiwillig an, zu jeder Einsparung beitragen zu wollen, in der Hoffnung, daß sich die Lage bessert und die Schiffe noch eine Weile weiterfahren können. Und wir versuchten es ... aber trotz dieser Kürzungen mußten wir nach Hause fahren und auflegen«, erzählte er Woodrow Wyatt. Es war ein knallhartes Interview; Ari

214

war der Meinung, sich in ein gutes Licht gestellt zu haben.* Wyatt
hatte ihm hart zugesetzt; er wollte wissen, weshalb er seine Schiffe
unter fremder Flagge fahren ließe. »Weil Liberia und Panama uns
das geben, was die britische Flagge vor zwei Kriegen auch zu
gewähren pflegte, mit anderen Worten freies Unternehmertum,
Initiative, keine Restriktionen … solange es bequeme fremde
Flaggen gibt, wird man es sich entweder selbst bequem machen
oder über die bequeme fremde Flagge nach Belieben verfügen«,
antwortete er. »Ohne zu lächeln, sprach er ungestüm, manchmal
fast wütend«, berichtete der *Daily Telegraph* am nächsten Tag.

Ungefähr zu dieser Zeit erhielt Ari eine Vorladung, als Zeuge
vor einem Untersuchungsausschuß des Kongresses zu erscheinen, der sich mit dem Zustand der amerikanischen Handelsmarine befaßte. Ein führendes Mitglied des Ausschusses war Herbert
Zelenko, ein New Yorker Mitglied der Demokraten, der kein
Geheimnis aus seiner Verachtung für Reeder machte, die ihre
Schiffe unter fremder Flagge fahren ließen. »Ich erinnere mich
daran, daß ich Ari sagte, Zelenko rühme sich, genug gegen ihn in
der Hand zu haben, um die Farbe seines Anzugs für drei bis fünf
Jahre verändern zu können«, erzählte Meyer. »Ari sagte mir: ›Er
hat nichts, das nicht mit acht Millionen Dollar in Ordnung gebracht werden könnte‹« (damit meinte er die Konventionalstrafe, die zu zahlen war, wenn die Stiftung nicht die aufgrund des
»Verschacher- und Bauprogramms« versprochenen Schiffe baute).
Ari hatte bereits zugegeben, daß er den Vertrag gerne brechen
würde. »Warum nehmen Sie nicht einfach das Geld, und wir
sagen uns Lebewohl?« fragte er den Maritime Administrator Clarence Morse, der ihm hart zusetzte, endlich den Baubeginn fest-
zusetzen; das war die falsche Marschrichtung. Morse wollte Arbeit für die amerikanischen Werften, keine nur buchmäßig zu
erfassende Abfindung. Beide Männer wußten, daß 8 Millionen

---

* »Er war ein ausgesprochen zivilisierter Mann, trotzdem wollte er unbedingt, daß
alle die goldenen Wasserhähne im Bad sahen. Aber er besaß Charme. Charme
heißt wohl, am anderen interessiert sein. Er war ganz offensichtlich ein harter
Brocken. Ich wollte nichts Geschäftliches mit ihm zu tun haben. Ich glaube, daß
er die Fähigkeit besaß, immer die Oberhand zu behalten«, erinnerte sich Sir
Woodrow Wyatt später.

Dollar ein Butterbrot waren; die Schiffe, die unter die liberianische Flagge gestellt worden waren, hatten der Stiftung bereits 25 Millionen Dollar eingebracht.

Aber Aris Verhalten lag wahrscheinlich eher Entrüstung denn Gerissenheit zugrunde. Er sagte: »Wären jene Schiffe unter der amerikanischen Flagge geblieben, hätte man sie auflegen müssen. Sie wären mordsteuer in der Unterhaltung geworden. Ich war einfach nur pfiffig. Man kann einen Kerl nicht vor Gericht bringen, weil er pfiffig war.« Einige Leute in Washington hielten ihn für zu pfiffig. Wieder blieb es Gratsos überlassen, die Wogen zu glätten. »Nicht nur Zelenko denkt, daß du zuviel Geld bei dem Geschäft gemacht hast und du dich jetzt nicht um die Bauverpflichtung drücken darfst«, sagte er ihm. Ari blieb verstockt. Was das denn solle, zuviel Geld zu machen? Geld zu machen sei der amerikanische Traum schlechthin, meinte er. Wie dem auch sei, die Verhältnisse hatten sich geändert. »Wir leben in einer veränderlichen Welt, und ich muß mich auch verändern oder untergehen. Morse und auch jeder andere weiß, daß die Baukosten für diese drei Tanker in den Vereinigten Staaten dreimal so hoch liegen wie in Europa oder Japan. Ich bezeichne acht Millionen Dollar nicht als Drücken um eine Verpflichtung.« Es kam ihm nicht in den Sinn, daß man das in Washington vielleicht anders sah.

Vom ersten Tag an war es klar, daß der Unterausschuß des Repräsentantenhauses vorhatte, ihm Feuer unterm Hintern zu machen. Der Vorsitzende Herbert Bonner zerschlug sogar eine Wasserkaraffe, als er seinen Hammer zu heftig niedersausen ließ (»Wir führen hier die Verhandlung!«), weil Ari versucht hatte, einen anderen Zeugen zu unterbrechen, wobei er meinte, daß er für das, was er zu sagen habe, »bloß zehn Minuten brauche«. Herbert Zelenko, ein Mann, der sich nicht schämte, zuzugeben, daß »er ein klein wenig rührselig in puncto Arbeit für Amerikaner« sei, wollte unbedingt beweisen, daß Ari die Stiftung kontrollierte und daß er ganz allein dafür verantwortlich war, wenn die Zusagen an die amerikanischen Werften nicht eingehalten wurden. Ari war der Meinung, daß der beste Weg, Zelenkos Angriff abzuwenden, darin bestand, den Unterschied zwischen väterli-

216

cher Fürsorge (er hatte über die panamaische Gesellschaft »Ariona« einen legalen Anteil von 25 Prozent an der Stiftung) und Kontrolle zu betonen. In der Rede, die er im Flugzeug nach Washington vorbereitete, stellte er sich auf Zelenkos Hurrapatriotismus ein:

Ja, ich habe ein über meinen 25prozentigen Anteil an der Stiftung hinausgehendes Interesse, und das ist ein von Gott geschaffenes Interesse, und es gibt keine vom Menschen geschaffenen Gesetze oder Satzungen, die dieses von Gott geschaffene Interesse überhaupt verhindern oder verändern könnten. Damit, Mr. Zelenko, meine ich, daß ich zufällig Vater dieser beiden Kinder [Christina und Alexander] bin, und egal, welche Gesetze sie anwenden, dieses ist von Gott geschaffen. Ich gehöre zu diesen Kindern, und diese Kinder gehören zu mir. Ja, und deshalb habe ich ein großes, ein sehr großes Interesse.

Zelenko hatte keine Lust, mit diesem Mann Theorien über väterliche Gefühle auszutauschen. Er sagte deshalb: »Lassen Sie mich folgende Frage stellen. Haben Sie Ihr ganzes Leben lang Geschäfte getätigt?« – »Das nehme ich doch an.« – »Ich denke, daß Sie ziemlich vertraut mit dieser Welt sind. Würden Sie sagen, daß der Mann, der das Portemonnaie kontrolliert, auch die Geschäftspolitik kontrolliert?« – »Mit anderen Worten: Geld redet?« Ari ließ es sich niemals nehmen, sich aufzuspielen, noch nicht einmal vor einem Untersuchungsausschuß des Repräsentantenhauses. »Meinen Sie das?« – »Sie wissen, was ich meine.« Zelenko kannte alle beschönigenden Ausdrücke für Macht. Er war Anwalt, und nichts genoß er mehr als Kreuzverhöre mit neunmalklugen Zeugen: Sie stellten sich am Ende immer selbst ein Bein. »Ich vermute, daß Sie es in zahlreichen Sprachen verstehen.« Geld rede nicht immer, sagte Ari; er könne dafür dreißigtausend Beispiele liefern; zum Beispiel Banken. »Können Sie sich etwas Besseres vorstellen als eine Bank, um das Sprichwort ›Geld redet‹ anzuwenden? Wenn eine Bank mir fünfzig Millionen Dollar leiht, rückzahlbar in einem Zeitraum von zehn oder fünfzehn Jahren, was kann mir dann am nächsten Tag die Bank noch sagen? Nichts, solange ich nicht in Verzug bin. Ich habe fünfzig Millionen Dollar von ihr in meinen Händen, aber solange ich nicht in Verzug bin, was für ein Sagen hat die Bank dann? Ihr Geld redet überhaupt nicht. Es redet soviel wie ein Fisch. Ich kann Ihnen bis morgen früh Beispiele wie dieses liefern.« Zelenko sagte, er wäre mit offeneren Antworten zufrieden; Ari erwiderte, offene Antworten seien eine gefährliche Sache, denn er könne sich mit offeneren Antworten selbst die Kehle durchschneiden; Zelenko hielt dagegen, dies halte er in seinem Fall nicht für wahrscheinlich. »Das kann immer passieren, Mr. Zelenko, deshalb muß man auch immer ein bißchen vorsichtig sein.« Ari fühlte sich als Herr der Lage. Zelenko war zwar ein gerissener Bursche, aber er stellte seines Erachtens die falschen Fragen.

Zelenko änderte seine Angriffsweise; jetzt wollte er etwas über die »Ariona« erfahren. Wieviel Aktien halte Ari in der panamaischen Gesellschaft? Ari konnte es nicht genau sagen; er war der Meinung, annähernd 85 Prozent zu besitzen. Auf seinen eigenen Namen? Ob sie auf seinen Namen oder auf den einer anderen Aktiengesellschaft registriert seien, deren Aktien wiederum auf seinen Namen ausgestellt wurden, sei eine Detailfrage, die er nicht beantworten könne. Er sagte, Zelenko stelle sehr technische Fragen, die sich auf rund siebzig kompliziert strukturierte Gesellschaften bezögen; er könne sich unmöglich an alle Einzelheiten erinnern; es sei möglich, daß die Aktien auf den Namen eines anderen ausgestellt seien, räumte er ein, zum erstenmal sichtlich nervös in diesem vierstündigen Schwitzbad. »Aber ich kann Ihnen sagen, wenn es ein anderer ist, dann besitze ich diesen anderen.«

Das muß Musik in Herbert Zelenkos Ohren gewesen sein. »Ich besitze diesen anderen«, sagte alles, was Zelenko hören wollte; das roch ganz und gar nach Selbstbezichtigung; es entlarvte Aris Einflußbereich und Macht. »Auf Onassis' Gesicht erschien zögernd diese kleine, entschuldigende Art des Lächelns, als ob er plötzlich erkannt hätte, wie schädlich diese Prahlerei war«, erinnerte sich ein Reporter, der über die Verhöre berichtete. Zelenko war klug genug, das Ganze an diesem Punkt zu beenden. Er dankte Ari für seine Kooperationsbereitschaft. Neunmalkluge Zeugen ließen ihn nie im Stich. »Ich besitze diesen anderen.« Zelenko war sicher, daß er ihn gepackt hatte; doch er irrte sich; der Ausschuß kaufte Ari die Beteuerung ab, daß die Stiftung im wesentlichen unabhängig sei und daß die nach der Suezkrise entstandene Rezession eine Stornierung des Schiffsbauprogramms unumgänglich gemacht habe, vor allem nach der Entscheidung der amerikanischen Regierung, die Ölimporte zu beschränken, was die Krise noch zugespitzt hatte. »Sieht ganz so aus, als ob du dich mit der Sore davonmachst«, gratulierte ihm Meyer anschließend. »Ich habe nicht die Veranlagung, zu verlieren«, erwiderte Ari.

Obwohl es weiterhin nicht gut zwischen Ari und Tina lief und die Probleme ihre Gesundheit angriffen (das Leben an Bord der *Christina,* berichtete der *London Evening Standard,* habe zu »einer Art Nervenzusammenbruch« geführt), unterstützte sie ihn nach wie vor unerschütterlich bei seinen Geschäftsangelegenheiten. Im Frühjahr wurde Aris Mann am Ruder der SBM durch eine Serie von Palastrevolten entthront. Diese Revolution, berichtete Sam White im *Standard,* machte Rainier »zum unangefochtenen Meister all dessen, was er in seinem Fürstentum überblickt«. Seit einer Woche, schrieb White, »kann man sagen, daß Mr. Onassis' Macht bezüglich der Angelegenheiten des Kasinos zu Ende ist. Diese Macht, die auf 42 Prozent der Aktien der Gesellschaft beruhte, wurde von einem von ihm ernannten und in erster Linie ihm verantwortlichen Administrator ausgeübt. Nun ist dieser Administrator, M. Charles Simon, unter Umständen zurückgetreten, die sowohl dem Palast als auch den Franzosen eine Genugtuung verschafften, die unverhohlen geäußert wurde. Beide Parteien haben deutlich zu verstehen gegeben, daß niemals wieder ein Onassis-Mann für diese Schlüsselposition in Frage kommen wird.« Laut White zitierte der Fürst Ari in den Palast, um sich darüber zu beklagen, daß das Umbauprogramm für das »Hotel de Paris« hinter dem Plan hinterherhinke und zudem alarmierend über den Kostenvoranschlägen liege. Er schimpfte über Aris Einmischung.

»Mr. Onassis leugnete, sich eingemischt zu haben. Unglücklicherweise konnte M. Simon ihn an diesem Punkt nicht unterstützen und trat aus Protest zurück.«

Tina stellte sich auf die Seite ihres Mannes. In einem handschriftlichen Brief vom 15. April bat sie Lord Beaverbrook (dem der *Standard* gehörte), sicherzustellen, daß White in Zukunft »erst die wahren Umstände kennt, ehe er schreibt« (obwohl sie sich auch darüber beklagte, daß »dieser Mann bewußt alle uns betreffenden Fakten so verdreht, daß sie nachteilig erscheinen«). Sie beharrte darauf, Aris Beziehung zum Fürsten sei herzlicher Natur, und Charles Simon sei von Ari gebeten worden, zurückzutreten, »und zwar aus dem einfachen Grund, weil er langsam genug von ihm hatte«. Und sie fügte hinzu, wobei sie Whites Geschichte von ihrem Nervenzusammenbruch nicht dementierte: »Ich habe den größten Spaß meines Lebens, wenn ich auf der Yacht bin, wie Sie sich selbst überzeugen konnten.«

Beaverbrook, der es liebte, Zwietracht zu säen, war erfreut, daß Whites Artikel den Nagel auf den Kopf getroffen hatte; er wollte nichts unternehmen, seinen Pariser Korrespondenten davon abzuhalten, Manuskripte zurechtzufeilen, die Ari mißfielen. Beaverbrook gehörte zu den Freunden Churchills, die etwas gegen die Art hatten, mit der Ari sich in den inneren Kreis um Churchill geschlichen hatte; aber er schätzte Tina aufrichtig und antwortete am 20. April freundlich, wenn auch nicht vollkommen wahrheitsgemäß:

Liebe Madame Onassis,
Ihr Brief hat mich sehr betrübt.
Der *Evening Standard* wird Sie immer in einem günstigen Licht darstellen. Und es ist für das Blatt in der Tat auch unmöglich, irgendeinen anderen Kurs einzuschlagen.
Ich bin zehn Monate im Jahr sehr weit von London entfernt. Die Zeitungen kontrolliere ich also nicht wirklich. Ich habe noch immer die stimmrechtliche Aktienmehrheit, und in diesem Zusammenhang bin ich verantwortlich. Aber mein Sohn führt jetzt die Geschäfte, und

ich sende ihm eine Kopie Ihres Briefes und meiner
Antwort.
Mit allen guten Wünschen und voller Bewunderung
bin ich immer
    Ihr (gez.) Max Beaverbrook

Ari tat Beaverbrooks Antwort als »Baronen-Scheiße« ab. »Er ver-
spricht nichts, er gibt nichts zu. Seine Zeitung wird mich weiterhin
kreuzigen, und dieser kanadische Hurensohn wird weiterhin seine
Hände in Unschuld waschen.« Er wußte, daß seine Freundschaft
mit Churchill die Ursache für die »Animosität« Beaverbrooks war.
Aber Ari ließ niemals eine Möglichkeit aus, Salz in die Wunden zu
streuen. Am Ende eines langen Zeitungsstreiks in England betonte er in jenem Sommer seine zunehmend enge Beziehung zu
Churchill. »Zusammen mit Lady Churchill und Sir Winston senden wir alle hier unsere herzlichsten Glückwünsche und Grüße«,
telegrafierte er dem Pressebaron. »Wir alle hoffen, daß Sie jetzt,
da der Streik vorüber ist, nach Athen fliegen können und unser
Flugzeug Sie innerhalb einer Stunde an Bord bringen wird.«
Beaverbrook – »von Verpflichtungen stark in Anspruch genommen« – konnte die Einladung nicht annehmen.

Kapitel 11

»Wenn eine Frau sich
in Abwesenheit ihres Gatten
schön herausputzt,
mag man sie getrost
eine ungetreue Gemahlin nennen.«

Euripides

Weder Tina noch Ari betrachteten ihren Elternstatus als persönliche Angelegenheit. Internationale Nomaden zu sein, aufzutauchen und wieder zu verschwinden, manchmal monatelang, häufig getrennt, kam ihnen nicht lieblos vor. Christina und Alexander lebten in einer irrealen Welt, die von Verwöhnung und Vernachlässigung gekennzeichnet war; die Liebe ihrer Eltern flatterte auf flüchtig bekritzelten Postkarten aus fernen Orten ins Haus und war auf die Umarmungen aus zweiter Hand von vorbeischauenden Freunden und Bekannten angewiesen. Sie wurden der Obhut von Kindermädchen, Sekretärinnen und Privatlehrern überlassen; häufig nahmen sie ihre Mahlzeiten ganz allein ein oder mit Dienstboten. Dennoch wurden sie gelegentlich zu Essen mit den berühmtesten Leuten der Welt eingeladen, um Cary Grant anzustarren oder mit Churchill zu sprechen (»Ein Lunch mit Winston Churchill«, erzählte Ari seinem Sohn, »wird dir mehr beibringen als drei Jahre Oxford«). Ihr Dasein entsprach keineswegs einer normalen Kindheit. Das Leben an Bord der *Christina* begünstigte weder Realitätssinn, noch unterstützte es das Erlernen von Selbstbeherrschung. Im Verlaufe eines spektakulären Wutanfalls warf Alexander einmal jedes Fenster im »Château de la Croë« ein, was Tausende von Dollar kostete.

Er war sechs Jahre alt, als Alan Brien ihn kennenlernte. Brien hielt ihn für ein »widerliches, kleines Biest, sehr ungezogen«. Ari zeigte ihm Alexanders Räume im Château. »Er öffnete einen Kleiderschrank. Dort hingen fünfzig Anzüge. Uniformen, Matrosenanzüge, Segelbekleidung. Er sagte: ›Was meinen Sie? Verwöhne ich den Jungen?‹ Ich sagte, daß das meiner Meinung nach der Fall sei und daß es schrecklich sein müsse, wenn man so jung

222

ist und schon so viel besitzt und einem die Erregung der Vorfreude vorenthalten wird.« Mit einer Brien überraschenden Schroffheit antwortete Ari: »Ja, das denke ich auch!« Als er am folgenden Morgen auf dem Grundstück spazierenging, wurde Brien fast zu Boden geworfen, als Alexander mit seinem benzingetriebenen Rennwagen auf ihn zuhielt. Als Ari von dem Zwischenfall erfuhr, sagte er: »Es ist nur ein Spielzeug.« Brien antwortete ärgerlich: »Ein Spielzeug, das dreißig Kilometer in der Stunde fährt.« »Vierzig Kilometer«, berichtigte Ari ihn. »Das reicht, um mich für immer zum Krüppel zu machen«, sagte Brien. Ari lachte und schüttelte den Kopf.

Alexander war niemals zur Schule gegangen und hatte keine gleichaltrigen Freunde. Obwohl er in den theoretischen Fächern nicht begabt war, besaß er ein Wissen über Autos und Motoren, das selbst Fiats Gianni Agnelli beeindruckte. Zu seinem zehnten Geburtstag schenkte ihm sein Vater, den er bewunderte und fürchtete, ein »Chris-Craft«-Rennboot, das er selbst frisierte und vollkommen alleine wartete. Seine engsten Kameraden fand er unter dem Personal. »Chauffeure und Diener waren seine Vertrauten«, erinnerte sich ein Onassis-Assistent. »Trotz allem entwickelte er sich zu einem ziemlich netten Kind.« Sein Verhältnis zur Schwester war kühl; sie war kein geselliges Kind; ihre Schüchternheit wurde häufig als Hochmut mißgedeutet und brachte die Leute aus der Fassung; eine kurze Zeit lang weigerte sie sich, überhaupt zu sprechen. Tina konsultierte Kinderpsychologen in Zürich, die ihr sagten, es handle sich lediglich um ein nach Aufmerksamkeit ringendes Schweigen, das man häufig bei unsicheren, überbehüteten Kindern antreffe. Ein Freund der Familie bezeichnete das als eine typische Überreaktion Tinas. »Die meisten Mütter hätten wohl gesagt: ›Die Katze hat ihre Zunge gestohlen‹, und wären geduldig geblieben. Tina mußte daraus eine Riesenaffäre machen. Sie liebte teure Sachen, einschließlich teurer Erklärungen. Christina fand ihre Stimme rechtzeitig wieder.«

Während ihrer Mädchenzeit wurde Christina niemals allein in einem Raum gelassen; Dienstmädchen, Leibwächter und Gouvernanten wachten über sie; alles, was sie tat, wurde Ari berichtet. Sie besaß den levantinischen Teint ihres Vaters und sein Haar

(»Schwarz wie ein Rabenflügel«, sagte er oft), und ihre Augen hatten jene dunkle Farbe, die unweigerlich mit Heiligenbildern verbunden wird. Leicht pummelig und häufig tolpatschig, war sie kein hübsches Kind, und obwohl ihr Vater sie »Chryso mou« (»Meine Goldige«) nannte, glaubte mindestens ein enger Freund der Familie, daß Tina »sich wohl fast schämte, ein solches Kind ›produziert‹ zu haben ... ich glaube nicht, daß es ihr gegeben war, ihre Tochter zu lieben«. Christina lebte innerhalb der Welt ihres Vaters in ihrer eigenen Welt; sie bekam alles mit und litt darunter. »Ich bin seit meinem neunten Lebensjahr eine Frau«, fauchte sie später eine ältere Ratgeberin an, von der sie sich herablassend behandelt fühlte; sie war neun Jahre alt, als ihre Eltern sich scheiden ließen.

Schon seit etwa einem Jahr war die Atmosphäre stets gespannt und aggressiv gewesen, wenn ihre Eltern zusammen waren. Alexander und Christina wurden in diese Stimmung, die sich in der Familie ausbreitete, hineingezogen und links liegengelassen, wenn ihre Eltern sich boshafte Wortfetzen an den Kopf warfen. Wie eine gute Freundin sich erinnerte, sagte Tina während einer Dinnerparty leicht betrunken: »Ich finde es tierisch, daß wir immer noch miteinander schlafen.« Es schien, als ob sie über andere Leute redete, deren Manieren zu wünschen übriglassen. »Ich fühle mich dann schmutzig.« Ari antwortete wie ein Mann, der Kondolenzbezeigungen ausspricht: »Wir sind alle schmutzig. Wir leben in einer schmutzigen Gesellschaft.« Tina hatte nichts gegen diskret verübte Ehebrüche; sie hatte ihre Rechte, Einwand erheben zu können, verwirkt. Nur Aris neues Abenteuer verletzte die Regeln; er hatte sich in Maria Callas verliebt.

Die Callas, eine tyrannische Primadonna, die unter ihren Kollegen so unbeliebt war, wie sie von ihrem Publikum vergöttert wurde, besaß einen Ruhm, der weit über die Welt der Oper hinausging. Sie wurde am 3. Dezember 1923 als Maria Anna Sofia Cecilia Kalogeropoulos in Manhattans »Flower Fifth Avenue Hospital« geboren. Drei Monate zuvor waren ihre Eltern aus Athen gekommen. Ihr Vater, der Apotheker Kalogeropoulos (er ließ 1926 den Familiennamen in Callas verändern; ungefähr zu dieser Zeit wurde Maria auch in der griechisch-orthodoxen Kirche auf der East Seventy-fourth Street getauft), verlor während der Wirtschaftskrise von 1929 seine Arbeit und damit viel von seiner Energie. Obwohl Maria kurzsichtig, übergewichtig und introvertiert war, besaß sie eine außergewöhnlich schöne Stimme. Ihre Mutter Evangelia förderte sie, und sie fing an, Rundfunkwettbewerbe für Amateure zu gewinnen. Die gewonnenen Gelder wurden in Libretto- und Gesangstunden gesteckt. Man träumte von der Grandeur der Opernwelt. Als sie vierzehn Jahre alt war, besuchte sie Athen und wurde vom Zweiten Weltkrieg eingeholt.

Einem Stipendium für das Nationalkonservatorium folgten Starrollen an der Athener Oper. In Griechenland war das Leben während der Herrschaft der Achsenmächte sehr hart; die Leute starben an Hunger, und wenn Maria für die deutschen Truppen sang, nahm sie dankbar ihre Lebensmittelgeschenke an; es war kein Akt der Kollaboration, sondern des Überlebens. Maria war bei ihren Kollegen nicht sehr beliebt, und als der Krieg zu Ende war, nahm man ihre »fraternisierenden« Auftritte zum Vorwand, ihren Vertrag zu kündigen. Sie kehrte nach New York zurück und war bis 1947 zwei Jahre arbeitslos, ehe sie aufgefordert wurde, die »Gioconda« (vier Vorstellungen, 63 Dollar pro Auftritt, keine Spesen für Reise und Unterkunft) bei den Festspielen von Verona zu singen. Und dort lernte sie Giovanni Battista Meneghini kennen. Der rundliche, kurzbeinige Mann mit schütterem, nach hinten gekämmtem Haar war als Frauenheld bekannt. Das Einkommen aus einer Baufirma und einem Dutzend Ziegelfabriken trugen zu seinem Ansehen bei. »Ich wußte fünf Minuten, nachdem ich ihn gesehen hatte, daß er es war«, erinnerte sie sich an diesen Moment einige Jahre später. (Meneghinis Erinnerung liest sich in seiner 1981 erschienenen Autobiographie prosaischer: »Wir standen vom Tisch auf, und in diesem Moment durchzuckte mich ein erstes, richtiges Gefühl für Maria Callas. Als sie saß, schien sie nicht so groß zu sein, auch wenn sie kräftig und gut entwickelt war, aber als sie aufstand, packte mich Mitleid. Ihre Fußknöchel waren so dick angeschwollen, daß sie wie Kalbshaxen aussahen. Sie bewegte sich schwerfällig und mühsam.«)

Sie sei der Überzeugung, Verona sei ihr letzter Coup. Wenn sie dort versage, so erzählte sie ihm, habe sie keine Zukunft mehr in der Oper. Er wurde ein großzügiger Mäzen, bezahlte ihre Hotelrechnungen und Gesangstunden, führte sie in die besten Restaurants. Sie hatte niemals zuvor einen Liebhaber gehabt, und er hatte sich in 53 Jahren keinem anderen Wesen so verschrieben wie jetzt Maria Callas. Seine Familie und Freunde meinten, er mache sich zum Narren, und zogen sehr abfällig über Maria her; ihre Familie, die ebenfalls über ihre sich vertiefende Beziehung zu einem dreißig Jahre älteren Mann beunruhigt war, bat sie inständig, die Affäre zu beenden. Sie wurden im April 1949 in Meneghinis Gemeindekirche in Verona getraut; niemand aus ihrer oder seiner Familie nahm daran teil. Kurz darauf verkaufte er seine Fabriken, legte das Geld in Grundbesitz an und widmete sich mit seinen kaufmännischen Talenten und all seinen Energien ihrer Karriere. Als ihr persönlicher Impresario und einziger Agent, als gerissener Drahtzieher und harter Verhandlungspartner bei Verträgen machte er seine Arbeit ausgezeichnet. 1956 kehrte sie im Triumph nach New York zurück, schlank, selbstsicher, unanfechtbar der aufregendste, ungestümste Sopran der Welt. »Alles war Sommer.« Meneghini wiederholte gerne diese Zeile aus einem Gedicht von John Donne. Vielleicht besaß er Weitblick, vielleicht kannte er einfach auch nicht die nächste Verszeile: »Und doch, bald werden die Blätter fallen!«

Maria traf Ari zum erstenmal 1957 während eines Balls, den die amerikanische Gastgeberin für die feine Gesellschaft und Klatschkolumnistin Elsa Maxwell in Venedig gab. Danach frühstückten sie und Meneghini an Bord der *Christina*, die außerhalb des Canale Grande in einer Lagune vor Anker lag. Später erinnerten sich beide an kein einziges Gefühl, das tiefer ging als höfliches Interesse füreinander: »Es war selbstverständlich eine in der Natur der Sache liegende Neugier vorhanden. Schließlich waren wir beide die berühmtesten lebenden Griechen der Welt!« erzählte Ari Spyros Skouras. Ari fühlte sich immer vom Erfolg angezogen, zu Menschen, die in ihrem Metier die Besten der Welt waren und deren Freundschaft seinem Namen noch mehr Glanz verlieh. Obwohl er niemals die Gelegenheit zu einer Eroberung ausschlagen konnte (»Ich sehe in jeder Frau die potentielle Geliebte«, prahlte er oft), verging ein Jahr, bevor er Schritte unternahm, um die venezianische Bekanntschaft auszubauen. »Ich glaube, daß das, was seinen Hintern so lähmte, die Angst vor der Einladung war, eine Oper bis zum Ende anhören zu müssen«, meinte Meyer. Erst am 19. Dezember 1959 sollte sie die ersten Anzeichen seines Interesses bemerken. Das war der Tag ihres Debüts im Pariser »Théâtre de l'Opéra«, eine Galavorstellung, der ein Nachtmahl mit Tanz zugunsten der Ehrenlegion folgen sollte. Jeder, der in Frankreich etwas galt, sollte anwesend sein: Präsident René Coty, der Herzog und die Herzogin von Windsor, Brigitte Bardot, Charlie Chaplin, Jean Cocteau, die Rothschilds und Ali Khan, Françoise Sagan und Juliette Greco. Am Morgen ihrer Vorstellung schickte er Blumen in ihr Hotel. Während des ganzen Tages kamen Körbe mit Rosen an, dazu Karten, die ihr auf griechisch Glück wünschten und Bewunderung ausdrückten, aber keinen Hinweis auf den Absender enthielten. Erst die letzte Lieferung enthielt auch die Unterschrift »Aristoteles Onassis«. Und genau so, wie er ungefähr 35 Jahre zuvor Claudia Muzio in Buenos Aires beeindruckt hatte, so beeindruckte und spannte er jetzt Maria Callas auf die Folter. Der eifersüchtige Meneghini war wütend; zum erstenmal passierte so etwas in seiner Ehe. Denn die Blumen waren nicht der übliche Tribut an ihre künstlerischen Leistungen, der mit Anstand und in aller Unschuld geleistet wurde; die Art, wie dieser Tribut gezollt wurde, hatte zuviel Vergnügen und zuviel Neugier in einer Frau entzündet, die die Welt erobert hatte.

In diesem Jahr feierten Tina und Ari Weihnachten zum erstenmal getrennt. Tina, die jetzt mit dem venezolanischen Millionär Renaldito Herrera häufiger auf Fotos erschien als mit ihrem Mann, flog ostentativ zu ihrer Schwester Eugénie, die ein Baby erwartete, nach New York. Ari war bestürzt über die auflebende Nähe zu der »Niarchos-Frau«, wie er seine Schwägerin nannte. Er erzählte Reportern, die ihn über das getrennt verbrachte Weihnachtsfest ausfragten, er habe wichtige Geschäftsangelegenheiten in Monte Carlo zu erledigen; Tina haßte allmählich Monte Carlo. »Der Ort ist auf eine so lähmende Art vulgär geworden«, erzählte sie Freunden; und ihre Freunde waren längst nicht mehr Aris Freunde.

227

Auf dem jährlichen Venedig-Ball der Contessa Castelbarco, der die Sommersaison von 1959 eröffnete, trafen sie sich – Tina und Ari, Maria und Meneghini: Von Anfang an war klar, daß die Callas Aris Männlichkeit anhimmelte. Das war die beste Zeit ihres Lebens (»Diva divana« hatte Elsa Maxwell sie genannt, die »Primadonna der Welt«), und alles stand glänzend für sie, alles konnte nur noch besser werden. Man kann sich Tinas Gefühle ziemlich leicht vorstellen, als sie beobachtete, wie sich ihr Ehemann der Callas mit all seinem Charme und all seinen Tricks näherte. Von den Imperativen des Mannes im mittleren Alter getrieben, hatte er Eile und forderte nun vom Leben, ihm die verbleibenden Vergnügungen rasch zu gewähren. Dennoch muß auch in Maria ein ungeduldiges Verlangen nach völliger Selbstaufgabe, ein mangelndes Urteilsvermögen, gesteckt haben. Denn diese beiden bemerkenswerten Persönlichkeiten, die dazu geschaffen waren, sich gegenseitig zu stimulieren, waren auch vollkommen dazu geschaffen, dem anderen die Hölle zu bereiten.

Obwohl Tina eine der Jüngsten und Schönsten der anwesenden Damenwelt war, in einem Abendkleid von Jean Desses (der Couturier, der seit den Tagen, da Ingeborg sein Bett geteilt und an seinem Sinn für Stil gearbeitet hatte, alle Frauen Aris eingekleidet hatte), Juwelen von unschätzbarem Wert tragend, muß sie sich mehr als zu jeder anderen Zeit ihrer Beziehung der Wahrheit eines Satzes von Ari bewußt gewesen sein: »Meine Frauen erreichen nicht das höchste Glück der Frauen.« Als Meneghini sich ganz nah zu ihr beugte und in ängstlichem Ton fragte, welche Art von Mann ihr Ehemann sei, antwortete sie: »Er beansprucht viel Platz in der Welt. Ohne Platz fügt er Dingen und Menschen Schaden zu.« – »Sie sehen nicht beschädigt aus«, meinte Meneghini mit seinem eigenen kleinen Kontingent an Charme. Aber was sie dachte, was sie empfand, wurde von der Schmerzlichkeit ihres Lächelns in den Schatten gestellt, als sie Ari und Maria beobachtete, die im Ballsaal des wunderbaren Palastes der Contessa Castelbarco zusammen tanzten.

Ari war nicht ganz so groß wie Maria, und sie dachte in Zukunft immer daran, flachere Schuhe zu tragen. Aber am meisten dachte sie wohl an »unsere Hände, die Beschaffenheit unserer Haut, die sich bei Berührungen so wunderbar anfühlte«. Es muß auch ein außergewöhnlicher Augenblick gewesen sein, dieser Augenblick, da sie zum erstenmal akzeptierte, daß ihr Glück nicht mehr länger vollkommen in ihren eigenen Händen lag. Ari wollte überhaupt nicht, daß die Party zu Ende ging. Tina hatte sich an seine Angewohnheit, »noch woanders hinzugehen«, längst gewöhnt, aber als er Maria zu Rührei und Champagner auf die *Christina* einlud, wollte Meneghini nichts von alledem wissen: Maria müsse am folgenden Tag zu einem Konzert in Madrid abreisen. Ari schlug vor, sie sollten ihn bei einer Kreuzfahrt im Sommer begleiten. Die Callas hatte einen vollen Terminkalender: Sie denke an sie alle auf der wunderschönen Yacht, wenn sie im Juni im »Covent Garden« mit »Medea« die Spielzeit eröffne, meinte sie, als sie sich in jener Nacht trennten. Ari schwor, dort zu sein.

»Meneghini war sauwütend über die Art, wie du dich seiner Meinung nach auf Marias Seite geschlagen hast«, sagte Johnny Meyer an jenem Tag zu Ari, an dem Maria in »Medea« auftrat; es war das Londoner Opernereignis des Jahres. Meyer hatte Wochen damit verbracht, auf dem Schwarzmarkt Karten für fünfzig Freunde Aris zu kaufen, die er ins »Covent Garden« eingeladen hatte; danach sollte Maria der Ehrengast auf einer Party sein, die er im »Dorchester« für 170 Gäste arrangiert hatte. »Ich warnte Ari, daß Meneghini verlauten ließ, die Party schneiden zu wollen«, erinnerte sich Meyer. »Er sagte: ›Meneghini quatscht doch nur herum!‹ Er war sich sicher, daß die Callas kommen würde. Er hatte ein Mordsaufgebot an Stars zusammengetrommelt: die Churchills (aber ohne Sir Winston), Gary Cooper, eine ganze Wagenladung königlicher Hoheiten. Es war allen ganz klar, daß er sich an die Callas ranmachen wollte, und er leugnete es auch nicht. Ich erinnere mich, daß einer seiner Leute die Ansicht äußerte, es handle sich wohl um einen Scherz von Meneghini, daß er nicht kommen wolle, und er nur sagte: ›Soviel ich weiß, hat Meneghini hin und wieder nichts gegen eine magere, kleine Mieze. Außerdem bezahlt er doch auch nicht die Rechnung, also, was soll's?‹«

Tina wußte, daß die Callas anders war als die restlichen Frauen Aris (»Er redete soviel über sie; er redete niemals über die anderen«, erzählte sie später einem Freund). Sie waren sich in einer Weise nahe, die Tina, der Luxus seit dem Tag ihrer Geburt eine Selbstverständlichkeit gewesen war, völlig unverständlich war. Sie teilten Erfahrungen, die sie niemals machen würde: Beide hatten die Härten des Krieges kennengelernt, beide hatten größte Schwierigkeiten überwunden und Reichtum und außergewöhnlichen Ruhm errungen. »Sie benehmen sich wie Fremde in einem fremden Land, die sich in die Vergangenheit des anderen verliebt haben«, bemerkte Tina auf der Party im »Dorchester«. Maria Callas, geboren in New York, italienische Staatsbürgerin, war die einzige Frau, die es schaffte, daß Tina, geboren in London, amerikanische Staatsbürgerin, sich weniger europäisch fühlte.

Die Callas hatte ein Dutzend Vorhänge bekommen und erschien um ein Uhr nachts auf dem Fest, wo sie im Kerzenlicht des Ballsaales spontan von den versammelten Gästen begrüßt wurde. Ari versuchte es erst gar nicht, seine Leidenschaft für sie zu verbergen. Als sie bedauernd erwähnte, niemand spiele mehr Tango, befahl er den Musikern, die restliche Nacht nur noch Tangos zu spielen (ein Einfall, der das Repertoire des ungarischen Orchesters und den Ideenreichtum der Tänzer auf die Probe stellte). Nur Tina erschien resigniert. »Ich wünsche mir bisweilen«, erzählte sie einem Klatschkolumnisten, als sie beobachteten, wie Ari die Callas auf der Tanzfläche verfolgte, »daß wir an einer Stelle stehen können und darauf warten, daß die Oper zu uns kommt, statt daß wir zur Oper gehen müssen.«

Es war nach drei Uhr, als die Callas das Fest verließ, dicht gefolgt von Ari und Meneghini. Im Foyer wurden sie von Fotografen geknipst, als Ari und Meneghini sie vielsagend umarmten, der Ehemann auf der einen, Ari auf der anderen Seite. »Ich werde niemals den warmen Geruch ihres Pelzes vergessen, als ich ihr gute Nacht wünschte«, erinnerte sich Ari an diesen Augenblick.

Ihr Londoner Engagement war Ende Juni beendet, und nach Konzerten in Amsterdam und Brüssel kehrte sie in ihre Villa in Sirmione am Ufer des Gardasees zurück. Am 16. Juli rief Ari in der Villa an und erinnerte nachdrücklich an seine Einladung, daß sie beide auf die *Christina* kommen sollten. Meneghini beschreibt in seinen Memoiren, daß es der Callas widerstrebte, dorthin zu

230

fahren, und sie deshalb ihrer Haushälterin befohlen habe, Ari mitzuteilen, »daß wir nicht zu Hause sind«. Er rief jedoch immer wieder an, und schließlich gab sie nach. Ihr Ehemann behauptet, er habe ihr folgendes versichert: »Die Einladung kommt gerade zum richtigen Zeitpunkt. Der Arzt empfahl Seeluft. Man sagt, daß die Yacht des Griechen sehr komfortabel ist. Laß es uns versuchen. Wenn es dir nicht gefällt, können wir im ersten Hafen wieder nach Hause fahren.«

Nur Maria und Ari hatten die Angelegenheit schon vor Wochen während ihres Londoner Engagements bei mehreren geheimen Stelldicheins, bei denen sie Liebende wurden, ausgeheckt. »Vielleicht war ihr Widerwille, an der Kreuzfahrt teilzunehmen, nur der simple Wunsch, Ari zu ärgern, oder es gehörte zu ihrem Plan, den sie sich ausgedacht hatten, um Meneghini in Sicherheit zu wiegen«, sagte ein ehemaliger Mitarbeiter Onassis', der von ihren erschlichenen Rendezvous in einem Londoner Cottage wußte. Als sie nach Amsterdam ging, hatte sie zweifellos nicht nur Meneghini Hörner aufgesetzt, sondern auch bereits geplant, ihrem Doppelleben eine solide Grundlage zu verleihen. Die Honorare für ihr Konzert beim Festival in den Niederlanden sollten nicht wie üblich auf das Callas-Meneghini-Konto in der Schweiz überwiesen werden, sondern so lange hinterlegt werden, bis sie neue Bankvorkehrungen treffen konnte. In Mailand gab sie viele Millionen Lire für Dinge aus, die verdächtig nach einer Aussteuer aussahen; auf Meneghini wirkten ihre Einkäufe abwegig; er hatte es noch nie erlebt, daß sie sich so für Reizwäsche interessierte.

Am 21. Juli flogen sie nach Nizza, nahmen ein Taxi nach Monte Carlo und stiegen im »Hotel Hermitage« ab. An diesem Abend dinierten sie im »Hotel de Paris« mit Ari, Tina und Elsa Maxwell. Die Maxwell war nicht zur Kreuzfahrt eingeladen worden, ein Versäumnis, das die alte Gesellschaftsnudel zutiefst beleidigte; sie war der Meinung, man sei ihr das schuldig, da sie die beiden auf dem Ball von Venedig 1957 zusammengebracht hatte; in einem hinterhältigen Abschiedsbrief, den sie vor dem Dinner der Callas zugeschickt hatte, gab die Maxwell deutlich zu verstehen, daß sie den Stand der Dinge kannte – ganz genau! Sie sprach die Vermutung aus, daß Maria nun den Platz der Garbo (»jetzt zu alt«)

an Bord der *Christina* einnehme, und drängte sie, »*alles* zu nehmen ... und alles zu *geben*, wozu Sie sich selbst durchringen können«.

Es wurde ein ungemütlicher Abend. Die Kritik richtete sich vor allem gegen die Maxwell, da sie ständig auf Aris Sexualität anspielte. Sie meinte zu Tina, daß sie sich als Frau äußerst glücklich schätzen könne, mit einem so brillanten Mann verheiratet zu sein. Reiche Ehemänner, sagte die Maxwell, die stolz auf ihre Macht sind, verführen und quälen zu können, seien immer aufregend – und gefährlich. »Reiche Ehemänner treiben sich immer herum«, sagte sie und sah von Tina zur Callas und blickte zum Schluß aus ihren winzigen, stechenden Augen auf Ari. Meneghini, der kein Englisch und nur sehr schlecht Französisch sprach, verstand trotzdem vollkommen, was sich abspielte; er verachtete die Maxwell und ihre boshaften Sticheleien; er spürte, daß ihre eigene dahinwelkende Jungfräulichkeit (sie rühmte sich, niemals in ihrem Leben eine sexuelle Erfahrung gemacht zu haben) ihr zwanghaftes Interesse am Sexleben ihrer Freunde leicht obszön machte. Am Ende des Abends küßte Tina die Maxwell auf die Wange und sagte zu ihr: »Wissen Sie, Elsa, meine Liebe, es gibt eigentlich keinen großen Unterschied zwischen der Ehe mit einem nur mittelmäßig reichen Mann oder einem sehr reichen Mann ... wenn Sie das nur begreifen könnten, wären Sie eine weitaus klügere Person.«

Die *Christina* legte kurz vor Mitternacht des 22. Juli in Monte Carlo ab. Neben den Churchills (und Sir Winstons Lieblingskanarienvogel Toby), Meneghini und der Callas, Ari und Tina standen auf der Passagierliste noch Churchills Tochter Diana Sandys, sein Arzt Lord Moran, sein Privatsekretär Anthony Montague Browne und dessen Frau Nonie, Umberto Agnelli von »Fiat«, Artemis und ihr Ehemann Dr. Theodore Garofalides. In der Gegenwart so welterfahrener Reisebegleiter – Churchill, Callas, Onassis, Agnelli, Leute, die anerkennend nur beim Nachnamen genannt wurden – fühlte sich Meneghini wahrscheinlich als glanzloser Mann, der, ohne seine Frau, nicht allzuviel zählte. Auf jeden Fall reagierte er, indem er sich in eine reflexartige Melancholie zurückzog, die nur von spektakulären Versuchen unterbrochen

232

wurde, mit Montague Brownes attraktiver Frau Nonie während des Essens unter dem Tisch zu füßeln.

Ari genoß den Kampf der Geschlechter, den Yachten und schöne Frauen hervorrufen, und das Leben an Bord der *Christina* war unterschwellig ständig bestimmt von »Eifersucht und Intrige – das gehörte einfach zu ihrem Reiz«, sagte ein häufiger weiblicher Gast. In den ersten Tagen, als sie durchs Mittelmeer Richtung Ägäis fuhren, passierte nichts, was den Anschein der Einhaltung strenger Anstandsregeln gestört hätte. Noch immer bewegten sich die Dinge, wie zum Beispiel Meneghinis Fußspiele, an der glatten Oberfläche von Normalität und Ordnung. In Portofino gingen sie in Nachtclubs; in Capri wurde Gracie Fields, der populäre Star der »Lancashire Musichall« in den dreißiger Jahren, zu einem Essen an Bord eingeladen, anschließend sang sie ihre berühmtesten Lieder für Sir Winston. Ari himmelte weiterhin Churchill an; sie machten gerne Wortspiele zusammen. »Wenn Sie ein Tier wären, welches Tier möchten Sie dann sein?« fragte Ari. »Ein Tiger«, brummte der alte große Mann. »Und Sie, Ari, welches Tier wären Sie gerne?« – »Ihr Kanarienvogel Toby«, antwortete Ari. In dem Maße, wie aus den Gästen gute Bekannte wurden und sich Cliquen bildeten, waren gegenseitige Beobachtungen und Spekulationen unvermeidlich. Aber selbst in den Augen der Leute, die sich auf die Ästhetik der Konspiration verstehen, benahm sich die Callas nicht wie eine Frau, die eine Affäre mit ihrem Gastgeber hat. Wenn vorausgegangene und zukünftige Treuebrüche ihr Gewissen belasteten, so zeigte sie es nicht. »Maria und Battista scheinen sich gut zu verstehen«, schrieb Montague Browne in sein Tagebuch.

Trotz des äußeren Scheins von Harmonie war Meneghini (Tina nannte ihn Meningitis) nicht glücklich und wollte am 25. Juli in Capri die Kreuzfahrt beenden; die Callas insistierte, es sei undankbar, so früh von Bord zu gehen. Er war nicht besonders seetüchtig und verbrachte während der Fahrt viel Zeit in ihrer gemeinsamen Kabine. Am 26. Juli fühlte er sich zu unwohl, um an Deck zu kommen und den rauchenden Stromboli zu betrachten; er war noch immer ans Bett gefesselt, als sie durch den Golf von Korinth fuhren und an Land gingen, um Delphi zu besichtigen.

Aufgrund seiner Sprache, seines Temperaments und seines empfindlichen Magens ausgeschlossen, gärte Unmut in ihm. Trotz der tröstlichen Anwesenheit der Churchills entflammte seine Phantasie beim Anblick sonnenbadender Frauen, und er begann, alle möglichen Arten von Ausschweifungen und Orgien zu vermuten. Er machte sich über Aris dunklen, behaarten Oberkörper lustig, der ihn an einen Affen erinnere. Unfreundlich verglich er den Körper seiner Frau mit Tinas Figur. Tina besaß eine Modellfigur, und sie war sich dieses Umstands dermaßen bewußt, daß es fast schamlos wirkte.

Als sie Chios erreichten, hatte Meneghini es aufgegeben, seinen Unmut zu verbergen. »Es war traurig, wie die Ehe in die Brüche ging, die Zärtlichkeit langsam verschwand«, hielt Nonie Montague Browne in ihrem Tagebuch fest. »Tina blieb weiterhin eine glänzende Gastgeberin, aber man bemerkte ihre gut kontrollierte Anspannung – ich schien das Schwein in der Mitte zu sein.« Tina und Maria betrachteten sie beide als ihre Freundin und Vertraute, und obwohl sie weiterhin das glänzende, lange, braune Haar der Callas bürstete (das gehörte zu Marias liebstem Zeitvertreib, eine Methode, sich zu entspannen, dabei zu klatschen, ihre Probleme zu vergessen und sich vor der Bellini-Partitur zu drükken, die sie zum Studieren mitgenommen hatte), lernte Nonie, ihren »Mund zu halten« – und unter dem Tisch ihre Füße außerhalb der Reichweite Battistas!

Noch immer hielt die Atmosphäre trügerischer Ruhe an. Der griechische Premierminister, Konstantin Karamanlis, und seine Frau kamen zum Essen; der britische Botschafter in Griechenland, Sir Roger Allen, kam zu Besuch. Churchill warf weiterhin seinen gigantischen Schatten einer der Vergangenheit angehörenden Grandeur, und Aris Hochachtung vor dem Mann war tief und echt.* Ari protzte mit seinen Wasserskikünsten, Maria kürzte bei allen Betten die Bettücher (natürlich nicht bei den Churchills), und Nonie, die ihr bei diesem Streich geholfen hatte, schrieb in ihr Tagebuch: »Kam nicht gut an!«

---

* Weniger echt war sein El Greco im Salon der *Christina*. Nur gegenüber dem Kenner Emery Reves, der die Echtheit des Bildes anzweifelte, gab er zu, er wolle

Am 4. August ließ die *Christina* ihre Anker im alten Hafen von Smyrna fallen. Es war eine emotionsbeladene Rückkehr für Ari. Er nahm seine Gäste zu einer Besichtigung der Stadt mit und beschrieb ihnen, insbesondere der Callas, wie es in seiner Kindheit ausgesehen hatte, vor dem großen Feuer und dem Erdbeben. Er führte sie nach Karatass, wo er gelebt, zu den Plätzen, wo er als Junge gespielt hatte, wo das Büro und die Warenhäuser seines Vaters gestanden hatten, und zum Friedhof, wo seine Mutter beerdigt war.

Nachdem sich die »Former Naval Party« an diesem Abend zurückgezogen hatte, überredete Ari die Callas und Meneghini, ihn wieder in die Stadt zu begleiten, diesmal zu den weniger gesunden Orten seiner Jugendzeit. Obwohl er häufig bei Presseinterviews und Unterhaltungen mit seinen Freunden an seiner Herkunft herumbastelte, war er gegenüber der Callas aufrichtig. Er führte sie durch das alte Vergnügungsviertel, erzählte ihnen die Geschichten von seinen Nächten in den großen Messingbetten der Bordelle von Demiri Yolu. Ari berichtete ihnen von der türkischen Hure, die ihm sowohl Weisheit als auch Sex geschenkt hatte (»Auf die eine oder andere Weise, Süßer, tun es alle Frauen für Geld«). »Geld und Sex gehen an einem bestimmten Punkt in jeder Gesellschaft eine Verbindung ein«, sagte er. Er wurde sehr betrunken. »Wir feierten die ganze Nacht hindurch mit Dealern, Prostituierten und verschiedenen anderen finsteren Typen«, sagte Meneghini hinterher. Erst um fünf Uhr morgens kehrten sie zur *Christina* zurück. Es war ein Fehler von Onassis, sich so zu betrinken. Meneghini triumphierte. »Er war voll wie eine Haubitze. Er

---

den Leuten weismachen, es handle sich um ein Original. »Wenn die Leute ihn für echt halten wollen, warum soll ich ihnen dann den Spaß verderben!« Onassis besaß zwei Gemälde von El Greco – »Junge zündet eine Kerze an« und »Madonna, von einem Engel getragen«, jenes Gemälde, das Reves an Bord der *Christina* für unecht hielt. Harold E. Wethey (*El Greco and his School*, 2 Bände, Princeton University Press, Princeton 1962) meint, beide seien fragwürdiger Herkunft. Nachdem er ein weiteres Gemälde als ein »fragwürdiges Werk« bezeichnet, »das überhaupt keine Beziehung zu El Greco aufweist«, fügt Wethey hinzu: »Dieselbe Aussage trifft auch auf ›Madonna, von einem Engel getragen‹ zu, das sich auf der Yacht *Christina* des A. S. Onassis befindet.«

konnte sich nicht aufrecht halten, er konnte nicht sprechen«, frohlockte er und wurde zum erstenmal während der Reise ganz munter und lebhaft. Für Giovanni Battista Meneghini war das der Höhepunkt der Kreuzfahrt. Es mag sein, daß dies der letzte, wirklich glückliche Augenblick seines Lebens war.

Am folgenden Tag entschuldigte sich Ari bei den beiden. Und zur Callas sagte er auf griechisch: »Wenn man es mit Gottlosen zu tun hat, rauben einem die Götter zuerst den Verstand.« – »Bist du gottlos?« fragte sie, ebenfalls auf griechisch. »Die meisten Männer sind Schurken«, antwortete er ihr in einer Sprache, von der sie wußten, daß sie damit Meneghini ausschlossen. Sie hatten zuletzt Ende Juni in London Liebe gemacht, als sie, laut Aris Aufschneiderei, bei der Fahrt über die Park Lane auf dem Rücksitz ihres Rolls-Royce Fellatio praktizierten. Jetzt, da sie durch die Dardanellen Richtung Istanbul kreuzten, schrieb man den 5. August, und vielleicht wirkte sich nun bei den beiden allmählich die Enthaltsamkeit gehörig aus.

Nur wenige Städte haben eine so gewalttätige, aber auch sentimentale Rolle in der Geschichte der Ränke und Intrigen gespielt wie Istanbul, einst das Herz des Byzantinischen Reiches, die Seele des Osmanischen Reiches. Von den orthodoxen Griechen noch immer Konstantinopel genannt, sollte die Stadt einen entscheidenden Anteil im Drama von Ari und Maria spielen. Am Morgen des 6. August, als die *Christina* im Bosporus vor Anker lag, besuchte Patriarch Athenagoras die Yacht. Obwohl er eingeladen worden war, um Churchill zu treffen, erteilte der Patriarch am Ende den auf den Deckplanken knienden Liebenden seinen Segen. »Die berühmteste Sängerin der Welt und den berühmtesten Seemann der modernen Welt, einen modernen Odysseus«, nannte er sie und dankte in Gebeten für die Ehre, die sie Griechenland gemacht hatten. Danach wurden alle Nichtgriechen, einschließlich Meneghinis, aber nicht die Churchills, an Land geschickt, während der Patriarch beim Mittagsmahl zu Gast war.*

---

* Artemis, Aris »kleine Schwester«, die Tina sehr schätzte, störte bei der Liturgie auf dem Sonnendeck. Die unverkennbar schwelende Spannung an Bord der

An jenem Abend war im »Hilton Istanbul« eine Party arrangiert worden. Meneghini, den immer noch die byzantinische Zeremonie peinigte, die an diesem Morgen an Bord der *Christina* stattgefunden hatte (er konnte das Gefühl nicht loswerden, daß eine Art von Hochzeitsritus veranstaltet worden war), und den mal wieder die Seekrankheit plagte, hatte keine Lust auf eine weitere lange Nacht mit Ari. Die Callas erschien ihm attraktiver und stolzer denn je; sie tanzte fast die ganze Nacht hindurch, doch fast immer mit Ari. Wenn ein Mann eine 28 Jahre jüngere Frau heiratet, muß er in solchen Situationen tolerant sein; Meneghini hatte alles immer wieder durchgerechnet: Wenn ich siebzig bin, wird sie 42 sein, wenn ich alt bin, ist sie immer noch jung. In der Vergangenheit hatte sie ihn wegen dieser kleinlauten Sterblichkeitsberechnungen stets ausgeschimpft, und als er ihr jetzt vorschlug, sich unbemerkt davonzumachen, weigerte sie sich, mit ihm zu gehen. »Ich kann mich gut alleine amüsieren«, sagte sie, ohne die Liebende kennzeichnende Freundlichkeit. »Du kannst machen, was du willst – oh, und Titta, fummel nicht an der Klimaanlage herum, du weißt, was das für meinen Hals bedeutet.« Das war der öffentlichste Fußtritt, den er sich vorstellen konnte. Später sagte er, daß er in der Weise Gegenstände zertrümmern wollte, wie Ari in jener Nacht in den Hafenkneipen Teller zerschmettert hätte. Aber das lag nicht in seiner Natur. Danach erzählte er infame Geschichten über die Kreuzfahrt und die Leute, die dabeigewesen waren. In Istanbul beispielsweise deutete er auf das schmutzige Hafenwasser und beklagte sich bei dem Kapitän der *Christina*: »Wir schwimmen ja in Scheiße.« Die Antwort des Kapitäns gefiel ihm: »Die wahre Scheiße existiert hier an Bord.« Diese Geschichte weiterzugeben war Meneghinis Art, Teller zu zerschmettern.

Die Callas hatte ihre Gefühle ihm gegenüber so abrupt geändert, daß die Überraschung fast den Schmerz übertraf. Als sie zur

---

Christina war während des Mittagessens für Aris Geschmack »ein bißchen zu dick«. Weil er keine Lust hatte, eine Szene auszulösen, ließ er ihr ein Telegramm bringen, in dem stand, daß man sie in ihrer Kabine erwarte, wo sie bis zum Weggang des Patriarchen festgehalten wurde.

Kreuzfahrt aufbrachen, schien alles so ausgezeichnet zu funktionieren wie in den zwölf Jahren zuvor, die sie schon zusammen waren. Meneghini fühlte sich Herr der Lage, und trotz seiner üblichen Verdrießlichkeit und schlechten Laune, sogar trotz Elsa Maxwells feindseliger Vorhersagen, sah er keine Ursache, die Loyalität seiner Frau anzuzweifeln. Es hatte keine Störungen in ihrem Lebensrhythmus gegeben, keinen warnenden Blick, keinen zur Wachsamkeit mahnenden Unterton. »Dennoch, wenn sie sich ihm gegenüber langsamer entzogen hätte, Stück für Stück, Tag für Tag, wenn er gewußt hätte, daß seine Ehe in Problemen steckt, hätte er vielleicht mehr gelitten«, sagte ein Freund der Familie. Aber nun ging der Streß los, und was als heimliche Affäre in London begonnen hatte, war in Istanbul plötzlich ein Thema für Klatschkolumnisten und Spekulationen geworden.

Und so wartete er auf die Rückkehr der Callas von der Party. Um sechs Uhr dreißig fand er keinen Gefallen an romantischer Verzweiflung mehr. Sie kam zurück und erzählte ihm, was er bereits vermuten mußte: Sie hatte sich in Ari verliebt.

In den darauffolgenden Tagen, als die *Christina* am Schatten des Berg Athos vorbei in Richtung Delos und Mykonos fuhr, sprang die Spannung auf den Rest der Reisegefährten über. Nur Churchill schien sich der Situation nicht bewußt zu sein, und er hatte weiterhin am Mittagstisch Freude am gemeinschaftlichen Singen mit Ari (»Daisy, Daisy« war eine Lieblingsnummer) und sehr viel seltener an einem Spiel oder einer ernsthaften Unterhaltung. »Ari liebte es, über fundamentale Dinge zu reden, besonders spätnachts«, sagte ein häufiger Gast auf der *Christina*, »über Ethik und Gewissen, Macht und Freiheit, Tugend und Ehre, Liebe und Tod.« Lord Moran führte, wie Nonie, ein Tagebuch. Eine Eintragung ist besonders aufschlußreich: Churchill und Ari hatten über einen Skandal in Washington diskutiert, der mit der Entlassung eines Mitarbeiters Eisenhowers endete, und zwar als Folge von Beschuldigungen, er habe Geschenke entgegengenommen und dafür einen Industriellen bei seinen Verhandlungen mit Regierungsbehörden protegiert. Der Präsident wollte den Sturm heil überstehen. Churchill sprach sich vehement dagegen aus: »Man muß einen Mann entweder ordentlich verprügeln oder ihn in Schutz nehmen.« Ari, der niemals einem Mann getraut hätte, der Bestechungsgelder ablehnt, erwiderte: »Man muß seine Liebsten und Nächsten in die Hölle schicken, wenn sie einem nicht mehr nützlich sind.« Das war eine vortrefflich knappe Zusammenfassung dessen, was er der Callas eintrichterte.

Ari und die Callas suchten weiterhin offen die Nähe des anderen – ausschließlich. Die Liebe der Callas besaß die alles überwältigende Heftigkeit der ersten leidenschaftlichen, sexuell geprägten Liebesgeschichte ihres Lebens. Bei Ari war es die Befriedigung eines alternden Mannes, das Herz und den Verstand der größten Primadonna der Welt gewonnen zu haben. (»Ich dachte immer, wie schrecklich es ist, ein halbes Jahrhundert alt zu sein und zu wissen, daß nichts mehr kommt; wie sehr ich mich doch irrte«, sann er später darüber nach.) Am 9. August kam die Yacht in Athen an; Artemis und Theodore gaben in ihrem Haus in Glyfada eine Party; wieder wichen sich die Liebenden kaum von der Seite, und wenn, dann beobachtete ihn die Callas ständig mit ihren stark geschminkten Augen. (»Er erinnerte sie, wie sie sagte, an einen Gigolo, nicht mehr jung, aber immer noch ein Raubtier, immer noch sexy, immer noch auf der Jagd«, erinnerte sich eine Freundin.) Am Handgelenk trug sie einzig einen goldenen Armreif, auf dessen Innenseite sich die Initialen TMWL befanden: To Maria With Love.

Meneghini kehrte um vier Uhr morgens zur Yacht zurück und ging sofort zu Bett; die Callas kam erst um neun Uhr morgens in ihre gemeinsame Kabine. Sie stritten sich, ihre Stimmen – ganz besonders ihre Stimme – hallten peinlich klar durch die morgendliche Stille, da noch alle ihre Kater pflegten. Er sei zu possessiv, zu tölpelhaft, ein Bourgeois, er habe keine innere Sicherheit, beherrsche keine Sprachen, die kosmopolitische Gesellschaft ginge über sein Begriffsvermögen; er führe sich eher wie ihr Wärter auf (»ein launischer Aufseher«, waren ihre Worte) denn ihr Ehemann. Sie sei undankbar, leichtsinnig und schamlos; er habe sie aus dem Nichts geholt, und sie danke ihm das nun, indem sie sich wie »das Spielzeug dieses raffsüchtigen, kleinen Griechen« aufführe. Weder ihren Mitreisenden noch der Besatzung blieb viel vorenthalten. Ein Steward wettete fünf zu zwei, daß die beiden nicht

239

gemeinsam die Kreuzfahrt beenden würden, und trug die eingehenden Wetten in sein Notizbuch ein.

Hätte man die Angelegenheit Ari überlassen, wäre die Affäre wohl so weitergegangen, bis sie eines natürlichen Todes gestorben wäre. Seine Affären waren im wesentlichen vorübergehender Natur, und nette Spielereien von Cartier waren ein übliches Abschiedsgeschenk. Wie auch immer: In den frühen Morgenstunden des 12. August schlenderte Tina, weil sie nicht schlafen konnte, durch das Schiff und sah im Salon ihren Mann und die Callas in einer eindeutigen Situation. Sie ging weiter, weckte Meneghini und erzählte ihm, was sich gerade abspielte. »Ich konnte es an seinem Gesicht ablesen, daß er nichts dagegen unternehmen würde«, erzählte sie später einem Liebhaber. In die Falle einer zufälligen Allianz geraten, tauschten die beiden die kleinen Bekenntnisse des Mitleids aus. Sie sei »fast nackt« gewesen, erinnerte sich der Italiener mit einer sexuell gefärbten Liebe zur Genauigkeit, obwohl es unwahrscheinlich ist, daß sie sich die Mühe machte, in dem Mann, den sie Meningitis getauft hatte, mehr Interesse zu erwecken, als sie gebrauchen konnte. »Es wird vorübergehen«, meinte er und klammerte sich an die Hoffnung, daß es lediglich eine Schiffsromanze war. Es erschien ihm unfaßbar, daß seine Ehe sich so übel entwickelt hatte: Wie oft hatten sie »zusammen gekniet und Gott gedankt« für ihr Glück und darum gefleht, alles möge so bleiben, wie es war. Wenn Maria ihre Ehe nicht mehr länger als moralische Verpflichtung betrachte, so sei er doch der Überzeugung, daß sie niemals ihre geheiligten Bande in Abrede stellen werde. Tina war viel realistischer und härter: »Er hat sie Ihnen weggenommen, Battista«, sagte sie; ihre eigene Ehe sei zerstört; es mache ihr nichts mehr aus. Sie empfand echtes Mitleid für Meneghini und auch »für die arme Maria . . . sie wird noch früh genug begreifen, was er für ein Mann ist«. (Er sei ein »tierischer Trinker«, gab Meneghini Tinas Worte in seinen Memoiren wieder und äußerte dabei auch die Vermutung, daß er diese Aussage wohl an Maria weiterleiten sollte, um »ihr die Augen zu öffnen«.)

Am 13. August lief die *Christina* in Monte Carlo ein, und die Callas und Meneghini gingen übereilt von Bord. An jenem Abend waren sie wieder in ihrer Wohnung in Mailand. Meneghinis Hoffnung, die Normalität kehre schon wieder ein, zerschlug sich rasch. Die Callas beendete das anhaltende Schweigen derjenigen, die von etwas stark betroffen sind, indem sie laut über die Trennung nachdachte. »Ich frage mich manchmal, wie unterschiedlich unser Leben wohl verlaufen wird, wenn wir nicht mehr zusammenleben.« Meneghini erwiderte, daß er darüber noch nicht einmal nachdenken wolle. Die Callas blieb beharrlich: »Ich muß darüber nachdenken. Du bist nicht unsterblich, Battista. Der Tag wird kommen, an dem ich alleine singen muß.«

In der Zwischenzeit war Stavros Livanos nach Südfrankreich geflogen, um selbst herauszufinden, »was Ari sich bei der ganzen Geschichte dachte«. Die europäischen Boulevardblätter überschlugen sich mit Geschichten über seine wachsende Freundschaft mit der Callas. Ari sagte seinem Schwiegervater, er solle sich zum Teufel scheren. »Ich bin vierundfünfzig Jahre alt, ich bin reicher als du, und ich war noch nie in meinem Leben so glücklich. Erzähl mir nicht, wie ich mit meinen Angelegenheiten fertig werden soll«, gab Ari die Unterredung wieder. Am nächsten Tag lief die *Christina* mit Tina und den Kindern an Bord nach Venedig aus. Ari wußte, daß er ein Mann mit einem Problem war, das nicht von allein verschwinden würde.

Auf Marias Vorschlag kehrte Meneghini nach Sirmione zurück, während sie in ihrem Mailänder Stadthaus blieb: Sie wollte »allein sein«, um ihre »Gefühle zu überdenken«. Am Freitag, dem 14. August, flog Ari in seinem Privatflugzeug nach Mailand. Am ersten Abend entgingen sie den Paparazzi, weil die Presse wahrscheinlich nicht erwartete, daß sie sich ausgerechnet in Marias Heimatstadt gemeinsam zeigen würden. Ari wollte, daß sie Meneghini auf der Stelle verlassen sollte. »Er ist ein alter Kerl, stell dir vor, wie es in ein paar Jahren für dich sein wird!« drängte er sie. Am folgenden Tag rief sie Meneghini an und bat ihn, sofort nach Mailand zu kommen, damit »wir eine zivilisierte Lösung für diesen ganzen Mist ausarbeiten können«.

Die Zusammenkunft war außergewöhnlich: Sie erinnerte mehr an eine Aufsichtsratssitzung als an eine Konfrontation zwischen einem betrogenen Ehemann, der treulosen Ehefrau und ihrem

Liebhaber. Ari redete am meisten – »Er redete wie ein Mann unter Zwang«, erzählte Meneghini einem Freund, »als ob er befürchtete, alles falle in sich zusammen, wenn er nur eine Sekunde aufhört«. Meneghini erklärte, er besitze in solchen Angelegenheiten keinerlei Erfahrung, und fragte: »Welches Verhalten erwartet man von mir?« Ari meinte, man müsse sicherstellen, daß die Callas »am allerwenigsten belastet und in Geldverlegenheit gebracht wird«. Meneghini erklärte sich, wenn es zum Wohle von Maria sei, mit allem einverstanden (»Wie hätte ich gegen den modernen Odysseus gewinnen können?« meinte er mit einem Seitenhieb auf den Segen des Patriarchen in Istanbul). Er werde sich mit seinen Anwälten in Turin besprechen und die Einzelheiten der Trennung ausarbeiten lassen. »Ich werde es euch beiden leichtmachen. Und das ist verflixt viel mehr als das, was Sie Tina und mir angetan haben.« Sie redeten weit in die Nacht hinein; Ari betrachtete es nicht als Taktlosigkeit, seine Pläne zu umreißen, der Callas in Monte Carlo ein Opernhaus zu bauen. Er trank sehr viel Whisky, schien aber nüchtern zu bleiben, und unterbrach seine Ausfälligkeiten durch häufige Anrufe in New York oder London. Die Callas liebte es, ihn bei seinen Aktivitäten zu beobachten; sein Leistungsvermögen und seine Sexualität waren etwas Unteilbares. Es erschien ihr unglaublich, daß er nur neun Jahre jünger als ihr Ehemann war; sein zurückgekämmtes Haar war immer noch dicht, obwohl es bereits von grauen Strähnen durchzogen wurde. Ihr gefiel die »unbändige Kraft« seines Körpers. Es war beinahe vier Uhr morgens, der Himmel über Mailand hellte sich bereits auf, als Meneghini im Gästezimmer zu Bett ging und seine Frau und deren Liebhaber allein ließ; um sechs Uhr dreißig »benahm sie sich wie eine kleine, dumme Gans, wie ein Teenager mit Sternchen vor den Augen«. Er stand nach ein paar Stunden auf, frühstückte alleine und war wieder in Sirmione, als sie erwachte.

In den folgenden Tagen wuchs das öffentliche Interesse an der Affäre dermaßen, daß niemand mehr annahm, es könne sich noch steigern. Die Liebenden konnten die Paparazzi nicht lange überlisten und wurden fotografiert, als sie das Hotel »Principe e Savoia« in Mailand betraten. Zu dieser Stunde Hand in Hand in ein Hotel zu gehen war reichlich delikat – zu spät für ein Abendessen, zu früh für ein Frühstück. Aus Venedig wurde berichtet, daß Tina Wange an Wange mit Count Brando d'Adda auf Elsa Maxwells alljährlich stattfindendem Ball getanzt hatte. Sie benahm sich nicht wie eine Frau, die sich mit einer emotionalen Krise herumschlägt; dennoch war klar, daß sich ein pikanter Gesellschaftsskandal entwickelte; sowohl Meneghini als auch Ari ließen sich zu taktlosen Bemerkungen hinreißen. »Dieser Mann hat Milliarden. Ich werde von diesem Mann ausgenommen. Was soll ich denn machen? Was kann ich machen?« fragte Meneghini seine Freunde, tief getroffen von der gegen ihn begangenen »Sünde«. Ari übte sich in einem lockeren Ton gegenüber den Reportern: »Ich bin ein Seemann, und das sind nun mal Dinge, die einem Seemann manchmal passieren.«

Selbst als nach der Konfrontation in Mailand alles geregelt zu sein schien, gab es in der Abwicklung der Trennung dennoch Höhen und Tiefen. Ein Treffen in Sirmione, bei dem die weiteren Berufsaussichten der Callas erörtert werden sollten, war zur Disharmonie verurteilt, als sie und Ari zu spät kamen und alles andere als nüchtern waren. Ari hatte ab Mailand ständig Whisky getrunken; Whisky machte ihn redselig und aggressiv; wie er auf Alkohol reagierte und wieviel er davon vertrug, war nie vorherzusehen. Er war hingerissen von dem Gedanken, daß er die Callas gewonnen und nun ihre Karriere in die Hand genommen hatte. Maria hatte zum Abendessen – als ob sie zu einem großen Ball gehen würde – ein schulterfreies Abendkleid aus schwarzem Chiffon angezogen, wodurch die kostbare Perlenkette, die sie trug, natürlich besonders auffiel (die Kette unterstrich jedoch auch ihren faltigen Hals – ihr Gewicht war von 91 auf 55 Kilo gefallen). Ari trug seine gewohnte Sonnenbrille und ein Dinnerjackett, eine Mischung, die ihm nach Meneghinis Ansicht ein »dekadentes Aussehen« verlieh. Maria, die sich Mühe gab, ernst zu wirken, schien von der Realität fast losgelöst zu sein; sie forderte, daß trotz des warmen Spätsommerabends ein Kaminfeuer angezündet werden sollte. Ganz in seine eigenen Gedanken vertieft, gleichgültig gegenüber Meneghinis Mißbilligung und ohne Marias tranceähnliches Gebaren zu bemerken, trank Ari während des gesamten

Abendessens und auch danach unaufhörlich weiter; sein Geschwätz kam von Marias Zukunft ab und behandelte dann seine ehrgeizigen Pläne für Monte Carlo. Die Sauferei und Aufschneiderei brachen Meneghinis Entschlossenheit, ruhig zu bleiben. Die beiden Männer fingen zu streiten an: Ein Grieche und ein Italiener, von Alkohol und Rivalität angeheizt, ihre Stimmen wurden lauter, ihre Sprache (Italienisch, die einzige Sprache, die Meneghini beherrschte) wurde grob. Meneghini wurde nicht nur von Wut, sondern noch mehr von dem Wunsch getrieben, einen Endkampf zu liefern, mit dem er leben konnte. Ari verhöhnte ihn: »Ich bin ein schlechter Mensch, aber ich bin reicher, als du jemals sein wirst, und ein besserer Liebhaber, als du jemals sein wirst . . . Ich tue, was ich will, und ich nehme mir, was ich will.« Sein Reichtum war ein Thema, von dem er nicht die Finger lassen konnte. Er wollte wissen, wieviel Meneghini für Maria haben wolle. »Fünf Millionen Dollar? Sie gehören dir. Zehn? Nimm sie. Laß uns bloß einfach in Ruhe.« (»Ich sagte ihm, er solle sich sein Geld in seinen griechischen Arsch stecken«, wiederholte Meneghini später zufrieden seine schlagfertige Antwort, obwohl seine Memoiren nicht ganz so drastisch den Wortwechsel wiedergeben: »Ich antwortete: ›Du bist ein armseliger Alkoholiker, du drehst mir den Magen um. Ich würde dir gerne das Gesicht einschlagen, aber ich werde es nicht tun, weil du nicht einmal aufstehen könntest.‹«) Vielleicht wurde sich Maria bewußt, daß sie mehr begehrt als geliebt wurde. Auf jeden Fall wurde sie hysterisch und beschuldigte ihren Ehemann, ihr »diese letzte Chance von Glück« zu verweigern. Meneghini verfluchte sie beide: »Was ihr beide mir angetan habt, werdet ihr bis ans Ende eurer Tage immer wieder bezahlen müssen. Ihr werdet niemals das Glück kennenlernen. Ihr tut mir leid, weil ihr in der Hölle dafür büßen werdet.«

Am 8. September bestätigte die Callas offiziell, daß ihre Ehe zu Ende sei und die Anwälte die vermögensrechtlichen Einzelheiten der Trennung ausarbeiteten. Die Trennung habe seit langer Zeit in der Luft gelegen, behauptete sie, und die Kreuzfahrt auf der *Christina* sei ein bloßer Zufall gewesen. »Ich bin jetzt mein eigener Manager. Ich bitte in dieser persönlich schmerzlichen Situation um Ihr Verständnis. Zwischen mir und Signor Onassis herrscht eine tiefe freundschaftliche Zuneigung, die seit einiger Zeit besteht. Ich habe auch geschäftlich mit ihm zu tun. Ich habe Angebote der Oper in Monte Carlo erhalten, und es gibt auch die Aussicht auf einen Film. Falls ich weitere Einzelheiten zu sagen habe, werde ich dies im geeigneten Moment tun, aber ich habe nicht vor, eine Pressekonferenz abzuhalten.« Meneghini bestätigte die Trennung in einem Kommuniqué, das eine »gefühlsmäßige Bindung« zwischen seiner Frau und Ari einräumte. Freunde hielten dies für eine ungewöhnlich ritterliche Geste, geständige Ehebrecher so zu umschreiben. »Ich hege keine Verbitterung gegenüber Maria, die mir ehrlich die Wahrheit sagte, aber ich kann Onassis nicht vergeben«, sagte er.

Reporter spürten Ari in »Harry's Bar« in Venedig auf. Das war nicht gerade der geeignetste Ort, wenn ein Mann ohne die neugierige Presse etwas trinken will. »Natürlich, was blieb mir denn anderes übrig, als mich geschmeichelt zu fühlen, wenn eine Frau mit der Klasse von Maria Callas sich in jemanden wie mich verliebt? Wer wäre es nicht gewesen?« sagte er und ging damit in gewisser Weise über die Behauptung der Callas hinaus, daß nichts weiter als eine enge Freundschaft zwischen ihnen bestehe.

Obwohl Tina die Geschwindigkeit verletzte, mit der die Leute aus dem Gefolge ihres Mannes der Callas den Hof machten, ging sie weiterhin auf Distanz und schien die ganze Angelegenheit zu ignorieren. Sie nahm Christina und Alexander, ohne Ari etwas davon zu sagen, und flog in das Haus der Livanos in Paris. Als er sie aufspürte, weigerte sie sich, ihn zu sehen. An diesem Abend erhielt er ein kleines Päckchen, in dem sich ein Goldreif mit der Inschrift »Samstag, 17. April 1943, 19 Uhr, T.I.L.Y.« befand. Seine Reaktion bestand darin, daß er sich zu einer weiteren Kreuzfahrt in die Ägäis aufmachte. Dieses Mal gab es nur einen einzigen Passagier an Bord der *Christina* – Maria Callas.

Anfang Oktober reichte Meneghini den Antrag auf eine gesetzliche Trennung in Brescia, Italien, ein; seine Klageschrift erwähnte Ari nicht; sie bezog sich nur auf die plötzliche Wandlung der Callas von einer »loyalen und dankbaren Frau« zu einer, deren Verhalten »unvereinbar mit den elementarsten Formen des Anstands« gewesen sei, und zwar nach einer Kreuzfahrt mit »Personen, die zu den mächtigsten unserer Zeit gerechnet werden«. Das Gericht veranstaltete das übliche, sinnlose Ritual, eine Versöhnung herbeizuführen, aber am 14. November, nach einer sechsstündigen Verhandlung über die Abfindung, erklärte es die Trennung für rechtsgültig. Maria erhielt das Stadthaus in Mailand, den größten Teil ihres Schmucks und die Einkünfte aus den Schallplattentantiemen; Meneghini behielt Sirmione und allen Grundbesitz. Elf Tage später reichte Tina beim obersten Gericht des Staates New York die Scheidung wegen Ehebruchs ein – der einzige Grund, der damals im Staate New York anerkannt wurde – und beanspruchte das Sorgerecht für Alexander und Christina. Am selben Abend noch wurden Reporter in ihre Wohnung am Sutton Square bestellt; ihr Anwalt verlas einen vorbereiteten Text:

Vor fast dreizehn Jahren heirateten Mr. Onassis und ich in New York City. In dieser Zeit wurde er einer der reichsten Männer der Welt, aber sein großer Reichtum hat mir weder Glück mit ihm gebracht noch, wie die Welt weiß, ihm mit mir. Als wir uns diesen Sommer in Venedig trennten, hatte ich gehofft, daß Mr. Onassis unsere Kinder genug lieben und unsere Privatsphäre ausreichend respektieren würde, um mit mir persönlich – oder über seine Anwälte mit meinen Anwälten – unsere Probleme in Ordnung zu bringen.
Mr. Onassis weiß genau, daß ich nichts von seinem Reichtum wünsche und daß ich allein am Wohl unserer Kinder interessiert bin.
Ich bedaure zutiefst, daß Mr. Onassis mir keine andere Wahl läßt als ein New Yorker Scheidungsverfahren. Was mich betrifft, so werde ich Mr. Onassis immer alles Gute wünschen, und ich erwarte, daß er nach Abschluß dieses Verfahrens weiterhin die Art von Leben genießen wird, das er so offensichtlich zu leben wünscht, aber in dem ich keine wirkliche Rolle gespielt habe. Ich habe nichts weiter zu sagen und hoffe, daß man mich mit meinen Kindern in Ruhe läßt.

Ari war an Bord der *Christina* in Monte Carlo, als diese Erklärung in den New Yorker Zeitungen erschien – Costa Gratsos las sie ihm am Telefon vor. »Dieser Kram wurde von Anwälten aufgesetzt und für Jascha Heifetz instrumentiert«, sagte Gratsos zum Schluß. Aris Ratgeber waren der Meinung, es sei »gut für die Public Relations«, wenn die Callas eine Weile die Yacht verlasse; sie zog in eine Suite im »Hotel Hermitage«. Davon ließ sich niemand täuschen, insbesondere nicht die Armee von Fotografen und Reportern, die ihnen auf Schritt und Tritt folgte; aber zu jedermanns Überraschung gab Tina schließlich eine »Mrs. J. R.« an, mit der er angeblich Ehebruch begangen habe, und zwar »zu Lande und zu Wasser in den Vereinigten Staaten, in Frankreich, Monte Carlo, in Griechenland und in der Türkei von 1957 bis heute«. Tina hatte ein ausgezeichnetes Erinnerungsvermögen und auch ein detailliertes Dossier. Die mysteriöse Mrs. J. R. wurde rasch als ihre alte Schulfreundin Jeanne Rhinelander identifiziert. »Ich will diesem Kanarienvogel nicht die Befriedigung verschaffen, daß die andere Frau genannt wird«, sagte sie zu Freunden in New York mit dem ganzen Stolz und auch der Gerissenheit der Livanos', denn bei einer Nennung der Callas hätte Ari Gründe für eine Gegenklage gehabt, in der er angeführt hätte, daß sie sich mit ihren eigenen Verehrern, lange bevor die Callas auf die Bühne trat, schon im Doppel geübt hätte.

Die ganz und gar nicht unschuldige Mrs. Rhinelander jedoch nahm es stets übel, wenn man ihre Privatsphäre verletzte, und drohte damit, Tina wegen Verleumdung zu verklagen. Ari beunruhigte das flatterhafte Temperament seiner ehemaligen Geliebten. So hatte er Freunden vertraulich mitgeteilt, er habe sie bereits zu mehreren Kreuzfahrten mitgenommen, »um ihr über seelische Krisen und Drogenprobleme hinwegzuhelfen«. Eine Verleumdungsklage war nun wirklich das letzte, was er sich wünschte. »Man stelle Jeannie in den Zeugenstand, und sie wird wahrscheinlich alles sagen«, regte er sich auf. Darüber hinaus war er sehr dahinter her, Mrs. Rhinelander, eine große, hübsche Geschiedene aus New York, davon abzuhalten, mit Pressevertretern zu sprechen. Sie erschien gelegentlich als Mrs. T. J. Oakley Rhinelander II. in den Klatschspalten. Sobald ihre Identität aufgedeckt worden war, fuhr er nach Grasse, um sie zu überreden, mit der Situation gelassen umzugehen. Wenige Stunden später gab sie eine Erklärung ab, in der sie ihr Erstaunen über die Tatsache zum Ausdruck brachte, daß man ihren Namen in einen Skandal hineingezogen habe, in dem sie, wie sie behauptete, keine Rolle gespielt habe. »Ich bin eine alte Freundin von Mr. und Mrs. Onassis. Ich bin erstaunt, daß nach so vielen Jahren der Freundschaft, von der jedermann wußte, hier und in den Vereinigten Staaten, Mrs. Onassis nun versucht, sie als Vorwand zu nehmen, ihre Freiheit zu erlangen ... Ich wiederhole, daß ich Mr. Onassis kenne und ihm eine treue Freundin bleibe.«

Seine eigene Presseerklärung war für die Callas eine Enttäuschung. »Ich habe soeben erfahren, daß meine Frau das Scheidungsverfahren eingeleitet hat. Ich bin nicht überrascht; die Lage spitzte sich rasch zu. Aber ich war nicht vorgewarnt. Offensichtlich habe ich das zu tun, was sie will; ich werde geeignete Regelungen treffen.« Der Tenor dieser Erklärung war irgendwie vage, unentschlossen, fast unheilvoll. Die Callas hatte mehr erwartet, viel mehr: Sie hatte erwartet, daß er feierlich seine Liebe zu ihr erklärte, eine öffentliche Festlegung ihrer gemeinsamen Zukunft. Die Struktur ihrer Beziehung während der kommenden acht Jahre war abgesteckt.

Kapitel 12

In den folgenden Wochen schwankte Ari zwischen Selbstmitleid und Wut. Er brach in Spyros Skouras' Suite im »Claridge's« zusammen und »schluchzte wie ein Kind«, nachdem er mehr als eine Stunde mit Tina in New York telefoniert und sie angefleht hatte, ihre Meinung bezüglich der Scheidung zu ändern. Sein Verhältnis zur Callas hatte sich dramatisch verändert: Er war nicht mehr in ständiger Abrufbereitschaft, seine Schritte wurden unberechenbar, seine Abwesenheit wurde nicht erklärt. Optimistisch machte die Callas seine geschäftlichen Probleme dafür verantwortlich. Es gab nämlich keinerlei Anzeichen, daß die Rezession, die nach der Suezkrise eingetreten war, zu Ende ging – und es gab keinen Reeder auf der ganzen Welt, der nicht darunter litt.

Er bat Tina noch immer, zu ihm zurückzukehren, als sie sich im April 1960 in Paris trafen, um die Bedingungen ihrer Scheidung zu besprechen. Sie wurden beim Essen fotografiert, und er förderte die Spekulationen der Presse von einer Aussöhnung. Aber die Wachsamkeit, mit der sich getrennt lebende Paare beobachten, ließ nicht nach (»Selbst wenn er verliebt war«, so Tina später, »konnte er sich, ohne zu schachern, nicht hingeben«), und es gab keinen Neuanfang. Sie wollte für sich selbst kein Geld, nicht einmal den ihr gesetzlich zustehenden Unterhalt; die finanzielle Versorgung von Christina und Alexander, für die sie das gemeinsame Sorgerecht haben wollten, wurde durch die amerikanische Stiftung gewährleistet. Um ihren Vater zu besänftigen, der fürchtete, ein schmutziges Scheidungsverfahren könne sowohl ihr als auch den Kindern schaden und das griechische Establishment der Reeder peinlich berühren, willigte sie ein, das New Yorker Verfahren mit seiner notwendigen Beschuldigung des Ehebruchs fallen-

zulassen. In Alabama wurde ihr im Juni, nach dreizehn ungewöhnlichen Jahren, im »Schnellverfahren« und unangefochten
die Scheidung wegen seelischer Grausamkeit bewilligt. In Zukunft wolle sie Tina Livanos heißen; sie habe »nicht den Wunsch
und nicht das Bedürfnis«, den Namen ihres Mannes zu behalten;
der Name Livanos verkörpere Ansehen und einen Stammbaum,
der unendlich eindrucksvoller sei als der der Familie Onassis. »Es
ist immer traurig, wenn eine Ehe und ein Heim sich auflösen«,
erzählte Ari Reportern in London. Aber er sei nicht einsam und
hege keine Gedanken an eine Wiederheirat. »Zwischen mir und
der Callas gab es nie eine Romanze. Wir sind einfach gute
Freunde«, sagte er. Das war eine demütigende Situation für die
Callas; außerdem wurde sie von Resignation ergriffen: »Ich will
nicht mehr singen. Ich möchte wie ein ganz normaler Mensch
leben, mit einer Familie, einem Heim, einem Hund.« Sie sagte im
letzten Moment ein Konzert in Belgien ab, weil sie angeblich ihre
Stimme verloren hatte; ihre Feinde und Kritiker schrieben sie ab.

In jenem Sommer machte Ari einen Wandel des Herzens durch
und wurde so fürsorglich und aufmerksam wie im Juni des vorangegangenen Jahres, als sie in London Liebende wurden. Ihr be-
liebtester Treffpunkt war der Nachtclub »Maona« in Monte Carlo,
wo die Klatschspaltenreporter sie bei Zärtlichkeiten beobachteten. »Es ist ihnen unmöglich, Wange an Wange zu tanzen, da Miss
Callas etwas größer als Mr. Onassis ist«, berichtete William Hik-
key im *London Daily Express*. »Beim Tanzen neigte sie ihren
Kopf, um an seinem Ohr zu knabbern, und er lächelte verzückt.«
Die Spekulationen über eine bevorstehende Hochzeit reiften und
waren Musik in den Ohren der Callas. Aber als sich Tina beim
Skilaufen in St. Moritz ein Bein brach und in eine Klinik in
England geflogen wurde, eilte Ari an ihr Bett und förderte damit
die neuesten Gerüchte von ihrer Wiederheirat. Die Gerüchte
hielten sich, bis Tina, siebzehn Monate nach ihrer Scheidung,
nach griechisch-orthodoxer Zeremonie mit dem 35jährigen Sunny
Blandford in Paris getraut wurde. Er war ein Sohn des Herzogs
von Marlborough und ein Verwandter von Churchill. Niarchos,
der niemals eine Gelegenheit ausließ, um Ari zu reizen, stellte
den frisch Vermählten sein Privatflugzeug zur Verfügung, das sie

nach Griechenland flog, von wo aus sie zu einer Kreuzfahrt durch die Ägäis aufbrachen.

Ari hatte immer noch keine Eile, die Callas zu heiraten, obwohl die Besatzung der *Christina* sie in jeder Weise als »la patronne« behandelte. »Die ungeschminkte Wahrheit war, daß die Gören sie haßten. Wenn es nicht um die Kinder gegangen wäre, hätte er das Ganze in dem Moment besiegelt, wo Tina mit dem Marquis zum Marsch von Mendelssohn tanzte«, sagte Meyer. Es war kein Geheimnis, daß Alexander und Tina die Callas für die Zerrüttung der Ehe ihrer Eltern verantwortlich machten; sie gaben niemals die Hoffnung auf, daß ihre Mutter und ihr Vater wieder zusammenkommen würden. Die Wiederheirat ihrer Mutter hatte sie genausowenig erfreut wie Ari; aber in ihren jungen Augen war die Anwesenheit der Callas das Hindernis für eine glückliche Wiedervereinigung der Familie. Trotz ihrer mütterlichen Sehnsüchte fand die Callas keinen Zugang zu den Kindern, sie besaß nicht die richtige Sprache, um mit ihnen zurechtzukommen (»Ein Ende«, erzählte sie der neunjährigen Christina, als sie versuchte, die Realität und den Segen einer Scheidung zu erklären, »ist eine Art von Unglücksfall, aber auch eine Art von Anfang«). Sie nannten sie nicht Madame Callas, sie konnten sie nicht Maria nennen – die Folge war, daß sie sie lange Zeit gar nicht mit einem Namen ansprachen. Heimlich nannte Alexander sie »die Sängerin«, genauso wie er später seine Stiefmutter als »die Witwe« bezeichnete; wenn sie sich unterhielten, klang er häufig leicht anmaßend, was sie, wie er wußte, sehr reizte; aber es war immer zu subtil, um eine Klage bei seinem Vater zu rechtfertigen; es war ein Spiel, mit dem er Christina amüsierte.

Sie waren einsame und frühreife Kinder, deren Kindheit ein Paradox war: Mit viel professionellem Getöse aufgezogen, waren sie in privater Hinsicht nicht weniger exzessiv vernachlässigt worden. Wenn die Eltern an Bord waren, so bemerkte Alexander später, waren sie »so mit sich selbst beschäftigt, daß sie ebensogut nicht dazusein brauchten«. Als die Callas versuchte, sie mit Lob und Geschenken für sich einzunehmen, blieb das Lob unbeachtet, wurden die Geschenke nicht ausgewickelt. Christina besaß die Ausstrahlung eines Menschen, der bereits darauf eingestellt ist,

251

nach eigenen Gesetzen zu leben. Es gab da »etwas Unnahbares in ihrem Gesicht«, das dazu führte, daß die Callas ungern mit ihr allein war. »Sie sieht aus wie ein Kind, das fürs Nonnenkloster bestimmt ist«, erzählte sie Ari.

Ari gestattete es Maria nicht, sich auf der *Christina* aufzuhalten, wenn die Churchills an Bord waren. Er behauptete, ihre Anwesenheit bringe »Winston«, der Tina sehr geschätzt habe, »in Verlegenheit«. Das machte ihr klar, »wieviel mehr als nur die Zuneigung Meneghinis sie verloren hatte, als sie ihn verließ«, sagte ein Freund der Familie. »Es ist nicht schwer, sich von der Liebe total überwältigen zu lassen. Mit den Konsequenzen zu leben, das ist der härtere Teil«, gestand sie später ihrem Freund Panaghis Vergottis. In vielen Opernaufführungen hatte sie Heldinnen verkörpert, die aus Liebe starben, »und das ist etwas, was ich verstehen kann«. Als ihr vierzigster Geburtstag nahte und sie erkannte, daß sie sowohl beruflich als auch privat nicht mehr länger in ihren besten Jahren war, glaubte sie zunehmend, daß Ari niemals beabsichtigte, mehr als nur ein Abenteuer in ihrer Affäre zu sehen, die von Meneghinis Schwäche und Tinas Einwilligung sanktioniert worden war. Aber sie wußte auch, daß sie wieder genauso handeln würde, wenn sie noch einmal von vorne anfangen könnte.

Als sie im Triumph nach Griechenland zurückkehrte, um die »Norma« im klassischen Theater von Epidaurus zu singen, sonnte sich Ari in ihrem Ruhm, würdigte aber nicht ihr Talent, lauschte ihren Vorstellungen mit gelangweilter Höflichkeit und lobte sie auch in derselben Weise. »Er wollte aus ihr einen Filmstar machen, weil nach seiner Auffassung ein Filmstar bedeutender als eine Opernsängerin war«, sagte Meyer. Er tat alles, was in seiner Macht stand, um den Produzenten Carl Foreman zu überzeugen, sie als Partnerin von Anthony Quinn in »Die Kanonen von Navarone« einzusetzen. Obwohl er nicht von ihrer Fähigkeit überzeugt war, die kleine, aber wichtige Rolle zu meistern, schätzte Foreman andererseits sehr realistisch den Kassenerfolg ein, den sie dem Film einbringen würde (»Soviel Publicity kann man gar nicht kaufen«). »Geben Sie ihr zehn Tage, und wenn sie nicht gut ist, okay, schiebt sie ab, holt euch jemand anders – ich werde die Rechnung begleichen«, sagte Ari zu dem Produzenten, nachdem sie mehrere Tage an Bord der *Christina* getrunken und gegessen hatten. »Das wird vielleicht eine Menge Geld, Mr. Onassis«, sagte Foreman. »Ich *habe* eine Menge Geld, Mr. Foreman«, meinte Ari. Als ihr die Rolle angeboten wurde, zeigte sie jedoch Zweifel, und Foreman besetzte sie mit der griechischen Theaterschauspielerin Irene Papas. »Ich stehe jeden Tag meines Lebens auf, um zu gewinnen«, schrie Ari sie an, als sie Foremans Angebot ablehnte. »Ich frage mich, weshalb du überhaupt noch aufstehst.«

Ihre Beziehung wurde kühler, wurde wieder leidenschaftlich, wurde wieder kühl. Obwohl sie nicht mehr wie Verschwörer griechisch miteinander redeten, blieben sie zusammen. Ari hörte niemals auf, sie umzuformen, seine Macht über sie zu demonstrieren; er brachte sie dazu, mehr Schwarz zu tragen, seine Lieblingsfarbe. Als ob er ein Ritual der Inbesitznahme durchführte, befahl er Alexandre in Paris, ihre charakteristische Mähne abzuschneiden; ein Modejournalist war der Meinung, daß ihr kurzgeschorener Look »sie zehn Jahre jünger macht und ihrem Gesicht die urwüchsige Exaltiertheit nimmt«. Aber ihre Leidenschaft war noch immer, wenn sie ihn kritisierte, häufig naturwüchsig genug, um ihn nach Athen zu treiben, wo er Ouzo und Metaxa trank, mit den Fingern aß, zur Bouzouki-Musik tanzte und Teller zerschmetterte, bis all die Wut aus ihm heraus war. Nur in Griechenland, unter seinesgleichen, konnte er sich so gehenlassen (»In Griechenland benahm er sich wie ein Grieche, in England wie ein Engländer. Er besaß diese Anpassungsfähigkeit. In Griechenland, unter Griechen, führte er sich wie auf einem Marktplatz auf«, erinnerte sich Prof. Yanni Georgakis).

Die Callas übte jetzt monatelang keine einzige Note; selbst Ari schien den Fuß vom Gas genommen und sein halsbrecherisches Tempo der frühen Jahre vermindert zu haben. Er hatte ein hervorragendes Team aufgebaut, das sich um die alltäglichen Angelegenheiten seiner ungefähr siebzig Gesellschaften kümmerte; zusätzlich zu dem allgegenwärtigen Meyer und Costa Gratsos, seinem Minister ohne Geschäftsbereich in New York, hatte er Thomas R. Lincoln, den Sohn von Leroy Lincoln, zum Chefberater der Organisation gemacht (Leroy Lincoln war in jenen Jahren Präsident der »Metropolitan Life« gewesen, als er mit ihr seine ersten großen Finanzierungen durchführte). Sein Vetter Costa Konialidis leitete die »Olympic Airways«; Nicolas Cokkinis, ein Mitglied der Embiricos-Reederfamilie, wachte über die »Victory Carriers«; diverse Vettern und Anwälte verwalteten seine Anteile in Monaco; Robert Arias steuerte seine panamaischen Gesellschaften; und Nigel Neilson kümmerte sich weiterhin um sein Image bei den Ölgiganten in London. Alle wußten, daß Ari niemals weit weg war: »Jeder war ständig der Meinung, seine Schritte zu hören«, meinte Meyer. Ari behauptete: »Wenn man einen bestimmten Punkt erreicht hat, hört Geld nicht nur auf, ein Problem zu sein, es hört auch auf, Bedeutung zu besitzen. Was zählt, sind Glück und Zufriedenheit.«

Aber was noch mehr zählte, waren Beachtung, Bewunderung und der Neid der anderen. Er war der Meinung, alles erreicht zu haben, was er wollte, als er sich seine eigene Insel, Skorpios, kaufte. Die Insel im Ionischen Meer in Form eines Skorpions stellte das Synonym dar für den Gipfel feudaler Opulenz. Auf Skorpios wuchsen nur Olivenbäume; Ari fügte »alle Bäume und Sträucher der Bibel« hinzu – Mandelbäume, Dornensträucher, Pinien, Oleanderbüsche, Feigenbäume. Manchmal zog er sich bis auf seine Shorts aus und pflanzte eigenhändig Bäume, schwitzte in der Sonne, grub Seite an Seite mit den Arbeitern, erzählte ihnen etwas über die Blumen, Früchte und Bäume, die sie pflanzten; Geschichten, an die er sich von seiner Großmutter her erinnerte: Der Mandelbaum blüht im Heiligen Land schon im Januar ... der Feigenbaum ist der erste Baum, der in der Bibel erwähnt wird, ein schöner, schattenspendender Baum; unter seinem eigenen Feigenbaum zu sitzen war dem Juden der Ausdruck von Frieden und Wohlhabenheit ... wenn der Pinienzapfen längs durchgeschnitten wird, erinnert das Zeichen auf der Schnittoberfläche an die Hand Christi, ein Zeichen, daß Er den Baum gesegnet hat, der die Jungfrau Maria schützte, als sie mit ihrer Familie vor Herodes' Soldaten floh. Er war damals glücklich, als er sein Land bepflanzte.

Zu der neuen »Meute«, die ihn umgab, gehörten als sichtbarer Beweis seiner gesellschaftlichen Anerkennung der Fürst und die Fürstin Stanislav Radziwill. Nicht so sehr Radziwills erloschener polnischer Adelstitel (er war 1951 britischer Staatsbürger geworden) zog Ari an, sondern die Tatsache, daß seine Frau Lee die Schwägerin des mächtigsten Mannes der Welt war: »Der Bursche, den ich nicht aufforderte, zum Abendessen zu bleiben.« Fürstin Radziwill, die jüngere Schwester von Jacqueline Kennedy, entfernte sich bereits sehr diskret von der Seite ihres zweiten Ehemannes, als sie Anfang 1963 in den Kreis um Onassis gerieten. Mit ihren 29 Jahren war die elegante Lee ein Blitzableiter für Männer wie Ari. Er bewunderte »die Art, mit welcher Selbstverständlichkeit sie mit Reichtum umging, die Art, wie sie mit Luxus spielend leicht fertig wurde«. Ihr war der Sinn für Geld angeboren – und für Ari gab es keine höhere Form des Geschmacks.

Ihre Beziehung wurde rasch freundschaftlich, und obwohl Ari häufig gestand, daß er sie als »sehr sexy« empfände – und Lee war in einer zugänglichen Phase ihres Lebens –, dauerte es eine Weile, ehe die Callas in ihr eine potentielle Rivalin erkannte (obwohl Ari begonnen hatte, sie noch unfreundlicher denn je zu behandeln). Während einer Dinnerparty, als jemand auf Puccini zu sprechen kam und sich erinnerte, dieser habe sich selbst als einen leidenschaftlichen Jäger schöner Frauen und guter Libretti beschrieben, schlug er auf den Tisch und brüllte: »Ach, dieser Hurensohn! Genau wie ich! Bloß, ich scher' mich einen Dreck um Libretti!« Freunde drängten die Callas immer noch, ihn zu verlassen. »Wenn eine Lieblosigkeit der anderen folgt, eine Beleidigung der anderen, ist die Liebe, die übrigbleibt, häufig unlogisch, aber sie ist auch unzerstörbar«, antwortete sie. »Es ist eine Art von Wahnsinn, und niemand wählt freiwillig den Wahnsinn.«

Sie suchte wieder Trost in ihrer Arbeit und nahm eine dreiwöchige Konzertreise durch Europa an. Sie wurde kein Erfolg, und sie muß ihr Luchino Viscontis Aussage in Erinnerung gerufen haben, daß ihr großer Augenblick vorüber war; in den Augen Marias war der italienische Regisseur ein Genie, fast ein Gott; seine Meinung nagte an ihrem schlechten Selbstbewußtsein. (»Als Frau ist sie immer noch jung, aber als Sängerin ist sie nicht so jung, und die Stimme ändert sich mit dem Alter«, hatte er gesagt. »Hinzu kommt, daß sie jetzt in private Abenteuer verwickelt ist, die nicht gut für sie sind.«) Als die Tournee am 9. Juni zu Ende

255

war, konnte sie sich jedoch nicht bremsen, zu Ari und ihren destruktiven privaten Abenteuern zurückzukehren.

Die Onassis-Radziwill-Liaison kam im Sommer 1963 in den Vereinigten Staaten mit unerwarteter Heftigkeit ans Tageslicht. »Hofft der ehrgeizige griechische Tycoon, Schwager des amerikanischen Präsidenten zu werden?« fragte der Kolumnist der *Washington Post*, Drew Pearson. In Mailand verlor Meneghini ebenfalls keine Zeit und dachte laut nach: Er versicherte Reportern, Ari habe Maria bereits zugunsten der Fürstin fallengelassen; er habe immer gewußt, daß die Affäre ein böses Ende nehme; er selbst habe niemals die Hoffnung aufgegeben, daß Maria eines Tages wieder zu ihm zurückkehren werde.

Der Pearson-Artikel war für den Präsidenten, der um Sympathien für seinen Wahlkampf 1964 rang, doppelt peinlich. Denn Ari war von der amerikanischen Regierung nicht nur des Betrugs angeklagt worden, sondern war auch ein geschiedener Mann, der ganz offenkundig eine Affäre mit einem verheirateten Opernstar hatte. Mit ziemlicher Sicherheit hatte das Gewicht des Kennedy-Clans die Erlaubnis des Vatikans herbeigeführt, daß Lee nach katholischer Zeremonie mit Radziwill getraut werden konnte, nachdem ihre erste Ehe mit dem Verleger Michael Canfield mit der Scheidung geendet war. Und gerade jetzt, da Pearson öffentlich über ihre Zukunft nachdachte, erörterte der Vatikan die Annulierung ihrer ersten Ehe aufgrund der »Sacra Romana Rota«. »Im letzten Jahr war es Castro und die Raketenkrise«, spottete ein Mitarbeiter des Weißen Hauses, »diesen Sommer ist es Onassis und die Ehekrise.«

Ungefähr zu dieser Zeit erlitt Jackie eine Frühgeburt. Ihr drittes Kind, ein Junge namens Patrick, starb nach wenigen Stunden. Lee, die kurz nach der Beerdigung mit Ari in Athen dinierte, sagte, der Tod des Babys habe ihre Schwester sehr getroffen. Ari bot sofort an, ihr die *Christina* für eine Erholungsreise zur Verfügung zu stellen, und Lee rief auf der Stelle in Washington an: »Es wird ganz schicklich zugehen und bestimmt ein Riesenspaß werden. Oh, Jacks«, sagte sie und benutzte den Spitznamen aus den Kindertagen ihrer Schwester, »du kannst dir nicht vorstellen, wie phantastisch Aris Yacht ist, und er sagt, wir können überall hinfah-

ren – wohin du willst. Es wird dir so guttun, eine Weile wegzugehen.« Obwohl der Präsident die Peinlichkeit der Verbindung klar
erkannte, nahm Jackie die Einladung an. Bobby Kennedy versuchte, die Situation noch etwas zu entschärfen. »Dieser Kram
mit Lee und Onassis«, sagte er, als er Jackie beim Abschied zur
Seite nahm, »sag ihr einfach, sie soll das Ganze einschlafen lassen,
tust du das?«

Die *Christina* war mit einem Vorrat von acht Sorten Kaviar
versorgt, den besten Jahrgangsweinen und exotischen Früchten,
die aus aller Welt eingeflogen worden waren (eine kleine Aufmerksamkeit der »Olympic Airways«); die sechzig Mann starke
Besatzung wurde von zwei Friseuren, drei Köchen, einem schwedischen Masseur und einem kleinen Orchester für das abendliche
Tanzvergnügen unterstützt; sie alle machten sich Anfang Oktober
dorthin auf, wo immer die First Lady (welche die vornehmste
Kabine, »Chios«, bewohnte) hin wollte. »Sie ist der Kapitän«,
erzählte Ari der Reporterschar, die sich in Piräus versammelt
hatte, um bei der Abfahrt dabeizusein und eine Inventarliste der
sorgfältigst ausgesuchten Lebensmittelvorräte für ihre Leser aufstellen zu können. »Mrs. Kennedy hat hier das Kommando.«

In Paris allein gelassen, entnahm die Callas erst den Zeitungen
die Gästeliste und die Tatsache, daß Ari auch bei der Kreuzfahrt
dabei war (er hatte angeboten, sich zurückzuziehen, doch Jackie
wollte nichts davon wissen: »Wie können wir nur ohne unseren
Gastgeber fahren?«). Die Liste enthielt folgende Namen: die Radziwills; Fürstin Irene Galitzine, die Modeschöpferin; Artemis
und Theodore Garofalides; Accardi Gurney, ein Freund Lees;
Kennedys Unterstaatssekretär für das Handelswesen, Franklin D.
Roosevelt junior, und seine Frau Susan (Kennedy hatte wenig
Vertrauen in Lees Zuverlässigkeit als Anstandsdame und wählte
deshalb die Roosevelts als Begleiter Jackies: »Ihre Anwesenheit
wird der ganzen Angelegenheit ein wenig Ehrbarkeit verleihen«).
Ari ging es nicht gut; zur Enttäuschung der Presse war er nirgends
zu sehen, als die *Christina* zuerst auf Lesbos, dann auf Kreta
anlegte; aber als die Yacht Smyrna erreichte, sprach Jackie die
Bitte aus, sie alle zu führen. Er verlor schnell seine Zurückhaltung, nahm sie an die Hand und zeigte ihr alle Plätze seiner

Vergangenheit. Fotos von der ungewöhnlich glücklich und entspannt wirkenden First Lady, die mit Ari durch die Gassen seiner Kindheit schlenderte, gingen rund um die Welt. Die Bilder auf den Titelseiten erfüllten die Callas in Paris mit Traurigkeit und Sehnsucht. (»Vor vier Jahren«, erzählte sie Panaghis Vergottis, »war ich an seiner Seite, ganz betört von seiner Lebensgeschichte ... obwohl ich sicher bin, daß er das meiste davon erfindet. Erinnerungen erfordern zuviel Anstrengung.«) In Washington zog ein republikanischer Kongreßabgeordneter über die Kreuzfahrt her. Er mokierte sich über den Geschmack der Präsidentengattin und stellte Roosevelts Motive zur Debatte, weshalb er die Gastfreundschaft eines Ausländers angenommen habe, der sich viel von dem Einfluß des Unterstaatssekretärs in der amerikanischen »Maritime Administration« versprechen konnte. Der Präsident rief seine Frau auf der *Christina* an und benachrichtigte sie von der Aufmerksamkeit, die die Reise erweckte. Laut Roosevelt befahl der Präsident ihr nicht, nach Washington zurückzukehren, obwohl keine Zweifel darüber bestehen können, was Kennedy während des langen, von atmosphärischen Störungen unterbrochenen Gesprächs am Funktelefon am meisten auf dem Herzen lag. »Meines Erachtens war Jackie der Meinung, daß er der Verächtlichmachung eines popligen Kongreßabgeordneten zuviel Gewicht beimaß«, sagte Meyer. »Auf jeden Fall stand fest, daß sie, wie geplant, am siebzehnten zurückkommen würde.«

Ob Lee es merkte oder nicht: Die Kreuzfahrt war der Wendepunkt ihrer Beziehung zu Ari. Er war nicht zum erstenmal mit zwei Schwestern befreundet, und nicht zum erstenmal hatte er sich in überraschender Weise einen Vorteil verschafft. Das »einfühlsame Wesen« der First Lady betörte ihn innerhalb weniger Tage. Und sie war von ihm entzückt. »Ich hatte es mit vielen Leuten zu tun, und sie waren nicht gerade immer Pfadfinder«, sagte er eines Abends in dem Bewußtsein, daß der Präsident ihn ablehnte. Gleichzeitig verspürte er den Wunsch, sich zu offenbaren, obwohl Tina ihn oft gewarnt hatte, daß er sich mit seiner Art, in Erinnerungen zu schwelgen, am meisten entlarvte. »Ein Unternehmer, ein Mann wie ich, tritt anderen nun mal notwendigerweise auf die Füße. Jeder Gewinn ist einem anderen gegenüber

258

eine Ungerechtigkeit. Ich habe mir eine Menge Feinde geschaffen ... ach, was soll's!« Er gab seinen bittenden Tonfall auf. »Keine Entschuldigungen. Ich weiß, wie man reich wird, und ich bin reich, weil ich es weiß.«

In der Zwischenzeit ließ einer dieser »Feinde« erkennen, daß er »gern ein Dossier über Aristoteles Sokrates Onassis hätte«. Ein ausführlicher neuer Lebenslauf wurde aus »FBI-Akten und öffentlich zugänglichen Quellen« zusammengestellt, obwohl es nicht mehr viel geben konnte, was J. Edgar Hoover schon über den Mann wußte, gegen den er wegen Spionage und krimineller Straftaten ermittelt hatte und der nun der Frau des Präsidenten den Kopf verdrehte. »Instinktiv verabscheute Hoover Ari. Er glaubte ganz fest an die Theorie, daß es kein Feuer ohne Rauch gibt, und war überzeugt, daß der Grieche ungestraft irgend etwas ausführte. Gleichzeitig muß ihm die ungemütliche Lage des Präsidenten Spaß gemacht haben. Das war genau die Art von Situation, die seinem Sinn für das Böse entsprach«, sagte einer der Agenten, der an dem Memorandum vom 16. Oktober mitgearbeitet hatte.

Am letzten Abend der Kreuzfahrt macht Ari den Damen teure Geschenke. Lee kassierte drei mit Juwelen besetzte Armreifen, Jackie bekam eine herrliche Halskette aus Brillanten und Rubinen. In einem bezeichnenden Brief an den Präsidenten beklagte sich Lee: »Ari hat Jackie mit so vielen Geschenken überschüttet, daß ich es nicht ertragen kann. Ich bekam nur drei winzig kleine Armreifen, die Caroline noch nicht einmal bei ihrer eigenen Geburtstagsparty tragen würde.«

Jackie kehrte am 17. Oktober, wie sie versprochen hatte, nach Washington zurück. Einige Abende später, bei einem Privatessen mit Ben und Toni Bradlee, zwei engen Freunden des Präsidenten (Ben Bradlee berichtete zudem für die *Newsweek* aus dem Weißen Haus), drückte Jackie ihr Bedauern über die unangenehme Publicity aus, die die Kreuzfahrt hervorgerufen hatte, die auch Roosevelts Ruf in Mitleidenschaft gezogen habe. Auch wenn Washington sie wieder zu ihrem gesunden Menschenverstand brachte und zu einer gewissen Gefügigkeit, setzte sie sich dennoch tapfer für Ari ein, den sie »eine lebendige und vitale Persönlichkeit, der sich aus dem Nichts hochgearbeitet hat«, nannte. Kennedy bemerkte, man müsse Ari immer noch sagen, er sei in den Vereinigten Staaten erst nach den Wahlen von 1964 willkommen. Jederzeit ein Politiker, der immer nach neuen Mitteln suchte, die Menschen zu manipulieren, wußte er, daß man Jackies »Schuldgefühle« bezüglich der gesamten Affäre zu seinen Gunsten wenden konnte. »Vielleicht kommst du jetzt nächsten Monat mit uns nach Texas«, sagte er. »Natürlich, Jack«, antwortete sie.

Am 22. November 1963 war Ari zum Stapellauf der »Olympic Chivalry« in Hamburg, als er von der Ermordung Kennedys in Dallas erfuhr. Er rief sofort bei Lee in ihrer Londoner Wohnung im Buckingham-Palast an. Sie bat ihn, sie und Stas zur Beerdigung nach Washington zu begleiten. Er erinnerte sie daran, daß man ihm dringend geraten habe, mindestens ein Jahr lang keinen Fuß auf amerikanischen Boden zu setzen. »Ich glaube nicht, daß das jetzt noch zählt«, antwortete sie ihm. Am nächsten Tag erhielt er von Angier Biddle Duke, dem Protokollchef, eine offizielle Einladung. Er sollte nicht nur an der Beerdigung teilnehmen, sondern auch während seines Aufenthaltes in Washington Gast des Weißen Hauses sein. Obwohl er nur zu dem halben Dutzend Menschen außerhalb der nächsten Familienangehörigen zählte, denen diese Ehre zuteil wurde, blieb seine Anwesenheit in jenen Tagen des Schocks ünd der Trauer, die Amerika erfaßt hatten, unbemerkt.

Die Atmosphäre im Weißen Haus überraschte ihn. So hatte er sich immer ein irisches Dorffest vorgestellt. Männer betranken sich und sangen rührselige Lieder und erzählten sich unerhörte Geschichten über Jacks Abenteuer, erinnerten sich an die großen Coups und die Niederlagen. Niemand redete in der Vergangenheitsform von dem toten Präsidenten. Ari entdeckte schnell seine Rolle als eine Art Hofnarr. Diese Rolle hatte er häufig genug für Churchill gespielt, und er war bereit, sie wieder für die Kennedys zu übernehmen.

Sonntag, 24. November: Rose Kennedy aß oben mit Stas Radziwill; Jacqueline, Lee und Robert Kennedy wurde das Essen im Wohnzimmer serviert. Die übrigen Kennedys speisten mit ihren Gästen im Eßzimmer der Familie, notierte der Historiker William

Manchester; er zählte folgende Personen auf: Robert McNamara, Verteidigungsminister; Phyllis Dillon, die Frau des Finanzministers; David Powers, ein Kennedy-Vertrauter, seit Jack 1946 für den Kongreß kandidiert hatte, und Aristoteles Onassis. Nach dem Essen rückte Ari schnell in den Mittelpunkt. Robert Kennedy gab den Ton an und hackte auf Aris Image des »geheimnisumwitterten Mannes« herum, und sehr schnell beteiligten sich alle an dem Spaß. Er wurde unbarmherzig wegen seiner Yacht aufgezogen (»Sind die Barhocker wirklich mit der Vorhaut von Walen überzogen?«), seines Reichtums, seiner Luftverkehrsgesellschaft, seines Königreiches (Monte Carlo) und seiner Vergangenheit. Ari wußte, daß es die Leute, die ihn nicht mochten, nie versäumten, ihn nach seiner Vergangenheit zu fragen (nur wenige Wochen zuvor hatte Bobby Kennedy den Entschluß des Präsidenten unterstützt, ihm lange Zeit den Zutritt in die Vereinigten Staaten zu verwehren). Er beendete das Spiel: »Ich habe niemals den Fehler gemacht, zu glauben, daß Geldverdienen eine Sünde ist«, sagte er. Nach einer Weile verschwand Bobby und kam später mit einem hochoffiziell aussehenden Dokument wieder, in dem Ari aufgefordert wurde, die Hälfte seines Reichtums den armen Menschen in Lateinamerika zu schenken. Das sei das mindeste, was er tun könne, sagte ihm der Justizminister, da er dort seine erste Million gemacht habe. Ari unterzeichnete feierlich in griechischer Schrift den exotischen Vertrag.

Am 3. Dezember war er zum 41. Geburtstag von Maria wieder in Frankreich. Die eisige Kälte, die seit ihrem Ausschluß von Jackies Kreuzfahrt im Oktober zwischen ihnen geherrscht hatte, schien vergessen, als sie das Ereignis mit einer aufsehenerregenden Party im »Maxim's« feierten. »Der Schäfer denkt bei der Wiederkehr des Frühlings nicht mehr an die vergangene Kälte«, sagte sie an jenem Abend zu Panaghis Vergottis. Vielleicht war es Theater, aber er war sich ganz sicher, daß ihr ungeheurer katzenhafter Stolz bis an seine Grenze auf die Probe gestellt worden war; ihre neue, überschäumende Laune störte den alten griechischen Reeder ziemlich; er kannte Ari seit den dreißiger Jahren, er kannte seine Gedankengänge, und selbst wenn er auch nicht genau Aris »Schaukeljahre« zwischen den beiden Frauen voraussah, wußte er, daß sein Interesse an der Witwe Jacqueline Bouvier Kennedy nicht so schnell verfliegen würde. »Maria«, sagte er sanft, »wenn der Frühling wiederkehrt, ist das die beste Zeit, an die Kälte zu denken, die kommen wird.«

Aris erneute Aufmerksamkeit konnte die Verletzung und Demütigung, die er ihr zugefügt hatte, nicht völlig aufheben. Obwohl seit ihrer letzten Vorstellung in einer großen Produktion achtzehn Monate vergangen waren, teilte sie dem Generalintendanten des »Covent Garden«, David Webster, mit, daß sie die »Tosca« singe, wenn das Stück unter der Regie von Franco Zeffirelli in den laufenden Spielplan aufgenommen werde. Das Datum wurde festgesetzt (21. Januar 1964), und erst als die Verträge unterzeichnet waren, fand sie den Mut, Ari davon zu unterrichten: »Ich brauche das, Ari. Ich will wieder ich selbst sein.« Er machte ihr keine Vorwürfe. »Es ist sehr kurzfristig«, sagte er. »Ist es nicht ein Risiko?« – »Ich bin vierzig Jahre alt, Ari«, antwortete sie. »Mein ganzes Leben ist ein einziges Risiko.«

Für alternde Tycoons war das Leben aber auch nicht gemütlicher. Aris schlechte Beziehung zu Rainier hatte eine kritische Phase erreicht. Die Krise ging vom Quai d'Orsay aus: Mehr als die Hälfte der dreitausend in Monaco registrierten Briefkastenfirmen waren französische Organisationen, welche die französische Steuergesetzgebung umgingen. Als das Fürstentum in Frankreich eine knallharte Werbekampagne unter dem Motto »Was Monaco für Sie tun kann« ankurbelte, fragte sich de Gaulle, was Monaco für ihn tun könne. Als Rainier sich weigerte, eine Gewinnsteuer einzuführen, um den Abfluß zu stoppen, drohte de Gaulle, Monaco Strom und Wasser abzustellen und Kontrollstellen an allen Zufahrtsstraßen einzurichten. Rainier kapitulierte schnell. Die ausländische Nachfrage, ein Geschäft in Monaco zu eröffnen, ließ ebenso wie der Immobilienboom, den sie ausgelöst hatte, stark nach. Rainier erneuerte seinen Druck auf Ari, seine SBM-Profite in Touristenhotels zu stecken. Ari war schließlich einverstanden, einen Luxusapartmentblock und zwei Hotels zu bauen, wollte aber Garantien, die den Bau konkurrierender Hotels ausschlossen. Weil Rainier die Monopolklausel wütend machte, legte er sein Veto gegen den gesamten Plan ein und griff die SBM wegen

»ihrer Lethargie und ihres mangelnden Vertrauens« öffentlich an. Elizabeth Peer von der *Newsweek* hielt in einem Memo für New York fest, daß Ari »am Telefon explodierte, als er nach seiner Reaktion auf den erstaunlichen öffentlichen Angriff gefragt wurde. Er schrie: ›Sie müssen sehr mit Nachrichten auf dem trockenen liegen, um mich deshalb anzurufen!‹ Er bestand darauf, daß die Rede nicht ihn betreffe, da Rainier die SBM verprügelt und seinen Namen nicht genannt habe. Onassis hat technisch betrachtet recht, was ihm die bequeme Ausrede verschafft, sich vor dem Thema zu drücken.«

Mittlerweile bereitete sich die Callas auf ihr Comeback vor. Die Premiere im »Covent Garden« war ein Triumph; sofort unterschrieb sie einen Vertrag, im Mai in Paris die »Norma« zu singen. Ari war bei der Premiere nicht dabei; er kam erst zur vierten Vorstellung am Samstag, dem 6. Juni. Das war in Frankreich ein wichtiges Datum: Das Aufgebot an Berühmtheiten, das hier am zwanzigsten Jahrestag der alliierten Invasion in der Normandie erschien (Charlie und Oona Chaplin, die Begum, Yves Saint Laurent, Jean-Paul Belmondo, Fürstin Gracia Patricia, Jean Seberg, David Niven, Rudolf Bing, Angehörige der oberen Zehntausend und Kabinettsmitglieder), machte aus dem Ereignis eine Art »Fête nationale«.

Die französischen Kritiken für die Callas waren nicht so einhellig positiv wie die Londoner Kritiken über ihre Vorstellungen. In Paris fehlten ihr Phrasierung und Tempoeinhaltung, sie hatte zu kämpfen, verpatzte hier ein hohes C, beherrschte dort eine Textstelle nicht korrekt. Im letzten Akt brach sie mitten in einem hohen C ab. Auf dieses Signal hatte die Anti-Callas-Clique nur gewartet: Unter den schrillen Pfiffen stoppte sie das Spiel des Orchesters und befahl dem Dirigenten, noch einmal anzufangen. Diese Art von Risiko hätte die Callas auf dem Gipfel ihres Ruhms nur mit Verachtung erfüllt. Jetzt war es eine Art von Wahnsinn. Die plötzliche Stille – »die Form von Stille, die wahrscheinlich den Pöbel erfaßte, wenn das Fallbeil der Guillotine niedersauste«, erinnerte sich Rudolf Bing – war unwirklich. Sie schaffte den Ton und hielt ihn mit größter Präzision. Ihren boshaften Zwischenrufern reichte das nicht. Zwischen denjenigen, die ihrem Mut applaudierten, und denjenigen, die sich daran stießen, gab es ein Handgemenge. Es gab einmal eine Zeit, wo diese Art von Zwischenfall sie mit grimmiger Freude erfüllt hätte. »Solange ich sie da unten toben und wie die Schlangen zischen höre, weiß ich, daß ich ganz oben bin. Wenn ich nichts von meinen Feinden abkriege, weiß ich, daß ich nachlasse. Ich weiß dann, daß sie sich nicht mehr vor mir fürchten«, hatte sie sieben Jahre zuvor gesagt, als sie noch die größte Primadonna der Welt gewesen war. Sie hasse es, bemitleidet zu werden, sagte sie, als ihr die Opernwelt zu Füßen lag. Sie habe niemanden jemals bemitleidet.

Ari war nie stolzer auf sie als jetzt. Gewinnen bedeutete ihm alles, obwohl er sie in dem Augenblick am meisten bewunderte, als ihre Niederlage komplett war. »Du hast heute abend viel Mut bewiesen«, sagte er. »Es war hauptsächlich Unverschämtheit«, meinte sie, weil sie vielleicht weder ihre Gefühle beschreiben noch an ihre Willensstärke glauben konnte. »Zum erstenmal haben mich die Schlangen in Schrecken versetzt.« Dieses Eingeständnis war keine geringe Kapitulation, und er wußte, daß auch er eine gewisse Verantwortung dafür trug. »Ich glaube, wir sollten uns eine Weile zusammentun«, sagte er, als er wieder in ihr Leben trat. Sie verbrachten zum erstenmal den gesamten Sommer auf Skorpios, und es wurde der schönste gemeinsame Sommer ihrer Beziehung.

Einer ihrer Gäste in diesem Sommer war Panaghis Vergottis, und häufig drehte sich das Gesprächsthema um Marias Geldangelegenheiten. Gemessen an ihrem Lebensstandard, befand sie sich in einem finanziellen Engpaß. Ihren gegenwärtigen Lebensstil konnte sie ohne weitere Einnahmequellen nicht mehr führen, und es mußte Geld sein, das nicht von ihrer Stimme abhing. Wenn Reeder über Geldanlagen diskutieren, meinen sie unweigerlich Schiffe. Schließlich waren sich beide einig, daß sie Schiffseigentümerin werden sollte (überschäumend vor Begeisterung, nannten sie ihr Unternehmen »Operation Prima Donna«). Am 2. September hörte Vergottis in London, daß ein 28 000-Tonnen-Schüttgutfrachter auf der Werft »Astilleros y Talleres des Noroeste« in Spanien kurz vor seiner Vollendung stand, aber nicht rechtzeitig ausgeliefert werden konnte. Der New Yorker Besitzer hatte die

Verzugsklausel des Vertrags in Anbetracht des kleiner werdenden Marktes dazu benutzt, aus dem Vertrag auszusteigen. Das Schiff stand für rund 4,2 Millionen Dollar zum Verkauf. Vergottis bot 3,6 Millionen an, 25 Prozent Bargeld und eine über acht Jahre zu tilgende Hypothek.

Er nahm den Nachtflug nach Athen. Am folgenden Morgen rief er vom Hotel »Grande Bretagne« aus Ari auf der *Christina* an und erzählte ihm, was er unternommen hatte. Er schlug vor, auf dem Weg zu seinem Familienwohnsitz auf der Insel Cephalonia auf die Yacht zu kommen, um die Angelegenheit zu erörtern. »Wir müssen sorgfältig darüber nachdenken«, sagte Ari zu Maria. »Seit der Sache mit diesen verdammten amerikanischen Schiffen habe ich es mir zum Prinzip gemacht, niemals mehr ein Überbleibsel von irgend jemandem zu kaufen.«

Die Bedingungen waren bereits ausgehandelt worden. Die Callas würde einen 25prozentigen Anteil an der Gesellschaft erwerben (»Overseas Bulk Carriers«, eine liberianische Gesellschaft, die in New York mit einem Aktienkapital von hundert Inhaberaktien* gegründet worden war), Vergottis sollte 25 Prozent erwerben, Ari 50 Prozent. Ari würde 26 Prozent seines Anteils Maria schenken, was ihr 51 Prozent an dem Schiff sicherte, das von Vergottis gemanagt werden sollte. Laut Ari war die Aufteilung von Vergottis vorgeschlagen worden, ausgehend von »seinem Eifer, sie im Falle meines Todes, im Hinblick auf ihre Erben, Partner und Komplikationen und so weiter zu schützen«. Im Laufe der Zeit sollte all dies den Stoff zu einem Skandal vor einem englischen Gerichtshof bilden. Die einzige Entscheidung, die jetzt anstand, war die Frage, ob sie mit dem spanischen Schiff weitermachen sollten, falls ihr Angebot angenommen werden würde.

Vergottis kam am nächsten Tag vorbei, begleitet von Charles Graves, einem Schriftsteller, der ein Buch über die Geschichte

---

* Eine Aktie, die nur auf den »Inhaber« ausgestellt ist, ohne Nachweis der Verfügungsberechtigung, kann formlos übertragen werden und entspricht daher einer Banknote.

Monte Carlos geschrieben hatte. Alle waren in entspannter Stimmung. Ari, dessen Antipathie gegen Rainier sich zur Besessenheit ausgewachsen hatte, pumpte Graves mit Dreck über den Fürsten voll und zwang ihn, eines von diesen Lammaugen zu essen, die in Griechenland als eine Art Hors d'œvres gelten. Man beschloß, das Angebot Vergottis' stehenzulassen; am 9. September machte die Werft ein Gegenangebot, das höher als 3,6 Millionen Dollar war, obwohl immer noch bedeutend niedriger als der ursprünglich geforderte Preis. Vergottis ging mit seinem Angebot auf 3 Millionen Dollar herunter; die Gespräche brachen ab. Einige Wochen später traf er Ari in London und sagte ihm: »Weißt du, das Schiff schwirrt immer noch herum. Niemand will es. Sollen wir es noch einmal versuchen?« Ari meinte, er solle 3,4 Millionen Dollar bieten »und keinen Cent mehr. Wenn sie darauf einsteigen, prima. Wenn nicht, vergessen wir die Sache.« Der Vertrag wurde am 27. Oktober zu Aris Bedingungen unterzeichnet. Drei Tage später feierten die neuen Geschäftspartner dies bei einem Essen im »Maxim's«. Obwohl die näheren Eigentumsregelungen für die *Artemision II* (wie das Schiff nun hieß) noch nicht schriftlich abgefaßt waren, wurde auf die »Operation Prima Donna« triumphierend angestoßen und Maria im Kreise der Reeder willkommen geheißen. Das war eine Welt und eine Rolle, die ihr Spaß machten. Gespräche über Finanzierungen faszinierten sie, und sie konnte stundenlang zuhören, wenn Ari und Panaghis Märkte analysierten und Möglichkeiten für Geschäfte diskutierten.

Trotz ihrer gerissenen Lehrer und ihres großen Interesses, ihr Geld zu vermehren, brachte sie geschäftliche Dinge oft durcheinander und verlor sich in Einzelheiten. Auf ihrer Jungfernfahrt nach Japan hatte die *Artemision* Probleme mit den Maschinen, was offensichtlich Vergottis davon überzeugte, sie sei »ein Unglücksschiff«. Am 8. Januar 1965 überredete er sie deshalb bei einem weiteren Essen im »Maxim's« (Ari war in Athen), die Bedingungen der Partnerschaft zu ändern. Sie sollte ihr Kapital von 168000 Dollar, das sie in die »Overseas Bulk Carriers« gesteckt hatte, in ein Akkreditiv verwandeln, das ihr 6,5 Prozent Zinsen bringe. Sie strahlte bei der Aussicht, »mehr zu verdienen, als sie für ihr Geld auf den Schweizer Banken bekam«. Sie sei natürlich weiterhin in der Lage, jederzeit mit ihren eigenen 25 Prozent nach Wunsch zu optieren. »Da ich dich so sehr liebe«, gab sie später seine Worte wieder, »denke ich, daß es die bessere Methode ist ... wenn, was ich bezweifle, das Schiff nicht gut läuft, kannst du jederzeit aussteigen, und du hast die Zinsen für dein Geld bekommen.« Sie antwortete: »Danke, Panaghis, das ist sehr nett von dir.«

Ari hatte bereits 26 Prozent seiner Aktien in der liberianischen Gesellschaft auf sie übertragen; die restlichen 24 Prozent seines Anteils wurden auf vier seiner Neffen verteilt. Obwohl zumindest auf dem Papier sein Anteil an der *Artemision II* und der »Overseas Bulk Carriers« nicht mehr existierte, war er alles andere als erfreut, als Maria am nächsten Tag mit ihm in Athen darüber sprach. »Ich konnte es nicht gut erklären, im technischen Sinne, ich kann diese Dinge nicht erklären, Herr Richter«, sagte die Callas später vor einem englischen Gericht, als sie mit gespreizter Wohlanständigkeit die Unterhaltung rekonstruierte. »Ich erinnere mich an Mr. Onassis' Reaktion. Er fand es nicht gut, sagte aber: ›Warum tut Mr. Vergottis das bloß, es ist so sinnlos.‹ Ich sagte: ›Machen Sie sich nichts draus, Mr. Onassis, wir sollten Mr. Vergottis' Gefühle nicht verletzen. Er tut sein Bestes für mich. Die Krönung ist doch, daß ich die 6,5 Prozent Zinsen bekomme, deshalb gibt es meiner Meinung nach auch kein Problem, und wenn Sie wieder mal hinüberfahren, dann reden Sie doch mit ihm über die Sache.‹«

Trotz Aris merkwürdiger Reaktion auf dieses Arrangement schien es unwahrscheinlich, daß Vergottis versuchte, sie hereinzulegen. Der enorm reiche Mann hatte das Geschäft aus Zuneigung zu ihr initiiert. Es gab kein vernünftiges Motiv für ein Verhalten, durch das er unweigerlich ihre Freundschaft gefährdete, aber auch die Aris, der ihm seit dreißig Jahren vertraute.

Es vergingen einige Monate. Ari schlug sich weiterhin mit Rainier herum, und die Frage von ein paar Aktien in einer »Ein-Schiff-Gesellschaft« beschäftigte ihn nicht vorrangig. Im März flog Maria nach New York und trat in zwei »Tosca«-Aufführungen in der »Met« auf. Obwohl Jackies Anwesenheit bei der Aufführung am meisten Schlagzeilen machte, zeigte sich das Publikum begeistert.* Dennoch entstand ein Gefühl böser Vorahnung in ihr, als die Mai-Premiere der »Norma« in der Pariser Opera näher rückte. Immer stärker vermutete sie, daß die Aktien der *Artemision*, die ihr Ari übertragen hatte, eine Art Abschiedsgeschenk waren – was sie auch waren, obwohl er noch immer nicht bereit war, diese Tatsache zuzugeben, nicht einmal vor sich selbst. Die Callas war nicht in der Lage, die bösen Erinnerungen an ihre im vorangegangenen Jahr stattgefundene Vorstellung in der Pariser Oper abzuschütteln; ihre Angst schlug am Abend der Premiere in nackte Panik um; mit Vitaminen und Beruhigungsmitteln vollgepumpt, stand sie die erste Vorführung durch. Danach ging es nur noch bergab. Ihre Garderobe war mit Aris Blumen überfüllt, nur kam er dieses Mal nicht. In der letzten Vorstellung am 29. Mai, einem weiteren Gala-Abend, hatte sie sich vollkommen verausgabt; am Ende des dritten Aktes brach sie zusammen und wurde ohnmächtig in ihre Garderobe getragen; neunzig Minuten später sagte sie noch vollkommen benommen der Menge ihrer Verehrer, die sich am Bühnenausgang versammelt hatten: »Ich weiß, daß ich Sie im Stich gelassen habe. Ich verspreche Ihnen, daß ich eines Tages zurückkehren werde, um Ihre Vergebung zu erhalten und Ihre Liebe zu rechtfertigen.«

Sie suchte Zuflucht auf Skorpios und ersehnte sich einen weiteren Sommer wie den von 1964. Es sollte nicht sein. Ari hatte sich ihr gegenüber noch niemals schauderhafter verhalten. »Die meiste Zeit ignorierte er sie völlig, als ob sie nicht da wäre. Dann plötzlich steigerte er sich in eine Wut auf sie hinein, die allen anderen völlig grundlos erschien«, sagte ein Freund, der zu der Zeit ebenfalls auf Skorpios war. Mehrere Gäste erfanden Entschuldigungen und reisten vorzeitig ab, weil sie nicht gerne Zeu-

---

* Die Kritiker waren jedoch nicht so überzeugt. »Keineswegs mehr ein Instrument von sinnlicher Qualität, war ihr Sopran letzte Woche ein dünnes und häufig unsicher wirkendes Echo jener Stimme, welche 1958 die Met [begeisterte]. Ihre hohen Tonlagen waren schrill und schmerzhaft unsicher ... die Callas verließ sich fast vollständig auf die Dramatik und nicht auf stimmliche Brillanz, um sich über die Runden zu retten«, berichtete das Magazin *Time* am 26. 3. 1965.

gen ihres Unglücks sein wollten.«»Einst wußte man, daß sie immer viel Spaß im Bett hatten, selbst wenn sie sich stritten. Schon beim bloßen Anblick wußte man, daß ihr Sexleben in Ordnung war. Aber jetzt führte er sich so auf, als könne er ihre Nähe nicht ertragen«, sagte ein Besucher, der in jenem Sommer auch vorzeitig die Insel verließ.

Während viele entsetzt und wütend waren, wie er die Callas behandelte, sahen andere weiterhin nur die anziehende und sensible Seite seines Wesens. Der Tod Winston Churchills Anfang 1965 brachte ihn vollkommen aus der Fassung. Obwohl er den großen Staatsmann für seine eigenen Zwecke eingesetzt hatte, schätzte er ihn doch über alle Maßen. Beim Gottesdienst in »St. Paul's« wurde er so sichtlich traurig (sein seidenes Taschentuch war schon lange vor Beginn des eigentlichen Gottesdienstes ganz naß von seinen Tränen), daß Nonie Montague Browne versuchte, ihn mit einer Tablette zu beruhigen, die er mühsam herunterwürgte. »Er schluchzte wie ein Baby«, sagte ein altgedienter Diplomat des Auswärtigen Amtes, der das gefühlsbeladene Schauspiel »eine Spur vulgär fand – es gibt keinen besseren Ausdruck dafür«. Nach dem Gottesdienst nahm Nonie, deren Ehemann den Leichenzug nach Bladon begleitete, Aris Einladung an, in seinem Auto mitzufahren. Er befahl dem Chauffeur, im ersten Pub anzuhalten, und bestand darauf, daß alle (einschließlich des Chauffeurs) auf einen Brandy hineingehen sollten. Als sie sich über die Zeit unterhielten, die sie mit dem alten Herrn gemeinsam verbracht hatten, dachte Nonie darüber nach, »was für ein guter, warmherziger und verständnisvoller Freund« Ari geworden war. Als sie ihn das erste Mal erlebte, in einem Nachtclub von Monte Carlo, zehn Jahre früher, hatte er sie »nur übersehen« und sich mit seinem ganzen Charme auf ihren Ehemann gestürzt: Er habe Churchills »Kopf gejagt«, erinnerte sie sich naserümpfend. Aber sie hatte seit damals ihre schlechte Meinung revidiert. Sie erinnerte sich an eine Fahrt nach Marokko, wo antike Kaftans an Bord gebracht wurden, die von den Gästen anprobiert und gekauft werden konnten. Die Montague Brownes warfen einen Blick auf die Preisschilder und zogen sich unauffällig zurück. Später sagte Ari mit überraschter Stimme: »Ach du lieber Himmel, wir haben einen von diesen Kitteln übrig – oh, Nonie, möchten Sie ihn vielleicht tragen?« Das war ihrer Meinung nach typisch für seine Herzlichkeit und sein Feingefühl.

Mittlerweile führte er den Krieg gegen Rainier von Skorpios aus. »Er benahm sich wie ein feudalistischer Herrscher, der glaubt, daß gegen ihn gerichtete Komplotte leichter aufzudecken sind, wenn sein Palast weit weg ist, und man das Kommen und Gehen der Höflinge scharf überwacht«, sagte ein Pariser Bankier, der innerhalb von drei Monaten »auf dem Höhepunkt der Schlacht« 23mal nach Skorpios zitiert wurde. »Wenn Rainier annahm, daß Ari außen vor sei, in seiner Inselzitadelle eingeigelt, dann irrte er sich sehr. Ari verfügte über das beste Nachrichtennetz, das man für Geld bekommen kann. Ari kannte jede undichte Stelle bei Rainier.«

Rainier machte nun seine eigene Show und erwies sich als gerissener Politiker. Ari hatte trotzdem 48 Stunden später die Einzelheiten auf seinem Schreibtisch in Skorpios, nachdem Rainier seine Zustimmung zu dem Plan gegeben hatte, 600000 nicht übertragbare SBM-Aktien im Namen des Fürstentums auszugeben, was Aris beherrschenden Anteil von 52 Prozent auf weniger als ein Drittel reduzierte. Die Callas bekam die volle Wut ihres Liebhabers zu spüren, und er brauchte mehrere Tage, ehe er sich genügend beruhigt hatte, um seine nächsten Schritte zu überdenken. Das »Lausanner Gambit« (die Idee stammte von einem Lausanner Anwalt) war sorgfältig aufgebaut worden, um jeden unfürstlichen Anschein von Verstaatlichung zu vermeiden. »Wir rechneten uns aus, daß die Umschichtung durch die Aktienausgabe Rainiers Finanzen in die roten Zahlen gebracht haben mußte oder zumindest verdammt kurz davor. Es war ein Risiko allerersten Ranges«, sagte ein französischer Bankier aus Aris Team. »Das machte den Fürsten äußerst verwundbar. Ari wies uns an, das Gerücht zu verbreiten, Rainier plane, die 450000 Aktien zu enteignen, die sich noch in Privathand befanden. Wir sollten die Aktionäre dazu bewegen, Protestkomitees und Interessenverbände zu gründen. Das war ungeheuerlich, verwerflich – und verdammt wirksam.«

Die Callas richtete ihre Gedanken auf den Film »Tosca«, den

Zeffirelli mit ihr drehen wollte. Genau das brauche sie jetzt, um »diese privaten Dämonen zu vertreiben«, meinte Panaghis Vergottis zu ihr, als sie im August nach London flog, um an der Beerdigung seines Bruders teilzunehmen. Die deutschen Produzenten waren lebhaft interessiert, das Geld war da, Tito Gobbi sollte ihr Partner sein. Von Vergottis' Begeisterung für das Projekt angesteckt und zeitweilig nicht mehr unter der Kontrolle Aris stehend, beeilte sie sich, den Vertrag unter Dach und Fach zu bringen. Aber beim abschließenden Gespräch mit den Produzenten sagte sie, daß sie gerne Ari noch einen Blick auf die Vertragsbestimmungen werfen lassen würde. Und als es gerade so aussah, als ob Ari sich nichts sehnlicher wünschte, als sie aus seinem Leben zu verbannen, schien er entschlossen, den Vertrag zu torpedieren. Seine Forderungen, seine mangelnde Kompromißbereitschaft, sein Hang zu theatralischer Effekthascherei machten alle ernsthaften Verhandlungsversuche hoffnungslos. An einem entscheidenden Punkt bot er an, die Deutschen auszukaufen und den Film selbst mit der Callas und ihrem Agenten Sander Gorlinsky zu produzieren. Da die Produzenten die ganze Geschichte leid waren, stimmten sie zu, und eine neue Reihe von Gesprächen begann – und führten zu nichts. Im Oktober teilte Maria mit, sie sei nicht mehr an dem Film interessiert.

Vergottis' Enttäuschung, als Freund und auch als Musikliebhaber, saß tief; der Gedanke, daß Maria seinem Rat mißtraut hatte, verletzte ihn sehr. Er flehte sie an, ihre Meinung zu ändern; er glaube, daß »Tosca« die größte Leistung ihrer Karriere werden könne. Er sei 75 Jahre alt, und er »bete jede Nacht, verschont zu bleiben, um die Vollendung des Films noch erleben zu können«. Obwohl sich, rein oberflächlich betrachtet, nichts zwischen den drei Freunden verändert hatte, erstaunte Vergottis das Verhalten Aris. Er konnte nicht begreifen, weshalb er sich solche Mühe gemacht hatte, das Tosca-Projekt zu unterminieren (später entwickelte er die Theorie, Ari sei entschlossen gewesen, *alle* Filme zu vereiteln, da Maria den Film abgelehnt hatte, den er mit Carl Foreman geplant hatte). Was Vergottis Maria als nächstes sagte, hat noch niemand herausgefunden, ganz sicher ist nur, daß er ihr niemals ihre Antwort verzeihen konnte (nur aus »Nebenbemerkungen und boshaften Anspielungen« ergab sich für einen ihrer englischen Anwälte die Vermutung, daß sich der Streit aus ihrer »erregt vorgebrachten Beschuldigung von einer homosexuellen Beziehung zwischen Onassis und Vergottis in den dreißiger Jahren« ergab). Sie schrieb Panaghis sofort einen langen Brief und erklärte ihm die Spannung, unter der sie stehe, und den Kummer, den sie angesichts des Schadens empfinde, den sie ihrer Freundschaft zugefügt habe (»Wenn jemals ein Brief geschrieben worden ist, der eine ›amende honorable‹ für jedes Unrecht ist, das Madame Callas Mr. Vergottis angetan haben könnte, dann kann man diese ›amende honorable‹ in diesem Brief finden«, meinte später ein britischer Richter). Vergottis antwortete nicht; er weigerte sich, ans Telefon zu gehen, wenn sie von Paris aus anrief; er war untröstlich. Verbittert ob seines Alters, seiner schlechten Gesundheit und des Gefühls, betrogen worden zu sein, entfernte er die Fotos der Callas und von Ari aus seiner Suite im Londoner »Ritz«.

Am 25. November, ein Jahr nach der Siegesfeier im »Maxim's« und sechs Tage, nachdem sie einen Scheck über 5460 Dollar erhalten hatte (die zweite Zinsrate auf ihr Darlehen für die »Overseas Bulk Carriers«), entschloß sich Maria, ihr Darlehen in Aktien zu verwandeln, und telegrafierte demgemäß an die »Vergottis Ltd.« in London: »Ich setze Sie hiermit davon in Kenntnis, daß ich mich heute entschlossen habe, Sie aufzufordern, mein ungesichertes Darlehen an Sie über 60 000 Pfund in 25/100 Aktien der MS Artemision zu verwandeln, in Übereinstimmung mit der Option, die mir mündlich als Gegenleistung für meine Bewilligung des Darlehens von Ihrem Präsidenten, Mr. P. Vergottis, zugesichert wurde. Schicken Sie bitte das entsprechende Zertifikat über diese Aktien an die Avenue Foch, Paris, Maria Callas.«

Vergottis' Antwort war kurz: »Bezugnehmend auf Dein Telegramm teile ich Dir mit, daß Dein Anspruch vollkommen unbegründet ist.«

Auf die meisten Ereignisse reagierte Ari intuitiv, rasch und direkt; als die Callas ihm aber jetzt mitteilte, was geschehen war, riet er zu Geduld. In juristischer Hinsicht hatte er kein Interesse an der Geschichte; er war ängstlich darauf bedacht, sich von der

Callas zu distanzieren. Als er sich schließlich doch auf die Angelegenheit einließ, geschah das nicht ausschließlich aus Gewissenhaftigkeit, sondern aus Stolz. Seit Wochen hatte er insgeheim Druck auf Vergottis ausgeübt, die Sache dem Schiedsspruch einer beliebigen Anzahl bekannter Persönlichkeiten aus der griechischen Schiffswelt in London oder, falls dies nicht ginge, einem unabhängigen Ausschuß von Anwälten zu unterwerfen. »Ich denke, wir sollten die Publicity eines öffentlichen Gerichtsverfahrens vermeiden, meinst du nicht auch?« Er hielt Kontakt zu Vergottis, weil er wußte, daß Publicity eine Sache ist, die die Griechen des uralten Geldadels mehr verabscheuen als alles andere auf der Welt. Aber die Hoffnungen, einen Prozeß zu vermeiden, zerschlugen sich eines Abends im »Claridge's«, wo eine zufällige Begegnung im Speisesaal darin gipfelte, daß Vergottis mit einer Brandyflasche herumfuchtelte und schrie: »Verschwinde hier, oder ich werfe sie auf dich!« Damit war die Bühne für ein Schauspiel geliefert, das, wie ein Richter später erkannte, »viele Elemente einer Tragödie von Sophokles an sich hatte«.

»Prestigefragen waren die Ursache für den Fall – weder Schiffe noch Geld, noch Aktien. Das alles zählte nicht. Es war eine Art von Katharsis, am Ende ein Sexfall. Es war der gute, alte unterhaltsame Stoff, aus dem ein Prozeß bestehen sollte. Und alle konnten es sich leisten. Gesetze ließen sich überhaupt nicht auf den Fall anwenden. Der Richter mußte sich einfach dazu durchringen, wer der Glaubwürdigere war«, sagte ein höherer Richter danach. »Unser alter Herr war der Überzeugung, daß sie ihn in gemeiner Weise hereingelegt hätten«, sagte einer von Vergottis' Anwälten. »Aber ich bin bei allem, was mir ein griechischer Schiffseigner erzählt, genauso auf der Hut wie bei dem gerissensten Bewohner des indischen Subkontinents. Ich gab ihm den Rat, daß wir gewinnen würden, wenn man seine Geschichte akzeptierte. So einfach war das. Unglücklicherweise besaß Vergottis keinen Charme. Onassis war ein Ausbund an Charme.«

Der Fall kam am 17. April 1967 vor den Richter Roskill von der »Queen's Bench Division«. Das war ein schlechter Termin, da er zeitlich knapp hinter Aris endgültiger Niederlage in Monaco lag. Mit der Behauptung, das Manöver sei verfassungswidrig, hatte er

Rainiers Entscheidung, 600 000 SBM-Aktien auszugeben, vor dem Obersten Gericht in Monaco angefochten. Im März hatte das Gericht zugunsten des Fürsten entschieden. Ari war der mächtigste Mann im Fürstentum gewesen, der König von Monte Carlo, und jetzt war er nur einer von den anderen reichen Pointeuren. Er verkaufte seinen Anteil für 9,5 Millionen Dollar an Monaco, behauptete, »wir wurden betrogen«, und segelte davon. Claude de Kemoularia, Rainiers Chefstratege und Unterhändler, der für das Notprogramm vom französischen Finanzminister angeheuert worden war, machte sich nicht die Mühe, seine Hochgefühle zu verbergen: »Wenn er unser Angebot sechs Monate früher angenommen hätte, wäre er heute ein reicherer Bursche und verdammt viel glücklicher. Immerhin lag das wahre Vergnügen darin, ihn zu schlagen. Er wurde noch nie so windelweich geprügelt.« Privat trug Ari schwer an dem Verlust von Monte Carlo. Aber er hatte seine Enttäuschungen immer mit neuen Konfrontationen gelöst, mit neuen Regeln, die er manipulierte, mit neuen Leuten, die er bezauberte und eroberte. All das fand er in einem englischen Gerichtssaal. Die Schlagzeilenschreiber hatten ihren Tag – in der trockenen Sprache der englischen Justiz wurde der Fall allerdings schlicht wie folgt registriert:

Onassis und Calogeropoulos versus Vergottis

Kontrakt – Option – Schiffsaktien – welche Partei stellte Geld für ein Darlehen oder für Kauf von Schiffsaktien zur Verfügung.

In einem scharlachroten Abendkleid und einem weißen Zwanziger-Jahre-Turban, mit stark geschminktem Gesicht, erschien die Callas an Aris Arm, als ob sie an einem schicken Premiereabend teilnehmen wollten. In seiner Eröffnungsrede seitens der Kläger spielte Sir Milner Holland auf das heraufziehende Drama an. »Es tut mir sehr leid, sagen zu müssen, daß Mr. Vergottis sagte, falls Mr. Onassis oder Madame Callas (unter ihrem richtigen Namen*

---

* Er taucht in allen Gerichtsakten falsch geschrieben auf.

klagend, wurde sie dennoch immer mit Madame Callas angeredet) es wagten, in den Zeugenstand zu treten, müßten sie mit vielen Klatschgeschichten sowohl im Gerichtssaal als auch in der Presse rechnen. Es ist vielleicht natürlich, daß Mr. Onassis das als Erpressung bezeichnete, und unnatürlich, daß Mr. Vergottis dabei lachte. Der Bruch zwischen diesen beiden Herren und zwischen Madame Callas und Mr. Vergottis ist seit jenem Tag nicht mehr geheilt.«

Mr. Peter Bristow, Anwalt Vergottis', hatte erst vor kurzem seine Seide* erhalten, und der Fall (der sowohl die Zeitungsseiten der *Times* als auch die der internationalen Boulevardpresse füllte: »Onassis und Sängerin prozessieren um ein Millionen-Pfund-Schiffsgeschäft«, »›Erpressungsgeschichte‹ ein Klagegrund der Callas«) war für ihn eine äußerst willkommene Gelegenheit, sich einen Namen zu machen. Angesichts der Behauptungen von Betrug, von Verrat und Kriminalität, die in der Luft lagen, und angesichts der unbesonnenen Andeutungen von Sex und Eifersucht als Ursache des Prozesses machte es sich Bristow (er wurde später Richter am »High Court«, am Hohen Gerichtshof) zur Aufgabe, das genaue Wesen der Beziehung zwischen Ari und der Callas gerichtlich festzustellen. Es gab viele Wortwechsel wie den folgenden:

»Nachdem Sie Madame Callas kennengelernt hatten, trennten Sie sich da von Ihrer Frau und Madame Callas von ihrem Ehemann?« – »Ja, Herr Richter. Hatte aber nichts mit unserer Begegnung zu tun. Purer Zufall.« – »Würde sie sich Ihrer Meinung nach in einer Position befinden, die der einer Ehefrau entspricht, wenn sie frei wäre?« – »Nein. Wenn das der Fall wäre, hätte ich kein Problem, sie zu heiraten, noch hätte sie irgendein Problem, mich zu heiraten.« – »Empfinden Sie außer rein

---

* Englischer Rechtsbegriff, der besagt, daß ein Barrister (Anwalt, der vor höheren Gerichten plädieren darf) von seinen Kollegen sehr geschätzt wird und das Recht hat, einen Seidentalar zu tragen, was ein Schritt hin zum Queen's Counsel – zum Kronanwalt (Ehrentitel für verdiente Barrister) – ist.

freundschaftlichen Gefühlen noch andere Verpflichtungen ihr gegenüber?« – »Überhaupt keine.«

Als ihm vorgehalten wurde, er habe die Callas gegen Vergottis aufgehetzt (einen Mann, den sie, wie sie zugegeben hatte, einst »mehr als meinen Vater« geachtet hatte), antwortete Ari ohne Zögern: »Madame Callas ist kein Auto, das ich fahre. Sie hat ihre eigenen Bremsen und ihr eigenes Gehirn.« Obwohl Maria die Notwendigkeit vorsichtiger und eigennütziger Antworten einsah – und niemand konnte schwerer faßbar als Ari sein, wenn er das wollte –, war seine ungerührte Unverbindlichkeit hinsichtlich ihrer Beziehung ein weiterer Schlag für ihren Stolz. Daß er alle Verpflichtungen ihr gegenüber leugnete, ging über die Diskretion im Gerichtssaal hinaus: Das machte die Vergangenheit gänzlich ungeschehen, das war ein öffentlicher Fußtritt (»Es war kein Prozeß«, sagte sie später, »es war ein Gedenkgottesdienst«). Als sie noch Liebende waren, war alles möglich; nichts sollte jemals wieder so gut werden. Und dennoch konnte sie immer noch nicht von ihm lassen; das war eine Schwäche, auf der Vergottis' Anwalt herumhackte: »Sie sagten uns, daß Sie immer noch mit Ihrem Ehemann verheiratet sind, der in Italien lebt?« Nach italienischem Gesetz sei sie immer »noch sehr« mit Meneghini verheiratet, antwortete sie; aber sie war nervös geworden: »Wir sind hier wegen [einem] 25prozentigen Aktienanteil, den ich bezahlt habe, und nicht wegen meiner Beziehung zu einem anderen Mann«, erinnerte sie den Richter.

Ihre Popularität nahm von Tag zu Tag ab, als die Welt erlebte, wie sie, in Verbindung mit ihrem reichen und mächtigen Liebhaber, einen alten, kranken Mann (der Arzt war immer anwesend) zerstörte, der ihr Freund und Vater zugleich gewesen war. Dennoch war sie eine glaubwürdige Zeugin, Vergottis war es nicht. In sichtbar schlechter gesundheitlicher Verfassung und der verbitterten Überzeugung, daß er das Opfer einer Verschwörung war, folgte er der Verhandlung mit ungebührlichen Störungen. Seine unbeherrschten Ausbrüche (er sprudelte Anzüglichkeiten und giftige Bemerkungen hervor, ehe er von seinem eigenen Anwalt oder vom Richter zum Schweigen gebracht werden konnte) unterstützten nicht gerade seine Sache. »Ist es purer Zufall, daß die 60000 Pfund, die, wie Sie sagen, ein Darlehen waren, genau der Summe für einen 25prozentigen Aktienanteil entsprachen?« fragte Sir Milner Holland, der Anwalt Aris und der Callas. Es sei überhaupt kein Zufall gewesen, antwortete Vergottis. »Ich bin jetzt davon überzeugt, daß er [Onassis] es bewußt so hindrehte, um mich in die Falle zu locken. Ich habe danach so viele Dinge gehört, daß Ihnen die Haare zu Berge stehen würden – über die Dinge, die er getan hat, und wie er sie einfädelte. Ich bin in Griechenland gewesen und habe dort viele Dinge herausgefunden. Er hat eine schwarze Seele.«

Nach einer zehntägigen Verhandlung war Ari zuversichtlich, daß er und die Callas »um Meilenlänge« gewinnen würden, obwohl die Anwälte beider Parteien wußten, daß es ein »Fotofinish« geben würde: »Der Richter mußte schlicht und ergreifend entscheiden, wer als zweiter durchs Ziel ging«, sagte einer der Anwälte später. »Es gibt kein Entrinnen – man wünscht sich, es gebe eins – vor der Tatsache, daß von der einen oder anderen Seite ein Meineid geschworen wurde«, kam Richter Roskill in seinem Resümee sofort zum Kern der Sache. »Wenn die Verteidigung recht hat, kann es keinen Zweifel geben, daß Mr. Onassis und Madame Callas ihre Köpfe zusammengesteckt haben, um, man möge mir diesen Ausdruck verzeihen, Mr. Vergottis zu leimen.« Sollten aber Onassis und die Callas die Wahrheit gesagt haben, so sagte er, dann habe Vergottis »gelogen, und zwar nicht nur einmal«.

Vergottis wurde für schuldig befunden. Er hatte die umstrittenen Aktien in der Gesellschaft auf die Callas zu übertragen und all ihre Gerichtskosten zu bezahlen, die sich auf rund 87000 Dollar beliefen. Gegen den Rat seines eigenen Anwalts ging Vergottis in die Berufung, der stattgegeben wurde. Lord Denning, der protokollführende Richter, der mit Lordrichter Salmon und Lordrichter Edmund Davies zu Gericht saß, befand, Richter Roskill sei »fehlgegangen«, als er davon ausging, daß Habgier und Neid Vergottis' Motive gewesen seien. Ein neuer Prozeß wurde anberaumt. Die Callas und Ari legten gegen diese Entscheidung sofort Berufung beim höchsten Gericht in England ein – dem »House of Lords«. An dem Tage, als die Nachricht von ihrer Berufung verkündet wurde, rief Ari Vergottis im »Ritz« an: »Nicht viele Burschen deines Alters, Pan, können sich über zwei Tage des Jüngsten Gerichts aufregen.« – »Ich übernehme den zweiten«, erwiderte Vergottis, mit seinen 78 Jahren noch immer sehr schlagfertig. »Über den ersten regst *du* dich auf!«

»Keiner gewinnt in einem Prozeß. Wenn du Glück hast, kommst du ungeschorener davon als der andere Kollege«, sagte Ari später. Er sollte erst nach achtzehn Monaten erfahren, ob er »als zweiter« durchs Ziel gekommen war oder nicht.

In jenem Sommer fuhren Ari und die Callas nach Skorpios, obwohl sie nicht gerade auf gutem Fuß miteinander standen. Von dem Willen zusammengehalten, gegen Vergottis vorzugehen, teilten sie einen Augenblick lang dieselben Gedanken, doch ihre Herzen waren noch nie so verschiedener Meinung gewesen. Bei ihrem letzten Abendessen vor ihrer Abreise nach Paris redeten sie miteinander, als ob sie wüßten, daß sie ihren letzten gemeinsamen Sommer verbracht hatten. »Nur diejenigen sind frei, die niemanden lieben«, sagte Ari. Sie hielt das »für einen zu großen Preis« der Freiheit. Er fragte sie, was sie sich am meisten für sich selbst wünsche, erinnerte sich später einer der sechs Tischgäste an die Konversation an jenem Abend. »Ich möchte einfach mit mir im reinen sein«, antwortete sie. In den folgenden Monaten sahen sie sich sehr selten. Wochenlang zog sie sich zur Erholung in ihre neue Wohnung in der Avenue Georges-Mandel zurück und verließ sie nicht.

Kapitel 13

»Die Liebe ist süß wie Honig,
aber auch bitter wie Galle.«

Plautus

Die Diskretion war die Voraussetzung bei Aris ehrgeizigsten Plänen (»Ihm gelangen mehr Tricks, wenn er seine eigenen Absichten verbarg, als wenn er versuchte, herauszufinden, was zum
Teufel sein Gegner plante«, sagte Meyer), und so traf er sich
unter äußerster Diskretion und mit mehr als gewöhnlicher Ausdauer auch weiterhin mit Jackie Kennedy in ihren ersten Jahren
als Witwe. Während sie für die Öffentlichkeit noch Kennedys
Witwe war, empfing sie ihn in ihrem zweistöckigen Apartment in
der Fifth Avenue. Obwohl Jackies Reisen mit David Lord Harlech, einem langjährigen Freund der Familie und früheren Botschafter in den Vereinigten Staaten, und mit Roswell Gilpatric,
dem früheren Staatssekretär im Verteidigungsministerium der
Kennedy-Regierung, ihre Verabredungen mit Männern wie Arthur Schlesinger junior, Mike Nichols und schicken Homosexuellen wie Truman Capote, ihre Mittagessen im »Côte Basque«
mit verschiedenen ausländischen Adligen, Bankiers und Politikern zu Spekulationen führten und die Klatschspalten füllten,
waren es die unbeobachteten, unvermuteten und unvorstellba-
ren heimlichen Tête-à-têtes mit Ari, die sich zu einer ernsthaften
Beziehung entwickelten. (»Sie verstand die Kunst, Männern wie
Ari zu gefallen, und geflirtet wurde ganz gewiß«, sagte ein Assistent bei der »Olympic« später in Paris. »Doch ich bin sicher,
daß sie da noch kein Verhältnis hatten.«) An dem Abend, als sie zu
Besuch in die Avenue Foch kam, entließ er das Personal und
servierte ihr persönlich das Abendessen. »Ari liebte so was, die
Heimlichtuerei, wenn er auf Jagd ging, und ihn reizte das gesellschaftliche Gewicht, das er durch Jackie bekommen würde«,
sagte ein früherer Angestellter der »Olympic«. Die Diskretion

spiegelte jedoch auch seine Sorge wider, daß die Kennedys der Beziehung schnell ein Ende setzen könnten, falls man sie von seiner zunehmenden Nähe zu Jackie und der tiefen Dankbarkeit, die seine Freundlichkeit in ihr erweckte, unterrichtete. Er wußte, daß Bobby Kennedy ihn nicht aus Zuneigung »den Griechen« nannte und ihn als »einen absoluten Schurken im großen Maßstab« bezeichnete. Auch wußte er, daß er eine offene Konfrontation mit Bobby nicht gewinnen konnte, der nach dem Tod seines Bruders die Führung des Kennedy-Clans übernommen hatte und viel Zeit damit verbrachte, Jackie und ihre Kinder zu beraten und zu trösten, daß bereits böse Zungen laut geworden waren. »Er verbringt schrecklich viel Zeit mit dieser Witwe«, stellte ein Mitglied der Familie gegenüber Bobbys Frau Ethel deutlich fest.

Mit dem Instinkt eines Politikers hatte Bobby die Gefahr erkannt, die Jackie für ihn barg: Es war übertrieben, von ihr mit ihren 37 Jahren zu erwarten, daß sie weiterhin die Rolle der reinen und tugendhaften Witwe spielte, und diese Möglichkeit machte Bobby immer nervöser, da die demokratische Kandidatenvorwahl von 1968 bevorstand und er unschlüssig war, ob er seine Kandidatur erklären sollte. Obwohl Jackie versucht hatte, sich von der restlichen Familie zu lösen, ihr eigenes Leben zu führen und ihre Kinder außer Reichweite des Kennedy-Ethos aufzuziehen, hatte Bobby erheblichen Einfluß auf sie. Sie war eine Kennedy, und ihr Privatleben stand auch im Blickpunkt der Öffentlichkeit.

Das letzte, was Ari wollte, war eine verfrühte Aufdeckung seiner sich vertiefenden Freundschaft mit Jackie. Daß Bobby nicht herausfand, wie stark sich das Verhältnis seiner Schwägerin mit »dem Griechen« entwickelte, ist bemerkenswert. »Warum sollte man damit rechnen, daß jemand in etwas hineinschlitterte, was der Natur nach unvorstellbar erschien?« sagte ein damaliger Mitarbeiter von Onassis.

Jackie war in Mexiko, als sie erfuhr, daß Bobby für die Präsidentschaft kandidierte. Das erweckte wieder ihre alten Ängste, denn sie war überzeugt, daß er, wenn er ins Weiße Haus käme, auf dieselbe Art wie ihr Mann sterben würde. (»Weißt du, was ich glaube, was Bobby passieren wird?« sagte sie zu Arthur Schlesinger junior. »Dasselbe, was Jack passiert ist ... Ich habe es Bobby gesagt, aber er ist nicht so fatalistisch wie ich.«) Pflichtschuldig bereitete sie die gewünschte Presseerklärung vor: »Ich werde immer mit ganzem Herzen zu ihm stehen. Ich werde ihn immer unterstützen.« Sie wußte, daß sie es nicht viel länger hinausschieben konnte, ihm zu erzählen, wie weit sich ihre Beziehung mit Ari schon entwickelt hatte und wohin sie führte. Es war darüber berichtet worden, daß sie mit »dem Griechen« zu Abend gegessen hatte, manchmal mit Rudolf Nurejew und Margot Fonteyn, manchmal mit Christina – im »El Morocco« und im »21«, im »Dionysos« und im »Mykonos« in New York. (»Mittlerweile muß jede Einzelheit über dich schon in der Presse veröffentlicht worden sein«, sagte Nurejew. »So in der Öffentlichkeit zu stehen, ist nicht gut für die Seele.« – »Ach, sie befassen sich aber noch immer mit dem schmückenden Beiwerk. Das Wesentliche haben sie noch nicht berührt«, antwortete sie.)

Im März, einige Tage nachdem Bobby seine Kandidatur angekündigt hatte und sofort in die Kämpfe der Demokraten, die Lyndon B. Johnsons Eskalation des Vietnamkrieges entweder unterstützten oder ablehnten, verwickelt wurde, beschloß Ari, daß es jetzt, »wo die Kinder mit anderen Dingen beschäftigt sind«, an der Zeit sei, langsam ein offeneres Interesse an Jackie zu zeigen. Sein ganzes Leben lang habe er die vollendete Frau gesucht und sei immer wieder enttäuscht worden, bemerkte er auf einer Cocktailparty im »George V Hotel« in Paris. Die Garbo? Eva Perón? Die Callas? Er antwortete mit einem Lächeln, einem Schulterzucken und wieder einem Lächeln. Jacqueline Kennedy? »Sie ist eine völlig mißverstandene Frau. Vielleicht mißversteht sie sich sogar selbst. Sie wird als ein Musterbeispiel für Anständigkeit, Treue und so viele andere dieser langweiligen amerikanischen Tugenden vorgeführt. Jetzt gibt es nichts Geheimnisvolles mehr an ihr. Sie braucht einen kleinen Skandal, um wieder zum Leben erweckt zu werden, eine Sünde oder Indiskretion. Etwas sollte ihr passieren, damit sie unsere lebhafte Leidenschaft gewinnt. Die Welt liebt es, eine gefallene Größe zu bemitleiden.« Auf der Rückfahrt zu seiner Wohnung sagte er zu

Meyer: »Das dürfte in Hickory Hill* den Bock zum Gärtner machen.«

Bobby hatte von Aris Bemerkung gehört, verstand die Zusammenhänge, fuhr prompt aus der Haut und beruhigte sich erst wieder, als auch Jackies Stimme, von der die Callas einmal boshaft zu Ari gesagt hatte, daß sie sie an »Marilyn Monroe in der Rolle der Ophelia« erinnere, seine Lautstärke erreicht hatte. Obwohl sie nicht zu verstehen gab, daß eine Eheschließung nahe bevorstand (»Jackie ist keine Frau, für die die Leidenschaft unbedingt ausschlaggebend ist«, merkte eine Freundin an, die den Eindruck hatte, daß die »gefallene Größe« jenseits ihrer Vorstellung lag), hatte sie diese Möglichkeit jedoch ins Auge gefaßt. Beide, Jackie und Ari, besaßen etwas, was der andere sich wünschte. »Vermutlich ist es eine Familienschwäche«, sagte Bobby in Anspielung auf Aris frühere Liaison mit Lee Radziwill. »Vermutlich weißt du auch, daß mich das fünf Staaten kosten kann«, fügte er hinzu. Obwohl die Vorstellung, daß die verwitwete First Lady eine zweite Mrs. Onassis werden könnte, sehr beunruhigend war, wußte er, daß es ein Fehler wäre, die harte Linie einzuschlagen und damit zu riskieren, daß sich Jackie zu einem entscheidenden Augenblick seiner Kampagne von ihm entfremdete; ihre Treue bedeutete ihm alles. Außerdem hatte er aufrichtiges Verständnis für ihre Situation; sie war verletzbarer und ängstlicher, als es selbst jene Leute glaubten, die der Meinung waren, ihr sehr nahe zu stehen. Es bedrückte sie eine Schwermut, die sie nicht abzuschütteln wußte; das Attentat war eine einschneidende Erfahrung für sie gewesen; sie träumte davon, ermordet zu werden, hatte ständig Angst, daß ihre Kinder entführt oder ihnen ein Leid zugefügt werden könnte. Neben Sicherheit, Liebe und traumlosen Nächten hatte Aristoteles Sokrates Onassis viel zu bieten.

Ehe sie 1953 John F. Kennedy heiratete und eine gute Hausfrau wurde (trotz ihrer Schwäche, Rechnungen für Modellkleider zu sammeln), war Jackie ein etabliertes Mitglied der amerikanischen Aristokratie gewesen. Von klein auf war sie in einer vom Wohl-

---

* Bobby Kennedys herrschaftliches Haus in McLean, Virginia, das er 1957 von seinem älteren Bruder gekauft hatte.

stand geprägten Atmosphäre aufgewachsen. Ihr Vater, John V. »Black Jack« Bouvier III., ein Long-Island-Effektenhändler und Yale-Absolvent, der es nie aufgab, das schöne Leben zu genießen, selbst als er das meiste Geld und seine Gesundheit verloren hatte, verzog sie schrecklich. Die Bouviers ließen sich 1938 scheiden, und vier Jahre später heiratete Janet Bouvier Hugh Auchincloss, ein Name, der in der New Yorker Gesellschaft seit mehr als sieben Generationen ein hohes Ansehen genoß. Dank der Auchincloss-Beziehungen und der Großzügigkeit ihres Stiefvaters (der Anteil der Familie an »Standard Oil« hatte den Kauf eines Landsitzes in McLean, Virginia, und eines weiteren in Newport ermöglicht) verbrachte Jackie ihr Leben auf Jagdfesten, beim Segeln, mit Skifahren und schnellen Autos. Mit der eleganten Abneigung reicher Mädchen für Begeisterung zeigte sie keinerlei Überraschung, als beispielsweise der Gesellschaftskolumnist Cholly Knickerbocker sie zur Debütantinnenkönigin von 1947 ernannte. Die Worte eines Freundes, der denselben Debütantenball im »Newports Clambake Club« am Easton's Point besuchte, bestätigen dies nur: »Die Möglichkeit, daß es eine andere Lebensart als ihre eigene gab, war ihr so gut wie unbewußt.«

Obwohl Jacqueline Kennedy niemals ihre Verzweiflung öffentlich zeigte, besaß sie nach dem Attentat in Dallas einen Ausdruck der Traurigkeit, und erst die Welt des Aristoteles Onassis war es, die sie wieder vertrauten Boden unter den Füßen entdecken ließ: eine Rückkehr in sicherere und bessere Zeiten.

Bobby gab zu verstehen, es sei einfacher für ihn, sich an den Gedanken mit Ari zu gewöhnen, wenn der Druck der Präsidentschaftskampagne erst einmal vorüber sei. Obwohl dieser Gedanke pragmatisch war (Ari war zu levantinisch, zu vulgär und bewegte sich zu sehr in der Nähe des griechischen Militärdiktators Papadopoulos, als daß er jemals entschuldigt werden konnte), war das eine ermutigendere Antwort, als Jackie erwartet hatte; dankbar bot sie an, ihren Rückzug aus dem öffentlichen Leben aufzuschieben, um ihn bei seiner Kampagne zu unterstützen; sie versprach, bis nach den Wahlen im November zu warten, ehe sie irgendwelche öffentlichen Erklärungen über ihre zukünftigen Pläne abgäbe. Jene Insider, die wußten, wie heikel »die griechische Krise« gewesen war, atmeten erleichtert auf, denn sogar die Kennedy-Frauen, die sie nicht mochten, wußten, welchen Einfluß ihre totemistische Gegenwart hatte. An jenen Osterfeiertagen flog sie an Bord der Privatmaschine Aris nach Palm Beach, um dort die Ferien mit ihren Kindern zu verbringen; Ari weigerte sich, für die wartenden Fotografen auszusteigen, als Jackie das Flugzeug in Florida verließ; er flog weiter nach Nassau, um dort die Feiertage mit seiner Tochter zu verbringen.

Im Mai hatte Jackie bei den Jungferninseln ein Rendezvous auf der *Christina*. Niemandem von Aris Gästen wurde die Identität der erwarteten, sehr wichtigen Persönlichkeit verraten: »Wir wurden nur darauf hingewiesen, daß die zu erwartende Person die Machtbefugnis habe, jeden von Bord zu schicken, der ihr nicht genehm sei.« (Obwohl das rein theoretisch war, da alle bis auf einen Gast bereits geplant hatten, das Schiff in St. John zu verlassen, um einen Tag bevor der geheimnisvolle Neuankömmling erwartet wurde, nach New York zurückzukehren.) Seit Tagen sei er schon nervös gewesen und »schwitzte noch mehr als sonst«, berichtete ein Gast. »Ich dachte, daß ein sehr großes Geschäft anstehen mußte. In der Vergangenheit war er in der Lage gewesen, alles zu vergessen und sich auf die trivialsten Dinge zu konzentrieren, wenn er Gäste auf die *Christina* einlud, egal, wie viele wichtige Dinge ihn beschäftigten.« Am Ende war seine Eitelkeit größer als die Diskretion. Kurz bevor der Zeitpunkt für den Abschied seiner Gäste kam, fanden die Spekulationen ein Ende: In Silber eingerahmte Fotos standen plötzlich in Salon und Rauchzimmer sowie auf dem Louis-quinze-Tisch in seinem teakholzgetäfelten Studio. »Es war nahezu belustigend, Ari in Aktion zu sehen. Er besaß so einen boshaften Charme und ein erbarmungsloses Jagdgespür. Das war verdammt beeindruckend«, erinnerte sich der bleibende Gast, Joan Stafford. Damals hieß sie noch Joan Thring und war Nurejews persönliche Assistentin, eine attraktive Australierin, deren trockener, schwarzer Humor und Natürlichkeit Ari gefielen. »Er hielt sie für eine großartige Lady, die keinen Scheiß erzählte, und er schätzte die Art, in der sie mit Rudi umging, der einem wirklich zu schaffen machen konnte«, erinnerte sich Meyer später. »Sie sagte Ari immer, was sie dachte, und er war nicht mehr von allzu vielen Leuten umgeben, die das machten.«

Jackie kam am frühen Morgen ohne ihren Sicherheitsbeamten an. Sie trug einen braunen Valentino-Anzug und eine dunkle Brille, die sie auf die Stirn geschoben hatte. Ein Steward, der ihre Ankunft miterlebte, berichtete später: »Sie sah aus wie jener Typ von Frauen, der selbst am Morgen des Weltuntergangs noch seinen Maniküretermin einhält.« Ari erklärte Joan: »Bleib um Himmels willen in der Nähe! Verlaß ihre Seite nicht.« Ari und Jackie sollten niemals Ruhe vor der Neugierde der Öffentlichkeit haben. »Ich will nicht, daß irgendwelche Hurensöhne Fotos von uns machen, auf denen nur wir beide drauf sind und es so aussieht, als ob wir beide hier draußen allein Unfug treiben.« Joan vermutete, daß er sich eher Sorgen darum machte, welche Probleme die Callas ihm wegen eines solchen Schnappschusses bereiten würde, als was die Öffentlichkeit daraus schließen mochte.

Auch wenn Jackie an Heirat dachte, »hatten sie damals ganz bestimmt noch kein Verhältnis«, sagte Joan später. Eines Abends bestellte Jackie eine Bouillabaisse, »eine mit Safran gewürzte Fischsuppe, die Venus als Schmaus für den schönen Vulkan erfand«, wie Ari gern ihre Legende erzählte, und es muß keine sehr gute Bouillabaisse gewesen sein, denn sie wurde ziemlich krank. Darüber war sie außerordentlich bestürzt. »Eine Frau, die mit einem Mann ein sexuelles Verhältnis hat, regt sich über eine gewöhnliche menschliche Schwäche wie einen verdorbenen Magen einfach nicht so auf«, sagte Joan. »Wenn die beiden damals auch nur die geringsten Intimitäten miteinander gehabt hätten, dann hätte sie sich niemals so erregt. Eigentlich war das ganz süß. Ein Hauch von echter Unschuld an Bord der *Christina* war etwas Seltenes.«

Mit dem Problem der Eheschließung beschäftigten sich Jackie und Ari jeden Nachmittag beim Tee, denn das war die einzige Zeit während des Tages, an der sie allein waren. Abgesehen von den möglicherweise erschwerenden Unterschieden, die das Alter, die Persönlichkeit und den gesellschaftlichen Hintergrund betrafen, standen sie vor einigen wirklich heiklen Problemen. Eines davon war nicht zuletzt eine Frage der Religion: Daß eine römisch-katholische Frau einen Nichtkatholiken heiraten wollte, der außerdem ein auffälliger Ehebrecher und geschieden war, mußte Jackie mehr als eine geistige Anstrengung kosten. Ironischerweise waren es Jacks – so John F. Kennedys Spitzname – eigene Worte, die den letzten Widerstand gegen diese Heirat brachen: »Wenn es hart auf hart geht«, hatte er einmal gesagt, »zählt das Geld mehr als die Religion.« Ein enger Bekannter der Kennedys sagte: »Diese Bemerkung reichte aus, um Jackies theologisches Dilemma zu lösen, wenn sie sich jemals in einem befunden hatte. Es war mehr als eine Entschuldigung, sondern gesunder Menschenverstand, eine Philosophie sozusagen.«

Jackies Absprache mit Bobby ließ bei Ari Skepsis aufkommen (»Er macht es sich so verdammt leicht«, erregte er sich). Ari war überzeugt, daß sie niemals Herrin über ihr eigenes Schicksal sein würde, solange Bobby »noch ein Fünkchen politisches Interesse hat«. Die Kennedys seien unfähig, vorübergehend ihre Gefühle und Vorurteile zu vergessen. Nachdem Jack ihm die Rolle des Schurken zugeteilt hatte, wußte Ari, daß sich Bobbys Meinung über ihn seit dem Tod des Präsidenten nur noch verschlechtert haben konnte. »Er sieht in mir nur den reichen Sack, der sich an die Witwe seines Bruders ranmacht. Früher oder später wird es zu einer Machtprobe kommen, wer den stärkeren Willen hat«, erzählte er Meyer. Wie Costa Gratsos später vermutete, gab Jackie jedoch nicht aus Angst vor den Kennedys Ari nur ungern eine direkte Antwort, ehe sie in jenem Frühjahr die *Christina* verließ, sondern aus einer instinktiven List heraus: »Sie wußte zwar, daß sie sich einig geworden waren, aber sie hatte ja Bobby versprochen, daß sie bis nach der Wahl kein Aufsehen erregen würde. Ich denke, sie stellte es sich interessant vor, einen Funken der Ungewißheit in Aris Augen zu sehen. Es war eine nette Probe, ihn warten zu lassen und die Daumenschrauben anzuziehen.«

An dem Tag, als Jackie nach New York zurückkehrte, lud Ari Joan Thring ein, das Bett mit ihm zu teilen. Sie lehnte es ab. »Er fragte mich ununterbrochen über Jackie aus, insbesondere über sie und David Harlech. Ob ich glaubte, daß sie ein Verhältnis hätten? (Es war das Randereignis Nummer eins im Wahljahr – ›Das größte romantische Melodrama seit Taylor und Burton oder vielleicht sogar, seit König Edward VIII. 1936 abdankte und Wally Simpson heiratete ... Wird Jackie David heiraten?« begann eine Kurzbiographie in der Zeitschrift *Esquire* im November jenes Jahres.) Mit wem hatte sie sich noch getroffen? Was ich von den Männern hielte, mit denen sie ausgegangen sei? Warum gefielen ihr Homosexuelle? Er tat so, als fragte er ganz beiläufig und aus Geschwätzigkeit; das war die Art von Unterhaltung, die er liebte; Skandale faszinierten ihn.« Nur diesmal war der Grund für seine Neugier ernsthafter. »Ich wußte, daß alles, was ich sagte, wichtig für ihn war; Jackie für sich zu gewinnen bedeutete ihm alles. Es war das einzige Mal, daß ich bei dem Mann eine Verwundbarkeit verspürte; das war eine interessante, neue Dimension«, erinnerte sich Joan später.

Trotz der Diskretion war Jackies Reise in Washington nicht unbemerkt geblieben. Am 17. Mai antwortete Hoover persönlich auf eine Anfrage des Weißen Hauses »zu einer Personenauskunft über Aristoteles Sokrates Onassis«. Obwohl er seinen Entschluß, 1968 nicht zu kandidieren, bereits bekanntgegeben hatte, beobachtete Präsident Johnson ständig alles, was mit Bobby zu tun hatte, den er »zutiefst verachtete« – was allerdings auf Gegenseitigkeit beruhte. Aber des Präsidenten Interesse an Jackies Gastgeber bei den Jungferninseln war vielleicht größer als der Zwang zur persönlichen Rache und sogar die Tatsache, daß er wirklich »gern FBI-Akten las«. Als Johnson am 3. April einen lockeren Abend mit seinen alten Freunden Drew Pearson und David Karr verbrachte, enthüllte Karr ihm, daß Ari ihn auf einen sehr großen geheimen Deal hingewiesen habe, den er mit den griechischen Obristen plane. Das Projekt mit dem Decknamen Omega schloß den Bau einer Raffinerie in der Nähe von Athen ein. Ari, behauptete Karr, spiele mit dem Gedanken, sein Rohöl von den Sowjets zu kaufen. Diese Nachricht schärfte zweifellos Johnsons Interesse, als er von Jackies Aufenthalt an Bord der *Christina* erfuhr. Karr, der ursprünglich Katz geheißen hatte und dessen Mutter in Rußland geboren war, hatte sich seit seinen Anfängen als Handelsreisender für Bürsten hochgearbeitet und war Mitarbeiter des *New York Daily Mirror,* freiberuflicher Reporter für den kommunistischen *Daily Worker* und Starreporter für Drew Pearson (wenn es galt, Informationen zu liefern, die nicht immer auf legale Weise zu beschaffen waren). 1948 dehnte er seine Aktivitäten auf Public Relations und das Showgeschäft aus (er produzierte eine Broadway-Aufführung und einige Filme), ehe er nach Paris zog und sich als Finanzberater mit besonderem Interesse an der Sowjetunion und Osteuropa niederließ. »Er neigte dazu, auf zwei Hochzeiten gleichzeitig zu tanzen«, sagte später Samuel Pisar, ein amerikanischer Anwalt in Paris und Experte für den Ost-West-Handel. »Dennoch war er immer in der Lage, das fehlende Etwas zu bieten, um das Geschäft zu machen.« Sowohl bei seinen Geschäften mit den Russen als auch mit jedem anderen sei es immer schwierig, schrieb Roy Rowan nach Karrs Tod in Paris 1979, sicher zu sein, auf wessen Seite Karr stehe. Gerüchte über KGB-Verbindungen waren unvermeidlich und höchstwahrscheinlich wahr.

Am 5. Juni 1968 wurde Robert F. Kennedy im »Ambassador Hotel« in Los Angeles erschossen. Einen Tag später, kurz nach zehn Uhr morgens, rief Ari in London Gratsos an, nur wenige Minuten, nachdem eine Presseerklärung den Tod des Senators bekanntgegeben hatte. »Sie ist frei von den Kennedys. Die letzte Verbindung ist gerade abgebrochen«, sagte Ari. Er zeigte kein Anzeichen des Bedauerns, keine Spur der Überraschung, nur »eine Art von Befriedigung, daß sein größter Kopfschmerz beseitigt worden war«, sagte ein Londoner Assistent. Gratsos war schockiert über den Mord, aber Aris Reaktion darauf überraschte ihn nicht. »Ari hatte sich immer geholt, was er wollte, und zum erstenmal in seinem Leben war er auf einen jüngeren Mann gestoßen, der genauso zäh, konkurrenzfähig und entschlossen war wie er. Und jetzt war dieser Mann tot.« An dem Abend, als Bobby bei Kerzenlicht an der Seite seines Bruders auf dem Friedhof Arlington begraben wurde, sagte Ari zu Meyer: »Ich glaube, der Junge hatte alles, nur kein Glück.« Aber der Mann, der zur Beerdigung von John F. Kennedy ein Gast im Weißen Haus gewesen war, stellte fest, daß sein Name auf der Liste jener, die zu Robert F. Kennedys Trauerfeier in der St. Patrick's Cathedral am 8. Juni eingeladen wurden, nicht aufgeführt war. »Unter den Umständen wäre seine Anwesenheit wirklich geschmacklos gewesen«, sagte später David Harlech, einer der zehn Sargträger.

Aris erster Gedanke, Bobbys Mörder habe »das Problem beseitigt«, wurde schnell von dem Argwohn verdrängt, sein Tod könne Jackie noch mehr dem Kennedy-Ethos verpflichten und das ungeschriebene Gesetz bekräftigen, daß sie niemals dem Ansehen der Familie durch eine unerwünschte Wiederverheiratung schaden dürfte. Als Toter mochte Bobby sogar einen noch stärkeren Anspruch auf ihre Loyalität erheben denn als Lebender. Doch Aris Befürchtungen, daß das zweite Attentat »ihr [der Kennedys] Vetorecht über Jackies Leben noch verdoppeln« würde, waren unbegründet; mehr denn je wollte Jackie weg; wenn sie Amerika ein Leben nach Jacks Tod schuldete, dann war diese Schuld jetzt getilgt. »Ich hasse dieses Land. Ich verabscheue Amerika, und ich will nicht, daß meine Kinder hier noch länger leben. Wenn sie die Kennedys umbringen, sind meine Kinder als erste dran . . . Ich will weg aus diesem Land«, sagte sie und offenbarte damit die Feindseligkeit, die Verletzungen und die Panik, die sich hinter der eisigen Maske, die sie wie ein Schild vor sich hertrug, wenn sie unter Druck stand, aufgestaut hatten. Im Krankenhaus von Los Angeles führte sie in den Stunden, als Bobby um sein Leben kämpfte und sie die Leere, die er hinterlassen würde, in ihrem ganzen Ausmaß traf, ein enthüllendes Gespräch mit Frank Mankiewicz, einem seiner Assistenten im Senat, über ihre Gefühle bei der Beerdigung von Martin Luther King junior in Atlanta im April dieses Jahres. Schwarze und Katholiken, sagte sie, wüßten, was der Tod bedeute: »Wenn die Kinder nicht wären, würden wir ihn uns sogar wünschen.«

Mehr als alles andere wünschte Jackie sich jetzt Ruhe, und niemand verstand es besser als Ari, dafür zu sorgen, daß sie sie bekam, ob es nun an Bord seiner Yacht war, auf seiner privaten Insel, innerhalb der Pracht seiner Häuser in Paris und Athen oder in einer seiner ständig reservierten Suiten in Hotels von London bis Buenos Aires: Adressen, die ihren Aufenthaltsort nicht enthüllen konnten. Sie begann einen Feldzug, um ihre Familie und ihre Freunde zu überzeugen, daß Ari kein Ungeheuer sei, sondern ein Mann voller Anteilnahme und von Maß. Es war jedoch ein Fehler, ihn den Auchincloss mit deren ausgeprägtem Feingefühl so kurz nach Bobbys Beerdigung vorzustellen. Wenn sich an diesem Wochenende im Juni auf dem Familiengut in Newport hinter Janet Auchincloss' kühlem Verhalten ihm gegenüber eine besondere Feindseligkeit zu verbergen schien, lag es daran, daß sich ihre Wege schon einmal gekreuzt hatten: Bei einem Aufenthalt im »Claridge's« vor einigen Jahren war ihr mitgeteilt worden, Lee sei bei Ari zu Besuch. Da sie sie sehen wollte, war Janet zu seiner Suite gegangen und wurde von Ari im Morgenmantel begrüßt. »Sie war schockiert über seine mangelnde Bekleidung zu einer Stunde, in der ein wahrer Gentleman zum Aperitif seinen Martini genießt«, berichtete später einer ihrer Freunde über diesen Vorfall. Sie bat, ihre Tochter sehen zu dürfen. »Und darf ich fragen, wer Ihre Tochter eigentlich ist?« Auf die Antwort, es sei Prinzessin Radziwill, sagte er: »In dem Fall, Madame, haben Sie sie gerade verpaßt.« Selten wird einem Mann deutlicher bewußt gewesen sein, wie unbeliebt er war, als er seiner zukünftigen Schwiegermutter vorgestellt wurde.

Den ganzen Sommer über setzte Jackie ihre Mission fort, Ari mehr Glaubwürdigkeit in ihren Kreisen zu verschaffen, indem sie zwischen Cape Cod und Newport hin und her pendelte und ihn den Menschen bekannt machte, die ihr wichtig waren, und um Caroline und John an seine Anwesenheit zu gewöhnen; er mußte eine Menge lernen; obwohl er seit langer Zeit mit ihrer Welt vertraut war, würde es doch niemals seine eigene sein: Er bewege sich darin wie ein Oberkellner, lästerte einer von Jackies homosexuellen Begleitern. Während viele ihrer Freunde seine Gegenwart akzeptierten, waren es nur wenige, die sich ehrlich darüber freuten: Er war »keiner von uns«, sagte ein Mitglied dieses exklusiven Gesellschaftskreises. Seine Affäre mit der Callas, sein levantinisches Aussehen und die undurchsichtigen Verflechtungen bei seinen Geschäften nährten Zweifel an seiner Person.

Daß die Kennedys weiterhin ihre eigenen Absichten verfolgten (es würden immer wieder neue Wahlen stattfinden und neue Kandidaten aufgestellt werden), die mit ihren Interessen als Frau unvereinbar waren, schreckte Jackie nicht mehr ab. Ihren Kindern zuliebe verbrachte sie den größten Teil des Sommers in Hyannis Port. Sie nahm Ari zu einem Besuch bei Rose und Joe Kennedy mit; ihren Schwiegervater liebte sie aufrichtig und zutiefst. Der

Gründungsvater der Dynastie hatte 1961 einen Schlaganfall erlitten und war seitdem auf der ganzen rechten Körperseite einschließlich der Gehirnhälfte, in der sich das Sprachzentrum befindet, gelähmt. Niemand weiß, was Joe Kennedy von Ari gedacht hat; Ari dagegen konnte es kaum glauben, daß sie sich beide vor langer Zeit einmal mit derselben Frau, nämlich mit Gloria Swanson, »ein wenig vergnügt hatten«, als er den alten Mann sah, der jetzt kaum mehr in der Lage war, irgendein auch nur annähernd verständliches Wort auszusprechen. Wie Rose später über den Besuch berichtete, saß Ari »eingequetscht in einen unserer großen weißen Korbstühle mit fächerförmiger Rückenlehne. Wir anderen saßen auch auf weißen Korbstühlen oder hockten und lagen ausgestreckt auf Kissen, die von der Sommersonne, der Feuchtigkeit, Fußtritten und dem rauhen Umgang der Enkelkinder kaum mitgenommener hätten aussehen können. Die weiße Farbe der Korbstühle begann abzublättern, wie das immer der Fall ist. Alles sah fröhlich, hübsch und praktisch aus, aber alles andere als elegant. Da mir Onassis' fabelhafter Reichtum und Lebensstil bekannt waren . . . fragte ich mich, ob er sich in einer so informellen Umgebung wie der unsrigen wohl merkwürdig fühle. Wenn das der Fall war, so zeigte er es jedenfalls nicht. Er war auf eine unaufdringliche Weise gesellig, umgänglich und intelligent. Er besaß Sinn für Humor und kannte eine Fülle von Anekdoten.« Sie mochte ihn, sagte sie. Doch das war, ehe man ihr erzählte, was ihre Schwiegertochter im Sinn hatte.

Jackie verbrachte ihren 39. Geburtstag am 28. Juli in Hyannis Port, zu dem die matriarchalische Rose (Jackie nannte sie zärtlich »Belle-mère«) ein Abendessen für die Familie organisierte. Jackie unterrichtete im Laufe des Abends Teddy von ihrem Entschluß, Ari zu heiraten; Edward M. Kennedy, von seinen Freunden nur Teddy genannt, war der einzig Überlebende der Kennedy-Brüder; er war jetzt als Familienvorstand verantwortlich für den Clan. »Er wußte, daß es zwecklos war, Jackie zu zwingen, ihm so standhaft wie Bobby zur Seite zu stehen oder der Familie [gegenüber] mehr Loyalität zu beweisen, als sie bereit war. Trotzdem war eine Intervention der Kennedys in dieser Angelegenheit notwendig und wahrscheinlich erwünscht«, sagte ein Freund der Familie.

Teddy rief daher Anfang August Ari an und schlug ein Treffen vor, und Ari lud ihn nach Skorpios ein.

»Wie ich höre, ist er genauso wie Jack«, sagte Ari zu Meyer, der ihm half, eine Party für Teddy zu organisieren. »Ari forderte mich auf, dafür zu sorgen, daß ein paar gutaussehende Weiber kämen. Er wollte nicht, daß der Junge sich langweilte«, erinnerte sich Meyer. Die Notizen von Nicos Mastorakis, griechischer Journalist und Mitglied der Bouzouki-Kapelle, die aus Athen geholt wurde, geben einen Eindruck von der Stimmung dieses Abends wieder: »Teddy hält eine blonde Schönheit im Arm ... Teddy trinkt ständig Ouzo ... Jackie zieht zunächst Wodka vor ... Die Bouzouki-Musik erreicht ihren Höhepunkt, und Teddy steht auf und versucht, zu tanzen ... Teddy kehrt zu seinem Ouzo zurück.« Jackie trug einen langen Bauernrock und eine scharlachrote Seidenbluse, Teddy ein rosafarbenes Hemd und ein dazu passendes Halstuch, Ari tanzte Sirtaki und sang eine schwermütige griechische Ballade von einer verlorenen Liebe – er verfügte über ein großes Repertoire von Balladen, worauf er unmäßig stolz war. »Bin ich nicht auch ein Sohn des Volkes?« fragte er, als die Gäste ihm zu seiner krächzenden Vorstellung applaudierten. »Ja, aber ein Sohn mit Geld«, sagte der Bandleader. Der Abend nahm für Mastorakis ein böses Ende, als jemand ihn beim Fotografieren entdeckte – der Film wurde aus der Kamera entfernt. »Kennedy sagte zu ihm: ›Wenn du auch nur ein unpassendes Wort hierüber berichtest und mir einen Schaden zufügst, dann wird es dir leid tun‹«, berichtete Meyer später. »Ich weiß nicht, was er als Senator von Massachusetts glaubte, diesem griechischen Jungen antun zu können. Aber er machte sich zu Recht Sorgen. Er hatte eine große Schnauze gehabt und sich den ganzen Abend lang nicht gerade korrekt benommen.« Ari nutzte seinen Draht zu den Obristen, und Mastorakis wurde in Athen festgenommen. »Ich vermute, daß sie ihm Angst gemacht haben, denn was er dann schrieb, war in Ordnung, obwohl Ari mir später eine Kopie seiner ursprünglichen Geschichte zeigte, die von der Militärzensur bis auf wenige Zeilen zusammengestrichen worden war«, sagte Meyer. »Wenn es nicht um Jackie gegangen wäre, hätte Ari sich einen Dreck darum gekümmert. Für Teddy verschwendete er seine Zeit nicht.«

Es war nie leicht, sich auf Skorpios Eintritt zu verschaffen, und bei so einem wichtigen und privaten Anlaß war das geradezu eine Herausforderung. Die Infiltration von Mastorakis legt den Verdacht nahe, daß Ari eine Situation provozieren wollte, die Teddy kompromittieren würde. Erst später, nach der Hochzeit, als Aris intensive Verachtung der Kennedys deutlich zutage trat, begann Meyer sich zu fragen, ob Ari nicht von Anfang an von Mastorakis' Identität gewußt und Teddy absichtlich betrunken gemacht habe. »Das war einer der Tricks, die Ari Spaß machten. Das paßte zu seiner ›Mach-den-Hund-fertig‹-Methode«, gab einer von Onassis' leitenden Angestellten zu. »Viele Leute dachten, sie hätten ihn durchschaut. Sie taten es nie. Er trat wie ein Kumpel auf, aber er manipulierte jeden genauso selbstverständlich, wie er atmete.« Einen Tag nach dem Fest begannen die Gespräche.

Zu Beginn war Ari gegenüber Teddy sorglos. »Ich war auf keine Mitgift aus«, berichtete er später Willi Frischauer. »Worüber sollte ich mir also Sorgen machen?« Teddy hatte die schwierigste Rolle; er mußte seine persönlichen Gefühle zugunsten der Aufgabe, die er ins Auge gefaßt hatte war, zurückstecken, da er ein eigenartiges und heikles Spiel zu führen hatte (als Repräsentant des Kennedy-Erbes mußte er einerseits die politischen Interessen der Familie schützen und war andererseits als Makler gefordert, das bestmögliche Ergebnis für Jackie zu erzielen), begann er gleich mit einem Einsatz in kosmischer Höhe. Es sei mehr als eine Familienangelegenheit; für Millionen von Amerikanern sei Jackie praktisch ein religiöses Symbol. Ari (der später Teddys Rolle mit der »eines Gauners im Priestergewand« verglich, »der mit materiellen Vorteilen hausierte«) sagte, er verstände die delikate Lage, doch sei er überzeugt, er und Jackie seien in der Lage, damit fertig zu werden. Obwohl so ein millionenschwerer Mann, der ganz klein angefangen hatte, ein amerikanischer Traum zu sein scheint, haben sich die Amerikaner nie für Ari erwärmen können, und Teddy erinnerte ihn daran, daß die Empörung groß sein könnte, wenn er der Stiefvater der Kinder des letzten Präsidenten würde; zumindest würde ihn das einer besonders gewissenhaften Überprüfung unterwerfen. Ari lächelte; der FBI, der CIA, der KYP (der griechische CIA) und der DST (der französische Sicherheitsdienst: Direction de Surveillance de la Territoire) sowie Großbritanniens MI5 beobachteten ihn schon seit zwanzig Jahren. »Ich kenne mich mit Überprüfungen aus«, sagte er, nahm seine dunkle Brille ab, polierte sie langsam mit einem großen blauen Seidentaschentuch, hielt sie gegen das Licht und setzte sie wieder auf. Es war eine vertraute Allzweckgeste: Er benutzte sie, um zu irritieren, Zeit zu gewinnen, seine Geringschätzung zu zeigen oder seine Langeweile auszudrücken.

Teddy spielte seine Karten aus: Religion, Politik, Familienloyalität und Angst waren die zu verhandelnden Karten, die er auf den Tisch legte. Er war sich seiner Grenzen auch deutlich bewußt. Nach mehrstündiger Diskussion war es klar, daß Ari nicht aufgeben würde. »Wir lieben Jackie«, sagte Teddy nach einem längeren Schweigen. »Ich auch, und darum möchte ich, daß sie ein sicheres und glückliches Leben führt«, antwortete Ari mit einem unnachgiebigen Blick über den Tisch. Teddy sagte, daß Jackie automatisch die 150 000 Dollar pro Jahr, die sie aus dem Kennedy-Trust erhielt, verlöre und daß sie sogar ihre Witwenrente, die sie von der Regierung erhielt, nicht mehr erhielte, wenn diese Hochzeit stattfände. Der Punkt war, daß es jetzt nicht mehr um Politik, sondern um Finanzen ging, und nun begann die ernsthafte Diskussion.*

Ari, der ein Geschäft besser als jeder andere Mann auf der Welt komplizieren konnte, verstand es auch, es klug Punkt für Punkt zu klären, um dann eine ausgezeichnete Synthese daraus zu ziehen. Seine Vorschläge breitete er präzise und ohne Zögern aus, denn diesen Handel hatte er wie jedes andere Geschäft schon seit vielen Wochen und Monaten ausgebrütet. Dies waren also seine Bedin-

---

* »Das steht im Einklang mit dem Zeitgeist«, schreibt Thomas Wiseman in seinem Buch »The Money Motive« (»Das Geldmotiv«). »Wenn Geld in unserer Gesellschaft der universale Maßstab für Güte ist, dann ist es eine Beleidigung, nicht bezahlt zu werden. Spitzenfrauen wollen eine Spitzenbezahlung für das, was sie tun. Sie wollen den Tribut in Geld und wollen nicht geschätzt, verehrt und versorgt werden oder Kleider geschenkt bekommen. Jackie O erhält einen finanziellen Beweis für ihren Wert als Frau ... Selbst wenn der Wert an Kühen oder Yachten gemessen würde, wäre das noch lange nicht so schlimm, wie unterbewertet zu werden. Das Grausame des Marktes ist nicht die Tatsache, verkauft zu werden, sondern billig verkauft zu werden.«

gungen: Auch wenn er großzügig sein würde, sollte seine Freige-
bigkeit in keiner Weise das Vermögen seiner eigenen Kinder
vermindern. Die Vereinbarungen, die auf Skorpios getroffen und
später in den gedruckten Ehevertrag aufgenommen wurden, der
in New York abgeschlossen wurde, enthüllen sein tiefes Bewußtsein für väterliche Gefühle sowie seine ambivalente Haltung gegenüber seiner Verlobten in spe: Jackie sollte für sich drei Millionen Dollar erhalten sowie eine weitere Million für jedes ihrer
Kinder; er würde für ihre Ausgaben verantwortlich sein, solange
die Ehe bestünde; nach seinem Tod würde sie bis ans Lebensende
150000 Dollar pro Jahr erhalten, genau die Summe, die sie zur
Zeit aus dem Kennedy-Trust erhielt. Als Gegenleistung würde sie
auf ihre Rechte nach dem griechischen Gesetz verzichten, die
unter der Bezeichnung »Nomimos Mira« bekannt sind und einen
Mann verpflichten, mindestens 12,5 Prozent seines Vermögens
seiner Frau und 37,5 Prozent seinen Kindern testamentarisch zu
vermachen.*

Während Teddy und Ari auf Skorpios diskutierten, war Jackie
nach Athen geflogen und nie direkt an den Gesprächen beteiligt.
Bei ihrer Rückkehr auf die Insel begrüßte Ari sie mit einem
silbernen Filigranarmband, das die Gravur »J.I.L.Y.« aufwies.

Am folgenden Morgen sandte er den handgeschriebenen Entwurf der Vereinbarung nach Athen, damit er getippt und an André
Meyer, Jackies Finanzberater in New York, geschickt würde. Aber
für den legendären Direktor des Effektenbankgeschäfts »Lazard
Frères« waren die Bedingungen weniger akzeptabel, als sie es für
Teddy gewesen waren. Meyer, der diese geplante Ehe absolut
nicht billigte (»Er fand nicht, daß es eine gute Fusion sei«, spottete
ein Mitarbeiter), machte sofort einen Gegenvorschlag, der eine
20-Millionen-Dollar-Barzahlung gleich zu Beginn vorsah. Ari flog
nach New York und suchte Meyer am Abend des 25. September
in dem kostspieligen Apartment des Bankiers im »Carlyle Hotel«

---

* Später behauptete er, daß er die griechische Regierung überredet hätte, das
Gesetz zu ändern, damit solche privaten Abmachungen anerkannt würden.
Diese Behauptung konnte, wie viele andere seiner Geschichten, nicht bewiesen
werden.

auf. Da er überzeugt davon war, daß »Jackie genauso darauf versessen [ist], mich zu heiraten, wie ich es bin, sie zu heiraten«, nahm er es Meyer furchtbar übel, daß er sich einmischte, obwohl es unwahrscheinlich ist, daß Meyer bei dieser Angelegenheit völlig eigenständig gehandelt hat.* Es war eine harte und ziemlich widerwärtige Sitzung, in der Meyer seinem Ruf als Mann gerecht wurde, der bis aufs Messer um »den letzten Pfennig« kämpft. Er bestand darauf, die Vereinbarung Punkt für Punkt durchzugehen, änderte hier mal ein Wort und dort einen Satz und stellte jede Klausel in Frage. Ari gab wenig nach, obwohl ihn das Treffen nach Aussage seiner Privatsekretärin, Lynn Alpha, »schwer erschütterte« und er nachher schlechte Laune hatte. »Wo ist die Flasche, die wir hier aufbewahren?« fragte er, als er anschließend in sein Büro zurückkehrte. Sie holte den »Johnnie Walker Black Label« und schenkte ihm einen kräftigen Drink ein. Er wollte die doppelte Menge. Während er am Scotch nippte, diktierte er die abgeänderten Bedingungen, die André Meyer in derselben Nacht zurückgesandt wurden.

Trotzdem fand er immer noch, daß er ein gutes Geschäft gemacht hatte. In dem Teil seines Hirns, das die Summen addierte, war das Geschäft wichtiger als die Eroberung. Später, als ein früherer Steward von der *Christina* behauptete, es existiere ein geheimer Ehevertrag (der getrennte Schlafzimmer, ihr Recht, kein Kind zu bekommen, und 168 andere intime Klauseln festlegte), störte ihn nur die Vorstellung, daß die Leute glauben und denken könnten, er wäre »verarscht« worden. Als Johnny Meyer anbot, »die Sau fertigzumachen«, die die Geschichte in die Welt gesetzt habe (ein Grieche namens Christian Cafarakis war die ursprüngliche Informationsquelle dafür, obwohl er die *Christina* schon einige Jahre vor 1968 verlassen hatte – »dank eines Erbes, das ich nicht erwartet hatte, war ich plötzlich sehr reich«), dachte Ari eine Minute lang darüber nach und sagte ihm dann, er solle es

---

* In ihrer Biographie »Men, Money und Magic« schreibt die frühere Verlegerin der *New York Post*, Dorothy Schiff, die mit Jackie bei verschiedenen Gelegenheiten 1968 zu Mittag gegessen hatte: »Jackie wollte Onassis mehr heiraten, als Onassis Jackie heiraten wollte.«

vergessen: »Jeder, der diesen Mist glaubt, soll sich doch selbst ficken.« Später verwirrte oder amüsierte er häufig seine Freunde, indem er sich lang und breit über die akrobatischen Leistungen ihrer ehelichen Leidenschaft ausließ. Er war unberechenbar bei der Preisgabe von Vertraulichkeiten und erzählte Geschichten über Jackie, die seine Männlichkeit in sehr wörtlichem Sinn betrafen: »Fünfmal in einer Nacht – sie übertrifft alle Frauen, die ich je gekannt habe«, informierte er einen Freund in Athen, kurz nachdem sie geheiratet hatten. Ein Mann, der seine Offenheit beunruhigend fand, war Pierre Salinger, Kennedys früherer Pressesprecher und jetziger ABC-TV-Abteilungsleiter in Paris. »Er konnte bei seinen Beschreibungen über die körperliche Beziehung mit ihr sehr lebhaft werden«, erinnerte er sich später.

In den folgenden Wochen gab es sowohl Betriebsamkeit als auch beunruhigende Augenblicke. Während Ari gerade die letzten Schritte zu einem Industrieabkommen über 5 Millionen Dollar mit dem neuen Militärregime in Griechenland unternahm, beriet sich Jackie in Boston mit Kardinal Cushing. Seine Eminenz, ein großer, schlichter, in Amerika geborener Sohn irischer Immigranten, war ein enger Freund der Kennedys und ein Mann, den Jackie seit langem als ihren persönlichen geistlichen Berater und Vertrauten betrachtete. Er hatte sie getraut, zu Kennedys Amtsantritt als Präsident ein Gebet gesprochen, die Engelsmesse durchgeführt, als ihr kleiner Sohn Patrick gestorben war, und den Gottesdienst bei der Beerdigung des Präsidenten selbst abgehalten. Obwohl er unter einem Emphysem* litt und vom Tod gezeichnet war, vertrat er noch immer seine Meinung und hatte auch den Mut, unpopuläre Dinge zu sagen. Er hatte nie Angst vor Kontroversen gehabt, doch er muß bis an die Grenze seiner Kraft auf die Probe gestellt worden sein, als Jackie ihm mitteilte, daß sie beabsichtige, einen griechischen Mann und ein Mitglied der griechisch-orthodoxen Kirche, dessen erste Frau noch lebte, zu heiraten. Sie wußte nicht, daß die Kennedys ihn bereits dazu gedrängt hatten, »das alles zu verhindern«. Er liebte und bewun-

---

* Emphysem = Luftansammlung im Gewebe.

derte die Kennedys, aber vielleicht mißfiel ihm deren Ton; es schien ihm, als wollten sie etwas nur deshalb, weil es ihnen angeblich zustand; doch vor allem mißfiel ihm die Art, in der sie sich gegen Jacks Witwe zusammenschlossen.

An dem Tag, als sie sich in seiner Residenz in der Commonwealth Avenue trafen, war Jackie äußerst angespannt. Sie erwartete nicht seinen Segen, sondern sie brauchte sein Verständnis. Ihre Kinder, sagte sie, würden ihren Glauben beibehalten, ihren Namen und die Verbundenheit mit der Familie ihres Vaters; ihre ganze emotionale Stärke und das Gefühl für Beständigkeit beruhe auf diesen Bindungen. Aber nach fünfjährigem Witwendasein hätte sie das Bedürfnis, sich von der Vergangenheit zu befreien. Ihre Demut und die Einfachheit ihrer Worte standen in einem deutlichen Kontrast zu dem Dampf, den ihm die Kennedys machten; wenige Tage nach ihrem Besuch sagte er ihr, er würde sich persönlich nicht gegen die Ehe aussprechen, auch wenn er nicht für den Vatikan antworten könne. Das war mehr, als Jackie erwarten durfte; wenn der wohl bekannteste und beliebteste Würdenträger der römisch-katholischen Kirche in den Vereingten Staaten *kein* Wort zu diesem Vorfall sagte, so war das wichtiger als *tausend* Worte anderer Bischöfe, die sich hierüber negativ äußerten.

Zu viele Menschen wußten jetzt Bescheid, als daß die Verbreitung von Gerüchten hätte verhindert werden können. Doris Lilly, eine Klatschkolumnistin der *New York Post,* wurde ausgebuht, als sie in der »Merv Griffin Show« voraussagte, daß Jackie und Ari heiraten würden. Jackies Verehrer rempelten sie beim Verlassen des Studios an und wollten wissen, woher sie »diesen Mist« hätte. Die Feindseligkeit, die allein die Erwägung einer Hochzeit hervorrief, ließ Ari energisch werden. Er sagte zu Earl Wilson vom gleichen Blatt, Lilly erzähle »Scheiß« (er konnte Reporter nicht leiden, die herumschnüffelten). Am nächsten Tag schrieb Wilson in seiner Kolumne: »Wir können Ihnen wohl mit verhältnismäßig großer Wahrscheinlichkeit versichern, daß Aristoteles Onassis weder Jackie Kennedy noch irgend jemand anderes heiraten wird ... seine Freunde sind etwas aufgebracht darüber, daß die Kolumnisten ständig seine Freundschaft mit Jackie betonen und versuchen, daraus eine Romanze zu konstruieren. Die Freundschaft ihrer Familien reicht mehrere Jahre zurück. Darüber hinaus sagt Onassis zu seinen Freunden, daß er aus einem ganz einfachen Grund nicht damit rechnet, wieder zu heiraten: Er war bereits einmal verheiratet!«

Mit der Eigendynmaik von Gerüchten steigerte Wilsons Dementi die Spekulationen. Am Wochenende vor dem »Labour Day« wurden die Kennedys von neuen Spannungen gequält, als sie sich auf dem Besitz in Hyannis Port versammelten. Die Frage war: Wie sollten sie reagieren, wenn die Gerüchte bestätigt wurden? Und wann würden die Gerüchte bestätigt werden? Sie wußten es nicht, und Jackie sagte es ihnen nicht. Aber die Ereignisse überstürzten sich mit einer Geschwindigkeit, die ihnen bald die Entscheidung aus der Hand nehmen sollte. Der *Boston Herald-Traveler* hatte von »einer gewöhnlich zuverlässigen Quelle« den Hinweis erhalten, daß sie es »mit einem reichen Argentinier ernst meinte«. Die Reporter begannen, heiratsfähige Argentinier ausfindig zu machen; die Story schien jedoch gestorben zu sein, als ein Feuilleton-Journalist, der eine Biographie über Ari vorbereitete, feststellte, daß er argentinischer Bürger war. Die Journalisten kehrten zu ihren Kennedy-Quellen zurück; jemand schlug vor, daß sie mit Cushing reden sollten: »Der Kardinal weiß die Lösung von dieser ganzen Geschichte.« Er war diskret, aber er weigerte sich, zu lügen. Am 15. Oktober 1968 wurde auf dem Titelblatt des *Herald-Traveler* behauptet, John F. Kennedys Witwe und Aristoteles Onassis beabsichtigten, bald zu heiraten.

An dem Morgen, als diese Story von den Zeitungsjungen auf den Straßen von Boston lautstark angepriesen wurde, erhielt Pierre Salinger in seinem Washingtoner Büro einen Anruf von Steve Smith (Smith, der Enkel von William Cleary, einem irischen Immigranten, der die New Yorker Transportgesellschaft gründete, hatte 1956 Jean Kennedy geheiratet und galt als »eingeweihter Schwager«), der ihm mitteilte, daß er Salinger dringend treffen müsse. Salinger flog am selben Morgen nach New York. »Rate mal, was passiert ist?« begrüßte ihn der kleine Smith, kaum daß er zur Tür hereingekommen war. »Jackie heiratet Onassis.« Jackie habe Jean gebeten, Rose Kennedy diese Neuigkeit mitzuteilen, ehe sie ihre Schwiegermutter später am Abend selbst anriefe, sagte er. »Wir müssen uns eine Erklärung ausdenken, die die Familie abgeben kann«, sagte Smith. »Hast du eine Vorstellung, was du gern sagen würdest?« fragte Salinger und zündete sich eine Zigarre an. Die Hochzeit war keine Neuigkeit für ihn. Stas Radziwill hatte ihm schon vor zwei Wochen in London davon erzählt. »Wie wäre es«, schlug Smith vor, »mit: ›Oh, Scheiße!‹«

Jetzt kamen alle Räder in Bewegung. In Athen wurde Prof. Yanni Georgakis, der Präsident von »Olympic Airways« und Lehrstuhlinhaber für Strafgesetzgebung und Soziologie an der Universität von Athen, in die »Glyfada-Villa« gerufen, wo Ari ihm die Situation erklärte. Das Geheimnis könne nicht länger gewahrt werden, und Jackie wolle schnell handeln, sagte er. Da die Kennedys überhaupt nicht mit sich darüber reden ließen, die Hochzeit in den Vereinigten Staaten stattfinden zu lassen, sollte sich Georgakis erkundigen, ob es möglich wäre, die Zeremonie in der amerikanischen Botschaft in Athen durchzuführen. Der Professor berichtete dem Botschaftsbeamten soviel wie nötig, nannte jedoch keine Namen (»Nehmen wir an, daß ein bekannter Grieche eine sehr bekannte amerikanische Witwe heiraten möchte. Wäre es möglich, daß die Zeremonie aus Gründen der Diskretion und als ein Zeichen des Respekts für diese sehr wichtige Dame in der Botschaft durchgeführt wird?«). Er wurde natürlich gedrängt, präzisere Angaben zu machen; als er den Namen der Witwe hörte, erbleichte der Beamte, und in Worten, die in diplomatischen Kreisen nicht üblich sind, sagte er, das käme nicht in Frage, erinnerte sich Georgakis. Er erstattete Ari Bericht und schlug vor, die Kapelle auf Skorpios zu benutzen; Ari war einverstanden. Aus Sorge, daß die bizarre griechisch-orthodoxe Hochzeitszeremonie die Kennedy-Kinder verwirren könnte, forderte er Georgakis auf, einen Priester zu finden, »der Englisch versteht und nicht wie Rasputin aussieht«.

Ein alternder Millionär in den Fängen der Liebe bereitet seinen Erben natürlich Sorgen. Alexander und Christina waren erschüttert über die Nachricht. Die Möglichkeit, daß ihre Eltern erneut heiraten könnten, war ihnen (aber sonst niemandem) immer wahrscheinlicher vorgekommen, je mehr das Interesse ihres Vaters an der Callas nachließ. Christina weinte; Alexander verließ das Haus, raste mit seinem Ferrari mit großer Geschwindigkeit durch die Nacht und überlegte, ob er zur Hochzeit gehen sollte oder nicht. Es war eine schwere Zeit für Alexander; mit seinem Vater hatte er nie in Frieden gelebt (»Ich bewundere ihn. Ich bewundere auch Howard Hughes«, sagte er einmal aufschlußreich über seine ambivalenten Gefühle ihm gegenüber), und jetzt herrschte eine Spannung zwischen ihnen, die über die gewöhnlichen Spannungen zwischen einem willensstarken Vater, der mit dem wachsenden Unabhängigkeitsstreben seines Sohnes konfrontiert wird, noch hinausging.

Alexander hatte sich in die Baronin Thyssen-Bornemisza verliebt, eine komplizierte und wunderschöne Frau, die internationalen Ruhm als Modell erlangt hatte, ehe sie 1955 den Baron Heinrich Thyssen heiratete. Neun Jahre später war sie geschieden und Mutter von zwei Kindern. Sie war sechzehn Jahre älter als Alexander und war seine »Geliebte, Mutter und sein Beichtvater« zugleich geworden. Da Ari nicht in der Lage war, diese Affäre zu unterbinden, tat er sein Bestes, um sie zu ignorieren.

In der Zwischenzeit hatte Johnny Meyer in New York einen sehr delikaten Auftrag erhalten: Er sollte Gloria Swanson aufsuchen – die Dame, deren Gunst sich einst Ari und Joseph Kennedy erfreuten –, um sich ihrer Diskretion zu versichern. Er brauchte einige Zeit, um den früheren Filmstar zu überzeugen, daß Ari wirklich Joes Schwiegertochter heiraten wollte. »Und wie kommt Mr. Onassis auf den Gedanken, Mr. Meyer«, fragte sie schließlich, »daß unsere sehr kurze Freundschaft vor langer Zeit eine Sache ist, die ich jetzt wieder aufzurühren wünschte?« Sie wies ihn an, Ari mitzuteilen, daß sie sein Gebot der Unterlassung als »ein Kompliment an mein Gedächtnis und eine Beleidigung für meine Integrität« betrachte. Er kam nicht einmal dazu, die beträchtliche Geldsumme zu erwähnen, die er für ihr Schweigen anbieten sollte. »Sie war wirklich eine Dame«, erinnerte sich Meyer. In ihren Memoiren, die lange nach dem Tod beider Männer veröffentlicht wurden, erwähnte sie Ari überhaupt nicht.

Rose Kennedy war »verblüfft«, als Jean ihr die Neuigkeit mitteilte. Sie dachte an den Altersunterschied der beiden, an die verschiedenen Religionen, und sie machte sich Sorgen, ob Caroline und John junior Ari in der Rolle als Stiefvater akzeptieren würden. Da ihr der Kopf »schwirrte«, wartete sie auf den Anruf von Jackie. Als er endlich kam, war sie bereits zu dem Schluß gekommen, daß ihre Schwiegertochter »kein Mensch sei, der unüberlegt eine so wichtige Entscheidung träfe, also mußte sie ihre eigenen guten Gründe haben«. Sie sagte ihr, daß sie die Entscheidungen treffen solle, »die sie für richtig hielt«.

Am 17. Oktober um 15.30 Uhr, 48 Stunden nachdem der *Herald-Traveler* ins Schwarze getroffen hatte, verkündete Jackies Privatsekretärin Nancy Tuckerman in New York, daß »Mrs. Hugh D. Auchincloss mich gebeten hat, Ihnen mitzuteilen, daß ihre Tochter, Mrs. John F. Kennedy, beabsichtigt, nächste Woche Aristoteles Onassis zu heiraten. Kein Ort oder Zeitpunkt ist bisher festgelegt worden.« In genau diesem Augenblick erhielt Donald McGregor, ein Chefpilot der »Olympic«, der sich auf den 20-Uhr-Flug nach Athen vorbereitete, den Befehl, seine Mannschaft »für einen Sonderauftrag« zusammenzurufen. Der geplante Flug 707 war gestrichen worden (und 39 Passagiere verärgert), und der Pilot sollte sich einrichten auf einen Abflug um 18 Uhr nach Andravida, einem griechischen Militärstützpunkt. »Keiner wußte, was zum Teufel vor sich ging«, erinnerte sich McGregor, der darauf bestand, trotzdem einen Flugplan für Athen anzulegen: »Wir werden ihn notfalls beim Flug ergänzen.« (Der frühere BOAC-Kapitän gewöhnte sich allmählich an die lockere Art von »Olympic« und den häufigen Wechsel im Management: »Ich hatte die Gewohnheit, rumzulaufen und zu jedem ›Guten Morgen, Sir‹ zu sagen. Ich wußte ja nicht einmal, wer zum Teufel am nächsten Tag mein Boß sein würde.«) Um 17.30 Uhr desselben Abends verließ Jackie in Begleitung von Caroline und John, einem Kindermädchen und ihren Sicherheitsbeamten das Fünfzehn-Zimmer-Apartment in der Fifth Avenue und fuhr zum »John F. Kennedy International Airport«, wo ihre Mutter, ihr Stiefvater und ihre Kennedy-Schwägerinnen Jean Smith und Pat Lawford zu ihnen stießen. »Insgesamt waren sie elf«, sagte McGregor, der die 707 zum Militärstützpunkt flog, von dem aus die kleine Gesellschaft weiter nach Skorpios gebracht wurde.

Am folgenden Morgen rief Richard Burton vom *Plaza-Athénée*

Rex Harrison an und bat ihn, Maria Callas zu der Party einzuladen, die er zur Pariser Galavorstellung seines neuesten Films »A Flea in Her Ear« plante. Burton und Elizabeth Taylor hatten sich oft ihrer Gastfreundschaft erfreut, als sie noch Aris Gastgeberin gewesen war. »Ich habe gerade die Nachrichten aus New York gehört«, sagte er zu Harrison. »Ich schätze, sie könnte etwas Aufmunterung gebrauchen.«

Auf Skorpios regnete es am 20. Oktober jenen feinen Regen, der auf den Inseln im Ionischen Meer im Herbst kommt und geht. Artemis Garofalides sagte, Regen am Hochzeitstag sei ein gutes Omen; später legte sie Amulette unter die Matratze des Ehebettes. Jackie sah feierlich und anziehend aus in dem langärmeligen, elfenbeinfarbenen Spitzenkleid von Valentino mit einem passenden Band in ihrem schulterlangen, braunen Haar; der Bräutigam, drei Zoll kleiner als die Braut, schien etwas aus der Rolle gefallen zu sein mit dem blauen Anzug, dem weißen Hemd und der roten Krawatte. Caroline und John flankierten mit Kerzen in der Hand das Paar; Alexander und Christina saßen in mürrischer Laune nebeneinander. »Es ist eine perfekte Party«, sagte Alexander, der sich nur deshalb bereit erklärt hatte, an der Hochzeit teilzunehmen, weil Fiona darauf bestanden hatte (»Als ein Zeichen des Respekts« gegenüber seinem Vater). »Mein Vater liebt Namen, und Jackie liebt das Geld.«

Um 17.15 Uhr, als der einsetzende Abendwind draußen die Bougainvillea und den Jasmin wiegte, begann der bärtige Archimandrit* Polykarpos Athanassiou – sein Talar war aus Goldbrokat – den Gottesdienst in der winzigen, überfüllten Kapelle von Panayitsa (Kleine Jungfrau), wobei er die Schlüsselpassagen der Zeremonie für die Braut übersetzte. (»Der Diener Gottes, Aristoteles, wird getraut mit der Dienerin Gottes, Jacqueline, im Namen des Vaters, des Sohnes und des Heiligen Geistes.«) Artemis legte Kränze aus weißen Bändern und Zitronenblüten auf die Häupter des Paares und bekreuzigte sich dreimal; mit ganz leiser Stimme

---

* Archimandrit = Vorsteher mehrerer Klöster in der griechisch-orthodoxen Kirche.

wiederholte Jackie die Gebete. Es war höchst exotisch, und die Hälfte der Gäste hatte noch nie so eine Zeremonie erlebt; doch vielen in dieser winzigen Kirche raubte der Gedanke daran, was Jackie verloren hatte, jede Freude an dem, was hier vor sich ging. Das Paar tauschte die Ringe aus und trank Rotwein aus einem goldenen Kelch; dann folgte der abschließende »Tanz von Esiah«, bei dem der Priester die Braut und den Bräutigam zum Gesang des Chors dreimal um den Altar führte. Christinas Tränen waren keine Tränen der Freude; sie nahm die Dinge schwerer als Alexander, der in der Luft schnupperte, als röche er Verrat unter dem Weihrauch.

Ari ging mit genauso großen Hoffnungen in diese Ehe wie Jackie, und es gab anfangs Hinweise für ein zärtliches Zusammenleben. Jackie gab ihm ihren eigenen Spitznamen, Telis, und er versuchte, sie vom Rauchen abzuhalten, indem er ihr die »L-&-M«-Schachtel wegschnappte, sobald sie die Hand nach dem Paket ausstreckte. Wenige Tage nach der Hochzeit rief Jackie Billy Baldwin nach Skorpios, um das Haus neu einzurichten; Baldwin, ein alter Freund, der ihre Wohnungen in Washington und New York ausgestattet hatte, hatte Jackie noch nie so »frei« erlebt. Die frisch Vermählte sah entspannt und strahlend aus und hatte eine fast übermütig gute Laune; sie zeigte keinerlei Enttäuschung über die kühle Haltung der Kennedys gegenüber der Hochzeit (Teddys Glückwunscherklärung war »bedrückend in ihrer Formalität und Kürze«, hieß es im Magazin *Time*). »Billy«, sagte sie an dem Tag seiner Ankunft, »gleich wirst du deine ersten Erfahrungen mit einem griechischen Mittagessen machen. Wenn du so tust, als ob es dir gefällt, bringe ich dich um.« Erschöpft von der langen Reise, legte sich der kleine, zerbrechlich aussehende Designer an seinem ersten Abend an Bord der *Christina*, die er für »ein Beispiel von Vulgarität und schlechten Geschmack« hielt, früh zur Ruhe. Nur Aris Büro gefiel ihm, dessen maskuliner Charme und die in Leder gebundenen Bücher den Greuel des restlichen Schiffes fast wiedergutmachten. Als er früh am nächsten Morgen erwachte, stand vor seiner Kabinentür ein Tablett mit griechischen Spezialitäten, versehen mit einer Nachricht Jackies: »Billy, Du hast Deine mitternächtliche Süßspeise verpaßt – und dabei haben die Huris den ganzen Tag lang daran gearbeitet ... wenn der Mond den Zenit überschreitet und wir nach unserem Abendgebet, das mit türkischem Honig gesüßt wird, immer ein leckeres Mahl essen, legen wir Dir, da Du, o grausamer Allah, es nicht mit uns teilen konntest, ehe wir unser Dornröschen wecken, diese Süßigkeiten vor Deine Couch, um Dir eine üppige Morgendämmerung zu bereiten. Madame Suleiman die Leuchtende.« Ari gewährte ihm freie Hand: »Ich möchte, daß dieses Haus eine totale Überraschung wird. Ich vertraue Ihnen, und ich vertraue Jackie, und ich will nichts damit zu tun haben.« Er hatte nur einen Wunsch, ein langes Sofa am Kamin, »damit ich mich hinlegen und lesen, ein Nickerchen halten und das Feuer betrachten kann«.

Das paßte eindeutig zu dem Traumleben, das er sich für die Zukunft vorstellte, seit er Jackie erworben hatte; aber es war nicht sein Stil. Er brauchte es, Geschäfte zu machen; Geschäfte waren immer unentbehrlich für ihn gewesen, und aus irgendwelchen psychischen Gründen brauchte er sie. Ein Geschäft bedeutete, einen Gegner zu haben, ein Gegner bedeutete Konfrontation, und die Konfrontation war eine Quelle für seine Kraft. Er konnte ohne Widersacher nicht leben, genausowenig wie ein Baum ohne Erde leben kann. Wie die Mangroven, die ihre eigene Erde produzieren, konnte er Feinde aus sich selbst heraus schaffen. Und jetzt, vier Tage nach der Hochzeitszeremonie auf Skorpios, saß er neben Oberst Jeorjios Papadopoulos auf dem Rücksitz eines gepanzerten Mercedes-Benz, der, flankiert von den persönlichen Leibwächtern des Obersten, die von 350 bewaffneten Polizisten unterstützt wurden, aus dem Alten Palast von Athen gejagt kam und zur Villa des Diktators in Neo Psychico fuhr. Der Oberst ging kein Risiko mehr ein, seit eine Mine unter einer Brücke Sekunden, nachdem er sie passiert hatte, explodiert war. Die beiden Männer waren in Hochstimmung, als sie ein gemeinsames Kommuniqué vorbereiteten, um das Projekt »Omega« bekanntzugeben. Es war ein unvergeßlicher Augenblick für Ari. Der antike Held Odysseus war zunehmend sein Vorbild geworden: Ari war von dem Traum besessen, erwartet und gefeiert in sein Heimatland zurückzukehren (Smyrna hielt man für Homers Geburtsort, und das habe seine eigene Odyssee inspiriert, erinnerte Ari häufig seine Freunde). In der Villa stießen sie auf das Geschäft mit griechischem Cognac an, der unter dem wachsamen Blick Despina Gasparis, der Geliebten von Papadopoulos, aus einer »sicheren« Thermosflasche eingeschenkt wurde. Das Projekt »Omega«, das Ari »das größte Geschäft in der Geschichte Griechenlands« nannte, war sogar für sein Niveau eindrucksvoll: ein Investitionsprogramm von 400 Millionen Dollar, das den Bau der dritten griechischen Ölraffinerie, einer Aluminiumhütte, einer Aluminiumschmelze, eines Elektrizitätswerks, einer Werft und eines Flughafens miteinschloß.

Obwohl Aris Bank, die »First National City«, eine Leistungsgarantie über 7 Millionen Dollar vorlegte, ist es unwahrscheinlich, daß er jemals in Erwägung zog, sein eigenes Geld in Griechenland zu investieren. Der große Reiz an diesem Paket war, daß seine Flotte zu einer Zeit, da mehr und mehr Tanker aufgelegt werden mußten, voll im Einsatz bleiben würde. Nachdem er die Konzession für den Bau der dritten Raffinerie erhalten hatte, erhielt er zusätzlich alle Rechte, die den Transport und die Verarbeitung des Öls betrafen: Er würde also das Rohöl vom Produzenten kaufen, es auf eigenen Tankern transportieren, in der eigenen Raffinerie verarbeiten und durch das eigene Verteilernetz verkaufen. Nachdem er seine Raffinerie in dasselbe Paket wie den Aluminiumkomplex verpackt hatte (und das damit zusammenhängende Elektrizitätswerk sollte mit Öl betrieben werden, das seine Flotte transportierte und seine Raffinerie verarbeitete), war er davon überzeugt, daß er ein Geschäft mit Amerikas Aluminiumgiganten (»Reynolds Metals«, »Alcoa«) abschließen könnte, die das Anlagekapital für den ganzen »Laden« zur Verfügung stellen sollten.

Teddys schlimmste Befürchtungen müssen noch übertroffen worden sein, als Ari vier Tage nach der Hochzeit mit den Obristen gemeinsame Sache machte. »Der Boß ist der einzige Mann auf der Welt, der auf zwei Hochzeiten gleichzeitig tanzen kann«, war der beliebteste Spruch unter Aris Angestellten in Athen, »auf der einen mit Jackie und auf der anderen mit Papadopoulos.« Der Diktator und seine Verschwörer stammten aus Bauern- und einfachen Kleinstadtfamilien. Sie hatten alle Ende der dreißiger Jahre die griechische Militärakademie besucht, als General Metaxas versuchte, die hellenischen Heldenideale auf ein faschistisches Modell zu übertragen. Obwohl sie eine neue Verfassung für das Land verkündet und sie durch eine Volksabstimmung hatten bestätigen lassen, waren die Grundgesetze, einschließlich jener, die die Bürgerrechte garantierten, auf unabsehbare Zeit außer Kraft gesetzt worden.

Für die Obristen betrat Ari zu einem wichtigen Augenblick die Szene: Er verlieh ihrem Staatsstreich einen Anschein von Glaubwürdigkeit. Durch das Projekt »Omega« erweckten sie den Eindruck, sowohl kluge Geschäftsleute als auch professionelle Politiker zu sein: Die Bekanntmachung des Geschäfts, nur wenige Tage nach Aris Hochzeit mit Jackie, war ein nützlicher Bonus für die Öffentlichkeitsarbeit, da zu dieser Zeit viele europäische Regierungen ernsthaft besorgt waren über das brutale Vorgehen des Regimes gegenüber seinen politischen Oppositionellen. Ari hatte hinsichtlich seiner Partner keine Gewissensbisse. »Es ist besser, auf der Seite der Obristen zu stehen als auf der Seite der Verlierer«, sagte er, obwohl er später behauptete, daß er nur die private Bemerkung des amerikanischen Außenministers Dean Rusk wiederholt hätte.

Nicht jeder in Griechenland war von dem Geschäft beeindruckt. Die Athener Zeitungsverlegerin Helen Vlachos, die unter Hausarrest stand, brachte ihre Gedanken und ihren Zorn zu Papier. »Mit dem Aufstieg der Obristen traten die schlimmsten Charakterzüge sowohl des größten Schiffseigners als auch der diskret folgenden Anhänger zutage. Ihre Raffgier wurde durch den großen Junta-Ausverkauf angespornt. Griechenland wurde zu herabgesetzten Preisen angeboten. Wahre Gelegenheitskäufe konnten als Gegenleistung für einen freundlichen Klaps auf die uniformierte Schulter sichergestellt werden. Der Wert der griechischen Flagge fiel unter den bisher niedrigsten Preis für die panamaische oder liberianische Flagge. Auf Steuern wurde verzichtet, und die Gesetze waren vergessen. «

Ari hatte Papodopoulos seit über einem Jahr gehätschelt. Irgendwie, gewöhnlich in Verbindung mit einem Gefallen und Freundlichkeiten, wußte er, wie man sich Leute zu Dank verpflichtet. Papadopoulos stellte er als permanente Leihgabe seine 300 000-Dollar-Villa in Lagonissi, einem exklusiven Ausflugsort dreißig Meilen außerhalb von Athen, zur Verfügung. Als der Oberst, abweichend von seiner Treue zu den alten, einfachen Tugenden, vierzig Kleider zu eintausend Dollar das Stück für seine Frau bestellte, kümmerte sich Ari um die Rechnung. Und obwohl sie sich gegenseitig benutzten (»Herr Oberst«, sagte er zu ihm am Anfang, »wir nutzen beide die Menschen aus, also lassen Sie uns tun, was wir am besten können, und warten wir ab, was passiert«), war ihre Bewunderung gegenseitig. 1919 in einem armen Dorf auf dem nordwestlichen Peloponnes geboren, fühlte sich Papadopoulos von Aris Welt angezogen. »Er war schrecklich beeindruckt von der Pracht und dem Stil des Millionärs, der einmal genauso arm wie er selbst gewesen war«, sagte einer seiner Offiziere. Ari dagegen war erregt von der Nähe zur realen Macht: Papadopoulos' despotische Herrschaft fesselte ihn, war dieser Mann doch keinem Parlament verantwortlich, wurde er von keiner Wählerschaft behindert und stand ihm eine ganze Armee zur Verfügung.

Während der Nazi-Okkupation war Papadopoulos Kompaniechef in einem der unrühmlichen deutschen Sicherheitsbataillone gewesen. Nach dem Krieg ging er in die Vereinigten Staaten und studierte an der »Akademie für Psychologische Kriegführung« der NATO. Bei seiner Rückkehr nach Griechenland, so heißt es, habe er angefangen, für den CIA* zu arbeiten, und erfolgreich die extremistischen Tendenzen einiger seiner Obristen zu Staatsstreichen gemäßigt. Während Papadopoulos Aris gesamten Charme und Großzügigkeit genoß, wurde Oberst Nicholaos Makarezos,

---

* Kein ernst zu nehmender Beweis wurde jemals erbracht, um diesen Vorwurf zu erhärten. C. M. Woodhouse schrieb in »The Rise and Fall of the Greek Colonels« (Granada, London 1985): »Bei der zweiten Hauptverhandlung 1975 sagte Papadopoulos, er sei nie von dem CIA ausgebildet worden oder habe für ihn gearbeitet, sondern er kenne die USA ›nur aus dem Fernsehen oder dem Kino‹. Seine Behauptung wurde nicht widerlegt. Sie wurde sogar durch die Beweismittel aus späteren Untersuchungen, die von Mitgliedern des US-Kongresses durchgeführt wurden, die sowohl der Diktatur als auch dem CIA feindlich gesonnen waren, bestätigt.«

dem dritten Mann im Militärtriumvirat, das den Staatsstreich angeführt hatte, die Ausarbeitung der Details in dem euphorischen, aber alarmierend unklaren »Omega«-Abkommen überlassen. Obwohl er nie Wirtschaft studiert hatte (er ließ einen Experten deportieren, der ihm von der »Organisation für wirtschaftliche Zusammenarbeit und Entwicklung« gesandt worden war, als er die Grundlage für seine statistischen Daten anzweifelte), war Makarezos zum Minister für Wirtschaftliche Zusammenarbeit ernannt worden. Ehe er dem KYP (dem griechischen CIA) beitrat, hatte er als Militärattaché in der griechischen Botschaft in Bonn gedient. Nichts hatte ihn auf Verhandlungen mit einem Mann wie Ari vorbereitet.

»Wir verbrachten eine Woche damit, um uns auf einen einzigen Punkt zu einigen, dann billigte er plötzlich mehrere Punkte ohne jede Mühe, und wenn man gerade glaubte, in Schwung zu kommen, kehrte er zum ersten Punkt zurück und wollte einen neuen Vorbehalt einfügen oder eine Klausel hinzufügen, die alles nichtig machte«, sagte einer aus Makarezos' »Omega«-Team. Obwohl sich Ari mit erfahrenen, hochbezahlten Ratgebern umgab, war er bei einem Geschäft hauptsächlich sein eigener Architekt. Er führte über alle Verhandlungen Buch und machte weitschweifige Notizen in seinem Taschenkalender (bei Verhandlungen mit Engländern und Amerikanern schrieb er griechisch, in Athen benutzte er Französisch). Nach einer besonders schwierigen Sitzung – es ging wieder um das Projekt »Omega« – wies ihn jemand von seinem Team darauf hin, daß eine Spezifikation, die Ari aus seinen Notizen zitiert hatte, den Zahlen, die seine eigenen Experten ihm genannt hatten, völlig widersprach. Ari sagte: »Mein lieber Junge, zwei und zwei macht nicht unbedingt vier, wenn deine Interessen von dieser Rechnung beeinträchtigt werden.«

Die Gespräche gerieten von einer Krise in die nächste. Das lag im wesentlichen daran, daß Ari gescheitert war, die mächtigen Aluminiumhandelsgesellschaften der Vereinigten Staaten zu überreden, zu seinen Bedingungen Geld in das Projekt zu stecken. Trotz der kolonialen Privilegien für ausländisches Kapital, die von der Junta angeboten wurden (einschließlich der Befreiung von Steuern, Zöllen oder Abgaben jeder Art für die Gesellschaft und die ausländischen Mitarbeiter und des Verzichts auf Rechnungsbücher), war seine Bedingung, 51 Prozent der Anteile an der Aluminiumanlage zu behalten, völlig unakzeptabel für die Amerikaner. So sagte ein langjähriger leitender Angestellter von »Alcoa«: »Nach seiner Hochzeit verlor er jedes Gefühl für Proportionen. Seine zwanghafte Gewinnsucht kippte in reinen Größenwahn um; seine Bedingungen waren keine Bedingungen, sie waren Gesetze. Mit dem Kerl konnte man einfach nicht diskutieren; er schien zu glauben, daß wir für eine Einladung zum Abendessen mit ihm und Jackie an Bord der *Christina* so gut wie zu allem ja sagen würden. Es war offensichtlich, daß er seine Hochzeit als karrierefördernd betrachtete.« Ein Direktor von »Reynolds« sagte: »Wir führten Gespräche, aber der Mann war zu gierig. Er drohte damit, zu Pechiney zu gehen [einer französischen Firma, die bereits große Aluminiumanlagen in Griechenland besaß], aber wir wußten, daß diese Rechnung nicht aufging.«

Von Anfang an war Papadopoulos davon ausgegangen, daß sein Held von seiner Odyssee mit Schätzen heimkehren würde; er war der Meinung, daß es nur darum ginge. Aris plötzliche Forderungen, daß das Projekt Omega jetzt von der Regierung finanziert werden und die Junta sich auf die griechischen Banken stützen sollte, um Kredite zu extrem günstigen Bedingungen zu beschaffen, mußten jetzt von Oberst Makarezos umgesetzt werden; der Militärdiktator weigerte sich, seinen Freund und Wohltäter zu kritisieren. Vielleicht konnte er nicht sehen, daß das Geschäft vom Konzept her brüchig war; so schleppten sich die Verhandlungen hin. Ari drohte, auszusteigen; er wußte, daß das Regime es sich nicht leisten konnte, »Omega« scheitern zu lassen, nachdem zuvor ein weiteres Geschäft der Junta geplatzt war: Ein am 12. Mai 1967 – 24 Tage nach dem Putsch vom 21. April – unterzeichneter vielgerühmter 250-Millionen-Dollar-Vertrag mit »Litton Industries« war nicht ratifiziert worden. Die Obristen sahen also »Omega« als Prestigesache an. »Es kam so weit, daß wir jeden Tag, egal wie hart wir gearbeitet und egal wieviel wir vorbereitet hatten, in ein noch tieferes Loch zu fallen schienen als das, in dem wir uns am Tag zuvor befunden hatten«, sagte ein Beamter vom Ministerium für Wirtschaftliche Zusammenarbeit. »Er verfügte über einige äußerst fähige Männer in seinem Team, Männer wie Professor Georgakis und Nicolas Cokkinis, erfahrene Männer, die mit guten, machbaren Ideen aufwarteten. Onassis verschwand dann manchmal für einige Tage nach Skorpios, und wir erreichten eine Einigung mit ihnen. Dann kam er zurück, und innerhalb von fünf Minuten hatte er alles, was wir erreicht hatten, zerstört. Das machte Makarezos fuchsteufelswild.«

Elf Tage nach der Hochzeit auf Skorpios bekam Ari »das beste Hochzeitsgeschenk, das ich mir je erhofft habe«. Endlich hatte er Panaghis Vergottis bei seiner Berufung vor dem »House of Lords« geschlagen. Aber es war der knappeste aller Siege: Die Berufungsrichter hielten Mr. Justice Roskills ursprüngliches Urteil mit einer Mehrheit von drei gegen zwei aufrecht. Bei der Erläuterung des Beschlusses sagte Lord Dilhorne, daß der Richter der ersten Instanz recht gehabt hätte, als er sagte, daß die Entscheidung sich nach der Glaubwürdigkeit der Zeugen richte und daß er an seine Aufgabe mit »großer Sorgfalt und Besorgnis« herangetreten wäre. Lord Pearce hatte tapfer für Vergottis gestritten: Der Vorteil, den ein erstinstanzlicher Richter habe, indem er die Atmosphäre eines Falles berücksichtigen könne, sei einer, der seine Gefahren habe, sagte er. Der Fall sei ihm in einer hochdramatischen Atmosphäre dargestellt worden; er sei im Sturm und Aufruhr von Gefühlen zwischen zwei alten Freunden, die jetzt bittere Feinde waren, verhandelt worden. Diese Art von Fall, wo aus Liebe Haß geworden sei, wo alte Freunde sich erstaunt fragten, wie sie jemals befreundet sein konnten, bringe seine eigenen besonderen Schwierigkeiten für den erstinstanzlichen Richter mit sich, sagte Lord Pearce, dem, anders als vielleicht Lord Dilhorne, die glatte Professionalität von Ari und der Callas auf dem Zeugenstand nicht entgangen sei – ihre Fähigkeit, zu lächeln, abzulenken und eine Show abzuziehen. Mit Hinsicht darauf fände er, daß »zeitgenössische Dokumente von äußerster Bedeutung seien, was die Glaubwürdigkeit beträfe«. Und seiner Meinung nach sprachen die dokumentierten Beweise für Vergottis. Lord Wilberforce stimmte ihm zu. Aber das war wenig Trost für Vergottis; Ari hatte gewonnen.

Jackie war es zum großen Teil selbst überlassen, sich an die Villa und die Insel zu gewöhnen, und sie hatte viel Zeit, um über sich und die Veränderungen in ihrem Leben nachzudenken. Die öffentliche Reaktion auf die Hochzeit lieferte unerfreulichen Lesestoff, während sie auf Skorpios auf Aris Rückkehr von seinen häufigen Reisen nach Athen und Paris wartete, wo er, nachdem er noch nicht einen Monat mit Jackie verheiratet war, mit der Callas zu Abend aß, um ihren Sieg über Vergottis zu feiern. Aus dem Vatikan hieß es, daß »die Akte der früheren Mrs. Jacqueline Kennedy, was die römisch-katholische Kirche betrifft, soweit geschlossen ist. Sie ist von den Sakramenten ausgeschlossen, solange sie mit Mr. Onassis verheiratet ist.« Verfolgt von Haßbriefen, in denen er wegen seiner Weigerung, die Hochzeit zu verurteilen, angegriffen wurde, sah sich Kardinal Cushing gezwungen, zu erklären, daß er am Ende des Jahres, neun Monate früher als geplant, zurücktreten würde. Öffentlich schien Jackie das alles gelassen zu nehmen, aber privat war sie bestürzt und gelegentlich äußerst heftig erregt; während Ari fort war und die Zeit verstrich, spürte Billy Baldwin ihre Besorgnis »über den Weg, den sie eingeschlagen hatte«; in langen Briefen an Freunde, die zu ihr gehalten hatten, schüttete sie ihren Kummer aus. »Ich hatte einen Brief von ihr, der Hunderttausende von Dollar wert gewesen wäre, wenn ich irgendeiner nationalen, nichtkirchlichen Zeitung die Veröffentlichung erlaubt hätte«, sagte Kardinal Cushing. »Ich habe den Brief verbrannt. In dem Brief dankte sie mir für mein Verständnis.«

An ihren früheren Begleiter Roswell Gilpatric schrieb sie schlicht:

Liebster Ros – ich hätte es Dir gesagt, ehe ich wegging – aber dann geschah alles viel schneller, als ich es geplant hatte. Ich sah irgendwo, was Du gesagt hast, und es hat mich berührt – lieber Ros – ich hoffe, Du weißt, was Du mir bedeutet hast und jetzt und immer bedeuten wirst – In Liebe, Jackie.

Statt nachzulassen, wurde die öffentliche Diskussion immer schlimmer. »Kommen Sie, seien Sie ehrlich, würden Sie mit Onassis schlafen? Glauben Sie, daß sie es tut?« fragte eine Moderatorin ihr Publikum in Las Vegas. »Nun, irgend etwas muß sie ja tun. Ich meine, man kann doch nicht nur den ganzen Tag lang einkaufen.« Als Ari erfuhr, daß diese Geschichte Jackie aufgeregt hatte, sagte er zu Meyer: »Sie muß lernen, sich damit abzufinden, daß sie Mrs. Aristoteles Onassis ist, denn die einzige Stelle, wo sie von jetzt ab Mitgefühl findet, steht im Lexikon zwischen Scheiße und Syphilis.« Er unterschätzte die Treue und das Verständnis ihrer Freunde. Pierre Salinger sandte ihr einen langen, handgeschriebenen Brief, in dem er ihr sagte, es sei ihr Leben und sie solle weiterhin tun und machen, wozu sie verdammt Lust habe; letztendlich sei das in Ordnung; sie solle nur daran denken. Später sagte sie ihm, ihr habe der Brief viel bedeutet. »Sie bekam sehr viel Zorn zu spüren«, sagte er. »Übrigens nicht einmal so sehr in den Vereinigten Staaten wie in Europa. Ich war zu der Zeit in Paris, und wann immer ich abends ausging, kamen Leute zu mir und sagten: ›Wie konnte Jackie nur so etwas tun? Es ist schrecklich. Wie kann diese wunderbare Frau nur die Erinnerung an John F. Kennedy verraten und diesen griechischen Händler heiraten?‹ Die Griechen sind in Frankreich nicht gern gesehen. In den Vereinigten Staaten gab es auch Empörung, aber sie war in keiner Weise vergleichbar mit der Heftigkeit, die sie hier traf«, erinnerte sich Salinger fünfzehn Jahre später in Paris.

Drei Tage nach der Hochzeitszeremonie auf Skorpios verlangte Clyde Tolson, Hoovers engster Freund inner- und außerhalb des FBI, eine erneute Überprüfung von Aris Akte. Bald hielt Hoover die Art von Vermerk, die er so sehr schätzte, in Händen:

Wie Du vielleicht bemerkt hast, wurde in jüngsten Zeitungsberichten über die Hochzeit von Aristoteles Onassis und Mrs. Jacqueline Kennedy sein Alter mit 62 Jahren angegeben. Ich dachte, es könnte Dich interessieren, daß die Informationen, die dem Auswärtigen Amt von Onassis' Tochter und Sohn, Christina und Alexander, gegeben wurden, zeigen, daß er 1900 geboren ist. Die

Unterlagen der Paßbehörde enthüllen, daß Christina Onassis, die am 12. 11. 50 in New York City, N. Y., geboren ist, von der Botschaft in London am 27. 10. 67 zum letzten Mal der Paß Z-762056 ausgestellt wurde. In ihrem Antrag gab sie ihren Vater mit Aristoteles S. Onassis an, geboren in Smyrna, Türkei, am 20. Januar 1900. Des weiteren enthüllen die Unterlagen der Paßbehörde, daß Alexander Sokrates Onassis, der am 30. 4. 48 in New York City geboren ist, vom Konsulat in Nizza, Frankreich, am 18. 10. 66 zum letzten Mal der Paß Z-578696 ausgestellt wurde. In seinem Antrag auf einen Paß gab er seinen Vater mit Aristoteles Sokrates Onassis an, geboren in Saloniki, Griechenland, am 21. Januar 1900.

Nach Aussage eines Mitarbeiters aus Hoovers Team hatte sich der Bureauchef über diesen Routinebericht »höllisch gefreut«. »Die Tatsache, daß Onassis' eigene Kinder sich nicht einig waren, wann und wo ihr Vater geboren war, überzeugte ihn mehr als alles andere, daß Onassis ein absoluter Betrüger und Lügner war, ein Mann, der nicht einmal seiner Familie die Wahrheit über sich selbst anvertrauen konnte.«

Am 8. März 1969 bot Stavros Niarchos den Obristen ein Investitionspaket im Wert von 500 Millionen Dollar einschließlich eines langfristigen und zinsgünstigen Darlehens in Höhe von 150 Millionen Dollar in bar an, um Griechenlands unaufhörliche Zahlungsbilanzschwierigkeiten erleichtern zu helfen – vorausgesetzt, er und nicht Ari bekäme die Konzession für die dritte Ölraffinerie. Oberst Makarezos, der keinen Hehl aus seinem Haß gegen Ari machte und seine Eifersucht auf dessen enge Beziehung zu Papadopoulos kaum verbarg, unterstützte sofort Niarchos' Angebot, das in jeder Hinsicht eine Verbesserung für »Omega« war. »Wenn Onassis das beste Stück Fleisch haben will, nämlich die Raffinerie, dann muß er schon den Rest des Tieres abgeben«, warnte er Papadopoulos. Bis jetzt, betonte er, hätten sie von ihm nichts als gebrochene Versprechen und Drohungen erhalten. Der Juntachef hatte eindeutig weitaus mehr als das erhalten und ergriff die Partei für seinen Wohltäter. Zwei Tage später wurde verkündet, Niar-

314

chos' Angebot sei zu spät gekommen, um das Geschäft mit Onassis abzusagen; die Verträge seien schon beim Drucker; das war eine eklatante Lüge. Der langsame Fortschritt bei den Verhandlungen gab innerhalb der Junta Anlaß zu ernster Besorgnis. Der Konflikt zwischen Papadopoulos und Makarezos wurde plötzlich gefährlich bloßgestellt. Makarezos wollte die Angelegenheit nicht auf sich beruhen lassen, und Papadopoulos war gezwungen, den Unterstaatssekretär im Ministerium für Wirtschaftliche Zusammenarbeit zu beauftragen, die beiden Angebote zu prüfen und einen unabhängigen Bericht zu erstatten.

Wie Makarezos stand der Unterstaatssekretär Orlandos Rodinos, auch ein Pragmatiker, auf der Seite von Niarchos. Ehe er den Bericht schrieb, fragte er Ari, ob dieser irgendwelche Vorschläge machen wolle, die »eine neue Perspektive« der Situation entstehen lassen würde. Ari, der glaubte, Rodinos sei auf persönliche Bereicherung aus, reagierte wütend: Er hätte den Premierminister Papadopoulos in seinem Team, warum sollte er dann noch einen Unterstaatssekretär abfinden? Der folgende Bericht Rodinos' war ein Beispiel für eine politische Abrechnung: Er begann mit einer Zusammenfassung der »langen und schleppenden« Verhandlungen über das Projekt »Omega«, bei denen sich das Ministerium für Wirtschaftliche Zusammenarbeit »mit der berühmten Eigensinnigkeit eines der führenden griechischen Geschäftsmänner« abfinden mußte; die Intervention von Niarchos schaffe ein neues Geschäftsklima; der Unterschied zwischen den zwei Angeboten sei weitaus größer als die offensichtlichen 100 Millionen Dollar. Niarchos bot an, der Regierung Rohöl zum Preis von 11,80 Dollar pro Tonne zu verkaufen, Onassis dagegen zu 14,32 Dollar. Nach zehn Jahren würde das ein Verlust von 150 Millionen Dollar für die Staatskasse bedeuten, wenn die Junta an »Omega« festhielt. Hinzu käme noch die Differenz der Verschiffungsgebühren bei den Angeboten, womit sich die Gesamtdifferenz um weitere 100 Millionen Dollar erhöhen würde. »Nicht nur die wirtschaftlichen, gesetzlichen und ethischen Aspekte der Angelegenheit zwingen zu einer Prüfung und Berücksichtigung des neuen Angebots, sondern auch die politischen Aspekte sprechen zu seinen [Niarchos'] Gunsten«, meinte er.

315

Rodinos war überzeugt, daß es hier um viel mehr ging als um den ehrgeizigen Streit zweier mächtiger Schiffseigner, die sich wie die Götter um die Vorherrschaft des Olymps bekämpften: Es sei ein Kampf um Griechenland zwischen britischen und amerikanischen Ölgiganten, bei dem Onassis und Niarchos für ihre Rollen als »Strohmänner« Schiffe und einen beträchtlichen Haß mitbrächten (Ari, glaubte er, wurde von »British Petroleum« unterstützt, Niarchos arbeitete wahrscheinlich mit »Standard Oil« aus New Jersey zusammen). »Für uns ist es sehr nützlich, das mögliche Ausmaß des Konfliktes zu kennen und die eventuell notwendigen Maßnahmen, mit denen er beigelegt werden kann. Ich glaube, Herr Premierminister, daß die Lösung zur Klärung der ganzen Angelegenheit von Mr. Niarchos angeboten wird.« Seine Schlußfolgerung: Aris Angebot sollte abgelehnt und eine neue Ausschreibungsrunde für die dritte Raffinerie und andere Programme sofort angekündigt werden.

»Vermutlich hätte ich mit diesem Ekel doch ein Geschäft machen sollen«, sagte Ari zu Papadopoulos, nachdem er den Bericht gelesen hatte, und erzählte von dem Gespräch, das er mit Rodinos geführt hatte. Papadopoulos schickte sofort nach dem Unterstaatssekretär und bat ihn um eine Erklärung. Rodinos bestand darauf, daß er einen solchen Handel nicht vorgeschlagen hätte, sondern Ari. Warum hätte er dann nicht sofort den Premierminister informiert? Rodinos erwiderte, daß er Mr. Onassis nicht hätte exponieren wollen ... sei er doch ein Freund des Premierministers und ein bedeutender Mann, der eine wesentliche Rolle bei der Entwicklung der griechischen Wirtschaft spiele. Ungeachtet der wesentlichen Diskrepanz bei ihrer Version des Vorfalls erhob Ari die Frage von moralischen Prinzipien: »Passen Sie mal auf! Ich bin ein Geschäftsmann, und es steht mir frei, alle Mittel einzusetzen, um in meinem Geschäft Erfolg zu haben. Sie aber sind ein Minister der Regierung!« Er wurde sehr aufgeregt. »Jetzt verstehen Sie, Herr Premierminister, warum wir uns noch über ›Omega‹ streiten«, sagte Rodinos. Es war eine komplizierte Situation für Papadopoulos. Da er wußte, daß seine Schritte im Ausland genauestens beobachtet wurden, je mehr die Kritik an seinem Regime wuchs, und da er nicht sicher war, wie stark die

Fraktion war, die Niarchos unterstützte, war er nicht geneigt, einen diktatorischen Entschluß zu verhängen. Am 20. Mai gab er seine Entscheidung bekannt, daß eine neue Ausschreibung angekündigt werden sollte. Des weiteren forderte er den Hauptstaatsanwalt des Obersten Gerichtshofes auf, eine Untersuchung »über die Umstände, die zum Scheitern der Verhandlungen« mit Aristoteles Onassis geführt hatten, in Gang zu setzen. Orlandos Rodinos kündigte seinen Rücktritt an.

Streitigkeiten, Vorwürfe und Gegenvorwürfe wurden zwischen Ari und Niarchos im fliegenden Wechsel ausgetauscht (Ari hatte seinem früheren Schwager gegenüber eine einfache und beharrliche Haltung: »Häng es ihm an, ehe er es mir anhängt!«). Papadopoulos und die Pro-Niarchos-Kräfte innerhalb der Junta befanden sich jetzt in einer auffälligen Verwirrung und befahlen der Presse, nichts mehr über die Krise oder irgend etwas anderes, das »gegen das Interesse der Wirtschaft des Landes« sein könnte, zu drucken. Am Ende fällten die Obristen ein salomonisches Urteil: Als Gegenleistung für garantierte Investitionsverpflichtungen wurde beiden Rivalen jeweils eine Ölraffinerie angeboten. Niarchos bekam die staatseigene Raffinerie in Aspropyros zurück (seine ursprüngliche Betriebskonzession endete im August 1968) und kündigte ein eindrucksvolles Bauprogramm über 200 Millionen Dollar an, um dessen Kapazität zu steigern; weitere 100 Millionen Dollar wollte er in andere Projekte einschließlich der Erneuerung seiner Schiffswerft in Skaramanga investieren; am 13. März 1970 verpflichtete sich Ari, als Gegenleistung für eine fünfzehnjährige Betriebskonzession für die neue Raffinerie, deren Fertigstellung für 1973 geplant war, 600 Millionen Dollar in festgelegte Industrieprojekte zu investieren, obwohl die Bedingungen für ihn weniger attraktiv waren als die der ursprünglichen Abmachung mit Papadopoulos. Am Ende war alles Theorie: Aris Versuche, Verträge abzuändern, hörten nie auf. So klagte ein langjähriger griechischer Verwaltungsbeamter: »Seine Methode war, zu lächeln und alle Vereinbarungen, die wir ihm gaben, zu unterzeichnen – um dann aus dem Paket die nichtprofitablen wieder herauszusortieren.« Egal, wie groß und kompliziert ein Geschäft war, im Grunde »wandte er immer die labyrinthische Logik eines Bazar-

317

händlers an«, erinnerte sich in Athen ein früherer Koordinator von »Omega«. »Die ganze Welt hatte sich weiterentwickelt, und die Marktstrukturen wurden immer technischer, doch auf eine merkwürdige Weise funktionierte seine Methode, wie ein listiger Teppichhändler zu verhandeln, immer noch im Schiffahrtsgeschäft. Aber es war einfach ausgeschlossen, daß ein solches Verhalten bei den ungeheuer kapitalintensiven Plänen, die er mit der Regierung diskutierte, toleriert werden konnte. Ihn zu beobachten, wie er seine Nummer abzog und alles in seinem kleinen Notizbuch festhielt, war auf eine Weise traurig. Er war ein Dinosaurier, und seine Zeit war abgelaufen. Zu dieser Überzeugung kam sogar allmählich Papadopoulos, daß alles, was Ari jetzt anfaßte, ein Schlamassel und eine Katastrophe werden würde.«

Kapitel 14

»Der Wunsch nach Glück ist der Anreiz,
der uns in all unseren Unternehmungen vorantreibt.«

Aristoteles

Als er zwölf Jahre alt war, sah Alexander Onassis sie in St. Moritz
bei einem Schneesturm aus einem Sportwagen steigen. Sie trug
einen langen Ledermantel und eine Pelzmütze, und er fand, daß
sie die aufregendste Frau war, die er je gesehen hatte. Als er
achtzehn war und seine Mutter wollte, daß er an einer Abendgesellschaft teilnahm, die sie in St. Moritz gab, sagte er: »Ich komme,
wenn du Fiona Thyssen auch einlädst.« Eher amüsiert als überrascht über den Vorschlag, daß sie eine ihrer eigenen Freundinnen
für ihren Sohn einladen sollte (sie kannte seine Vorliebe für
»ältere« Frauen, und die Baronin Thyssen-Bornemisza war mit
ihren 33 Jahren nach Alexanders eigenen Worten »furchtbar
schön«), erklärte sich Tina damit einverstanden.

Die Faszination, die Frauen auf ihn ausübten, die älter waren
als er, war kein Geheimnis. Mit vierzehn wurde er von einer
Assistentin seines Vaters, deren Aufgabe es war, sich während der
häufigen Abwesenheit seiner Eltern um ihn zu kümmern, vielen ihrer Freundinnen vorgestellt, von denen die meisten in
den Dreißigern waren und regelmäßige Besucherinnen der eher
schlüpfrigen Nachtclubs von Paris. »Ihnen wurde eine Menge
Geld dafür bezahlt, sich um Alexander zu kümmern, denn der
Sekretärin wurde viel gezahlt, um sich um ihn zu kümmern«, sagt
Jacinto Rosa, Aris Chauffeur, der Alexander gekannt hatte, seit
dieser zwölf war. Er hatte ihm das Autofahren beigebracht und
war besonders stolz auf seine Begeisterung für Autos und sein
Wissen über Motoren. Alexanders frühreifes Interesse an mehr
körperlichen Erfahrungen beunruhigte dagegen den Chauffeur.
»Sehr oft bat er mich, mit ihm in den Bois de Boulogne zu fahren,
wo er gern den Prostituierten und ihren Kunden in den Autos

319

nachspionierte«, sagte Rosa, der sich Sorgen machte und überzeugt war, Alexanders Voyeurismus sei sowohl ungesund als auch gefährlich. Mehr als alles andere offenbarte das wahrscheinlich die Einsamkeit seines Daseins – er hatte keine echten Freunde, nur Angestellte. »Manchmal versuchte ich, ihm zu sagen, was man besser tat und was man besser ließ, aber ich mußte dabei diplomatisch vorgehen, denn er hätte keine Art von Rüge seitens eines Angestellten seines Vaters akzeptiert«, erinnerte sich Rosa.

Obwohl ihm ein eigener Tutor und ein privates Apartment im Hotel »Baltimore« zur Verfügung standen, fiel er in den Prüfungen am Gymnasium in Paris durch, als er mehrere Tage zu spät von einem Stelldichein in Südfrankreich zurückkehrte. Auch wenn Ari stolz auf die sexuellen Abenteuer seines Sohnes war (»Der Apfel fällt nicht weit vom Stamm«), war er wütend über seine schlechten Prüfungsergebnisse. Er weigerte sich, »teures Geld für ein faules Kind hinauszuwerfen«, und gab Alexander in seinem Hauptquartier in Monaco Arbeit. Rosa beobachtete seine Entwicklung mit einer Mischung von Besorgnis und Erheiterung. »Die jungen Damen seines Alters fand er langweilig. Lieber zerlegte er einen Motor in Einzelteile, als daß er mit einem ›Kind ohne Interessen‹ ausging. Seine erste wirkliche Liebe war ohne Zweifel Odile Rodin – obwohl niemand etwas davon wissen sollte«, erinnerte sich Rosa. »Er war um die Siebzehn, als er mit ihr in Monte Carlo zusammenlebte [kurz nach dem Tod ihres Ehemannes, des bekannten Playboys Porfirio Rubirosa im Jahre 1965]. Eine Zeitlang wohnten sie in Tinas Apartment in Paris, als diese auf Reisen war; er gab den Angestellten sehr großzügige Trinkgelder, damit sie ihren Mund hielten. Onassis wußte es; er wußte alles (es sah immer so aus, als wüßte er mehr über dich, als dir lieb war, sagte Costa Gratsos später). Er schien glücklich zu sein, seinen Sohn bei einer solchen Expertin zu wissen.«

Trotz seiner Sorge um Alexanders Erziehung als Mann behandelte Ari ihn vor seinen Angestellten wie einen bessergestellten Büroboten (zu 12 000 Dollar pro Jahr zuzüglich Spesen). »Er war einfach ein nettes, schüchternes Kind, das das Handwerk lernte«, erinnerte sich ein Manager seines Vaters. »Er schien keine große Eile zu haben, sich selbst als ein Onassis zu beweisen.« Später

320

Ari hatte keine Eile, die Callas zu heiraten, obwohl die Mannschaft der *Christina* sie als »La patronne« behandelte und Fürstin Gracia Patricia und Fürst Rainier sie als passende Nachfolgerin Tinas willkommen hießen

Ari bemühte sich, enge
Kontakt zu Christina ur
Alexander zu halten. Es
kein Geheimnis, daß be
Maria Callas für die Zer
tung der Ehe ihrer Elte
verantwortlich machter

Alexander hatte mit seinem Vater
nie in Frieden gelebt. »Ich bewunc
ihn. Ich bewundere auch Howard
Hughes.« Damit enthüllte er seine
zwiespältigen Gefühle für Ari

Baronin Fiona Thyssen-Bornemisz
Alexanders »Geliebte, Mutter
und Beichtvater«

s hoch mit Hypotheken
astete Flotte war unproduktiv.
diglich sein ältester Freund
ßte, wie sehr er sich quälte.
r ein Wunder konnte ihn
ch retten

s letzte, was Ari wollte, war
e verfrühte Aufdeckung
ner sich vertiefenden Freund-
aft mit Jackie. Es lag
uptsächlich an ihrer absoluten
vereinbarkeit, daß es
en möglich war, etwas zu
bergen, was schon so lange
 sich ging

Maria: Wochenlang zog sie sich in ihre Wohnung zurück und verließ sie nicht

Ein alternder Millionär in den Fängen der Liebe bereitet seinen Erben natürlich Sorgen. Alexander und Christina waren erschüttert über die Nachricht, daß Ari und Jackie heiraten wollten

Hochzeitstag: Caroline Kennedy
sitzt auf dem Schoß ihrer
Mutter, mit Ari am Steuer

Die Braut und der Bräutigam
auf Skorpios

Als Aris Augenlider zu schwach wurden, um geöffnet zu bleiben, schnitt Christina Streifen von einer Rolle Heftpflaster, um sie festzukleben, und bestellte dunklere Brillengläser, um das Pflaster zu verbergen

Die Aufmerksamkeit der Presse war eine Bestätigung dafür, was Jackie und Christina im Grunde ihres Herzens schon wußten: Ari war zum letzten Mal nach Paris zurückgekehrt

Es schien, als hätte es
eine Annäherung zwischen
Christina und der Witwe
ihres Vaters gegeben

Aris Schwestern Artemis
Garofalides und Calirrhoë
Ionnalides teilen sich nach
Aris Tod mit Jackie eine
Limousine, aber sie hatte
bereits einen schweren
Fehler begangen, indem sie
nicht 48 Stunden früher
nach Paris zurückgekehrt war

Aris letzte Reise – und Jackie findet sich weit hinten wieder

sagte Alexander, kein Tag sei vergangen, an dem er »nicht von dem Reichtum des alten Mannes eingeschüchtert gewesen« sei. Und obwohl er das Wunder zu würdigen begann, das sein Vater vollbracht hatte, indem er dieses ungewöhnliche Imperium geschaffen hatte, verwandelte sich seine Abneigung allmählich in Feindseligkeit. Nachts, wenn er allein war, jagte er seinen Ferrari mit Spitzengeschwindigkeit über die kurvige, in die Felswand gebaute Straße zwischen Monte Carlo und Cannes, um die Wut und die Unzulänglichkeit, die ihn quälten, zu kompensieren. Als ein Bekannter ihm vorworf, einen Todeswunsch zu hegen, antwortete er, er glaube nicht, der Tyrannei seines Vaters anders zu entkommen, »als sie voll auszuleben«.

Das war der junge Mann, den Fiona Thyssen an dem Abend auf Tinas Abendgesellschaft in St. Moritz kennenlernte. Da sie zwanglos im Umgang mit Männern war (ihr ganzes Leben lang hatte sie mit Millionären und Männern mit Macht und Ruhm dieser oder jener Art verkehrt), war ihr nicht bewußt, daß Alexander sechs Jahre lang auf diesen Abend gewartet hatte und daß dieses einer der entscheidenden Augenblicke in ihrer beider Leben sein würde. Sie war überrascht über sein Verständnis für so viele Dinge, da sie angenommen hatte, junge Männer seiner Generation wären »taktlos und unfähig, ein Gespräch zu führen«. Viele der ersten Worte, die Verliebte austauschen, sind meistens sowohl banal als auch unvergeßlich, und das erste, woran sie sich erinnerte, was sie zu Alexander sagte, war: »Mein Gott, du kannst reden!«

Später am Abend, in der Diskothek des »Palace«, beschwerte sich der Mann, mit dem Fiona tanzte, daß sie viel zuviel Zeit mit Alexander verbracht hätte, und sprach die Vermutung aus, daß sie »ihn kein zweites Mal angesehen hätte, wenn sein Vater kein Millionär wäre«. Sie schlug ihm so heftig ins Gesicht, daß er zu Boden fiel. »Daß ich von Geld besessen sei, ist etwas, was man mir als einziges wahrscheinlich nie vorgeworfen hat.« Mit Tränen in den Augen flüchtete sie, gefolgt von Alexander, von der Tanzfläche. »Ich entdeckte, daß er sogar erstaunlich herzlich und aufmerksam war . . . es war einfach eine große Überraschung«, erinnerte sie sich. Alexander sah nicht besonders gut aus. Das dichte schwarze Haar trug er in einem kurzgeschnittenen und sauber gescheitelten Stil, der zu den teuren dreiteiligen Anzügen paßte, die er am liebsten anzog. Dicke Hornbrillen, oft mit dunklen Gläsern wie die seines Vaters, verliehen seinem Gesicht mit dem leicht dunklen Teint sowohl einen Ausdruck von Härte als auch von Einsamkeit. Er war etwas größer als sein Vater, und er hatte die Onassis-Nase, die er sich später – auf Anraten Fionas – operieren ließ.

Zu ihrer Überraschung – »da ich sechzehn Jahre älter war, wußte ich nicht, ob er in mir eine Ersatzmutterfigur sah oder was« – begannen sie eine Affäre. Sie war überzeugt davon, daß es nur eine kurze Angelegenheit sein würde (»vielleicht nur einmal«), aber sie mußte feststellen, daß er andere Pläne hatte. Von Anfang an wollte er eine Beziehung, und zwar eine verbindliche. Da er fast sein ganzes Leben lang keine Freunde gehabt und solange ohne eine Liebesbeziehung gelebt hatte, hungerte er nach einem dauerhaften Versprechen. Obwohl sie Spaß miteinander hatten, paßte die Affäre nicht in das Bild, das Fiona von sich selbst hatte, und sie bedrohte ihre Zukunft: Drei Jahre vorher war sie von einem der reichsten Männer der Welt geschieden worden; sie war noch jung und ungewöhnlich schön, sie besaß Geld und eine gesellschaftliche Stellung. »Ich war schrecklich angepaßt«, sagte sie später. Sie wollte wieder heiraten, aber Alexander kam nicht in Frage; er war zu jung für sie, und sie kannte sich aus in der Politik von Dynastien, um zu wissen, daß seine Braut eine wohlhabende, griechische Jungfrau von einer anerkannten Schiffahrtslinie zu sein hatte. Sie tat ihr Bestes, um sich zu lösen, doch Alexander weigerte sich, sie aufzugeben. Bald war es beiden deutlich klar, daß ihr Widerstand von einer Neigung zu einer äußersten Risikobereitschaft unterlaufen wurde und daß sie sich auf eine sehr ernste Affäre eingelassen hatten. »Ich brauchte eine lange Zeit, bis ich aufhörte, zu kämpfen, und akzeptierte, daß wir unentbehrlich füreinander geworden waren und einfach versuchen sollten, auf einer täglichen Basis miteinander zu überleben, und es genießen und dankbar sein sollten, ob es nun eine Woche, einen Monat oder ein Jahr dauerte«, sagte sie.

Alexander war verwirrt, daß sein Reichtum sie nicht beeindruckte. Er war in dem Glauben erzogen worden, daß alles seinen

Preis hat und daß er jede Frau mit seinen schnellen Autos und Privatflugzeugen, mit der Sonneninsel seines Vaters und all den Annehmlichkeiten seines Lebens beeindrucken könnte. Zuerst hatte es sie amüsiert, daß er so unfähig war, eine Welt mit Werten, »die so anders als seine eigenen waren«, zu begreifen. Doch schließlich führte das zu ihren ersten ernsten Auseinandersetzungen. »Als du noch in den Windeln lagst, hatte ich mein eigenes Privatflugzeug, meine vierzig Dienstboten und meine zwei, fünf, zehn Autos und die Häuser. Der letzte Mensch, den du mit so etwas beeindrucken kannst, bin also ich«, sagte sie zu ihm. Für Fionas Verhältnisse waren die Onassises noch »ungebildete Bauern«. Sie erzählte ihm Wahrheiten, die er nie zuvor gehört hatte: Plastikblumen (ein vertrauter Anblick in den Onassis-Häusern) seien ultrahäßlich (wie die Plastikhüllen vor den Vorhängen in der New Yorker Wohnung), und außerdem trage ein Gentleman zu einem weißen Hemd keinen weißen Schlips. Es waren die Themen, über die sich Liebespaare streiten, doch auf einer anderen Ebene stellten sie in einer gedrängten Form die Kluft zwischen ihnen dar. Sie ließ einen goldenen Anhänger anfertigen und darin das Datum und die Worte »Für meinen geliebten Wilden« eingravieren; damit wollte sie ihre Zuneigung zeigen und ihre unüberbrückbaren Welten zum Ausdruck bringen, aber es brachte ihn zum Weinen. »Ich dachte, mein Gott, was bin ich nur gemein«, erinnerte sie sich später; seine Tränen beschleunigten ihren Entschluß, sich von ihm zu trennen.

Während die Affäre fortgesetzt wurde und sich festigte, bemühte sich Tina sehr darum, sie zu beenden. Fiona sei eine Edelnutte gewesen, warnte sie Alexander; sie behauptete, sie kenne einen Mann in London, der ihr fünfzig Pfund bezahlt hätte, damit sie mit ihm ins Bett ginge, als sie erst siebzehn Jahre alt gewesen sei. Ihre Geschichten wurden immer unglaubwürdiger, je schlüpfriger sie wurden; Alexander und Fiona erfanden ein Spiel, bei dem sie versuchten, ihr nächstes Gerücht vorauszusagen. »Den Geschichten, die sie erfand, kamen wir nicht ein einziges Mal auch nur nahe«, sagte Fiona. »Sie überraschte uns immer wieder.«

Aris Bemühungen, die Affäre zu beenden, waren subtiler. An

seiner Dominanz hatte sich nichts verändert. Alexander besaß fast gar nichts, das nicht letztendlich seinem Vater gehörte oder von ihm kontrolliert wurde: Sein Apartment über dem Büro in Monte Carlo, seine Autos, seine Kreditkarten und Restaurantabrechnungen – alles wurde von der einen oder anderen Onassis-Firma finanziert. Anfang 1970 kaufte Ari seinem Sohn eine Villa für 2 Millionen Dollar außerhalb von Athen; es war kein firmeneigenes Haus, sonders es sollte Alexander gehören. Fiona verstand die Freude darüber, sich plötzlich als Grundstückseigentümer wiederzufinden und zumindest teilweise frei zu sein von dem Fluch, den Aris Macht ausübte; und obwohl er den ambivalenten Ton nicht mitbekam, als sie ihm gratulierte, wurde ihre Einstellung dazu deutlich, als sie ankündigte, daß sie sich nach einem Mietshaus in der Nähe umsehen würde, so daß sie den Sommer gemeinsam verbringen könnten. »Du willst ein Haus in der Nähe mieten? Was willst du damit sagen? Du wirst bei mir wohnen«, sagte er. »Mein lieber Freund, ich würde nicht einen Fuß in das Haus setzen. Dein Vater kaufte es nicht nur für dich. Er kaufte es auch für deine Geliebte. Er will damit beweisen, daß man jeden kaufen kann«, antwortete sie. Wenn sie in die Villa einzog, das hatte sie aufgrund ihrer angeborenen schottischen Vorsicht begriffen, würde sie einfach ein weiteres Onassis-Objekt werden – »das auf jeder Ebene und zu allen Bedingungen, die er bestimmte, manipuliert, unmenschlich behandelt und traktiert werden würde«.

Schließlich überzeugt von Fionas Argumenten, sagte er seinem Vater, daß er die Villa nicht wollte. Ari, vermutete Fióna, habe wahrscheinlich vor Erleichterung aufgeatmet, daß sie sein Spiel durchschaut hatte. »Ich vermute, daß ihm nur sehr wenige Menschen in seinem Leben gesagt haben, daß er gehen und sie in Ruhe lassen soll: Ich wollte es einfach nicht zulassen, als Geliebte für seinen Sohn gekauft zu werden.« Fiona und Alexander lebten nie zusammen; er arbeitete in Monte Carlo, und sie hatte ein Haus in Morges in der Nähe von Lausanne; später mietete sie ein Apartment in London. Sie verbrachten fast jedes Wochenende gemeinsam; Fiona mußte ihre Selbstachtung erhalten, und für ihre Kinder Francesca und Lorne war Alexander einfach nur ein

Freund der Familie; nur wenige Menschen ahnten die Wahrheit. Wenn er nach St. Moritz flog, holte sie ihn am Flughafen mit einem Volkswagen ab, der schon bessere Tage gesehen hatte und in den sie überaus vernarrt war, während er darüber sehr befremdet war. Seine häufigen Pannen waren eine Beleidigung für sein Mechanikerherz. »›Ich werde dir einen ordentlichen Wagen kaufen‹, sagte er jedesmal, wenn er auf der steilen Straße, die zum Haus führte, stehenblieb. Dann antwortete ich: ›Schön, wenn du von jetzt ab fünf Jahre lang dein Taschengeld sparst, können wir uns ein nettes, zuverlässiges Auto leisten.‹« Sie weigerte sich, irgend etwas von ihm anzunehmen, das er nicht von seinen eigenen Ersparnissen gekauft hatte. Wann immer sie gemeinsam verreisten, bezahlte jeder für sich, außer wenn sie mit »Olympic Airways« flogen und es sie überhaupt nichts kostete. Langsam überzeugte sie ihn, daß »nicht jeder gekauft werden kann und nicht jede Frau auf der Jagd nach Geld ist«. Langsam befreite sie ihn von der Menschenfeindlichkeit, die sein Vater ihm eingeprägt hatte. Aber es gab einige familiäre Merkmale, von denen sie wußte, daß sie sie nie ändern würde: Obwohl sie den Niarchos seit langer Zeit nahestand, schrieb sie nach Alexanders »Die-oder-ich-Ultimatum«, an dem er festhielt, als wäre es naturgegeben, an Eugénie Niarchos – »eine meiner liebsten und besten Freundinnen, die ich je hatte, das einzige zivilisierte menschliche Wesen in dem ganzen Haufen« – und erklärte, sie sei verliebt in Alexander. Sie trafen sich nie wieder.

»Seine Affäre mit Fiona belastete die Beziehung zu seinem Vater noch mehr, aber ihm selbst ging es dabei besser«, sagte ein Freund. Ihr Vertrauen in ihn stärkte seinen Entschluß, seine eigenen Rechte wahrzunehmen; im Büro begannen die Leute, ihn um Rat zu ersuchen und nach seiner Meinung zu fragen; er verfügte über einen Sinn für richtige Proportionen, der seinem Vater oft fehlte; so war er sehr nützlich, als es darum ging, einen Streit mit den Gewerkschaften zu schlichten. Schließlich bekam er die Verantwortung für »Olympic Aviation«. Es war eine kleine Abteilung, eine Tochtergesellschaft von »Olympic Airways«, die einen Service für die griechischen Inseln, Charterflüge und Flugtaxis, anbot. (Obwohl er wegen seiner starken Brille nicht den regulären Pilotenschein für planmäßige Flüge bekam, besaß er einen kommerziellen Pilotenschein, mit dem er Flugtaxis und nicht planmäßige Flüge durchführen durfte. Er lenkte sein eigenes Flugzeug und konnte sehr geschickt mit einem Hubschrauber umgehen. »Wenn andere Piloten wegen des Wetters einen Start nicht einmal in Erwägung zogen, zögerte er nicht, wenn es darum ging, einen Notfall ins Krankenhaus auf dem Festland zu schaffen. Er wurde eine Art von Volksheld auf den Inseln«, erinnerte sich Fiona.) Alexander managte die Gesellschaft mit Spürsinn, auch wenn er die onassische Neigung zum großen Geschäft noch entfalten mußte. Ari, der mit seiner nationalen Fluglinie weniger Erfolg hatte, erinnerte ihn: »Die Flugzeuge sind die Blätter am Baum. Die Wurzeln sind die Schiffe« (»Ari empfand für seine Schiffe eine Zuneigung, die er in seinen menschlichen Beziehungen oft nicht zeigte. Die Schiffe spiegelten wahrscheinlich die Sehnsucht nach seiner Jugend wider«, bemerkte ein Freund der Familie).

Jetzt, mit über sechzig Jahren, war Ari nicht bereit, seinem Sohn auch nur einen Zoll von Machtbefugnissen abzutreten oder ihm die geringste Anerkennung zu schenken; noch weniger war es nach Fionas Meinung wahrscheinlich, daß er es in seinem Leben je tun würde; das war ein Problem, über das sie und Alexander ständig diskutierten. »Ari wollte keinen Sohn, der ihm auf irgendeinem Niveau bedrohlich werden konnte. Er war eifersüchtig auf seine Anziehungskraft und seinen Charme. Seine Reaktionen auf Alexanders Erfolg waren nicht die normalen Reaktionen eines Vaters auf seinen Sohn. Er tat alles, um ihn zu demütigen und herabzusetzen ... sieh nur, wie er seine Ausbildung behinderte, indem er ihn bei dem nichtigsten Vorwand von der Schule nahm. Er wollte einfach nicht, daß Alexander schlauer oder weiser oder besser gebildet war als er.«

Am Abend des 3. Mai 1970 zog sich Eugénie Niarchos auf Spetsopoula, der privaten ägäischen Insel der Niarchos', aus, schlüpfte in ein Nachthemd und schluckte 25 »Seconal«-Tabletten. »Zum erstenmal in unserem ganzen gemeinsamen Leben habe ich Dich gebeten, mir zu helfen. Ich habe Dich angefleht. Das war mein

326

Irrtum. Aber manchmal muß man vergeben und vergessen«, schrieb sie mit einem roten Stift auf englisch an Stavros. Während sie – in den Worten eines Lieblingsgedichtes ausgedrückt, das sie als Schulmädchen gelernt hatte – auf »einen freundlicheren Himmel und milderen Sonnenschein und Meere, die so friedlich sind wie die Seele, die sie sucht«, wartete, nahm sie einen Kugelschreiber und fügte einen geheimnisvollen, fast unleserlichen Nachsatz hinzu: »26 ist eine Unglückszahl. Sie ist das Doppelte von 12,10b Whisky.« Am 4. Mai um 12.25 Uhr wurde sie für tot erklärt. Sie war 44 Jahre alt geworden.

Eugénies tödlich endender Kummer war durch die Entdeckung ausgelöst worden, daß Stavros die Absicht hatte, in dem Sommer seine vierjährige Tochter Elena und ihre Mutter nach Spetsopoula einzuladen. Elena war 1965 bei einem bizarren Zwischenspiel gezeugt worden, als er Charlotte Ford, die Tochter von Henry, in einer Motel-Suite in Juarez heiratete, nachdem Eugénie sich von ihm zwei Tage vorher in derselben mexikanischen Stadt wegen seelischer Grausamkeit hatte scheiden lassen. 1967, als Charlotte nach Juarez zurückkehrte und Stavros sitzenließ,* fand er den Weg zurück zu Eugénie und ihren vier Kindern. Sie ließen sich nie wieder trauen, da es hieß, daß seine Eheschließung mit Charlotte in den Augen der griechisch-orthodoxen Kirche nie stattgefunden hätte.

Millionäre machen wenige Zugeständnisse an die Regeln und Vorstellungen der normalen Gesellschaft. Ihre Reaktionen auf menschliche Krisen sind unvorhersehbar, und Niarchos' Verhalten am 3. Mai während der Zeit von 22.25 Uhr, als er Eugénie bewußtlos in ihrem Zimmer entdeckte, bis zu dem Augenblick, als sie für tot erklärt wurde, sollte noch für lange Zeit danach häßliche Gerüchte verursachen. Da er sofort vermutete, daß sie zu viele Schlaftabletten genommen hatte, weil sie es schon zuvor gemacht hatte, begann er, sie zu schütteln und zu schlagen, um sie wiederzubeleben. Als sie auf den Boden fiel, ergriff er sie am Hals

---

* »Er machte mich verrückt«, erzählte sie dem Ford-Biographen Booton Herndon: »Ich mußte feststellen, daß er mit seinem Fernschreiber verheiratet war.«

und zerrte sie hoch. Sie fiel mehrmals hin, als er damit kämpfte, sie auf das Bett zurückzulegen. Er ließ schwarzen Kaffee holen, und mit der Unterstützung seines Dieners, Angelo Marchini, versuchte er, ihn ihr zwangsweise einzuflößen. Mehr als eine halbe Stunde verging, ehe er seine Schwester, Maria Dracopoulos, in Athen anrief und ihr sagte, daß sie den Betriebsarzt schicken sollte. Dr. Panayotis Arnautis kam neunzig Minuten später mit dem Hubschrauber an. Es war zu spät. Da es kein natürlicher Tod gewesen war, weigerte sich Dr. Arnautis, den Totenschein auszustellen, und die Leiche wurde zur Obduktion nach Athen geflogen.

In dem Autopsiebericht waren zahlreiche Verletzungen an Eugénies Körper aufgeführt. Dazu gehörten eine vier Zentimeter lange Prellung am Unterleib mit inneren Blutungen und Blutungen hinter dem Zwerchfell in Höhe des vierten und fünften Rückenwirbels; eine Prellung am linken Auge und eine Schwellung an der linken Schläfe; eine ellipsenförmige Blutung auf der rechten Halsseite; eine Blutung links vom Kehlkopf mit leichten Quetschungen oberhalb des Schlüsselbeins auf der linken Halsseite; des weiteren gab es auch Prellungen auf dem linken Arm, am Fußknöchel und am Schienbein. Dr. Georgios Agioutantis, Professor für forensische Medizin an der Athener Universität, und Dr. Demetrios Kapsakis, Direktor der Abteilung für forensische Medizin im Justizministerium, kamen zu dem Schluß, daß all diese Verletzungen eine Folge der energischen Wiederbelebungsversuche seien. Der Tod sei nach ihrer Expertenmeinung durch eine Überdosis Barbiturate verursacht worden. »Sie hatte viele Verletzungen, mehr als man normalerweise bei solchen Fällen sieht«, sagte ein Angestellter aus der Leichenhalle, der mit der Leiche in Athen zu tun hatte. »Ich stellte sofort fest, daß es keine Verteidigungswunden waren, also solche Verletzungen, die auftreten, wenn jemand einen Angriff abwehrt. Sie war eine zerbrechlich aussehende Frau, und jemand hatte Gewalt an ihr ausgeübt. Aber ein Mann in Panik kennt nicht immer seine eigene Kraft, und Menschen, die versuchen, einen Selbstmörder zu retten, können verdammt wütend werden, besonders wenn es um jemanden geht, der ihnen nahesteht. Sie sah aus, als wenn sie hin und her geschlagen wurde. Ich denke trotzdem, daß die Ansicht von Agioutantis und Kapsakis richtig ist.«

Nicht jeder war zufrieden mit den Schlußfolgerungen der Ärzte. Ari war alles andere als überzeugt davon und erzählte das auch überall. »Warum, zum Teufel, hat Stavros so lange gewartet? Warum mußte er einen Arzt den ganzen Weg von Athen machen lassen, wo doch auf Spetsai ein Arzt nur Minuten entfernt war? Konnte er denn nicht sehen, daß seine Frau im Sterben lag?« Der Vorfall auf Spetsopoula war mehr als eine private Tragödie; potentiell war es auch eine politische. Ari wußte, daß Oberst Papadopoulos, ein Verschwörer aus Instinkt, nur allzugern bereit sein würde, die Ratifizierung von Niarchos' Raffineriegeschäft hinauszuzögern, solange noch ein Hauch von Skandal in der Luft lag, da Niarchos' Gönner sein Rivale Oberst Makarezos war; doch angesichts von zweitausend politischen Gefangenen, die auf verlassenen ägäischen Inseln interniert waren, und der schlimmen Gerüchte über den Mord und die Folter an Hunderten von politisch Verdächtigen, die in Athen und in der ganzen Welt* zirkulierten, waren Papadopoulos' Bedenken, mit einem Mann Geschäfte zu machen, der wegen eines einzigen Todesfalles ins Zwielicht geraten war, alles andere als überzeugend.

Das »Geheimnis« um die verspätete Alarmierung des Arztes für Eugénie kam am 20. Mai in der *London Times* zur Sprache. Am folgenden Tag wurde ein Leserbrief veröffentlicht, in dem erklärt wurde, daß der Arzt der nahe gelegenen Insel deshalb nicht gerufen wurde, weil es aus »vorangegangenen Erfahrungen« bekannt war, daß besondere Geräte notwendig waren, die der Arzt von Spetsai nicht besaß. »Da in Athen schon ein Hubschrauber stand«, schrieb ein Mr. Zervudachi in Niarchos' Auftrag, »wurde ein Arzt mit den notwendigen Geräten von dort innerhalb von ungefähr eineinhalb Stunden eingeflogen. Auf jeden Fall hätte der Arzt von Spetsai nicht viel früher eintreffen können, da er unter Arthritis leidet und es in der Vergangenheit aus diesem

---

* Die Junta bestätigte diese Berichte, indem sie es vorzog, eher den Europarat zu verlassen, als eine Untersuchung der Situation zuzulassen.

Grund abgelehnt hat, mit dem Schnellboot zu fahren, und nur bereit war, mit einem kleinen Ruderboot nach Spetsopoula zu kommen.« In einem kurzen und bündigen Brief an *Elefheros Kosmos* – die diktatureigene Zeitung »Freie Welt« in Athen – wies der Minister für Soziale Dienste Niarchos' Erklärung als »ungerechtfertigt« zurück. Der für Spetsai zugelassene Arzt, sagte er, »dient den Bedürfnissen der Einwohner zufriedenstellend«.

Bei Niarchos machte sich die Überforderung bemerkbar. Mit Ari in eine psychische Schlacht verwickelt, die den privaten Schmerz noch übertraf, erinnerte er an seine Beiträge für die griechische Nation. »Jetzt überschütten mich meine Gegner mit Anschuldigungen und Gerüchten«, sagte er. »Sie versuchen, das zu zerstören, was ich zum Wohle Griechenlands getan habe, ich sage es noch einmal, ›zum Wohle Griechenlands‹.«

Dennoch wurde die kurze Erklärung des Ministers allgemein als ein Signal für Constantine Fafoutis, den Staatsanwalt von Piräus, angesehen, der den Fall verfolgte – anscheinend sollten Niarchos keine besonderen Privilegien gewährt werden. Eine zweite Autopsie wurde angeordnet. Diesmal kamen die Ärzte zu dem Schluß, daß das »Seconal«, das in Eugénies Leiche festgestellt wurde (2 Milligramm Barbiturate auf 100 Kubikzentimeter Blut), keine tödliche Dosis gewesen und ihr Tod auf physische Verletzungen zurückzuführen sei.

Die Spaltungen innerhalb der Junta, verstärkt durch den Tod auf Spetsopoula, waren jetzt offenkundig. Innerhalb weniger Tage nach dem Urteil fühlte Fafoutis sich gezwungen, eine dritte Obduktion der Leiche durch die vier Ärzte anzufordern, deren Urteil bereits widersprüchlich war, zuzüglich zweier Athener Universitätsprofessoren für pathologische Anatomie und zweier erfahrener Pathologen, die von Niarchos ernannt wurden. Diesmal kamen sie zu einem einstimmigen Urteil: »Die am Körper festgestellten Verletzungen waren gering. Die Verstorbene befand sich bereits in einem komatösen Zustand, als sie ihr zugefügt wurden, und sie trugen nicht zum Eintritt des Todes bei, der zum Teil durch die Wirkung von ›Seconal‹ verursacht wurde und zum Teil durch die Handlungen, deren Absicht es war, die Verstorbene wiederzubeleben.«

Aber Papadopoulos fuhr fort, Eugénies Tod zu benutzen, um die Makarezos-Fraktion aus der Fassung zu bringen. »Auf dieser Ebene kann man nicht wie ein gerader Pfeil operieren«, berichtete Ari einem engen Mitarbeiter, womit er bestätigte, die eigene Hand im Spiel zu haben. Am 21. August, 110 Tage nach Eugénies Tod, empfahl der Staatsanwalt, daß Niarchos wegen Körperverletzung mit Todesfolge angeklagt werden sollte. Er schlug vor, daß der sechzigjährige Schiffseigner aufgrund des Paragraphen 311 des griechischen Strafgesetzes vor Gericht gestellt werden sollte. Das hieß: Wenn auf fahrlässige Tötung anerkannt wurde, konnte das bei der Verurteilung achtzehn Jahre Gefängnis bedeuten. Die vorgeschlagene Anklage wurde dem Obersten Gerichtshof zur Billigung überreicht. Die Richter verfügten, daß das Beweismaterial nur bestätige, daß Eugénie Niarchos sich in der Nacht vom 3. auf den 4. Mai das Leben genommen habe, und damit war der Fall jäh abgeschlossen; die Junta ratifizierte das Niarchos-Geschäft; Oberst Makarezos war der Ehrengast, als das neue Trockendock, das nach Eugénie benannt war, in Skaramanga eingeweiht wurde. »Wir sind zuversichtlich, daß der Initiator und Schöpfer dieser Werft den Schicksalsschlägen mit demselben Mut entgegentreten wird, der die alten Griechen zum Triumph über die Macht des Todes befähigte«, sagte er zu den Arbeitern.

Die Bestürzung auf Skorpios war genauso groß wie die Erleichterung auf Spetsopoula, als die Richter die Anklage fallenließen. »Ari wollte aus Eugénies Tod weiterhin einen Streitpunkt machen«, sagte Meyer, der vielleicht mehr als die meisten von denen, die Ari nahestanden, den Haß bei seinen Aktionen erkannt hatte. »Mit Ausnahme von Christina war er der einzige in der Familie, der Stavros ernsthaft die Schuld dafür gab, was in jener Nacht auf Spetsopoula passiert war, obwohl ich glaube, daß Stavros selbst auch Schuldgefühle hatte und sich verantwortlich für die Tragödie fühlte. Sogar Arietta hielt zu ihm. Tina holte die zwei jüngsten Niarchos-Kinder zu sich nach England. Es war Alexander, der seinen Vater schließlich überzeugte, die ganze Sache fallenzulassen. Ich erlebte zum erstenmal, wie er sich seinem alten Herrn entgegenstellte. Er forderte ihn auf, es zu lassen, weil er damit niemandem außer den Kindern weh tat: ›Ihre Mutter ist tot, und du denkst nur daran, wie du es ihrem Vater heimzahlen kannst«, sagte er. Schließlich gab Ari es auf.«

Ari hatte genügend andere Probleme, über die er nachdenken mußte. Nicht nur die Obristen waren weiterhin unfähig, die Banken zu überzeugen, günstige und langfristige Darlehen für »Omega« zur Verfügung zu stellen, sondern die Frachtkosten hatten sich mehr als verdoppelt, seit er den Preis auf 3,30 Dollar pro Tonne für das Exklusivrecht festgesetzt hatte, das gesamte Öl für die Raffinerie für die Dauer der fünfzehnjährigen Konzession zu transportieren. Angesichts des unbeständigen Ölpreises war das ein riskantes Spiel von ihm gewesen, aber hinsichtlich der Überkapazität, die sich auf dem Tankermarkt entwickelte, schien dieses Spiel das Risiko wert zu sein. Doch seine verpfuschten Versuche, »Alcoa« und »Reynolds« in das Projekt zu verwickeln und die Amerikaner dafür zu gewinnen, die Grundkapitalinvestition zur Verfügung zu stellen, überzeugten sogar seine treuesten Mitarbeiter, daß er seinen Spürsinn, wenn nicht sogar seine räuberischen Fähigkeiten allmählich verlor. Bei einem Gespräch mit einem seiner griechischen Anwälte, kurz nach dem Zusammenbruch der Verhandlungen mit den Aluminiumgiganten, deutete er »ein Interesse Moskaus« an »Omega« an. Die Russen, sagte er, hätten »keine Bedenken oder Gewissensbisse«, mit der Junta Geschäfte zu machen, und wären bereit, sofort zu verhandeln. Ein leitender Geschäftsmann, der wegen einer anderen Angelegenheit auf der *Christina* zu Besuch war, hörte dieselbe Geschichte. Kurz danach schickte Ari Yanni Georgakis nach Moskau, um den Boden zu bereiten.*

---

* David Karr behauptete, auch er sei in Aris Auftrag tief in die sowjetischen Verhandlungen über »Omega« verwickelt gewesen. »Wie verhandelt man mit diesen Leuten?« habe Ari ihn über die Russen befragt. »Genauso, wie man einen Elefanten ißt«, antwortete ihm Karr. »Einen Biß nach dem anderen.« Später deutete Karr Freunden gegenüber an, die Tatsache, daß seine Yacht Feuer fing, explodierte und an ihrem Ankerplatz 1971 in Cannes unterging, sei eine Vergeltungsmaßnahme des CIA für seine Beteiligung am Projekt »Omega« gewesen. Doch die Zeitschrift *Fortune* stellte am 3. Dezember 1979, vier Monate, nachdem er tot in seinem Apartment in der Avenue Foch aufgefunden worden war, in einem Artikel mit dem Titel »Der Tod von David Karr und andere Rätsel« die

Das Außenministerium beobachtete Aris Sowjetinitiative mit großer Sorge. Die Vereinigten Staaten hatten nicht nur ein vitales Interesse an Griechenland – als dem strategischen Zugang zu den Ölfeldern des Nahen Ostens und dem militärischen und nachrichtendienstlichen Stützpunkt für den östlichen Mittelmeerraum –, sondern mit diesem Geschäft hätten die Russen auch in einem Schlüsselland des Natopaktes gefährlich Fuß fassen können. Glücklicherweise behandelte Ari die Russen genauso wie die Obristen; die Verhandlungen schleppten sich dahin. Im Oktober 1971 stattete US-Vizepräsident Spiro Agnew der Heimat seiner Familie einen Staatsbesuch ab; er war der erste westliche Spitzenpolitiker, der Griechenland nach dem Putsch von 1967 betrat. In dreitätigen privaten Gesprächen machte er dem Premierminister und seinen Obristen, die, besorgt über das mögliche Scheitern von »Omega« und verzweifelt nach Erfolgen strebend, sehr beunruhigt über Aris russische Initiative waren, die Fakten klar. So sagte Gratsos, einer der wenigen Männer um Ari, die sich gegen das Moskauer Bündnis ausgesprochen hatten: »Ari hat eine Menge Streit herausgefordert, und er hat ihn auch bekommen. Es ist nicht schwierig, sich vorzustellen, was Agnew Papadopoulos erzählt hat. Ich würde sagen, daß er ihn nur an seine Abhängigkeit von der amerikanischen militärischen und wirtschaftlichen Großzügigkeit erinnert hat: ›Ach, übrigens, George, wenn du nicht willst, daß Nixon deine Unterstützung streicht, muß Onassis weichen.‹« Irgendein Abkommen ist in Athen ganz bestimmt getroffen worden. Als beim Abschiedsessen für den Vizepräsidenten im alten Parlamentsgebäude die Toasts ausgetauscht wurden, sprachen sowohl Agnew als auch Papadopoulos verächtlich von den »Sophisten« – solche Männer, sagte der Premierminister, »gefährden die Bemühungen, die wir gemacht haben, um unsere Zivilisation zu verteidigen«. Später erzählte Agnew Journalisten, die ihn begleiteten, daß die weitere Militärhilfe für Griechenland »eine Angelegenheit von maßgebender Bedeutung für die Vereinigten

---

Vermutung auf, daß seine Verbindungen zu den Russen 1972, aus den Geschäftsverbindungen mit Armand Hammer, dem Vorsitzenden von »Occidental Petroleum«, entstanden seien.

Staaten ist«. Spiro Agnew hatte kaum den Athener Staub in Washington von den Schuhen abgetreten, da verkündeten die Obristen, »Omega« sei aufgegeben worden. Ari gab Nixon die Schuld. »Der muß sich heute abend vor Freude die Hände reiben, daß er einen Griechen dazu bekommen konnte, mich kaltzustellen«, sagte er bitter. »Und das nach alldem, was ich für diesen griechischen Hurensohn Agnew getan habe.«*

Ari war nicht bereit, seinen Traum von »Omega« kampflos aufzugeben. Als die Raffinerie im Januar 1972 wieder ausgeschrieben wurde, reichte er ein neues Angebot ein. Seine Beharrlichkeit brachte die Obristen und besonders Papadopoulos in Verlegenheit. Ari wußte das auch. »Wenn er glaubt, er könne mich jetzt auf das Abstellgleis abschieben, dann sollte er lieber noch mal nachdenken«, sagte er zu einem Athener Anwalt, der ihn bei der Vorbereitung der neuen Ausschreibung unterstützt hatte. Zwei Wochen später, am 18. Februar, stürzte Aris Learjet SX-ASO beim Kap von Antibes ins Meer, wobei seine persönlichen Piloten, die Brüder Kouris, ums Leben kamen. Ari war überzeugt, daß es sich um Sabotage handelte, aber er war nicht so sicher, wer ihn hatte umbringen wollen. Abwechselnd beschuldigte er den CIA, Papadopoulos, Geschäftsrivalen und den KGB. Sein Freund Willi Frischauer sagte später: »Er konnte gegen jeden einzelnen von ihnen überzeugende Argumente anführen und tat es auch häufig, aber meistens handelte es sich um Mutmaßungen, Unterstellungen und Theorien. Er hatte keine handfesten Beweise, nicht einen Fetzen.«

Der Absturz während des nächtlichen Sichtanflugs des Flughafens von Nizza war vermutlich auf einen Fehler des Piloten zurückzuführen. »Was passierte, weiß ich nicht«, sagte der Nachfolger der toten Piloten, Don McGregor. »Ob der Kapitän volles

---

* Als Agnew sich 1966 als Kandidat für den Gouverneursposten von Maryland aufstellen ließ, forderte Spyros Skouras Ari auf, etwas zu seinem Wahlfonds beizusteuern – offenbar mit mehr Erfolg als 1942, als er ihn zu überreden versucht hatte, für den griechischen Kriegshilfefonds etwas beizutragen. Der Washingtoner Kolumnist Jack Anderson führte Aris Namen in einer Liste prominenter Griechen und Amerikaner griechischer Abstammung auf, die 1966 an einem Wahlkampfessen für Agnew teilnahmen.

Ausfahren der Landeklappen gefordert und sein Bruder die Brems-
klappe ausgefahren hatte oder was ... Ich hörte Schlechtes über
die Flugkenntnisse des jüngeren Bruders.« Mike Jerram, ein erfahrener Pilot und Buchautor zum Thema Fliegen, sagte: »Sie
haben vielleicht auch einfach die Bodensicht verloren, als sie zum
Landeanflug ansetzten, sind zu tief hinuntergegangen und auf
das Wasser aufgeschlagen. Nizza kann besonders nachts beim
Anflug ein verflixt schwieriger Flughafen sein.« Ari weigerte sich,
auch nur eine der vielen möglichen Erklärungen in Betracht zu
ziehen. Er sprach davon, ständige Leibwächter zusätzlich zu den
Sicherheitsmännern, die seine verschiedenen Häuser und die
Christina bewachten, anzuheuern. »Ari, wenn jemand entschlossen ist, ein Flugzeug abstürzen zu lassen, um dich in den Sarg zu
kriegen, dann glaube ich, daß dir nicht einmal eine ganze Armee
von Gorillas viel nützen wird«, sagte Meyer ihm aufrichtig.

Alexander hatte die Brüder Kouris gemocht, und ihr Tod bereitete ihm Kummer. Mehrere Wochen verbrachte er damit, die
Küste abzusuchen, die Gezeiten und die Windkarten zu studieren
und nach Trümmerspuren zu suchen; er fand nichts; niemand tat
es jemals. Seine Sorge über das Schicksal der Brüder Kouris hatte
nichts mit der Paranoia seines Vaters zu tun. »Ich vermute, es war
eins von diesen Dingen«, sagte er schließlich zu Fiona, die mit
ihm die Strände abgesucht hatte, »die einfach passieren.«

Kaum etwas war gut verlaufen für Ari seit seiner Hochzeit mit
Jackie und seinem Triumph über Panaghis Vergottis. Nachdem
»Omega« in den Sand gesetzt worden war, sah er kein ernsthaftes
Ziel mehr vor sich. Dennoch hörte er nie auf, Komplotte zu
schmieden; er stand unter dem psychologischen Zwang, zu manipulieren und Leute unter Druck zu setzen, selbst wenn diese
Leute zu seiner eigenen Familie gehörten. Im Sommer 1970, als
»Omega« das erstemal aus seiner Hand zu gleiten und sich aufzu-
lösen begann, fand er trotzdem noch die Zeit, sich in Christinas
Angelegenheiten einzumischen; er beschloß, daß sie Peter Goulandris heiraten sollte. Goulandris, ein griechischer Flottenerbe,
23 Jahre alt, dunkelhaarig, gut aussehend, zeigte Interesse an Christina. Die Goulandris-Familie betrieb vier Schiffahrtslinien mit

insgesamt 135 Schiffen im Wert von über 1,5 Milliarden Dollar; seine Mutter stammte aus der angesehenen und sogar noch reicheren Lemos-Familie. Ari hielt das für eine perfekte Partie. »Manche Ehen werden im Himmel geschlossen, aber die besten werden auf Skorpios geschlossen«, sagte er. Christina war klug genug, um die Bedeutung seiner Bemerkung zu verstehen, und klug genug, um sie nicht fraglos zu akzeptieren. »Die Liebe ist etwas, wonach man strebt, und kein Geschäftsabkommen«, sagte sie in jenem Sommer auf Skorpios zu einem Freund, ehe sie der Insel und ihrem erwählten Verlobten entfloh. Eine »nervöse Verdauungsstörung« nannte Ari ihren hastigen Aufbruch am Abend vor der Verlobung. Jackie fand, daß sie »einen Anfall von Schwachsinn« hatte.

Aber Christina fand einfach, daß ihr die Würde zustand, ihre eigene Wahl zu treffen. Die Zeiten unumstößlichen Vertrauens in ihren Vater, auf dessen Zuneigung sie nach ihrer Überzeugung zählen konnte, näherten sich dem Ende. Er war immer der Mittelpunkt ihres reichen, instabilen Universums gewesen (zu ihrem siebzehnten Geburtstag hatte er ihr, eingewickelt in einen griechischen Bauernschal, Schmuck im Wert von 50 000 Dollar geschenkt), aber zwischen den Geschäften und Jackie vernachlässigte er sie jetzt mehr und mehr. »Ich glaube nicht, daß ihm klar war, was für ein melancholisches und metaphysisches Alter neunzehn Jahre für ein Mädchen sein können«, sagte ein Gast von Skorpios in jenem Sommer. »Sie sehnte sich verzweifelt nach seiner Liebe oder zumindest einem Zeichen davon.« Dennoch konnte sie nicht völlig vom Verhalten ihres Vaters überrascht worden sein. Besessen von der Macht und getrieben durch den Nervenkitzel beim Geschäftemachen, spielten die Industriemagnaten des Glücksspiels um Vermögen, Rache und dynastische Größe, hatte er ihr einmal erzählt: »Wenn man anfängt, zu denken, fängt man an, Geschäfte zu machen.« Das war eine fehlerfreie Weisheit in einer fehlerhaften Erziehung. »Ich lernte daraus, daß man anfängt, zu verletzen, wenn man anfängt, zu fühlen«, erzählte sie einer Freundin.

Alexander hatte wenig Zeit für seine kleine Schwester. Zwischen ihnen bestand eine Distanz, die mehr ausdrückte als beider

Wunsch nach einem eigenständigen Leben. »Er war schrecklich eifersüchtig auf sie, weil sie ein verwöhnter Balg war und alles bekam, was sie wollte«, sagte Fiona Thyssen, die schätzte, daß Christina 200000 Dollar im Jahr für Kleidung, Schmuck, Apartments und Reisen zu einer Zeit ausgab, als Alexander sich mit den 12000 Dollar durchschlagen mußte, die er bei »Olympic« verdiente. Er teilte jedoch ihre Bedenken wegen Jackie (die »Witwe«, wie er sie privat nannte), die soviel Aufmerksamkeit ihres Vaters in Anspruch nahm und ihren Freiraum beschnitt. Christina, so glaubte er, war auf jeden Fall entschlossen, die Aufmerksamkeit ihres Vaters auf sich zu lenken, »zu jedem Preis . . . am Ende rettet jeder seine eigene Haut«.

Im Hallenschwimmbad des »Hotel de Paris« in Monte Carlo traf Christina Joseph Bolker; er war 48 Jahre alt. Tennis, Ski, Tiefseetauchen und das tägliche Training im Fitneß-Center hatten seinen Körper schlank und straff gehalten; sein silbergraues Haar trug er beinahe jungenhaft zerzaust. Er war ein Abstinenzler und Nichtraucher und hatte kultivierte, angenehme Manieren, Tugenden, die ihm in seinem bürgerlichen und kulturellen Leben zu Hause in Los Angeles nützlich waren. An der weicheren Aussprache seines südkalifornischen Akzents erkannte man noch seinen Ursprung aus Nebraska. Er interessierte sich für Menschen und war ein richtiger »Vereinsmeier« (»Republikanischer Sonderverband«, »Amerikaner für den Wandel«, »Komitee Schönes Los Angeles«, »Amerikanische Freunde des Israelmuseums«, »Flottenverein der Vereinigten Staaten«), war modern gesinnt (zweimal geschieden, vier Töchter) und, wie Christina es einer Freundin gegenüber nannte, als sie seinen Reichtum mit dem onassischen Maßstab beurteilte, »ein kleiner Grundstücksmillionär«.

Bolker, der zum Kongreß der »Organisation Junge Präsidenten« nach Monte Carlo gekommen war, hatte mit Christina eine »Schwimmbad-Bekanntschaft« angeknüpft, die über die Vorstellung der Vornamen nicht hinausging. Sie sprach wenig, war aber immer freundlich und zugänglich, erinnerte er sich. Als es Zeit wurde, daß er zurückkehrte (er flog über Deutschland und London nach Los Angeles zurück), schlug sie vor, daß er sie in London besuchen sollte, und schrieb ihm die Telefonnummer aus der

337

Reeves Mews, ihrem Apartment in der Nähe vom Grosvenor Square, und ihren Namen auf ein Blatt in ihrem Kalender. Erst als sie das Blatt herausriß und ihm gab (»Verlier es nicht! Ich bin nicht eingetragen«), wurde ihm klar, wer sie war. Er rief aus Deutschland an und traf eine Verabredung. »Wir hatten eine schöne Zeit«, erinnerte er sich liebevoll. »Sie war eine sehr kluge, attraktive und interessante Person.« Es überraschte ihn, daß sie erst neunzehn Jahre alt war.

Er kehrte nach Los Angeles zurück. Während der folgenden Monate trafen sie sich in Paris, London und diskreten Hotels an der englischen Südküste, und ihre Beziehung entwickelte sich seitens Christina zu einem Grad von Abhängigkeit, die sich in Briefen und Telefonanrufen äußerte und die ihm Anlaß zu Sorgen gab. Sie erzählte Bolker, daß ihr Vater ihr »das Leben gerade besonders schwermache und daß sie sehr, sehr unglücklich sei«. Als sie für zehn Tage mit einer Grippe im Bett lag, hatte sie sich für das Krankenzimmer einen Fernsehapparat gekauft. Ari war außer sich vor Wut, als er die Rechnung bekam, und weigerte sich, sie zu bezahlen. »Noch eine Woche vorher hatte er ihr eine Smaragdhalskette und ein Armband gekauft, die vielleicht dreihunderttausend Dollar wert waren, und sie verstand das nicht. Ich sagte: ›Christina, es ist offensichtlich, daß nur das Zimmermädchen den Fernseher sieht oder wen immer du in dein Schlafzimmer einlädst. Wenn du die Juwelen trägst, sieht sie aber die ganze Welt. Sie spiegeln seinen Reichtum und sein Image wider, und darum macht er so etwas.‹«

Bolker mochte Ari nicht (»Er benutzte seine Kinder, seine Familie, er benutzte jeden. Öffentlich behauptete er: ›Ich liebe meine Tochter, ich liebe meinen Sohn‹, aber es gab keine Liebe, er hatte weder Gefühle noch ein Gewissen, er mißbrauchte jeden«) und erkannte, in welchem Maß dessen Hochzeit mit Jackie seine Tochter verstört hatte; er hatte selbst Töchter; seine erste Frau, Janice Taper, war eine reiche Erbin, die ebenfalls einem tyrannischen Vater ausgesetzt gewesen war. Er verstand die Anspannungen und Belastungen, unter denen ein junges Mädchen stand, das eine Welt betrat, die emotionaler und komplizierter war als alles, was es je kennengelernt hatte. Obwohl er die Richtung, die seine

338

Beziehung zu Christina einschlug, ablehnte, wollte er ihr helfen. Es war nicht einfach, an sie heranzukommen, und die Stunden gescheiterter Kommunikation, die sie über das transatlantische Telefon führten, konnte er nicht mehr zählen. Obwohl ihr Kummer echt war, machte sie ihn oft noch komplizierter, um sich selbst zu quälen und einen ergreifenden Eindruck von Verletzlichkeit zu schaffen. Ihre Anforderungen an seine Energie und Geduld und ihre heftigen Stimmungswechsel eskalierten zu einem Grad der Verzweiflung. »Obwohl sie den Leuten vormachen wollte, daß sie ganz cool sei, wartete sie darauf, von jedem geliebt zu werden, der bei ihr auf den Knopf drückte«, erinnerte sich ein Freund an diese Zeit.

Joseph Bolker war alles andere als glücklich, Christina zu sehen, als sie unangemeldet in Los Angeles ankam. Sein Eigentumsapartment im 24. Stock des »Century Towers West« war eine perfekte Junggesellenwohnung (er machte kein Geheimnis aus seiner Vorliebe für schöne Frauen: »Ich liebe die Frauen; ich habe mit den schönsten und interessantesten Frauen der Welt Erfahrungen gemacht; ich wüßte nicht, was daran schlecht sein könnte«), und nach zwei Scheidungen hatte er nicht den Wunsch, seinen Lebensstil durch eine uneingeladene, emotional sprunghafte Geliebte, die bei ihm wohnte, einschränken zu lassen, selbst wenn sie Christina Onassis hieß und ihr Vater einer der reichsten Männer der Welt und mit der Witwe des 35. Präsidenten der Vereinigten Staaten verheiratet war.

»Weiß deine Mutter, wo du bist?« fragte er. Als Christina zugab, daß sie es nicht wußte, bestand er darauf, daß sie Tina sofort anrief. Die Marquise in Südfrankreich reagierte auf eine außergewöhnliche Weise: »Ich will nicht, daß meine Tochter mit einem Mann zusammenlebt, mit dem sie nicht verheiratet ist.« Christina müsse sofort nach Europa zurückkehren, sagte sie, »oder macht es legal«. Bolker protestierte, weil das einerseits Ari nie billigen würde und weil er andererseits Christina nicht heiraten wollte. Tina sagte ihm, daß ihre Tochter ihn sehr liebe, und wenn er sich sowenig aus ihren Gefühlen mache, solle er sie in das nächste Flugzeug nach Europa setzen. Dieses Gespräch brachte Christina außer Fassung. Bolkers Wille, sie trotz der Ermutigung seitens

ihrer Mutter nicht zu heiraten (er sei, hatte er Tina höflich darauf
hingewiesen, siebenundzwanzig Jahre älter als Christina und nicht
in sie verliebt), betrachtete sie als eine Kritik an ihrer Anziehungskraft. Ihr paranoider Ausbruch hätte ihn warnen müssen,
daß Christina nicht rational dachte: »Was stimmt nicht mit mir?
Warum willst du mich nicht heiraten? Bin ich nicht gut genug für
dich?« wollte sie wissen.

Später schloß sie sich im Schlafzimmer ein; Bolker blieb im
Wohnzimmer; nach einer Weile wurde er nervös. »Ich hörte keine
Geräusche, so ging ich zurück ins Schlafzimmer, und da lag
sie. Sie hatte einige Tabletten genommen. Ich dachte: ›O Gott,
was habe ich getan?‹ Auf derselben Etage des Apartmenthauses
wohnte ein Arzt, und ich lief und holte ihn. Er begann, mit
ihr herumzulaufen und Getränke in sie hineinzuschütten, und
schließlich brachte er sie wieder zur Besinnung.« Sie empfand
keine Reue. »Wenn du mich nicht heiraten willst, werde ich das
immer wieder machen, bis du es tust«, erklärte sie. »Ich denke,
wenn es dir so wichtig ist«, sagte Bolker, dem bewußt war, daß das
nach dem rituellen Beweis ihrer Liebe kein richtiger Antrag mehr
war, »werden wir heiraten.« Was ihr Vater denken, was er empfinden und was er tun würde, wenn er die Nachricht erführe, daran
mochte sie kaum denken.

Ari feierte Jackies 42. Geburtstag auf Skorpios, als das Telegramm aus Las Vegas kam: »Chryso mou« hatte Joe Bolker geheiratet. »Ari rastete total aus«, sagte Meyer. »Ich hatte ihn schon oft
den Hörer wegschleudern sehen, aber noch nie so wie damals. Er
war außer Rand und Band und so wütend, daß er sogar Nägel
kaute. Das war ein Tag, den ich so schnell nicht wiedererleben
möchte.« Ari wußte natürlich alles über Joseph Robert Bolker;
Christinas Londoner Telefon war schon seit einiger Zeit mit einer
Wanze bestückt gewesen (einer seiner Londoner Mitarbeiter, der
eine Abschrift von einem Gespräch zwischen Christina und Alexander gesehen hatte – »absoluter Schnickschnack, familiäre Klei-
nigkeiten über das Haus, das Fiona am Wilton Place mieten
wollte, Alexanders Enttäuschung über St. Moritz« –, war erstaunt
über »die Psychopathie eines Mannes, der nicht einmal davor
zurückschreckte, seiner eigenen Familie Wanzen zu setzen«). Der

Gedanke, daß Christina sich in diesen ihrer Rasse und ihrem Land Fremden verlieben könnte, war Ari nie in den Sinn gekommen; es war ein Maßstab für die Distanz, die zwischen ihnen entstanden war. »Ein paar Jahre früher hätte er geahnt, wie gefährlich es ist, ein Mädchen wie Christina solch einer ungewöhnlichen Faszination auszusetzen«, sagte Gratsos.

»Das Christina-Problem«, wie es unter Onassis-Insidern genannt wurde, mobilisierte Aris ermattete Energien. Er liebte den Kampf. Wenn er gerade keine Schlacht zu schlagen hatte, fühlte er sich geistig vertrocknet vor Langeweile und schlechter Laune. »Er mußte immer wieder mal seine Kraft mit anderen Männern messen, um sich zu überzeugen, daß er sie noch besaß«, sagte ein Mitarbeiter. Die Probleme mit Jackie waren noch nicht bedeutend, auch wenn es offensichtlich war, daß ihre Wanderlust durch ihr festes Einkommen geweckt worden war und er es bereits für notwendig gehalten hatte, ihre häufige Trennung Reportern gegenüber zu erklären (»Jackie ist wie ein kleiner Vogel, der sowohl seine Freiheit als auch seine Sicherheit braucht. Von mir bekommt sie beides. Wir vertrauen einander bedingungslos«). Das Erscheinen eines neuen Feindes regte ihn an. Es war immer dasselbe: Je näher der Feind stand, um so größer war sein Tatendrang – Bolker nahm Niarchos' Platz als Privatfeind Nummer eins ein.

Währenddessen richtete sich Christina als die dritte Mrs. Bolker ein. Sie gab kleine Abendessen für seine Freunde, spielte Tennis, las viel, surfte und ging am Pazifik spazieren. »Die Meeresluft ist heilend«, sagte sie und bestätigte damit den Schmerz, den die Reaktion ihres Vaters auf die Hochzeit ihr zugefügt hatte. »Das Meer bedeutet für einen Griechen das Leben.« Sie wußte auch, daß Ari sie weder lange in Ruhe lassen würde noch konnte. »Wir mochten gern miteinander schlafen und miteinander reden, und alles lief gut. Wir befriedigten die Bedürfnisse des anderen«, sagte Bolker über diese anfängliche Zeit als Ehepaar, obwohl der Verlust ihres Eheringes beim Surfen in La Jolla ein Vorfall mit unvermeidbar symbolischer Bedeutung war. »Er wurde ihr vom Finger gespült, und sie war sehr unglücklich. Sie ließ mich stundenlang in den Wellen herumtauchen, um ihn wiederzufinden. Wir wußten beide, daß es hoffnungslos war, aber sie wollte nicht aufgeben«, erinnerte sich Bolker.

Obwohl Ari im stillen die Rebellion seiner Tochter bewunderte und sogar respektierte (»Gehorsamkeit ist nicht einmal Scheiße wert«, knurrte er nach seinem Wutanfall, »wenn man sich nicht gelegentlich davon losreißt«), hieß das nicht, daß er dies tolerieren wollte. An ihrem 21. Geburtstag im Dezember war der Tag fällig, an dem sie die 75 Millionen Dollar (nach Steuerabzug) von ihrem Treuhandfonds abholen konnte. Er schrieb die Bedingungen neu und schob ihre Verfügungsmöglichkeit über das Geld hinaus. »Mit mir kann sie sich nicht aufführen, wie sie will. Solange sie mit dem Mann verheiratet ist, kriegt sie keinen Pfennig«, sagte er zu Meyer, der nach Kalifornien geschickt wurde, um mit Bolker zu reden. Bolker, Christina und Meyer trafen sich zum Mittagessen im »Beverly Hills Hotel«. Bolker, der bereit war, sich alles anzuhören, blieb auf der Hut; er wußte, daß Aris Abgesandter »dazu fähig war, Leute ermorden zu lassen, dir die Beine zu brechen oder sonstwas. Christina sagte, daß er für ihren Vater eine Menge Dinge tat und sich um viele Angelegenheiten kümmerte.« Sie verstand Meyer sehr gut, und er mochte sie und zeigte sich von seiner besten Seite; er besaß die Macht zu verführen ebenso wie die Fähigkeit, Angst einzuflößen.

In der »Polo Lounge« ging Meyer die Lage durch, indem er zunächst einmal Aris Mißbilligung der Hochzeit zum Ausdruck brachte und die »tiefe Verletzung« darüber, erst nach der Hochzeitszeremonie informiert worden zu sein. Als die Sache mit dem eingefrorenen Treuhandfonds zur Sprache kam, unterbrach Christina ihn, um ihrerseits die »tiefe Verletzung« darüber auszudrükken, daß ihr Vater sie bestrafte, indem er ihr vorenthielt, »was mir rechtlich zusteht«. Sie kenne die Lösung, antwortete Meyer: Das Geld stünde ihr zur Verfügung, sobald sie sich von Bolker scheiden ließe. Bolker blieb gelassen. Er sei durchaus in der Lage, seine Frau zu unterhalten, sagte er mit einer demonstrativen Loyalität, die bewundernswert war für einen Mann, der diese Ehe nicht gerade mit fieberhafter Begeisterung eingegangen und alles andere als erpicht darauf war, die Last der Leidenschaft, die er versehentlich entfacht hatte, weiter zu ertragen.

Meyer kam dann zu »den ernsthaften Folgen«, die diese Ehe für Aris Geschäfte mit sich bringen könnte. Er sah Bolker an und sagte: »Wissen Sie, Joe, Ari macht eine Menge Geschäfte mit den Saudis. Möglicherweise gefällt ihnen der Gedanke nicht, einen Juden in der Familie zu sehen. Wenn sie sich aus ihren Verträgen rausziehen, könnten die Banken nervös werden. Nervöse Banken sind schlechte Nachrichten. Es könnte mehr als ein Kratzer im Lack entstehen, wenn sie ihre Darlehen zurückfordern, Joe.« Bolker sagte, daß er viele saudische Freunde habe und die geopolitischen Probleme des Nahen Ostens kenne: »Ich glaube wirklich nicht, daß die Saudis jüdischen Amerikanern feindselig gesonnen sind«, sagte er.

Bolker hatte den Eindruck, daß das Essen gut verlaufen sei und daß sie ihre Meinung zu der Geschichte rübergebracht hätten: »Wir waren der Ansicht, daß er die Situation verstand und daß wir einen Freund hatten. Leider war das nicht der Fall. Später erfuhren wir, daß er einen sehr schlechten Bericht über uns abgab.« Kurz nachdem Meyer nach Paris zurückgekehrt war, verstärkte Ari seine Bemühungen, die Ehe zu beenden. »Sobald ich morgens ins Büro fuhr, bekam Christina Telefonanrufe von Leuten, die sie zu überreden versuchten, sich scheiden zu lassen, und ihr Sachen über mich erzählten, alle möglichen, unglaublich dumme und unwahre Sachen, egal was, um mich zu diskreditieren.« Geschichten, er sei in das organisierte Verbrechen verwickelt, begannen zu zirkulieren. »Ich kam dann nach Hause, und sie war ganz außer sich. So hatte mal jemand angerufen und gesagt, ich sei ein Mitglied der Mafia. Mit der Zeit zermürbte es sie einfach«, erinnerte sich Joseph Bolker später.

Im September, weniger als fünf Wochen nach der Hochzeit in Las Vegas, flog sie allein nach New York, um mit ihrer Mutter zu sprechen. Sie trafen sich in einer Suite im »Regency Hotel«. »Ich versuche gerade, mir ein Leben aufzubauen, das ich leben kann. Will Daddy denn nicht, daß ich glücklich bin?« Tina erwiderte, daß er nur ihre Überzeugung testen wolle. »Du mußte ihm beweisen, daß du recht hast und er nicht. Das ist eine Frage der stärkeren Nerven. Halte ihm einfach stand.« Um sie wegen des gesperrten Treuhandfonds zu entschädigen, gab Tina ihrer Tochter heimlich 200 000 Dollar (ein überaus großzügiges Geschenk von einer Frau, die bekannt war für ihren Geiz: »Tina dazu zu bekommen, eine Fünfpfundnote anzubrechen, war schon ein verdammtes Wunder«, sagte Fiona Thyssen) mit der Empfehlung, sich nach einem Haus am Strand von Kalifornien umzusehen.

Obwohl Tina sich damit um einen Teil ihrer Schuldgefühle erleichtert haben mochte, hatte sie weder das Geld noch den Rat völlig uneigennützig gegeben. Ihre Ehe mit dem Marquis, die schon seit einiger Zeit brüchig war, sollte in Kürze beendet werden, und sie hatte bereits die Absicht, Stavros Niarchos zu heiraten. Zu der List einer unbefriedigten Ehefrau kam bei Tina noch eine angeborene Neigung zur Geheimnistuerei hinzu: Bisher hatten sie und ihr Schwager ihre Spuren verwischen können, und während ihr Vergnügen durch die Täuschungsmanöver einerseits stimuliert wurde, hatte sie andererseits Angst davor, daß Ari es herausfand und Ärger machte. »Das Christina-Problem« war eine sichere Methode, um seine Aufmerksamkeit abzulenken: »Joe Bolker hat Stavros' Platz als Mann, den er zu hassen liebt, eingenommen«, sagte Tina einem Freund in Paris. Nichts ahnend von den Plänen ihrer Mutter und dem wahren Motiv für ihren Rat und das Geld, kehrte Christina mit neuer Entschlußkraft nach Los Angeles zurück. Doch sie war kurzlebig.

Am 22. Oktober, achtzehn Monate nach Eugénies Tod auf Spetsopoula, wurden Tina und Stavros Niarchos in Paris mit Arietta Livanos Segen und, wie allgemein angenommen wird, auch mit ihrer beträchtlichen Beihilfe getraut. »Arietta war davon besessen, sich eine exklusive Verbindung auszudenken, bei der keine Hochzeit mit Außenseitern geduldet wurde«, sagte ein griechischer Schiffseigner. Alexander wurde eine Stunde nach der Zeremonie durch einen Kurierbrief informiert; Christina erhielt die Neuigkeit über den Nachrichtenboten vom »Century Tower West«. »Es war ein sehr gefühlsbeladener Augenblick mit viel Getobe und Geschrei, eine wirklich schreckliche Szene«, sagte Bolker, der glaubte, daß Tina »Niarchos nur geheiratet hatte, um Onassis zu verletzen – ein Racheakt«. Christina hegte noch die schlimmsten Verdächtigungen über ihren Onkel; sie befürchtete, daß er ihrer Mutter in irgendeiner Weise schrecklichen Schaden zufügen würde. »Sie war überzeugt, daß es in seiner Natur lag... sie glaubte, daß Niarchos ihre Tante Eugénie getötet hatte und ihre Mutter töten würde«, sagte Bolker.

Tina war natürlich gerissen und egoistisch, und in diesem Fall erwies sie sich kaltblütiger, als alle, einschließlich Ari, es jemals für möglich gehalten hatten. Die Hochzeit hatte ihn genausosehr erschüttert wie Christina; es war nicht die Tatsache, wie er später so oft behauptete, »daß ihre Schwester und Niarchos' Frau kaum beerdigt worden war«, die ihn so sehr erregte, sondern daß er Tina nach einem Jahrzehnt und zwei weiteren Ehen nach ihrer Scheidung immer noch als seine Frau betrachtete – sie war und mußte immer seine Frau sein, absolut seine Frau und ewig seine Frau, sie war die Mutter seiner Kinder. Ihre Ehe mit Sunny Blandford hatte ihn in Wahrheit nie beunruhigt, im Gegenteil; aber Niarchos war etwas ganz anderes. »Ari benahm sich wie ein verletzter Liebhaber«, sagte Gratsos, dem alles unendlich leid tat, den das aber dennoch amüsierte. »Sein Zorn war unmäßig. Er konnte nur noch an das Übel denken, das Niarchos ihm seiner Meinung nach zugefügt hatte.« Doch am wütendsten war er darüber, daß sie tatsächlich geheiratet hatten. »Wenn sie hinter Blandfords Rükken eine Affäre gehabt hätten, hätte Ari damit leben können«, meinte ein Pariser Mitarbeiter. »Dann hätte er das Feuerwerk richtig anheizen können... diese Ehe war für ihn jedoch eine absolute Verletzung moralischer Gesetze. Es war eine merkwürdige, unreife Reaktion für einen Mann, der nun alles andere als jung war.«

Doch während es leicht war, Aris Wut als eine rituelle Aufführung zu betrachten, war es nicht so einfach, über Christinas Ängste hinwegzugehen. Eine Freundin aus Kalifornien meinte: »Die ganze Situation wurde von so einer verdammten Stimmung einer griechischen Tragödie beherrscht, daß alles möglich war.« Für Christina schien diese Hochzeit ein »Akt des Wahnsinns, der größte Verrat an der Erinnerung an ihre Tante und eine Beleidigung für den Stolz ihres Vaters« zu sein, sagte ein anderer Freund von der Westküste und fügte hinzu: »Sie konnte das Gefühl nicht loswerden, daß das wirklich böse enden würde. Es war einfach die schlimmste Zeit für sie. Der Machtkampf mit ihrem Vater und ihr zunehmender Eindruck, daß ihre Ehe mit Joe ein großer Fehler von ihr gewesen war, hatten sie viel Kraft gekostet. Und jetzt passierte auch noch diese Scheiße. Tina hätte sich keine bessere Situation ausdenken können, die mit größerer Wahrscheinlichkeit den empfindlichen Geisteszustand ihrer Tochter mehr hätte erschüttern können.« Und während Ari schrie und tobte, ging Christina mit ihrem Schmerz auf ihre eigene Art um: Es wurde berichtet, daß sie eine Überdosis genommen hätte. Doch im November ging es ihr gut genug, um allein nach London zu fliegen. Bolker gab eine Presseerklärung heraus: »Seit unserer Hochzeit sind Christina und ich einem außerordentlichen elterlichen Druck ausgesetzt gewesen, der jetzt ernsthaft ihre Gesundheit beeinträchtigt. Sie ist eine junge Frau und sollte ihrem Vater nicht entfremdet werden. Auf meinen Vorschlag hin ist sie nach London geflogen, um ihren Arzt aufzusuchen . . . und hoffentlich ihre Familienprobleme zu lösen.«

Es war Fiona Thyssen, der sie ihre tiefsten Gefühle anvertraute; Fiona war wahrscheinlich die weiseste Freundin, die sie hatte; sie bewunderte die Art, mit der die Geliebte ihres Bruders die eigenen schwierigen Zeiten bewältigt hatte, und sie schätzte den Einfluß, den sie auf Alexanders Leben ausübte (es war Fiona, die ihre Versöhnung mit Alexander nach Jahren wechselseitiger Feindseligkeit herbeigeführt hatte). Sie war deutlich am Ende, als sie eines Abends Anfang Dezember in Fionas Haus in Belgravia ankam. Joe, sagte sie, sei ein wirklich netter Kerl, und sie würden sich wirklich gern mögen, doch die Ehe funktioniere nicht. Selbst ohne den Druck, den ihr Vater ausübe, gäbe es keine Möglichkeit, daß die Ehe überleben könne. Fiona hörte zu und dachte dabei, wie ernst und schön sie sei (»Sie sah damls aufsehenerregend schön aus. Sie hatte zwar schlechte Tischmanieren wie die meisten Griechen, aber ihr Gesicht war aufsehenerregend«). Es war schmerzhaft, so einen jungen Menschen so verzweifelt zu erleben und so überrascht von den Dingen, die ihm passierten, und so voller Angst vor der Zukunft.

Wenige Abende, bevor Christina in solch einer schlechten Verfassung in London auftauchte, war Fiona auf eine Information gestoßen, die sie besonders beunruhigend fand. Als sie nicht einschlafen konnte und eine Zigarette suchte, bemerkte sie mehrere maschinengeschriebene Blätter auf dem Schreibtisch ihres Arbeitszimmers am Wilton Place. In der Annahme, daß sie von Alexander stammten (es war eine Angewohnheit von ihm, ihr über Nacht Nachrichten zu hinterlassen, in denen er sie an Termine erinnerte, sie um einen Gefallen bat, ihr Gedanken aufschrieb, zu denen er ihre Meinung wissen wollte; manchmal war es nicht mehr als ein liebevoller oder witziger Gedanke, den er gehabt hatte), zündete sie sich eine Zigarette an und begann zu lesen. Langsam merkte sie, daß es die Niederschrift eines Gespräches zwischen Meyer und einem anderen leitenden Angestellten von Onassis war. »Er war ganz entschieden bedrohlich«, sagte sie später über den Tenor auf diesen Seiten, die versehentlich von einem Besucher, einem leitenden Angestellten von Onassis und einem Freund von Alexander, auf ihrem Schreibtisch vergessen worden waren. »Ari war entschlossen, Bolker eins auszuwischen. Er wollte den Kerl verletzen, nicht fertigmachen, aber ihm jedenfalls auf irgendeine Weise einen Schaden zufügen.« Für Fiona war das keine Überraschung. Sie und Alexander hatten sich seit geraumer Zeit damit abgefunden, daß Ari »eine äußerst gefährliche Person war, die vor nichts zurückschreckte, was ihr in den Weg kam«. Doch das Ausmaß von Alexanders Sorge um ihre Sicherheit war ihr erst deutlich geworden, als er ihr erzählte, daß er gewisse Dokumente hinterlegt hätte, die seinem Vater davon abrieten, es zuzulassen, daß ihr ein Schaden zugefügt würde.

Und jetzt wußte sie, daß Bolker eine Menge Ärger bekommen würde, wenn Christina nicht schnell handelte. »Und wofür? Der Kerl hatte sie nie heiraten wollen. Christina hatte einen Fehler begangen . . . und alles war von Tina wegen ihrer eigenen zweifelhaften Absichten angezettelt worden«, sagte Fiona später. Am Ende einer langen Nacht am Wilton Place, in der Christina ihr Herz ausgeschüttet hatte, riet Fiona ihr: »Du willst nicht mit Joe verheiratet sein; er will nicht mit dir verheiratet sein; das Problem ist also nicht, daß einer den anderen um etwas beraubt. Nimm morgen früh das erste Flugzeug nach Kalifornien und sag Joe, daß du eine Scheidung willst, und in ein paar Wochen ist alles vorbei, und dann braucht niemand mehr etwas damit zu tun zu haben, du und Joe ausgenommen.« Sie sagte Christina, daß ihr Vater, wenn sie nicht sofort handle, aus der Sache einen Medienzirkus veranstalten würde, in dem seine eigenen antiamerikanischen Vorurteile zur Parade antreten würden: Die Yankees berauben wieder die Onassis-Familie. »Wer hat das nötig, Christina? Erledige die Sache mit Würde. Das ist ein Wort, das dein Vater nicht einmal annähernd begreift«, sagte Fiona mit unverhüllter Verachtung.

Christina kam rechtzeitig zu der Feier, die Bolker zu ihrem 21. Geburtstag im »Bistro« in Beverly Hills für sie arrangiert hatte, nach Kalifornien zurück. »Ich mußte mal eine Weile wegfahren, um meine Gefühle zu sortieren«, sagte sie auf der Party zu einem Freund. »Ich mußte mit mir selbst ins reine kommen.« Im Februar, sieben Monate nach der Las-Vegas-Zeremonie, begannen die Bolkers, die Scheidung einzuleiten. »Obwohl er bald mein Exmann ist, wird er immer mein bester Freund sein«, erzählte sie Reportern. Was falsch lief? »Ich bin zu sehr griechisch und er zu sehr Beverly Hills«, sagte sie. Meyer und zwei Schwergewichtler wurden losgeschickt, um Christina zurück nach London zu begleiten. Am internationalen Flughafen von Los Angeles ließen die 45er-Kanonen der griechischen Gorillas die Metalldetektoren »klingeln, als hätte jemand Quasimodo kurzgeschlossen«, sagte Meyer. Im Flugzeug wurden sie aufgefordert, ihre Pistolen beim Kapitän zu hinterlegen, aber sie wollten sie nicht aufgeben. Meyer überzeugte sie schließlich, daß der Kapitän nicht starten würde, ehe sie nicht nachgaben. »Dann schlichen sie in der Kabine herum und beäugten jeden. Sie verhielten sich etwas eigenartig und machten manchen Passagieren höllische Angst. Ich mußte Christina bitten, ihnen auf griechisch zu sagen, daß einer von ihnen sich einfach vor uns hinsetzen und der andere in die Bar gehen und dort aufpassen sollte. Diese Kerle waren der anstrengendste Teil der ganzen Angelegenheit.«

Ari war mit Joe Bolker noch nicht fertig. Er sagte Meyer, er solle ihn Christinas Flugpreis nach Athen bezahlen lassen. »Ich wies ihn darauf hin, daß das Mädchen umsonst mit ›Olympic‹ fliegen könnte. Ari wollte nichts davon hören. ›Laß ihn bezahlen‹, sagte er.« Unvermeidlich ging dann das Gerücht um, Bolker wäre von

Ari stattlich entschädigt worden. Es war unwahr.* Die Ehe »im wirklichen Sinne« dauerte weniger als neunzig Tage, und sie kostete Joseph Bolker »ungefähr fünfzigtausend Dollar an Anwaltskosten«, um sie zu beenden. »Wenn dich eine Milliarde Dollar bedrängen, fühlst du das«, soll er anschließend gesagt haben, und obwohl er es leugnete, es jemals in diesem genauen Wortlaut ausgedrückt zu haben, war es für ihn offensichtlich, daß Ari sich sehr wohl angeschickt hatte, »meinen Ruf und meine Glaubwürdigkeit zu zerstören«.

Ari gewann zwar die Schlacht, aber er verlor den Krieg mit Christina. »Die Energie, die er aufgewandt hatte, um diese Ehe zu zerstören, war außergewöhnlich. Wenn er nur etwas geduldiger gewesen wäre, so wäre sie unter der Last ihrer eigenen Unzulänglichkeit zusammengebrochen«, sagte ein Onassis-Funktionär in London. »Die Ehe war vom ersten Tag an zum Scheitern verurteilt, unter Verdruß und Unglückseligkeit entstanden – das Ergebnis war Chaos. Ich weiß nicht, was Christina ihrem Vater erzählte, aber ich weiß, daß er ernsthaft glaubte, daß die Scheidung sein Erfolg war. Wenn Christina diese Schlußfolgerung beabsichtigt hätte, wäre es geschickt gewesen, aber ich glaube nicht, daß sie so skrupellos ist.«

Die Monate nach der Scheidung waren hektisch: Sie war sehr gefragt, und eine lange Reihe von Bewerbern kam und ging – Barone, reiche Erben und Playboys, die Macher und Mitmischer der »Beautiful People«. »Das war die schönste Zeit, die ich je hatte«, erzählte sie einem Freund in Paris. Innerhalb eines Monats wurde sie mit Baron Arnaud de Rosnay, dem Mercedes-Benz-Erben Mick Flick und dem Skiläufer Patrick Gillis, einem früheren Liebhaber von Brigitte Bardot, gesehen; es wurde, verständlich genug, berichtet, daß sie oft den ersten Schritt machte; zumindest ein junger Mann, den sie zu heftig umwarb, fühlte sich gezwungen, ihren Annäherungsversuchen zu entfliehen. »Das tragische an ihr war, daß sie leidenschaftlich war, ohne liebens-

---

* Ein Ehevertrag, der im Oktober 1971 unterschrieben wurde, bestätigte, daß sie keinen Anspruch irgendeiner Art auf das Eigentum und Vermögen des anderen hätten.

wert zu sein«, sagte ein früherer Freund. Einen Hinweis darauf, daß sie sich ihre Neigung, sich unpassend zu verlieben, noch nicht abgewöhnt hatte, gab es bei einem Treffen zwischen Flick und Meyer: Flick rief Meyer um sieben Uhr morgens in New York an und fragte, ob er vorbeikommen und mit ihm reden könne, ehe er das Vormittagsflugzeug nach Deutschland nehme. »Ich habe mich mit Christina getroffen«, sagte er, als Meyer eine Stunde später ankam. »Ich mag sie, und ich respektiere sie, aber ich will noch nicht heiraten.« Er habe vor langer Zeit beschlossen, nicht vor fünfundvierzig zu heiraten, und er habe ungefähr noch acht Jahre Zeit. »Würden Sie das bitte Mr. Onassis für mich ausrichten. Sagen Sie ihm, daß ich ihn respektiere, und ich respektiere seine Familie, aber ich will noch nicht heiraten.«

»Die verlorene Tochter«, nannte Alexander sie mit seiner Vorliebe für Etiketten. »Was passiert als nächstes?« fragte er sie eines Abends beim Essen. »Ich habe keine Ahnung«, erwiderte sie. »Ist das nicht aufregend?«

Kapitel 15

Unzufrieden mit seiner eigenen Ehe und unwillig, sich in irgend-einer Weise selbst in Frage zu stellen, beschuldigte Ari die Frau, die er einst lyrisch mit einem Diamanten verglichen hatte (»Au-ßen kühl und scharf, feurig und heiß unter der Oberfläche«), jetzt als »kaltherzig und oberflächlich« und nannte Jackie nicht länger »meine Class-A-Lady« (in Anlehnung an den Slogan auf ihrer »L-&-M«-Zigarettenpakcung: »20 class A cigarettes«). Tinas Hoch-zeit mit Niarchos und Christinas Krisen hatten seine exzessive Rachelust und sein Bedürfnis, seinen Kummer zur Schau zu stellen, bloßgestellt, was für Jackie, deren eigene Gefühle unter Streß unantastbar waren, widerlich gewesen sein muß. »Jackie wird Ari nie verstehen. Einen Mann wie ihn kann man nicht verstehen, außer wenn man dazu geboren ist«, sagte Tina zu einem Freund.

Seit mehr als einem Jahr traf er sich wieder mit Maria Callas, um Verständnis zu suchen und noch viel mehr. Anfangs trafen sie sich in der privaten Atmosphäre ihres Apartments in der Avenue Georges-Mandel in Paris. Nachdem im Februar 1970 der Brief (der in die Hände eines Autographenhändlers in New York gera-ten war) veröffentlicht worden war, den Jackie an Roswell Gilpatric noch während ihrer Flitterwochen auf Skorpios geschrieben hatte, machte Ari weder aus seiner Wiederannäherung an seine frühere Geliebte noch aus seiner Freude an ihrer Gesellschaft ein Ge-heimnis. Die 53 Worte waren der Beweis für eine enge und geschätzte Freundschaft, und obwohl es kaum mehr war als die Art von Briefen, die in Jackies Milieu zum guten Benehmen gehören, reichte Gilpatrics Frau am Tag nach der Veröffentli-chung die Scheidung ein. Ari sagte zu Gratsos: »Mein Gott, was

351

für einen Narren habe ich aus mir selbst gemacht.« Im Mai 1970 wurde er fotografiert, als er mit der Callas im »Maxim's« zu Abend aß; es sah ein bißchen zu sehr nach alten Tagen aus; Jackie flog sofort nach Paris, und am darauf folgenden Abend saß sie im selben Restaurant an Aris Seite. Meyer, der beauftragt war, die Fotografen zu bestellen und das Tête-à-tête aufzunehmen, als wäre es ein formelles Bankett, sagte später: »Für Jackie war das eher ein Rachefeldzug gegen Maria als ein Abendessen.«

Vier Tage nach dieser bemerkenswerten Episode wurde die Callas mit einer Überdosis Schlaftabletten in das Amerikanische Hospital in Neuilly eingeliefert. Ihr Aufenthalt war kurz, und es hieß, sie sei wegen einer Stirnhöhlenerkrankung behandelt worden. Obwohl sie sich am Abend zuvor in einem äußerst depressiven Zustand befunden hatte (sie flehte zwei Freunde an, die mit ihr in ihrem Apartment zu Abend gegessen hatten, sie nicht allein zu lassen), verklagte sie erfolgreich einen Radiosender und ein Pariser Wochenblatt, weil diese behauptet hatten, sie hätte in einem Anfall von Depression über ihre Affäre mit Ari versucht, sich umzubringen. Drei Monate später schwebte sie wieder im Himmel, als Ari im Hubschrauber auf Tragonisis landete, der Privatinsel der Schiffseignerfamilie Embiricos, um ihr ein jahrhundertealtes Paar Ohrringe mit einem langen Kuß zu überbringen, der von einem Paparazzo festgehalten wurde. Wieder bewies Jackie ihre Schnelligkeit. »So schnell wie ein Feuerwehrmann auf den Feueralarm reagiert, flog Jackie nach Griechenland zu Onassis auf die Yacht *Christina,* um die Gerüchte zum Schweigen zu bringen«, berichtete *Time.*

Jackies Zusammengehörigkeitsgefühl war nicht immer so ausgeprägt, und Ari fiel es schwer, die Tatsache zu verheimlichen, daß es bei seinen Besuchen in New York häufig keinen Platz für ihn in der 1040 Fifth Avenue gab: Die Dekorateure seien da, entschuldigte sich Jackie (»Sie hat einen Dekorationsfimmel«, sagte er zu Willi Frischauer mit einem Anflug von Resignation), oder Caroline oder John hätten Freunde zu Besuch. Und solange seine ständige Suite im obersten Stock vom »Pierre« als Geschäftswohnung ausgegeben wurde, nährte das die Geschichten über die vielen Beschränkungen, die angeblich an den Ehevertrag geknüpft waren (laut Christian Cafarakis, der noch immer der Hauptinformant über das Dokument war, hatte sie sich bereit erklärt, nur die katholischen Feiertage und die Sommerferien mit Ari zu verbringen, »und sich für den Rest des Jahres das Recht vorbehalten, allein zu verreisen und ihre Freunde und ihre Familie zu besuchen, ohne ihren Mann um Erlaubnis zu bitten«). Während der Abwesenheit seiner Frau mangelte es ihm jedoch nicht an Gesellschaft. Gewöhnlich rief er eine der vielen schönen Frauen an, die er kannte, und führte sie an einen Ort, wo sie mit Sicherheit auffielen. In Rom garantierte er für Aufmerksamkeit, indem er die Paparazzi mit einem Glas Champagner überschüttete, die versuchten, ihn beim Abendessen mit Elizabeth Taylor in der »Osteria Dell'Orso« zu fotografieren (ohne den Gatten Richard Burton fiel die Schauspielerin unter den Tisch). Nicht nur für die Onassis-Insider wurde es deutlich, daß aus dieser unglaubwürdigen Ehe bald eine unmögliche wurde.

Jackies Extravaganz war grenzenlos, eine Tatsache, für die sie weder eine Erklärung hatte, noch daß es ihrer Ansicht nach einer bedurfte. Ari, dem verschwenderische Gebärden selbst nicht fremd waren, hatte ihre teuren Launen anfangs ermutigt. Als er aber eine 9000-Dollar-Rechnung für Kleider vom römischen Couturier Valentino erhielt, kürzte er ihr 30000-Dollar-Taschengeld pro Monat um ein Drittel und verlegte die Kontrolle darüber von New York zu seinem Hauptgeschäftssitz in Monte Carlo, wo er ihre Ausgaben besser überwachen konnte. Ein weiteres Anzeichen für seine sich verhärtende Haltung gegenüber ihrer Extravaganz war seine Weigerung, die angeblichen 300000 Dollar zu ersetzen, die sie beim Spekulieren an der Börse verloren hatte. »Sie hätte das Geld in steuerfreie Rentenpapiere investieren sollen«, sagte er schroff. Besessen von Sparsamkeitsfimmeln, wie das bei den sehr Reichen oft der Fall ist, begann Jackie, ihre Kleidungsstücke von Saint Laurent und Halston in einigen der besseren New Yorker Gebrauchtwarengeschäfte abzuladen. Ehe der Monat zu Ende war, hielt sie es dennoch oft für notwendig, ihre Sekretärin und Ombudsfrau Nancy Tuckerman (die jetzt auf der Gehaltsliste von »Olympic Airways« stand) loszuschicken, um Aris New Yorker Geldverwalter Creon Broun um Geld zu bitten.

»Anfangs streckte der freundliche Broun Geld vor, bis Ari dem ein Ende setzte«, berichtete Jack Anderson, der von Ari nach New York ins »21« zum Essen eingeladen worden war. Abgesehen von ein paar beiläufigen Randbemerkungen über Jackies unmäßiges Interesse an Mode (»Was macht sie bloß mit all diesen Kleidern? Ich sehe sie immer nur in Bluejeans!«), erbrachte das Essen wenig. Doch hinterher wurde der Washingtoner Kolumnist, dessen Berichte in mehreren Zeitungen gleichzeitig veröffentlicht wurden, ins Büro mitgenommen, um einige von Aris Topmännern zu treffen, während Ari selbst verschwand, um sich um ein plötzlich dringendes Geschäft zu kümmern. Anderson, der sehr vertraut war mit den Techniken der niemandem zuschreibbaren Informationsquellen und den Tücken plausibler Dementis, eine Washingtoner Kunstform, die von Politikern, Lobbyisten, Bürokraten und manchmal eben auch von grollenden Ehegatten praktiziert wurde, war nicht überrascht, als die Assistenten ihn mit Geschichten über Jackies Kapriolen und die schädlichen Auswirkungen, die ihre zügellosen Ausgaben auf die Beziehung mit Ari hatten, unterhielten.

Ari wollte sie loswerden und beauftragte Meyer, ihr Telefon in New York anzuzapfen. »Ich schaffte einen Kerl ran, der angeblich ein Meister im Anzapfen von Telefonen war«, sagte Meyer, der für die Wanze in Christinas Telefon in London gesorgt hatte. Der Plan wurde jedoch fallengelassen, als man feststellte, daß »Jackies Geheimdienstagenten das Apartment zu sehr bewachten«.

Als sie den Fotografen Ron Galella wegen Verletzung der Privatsphäre und seelischer Grausamkeit verklagen wollte, riet Ari ihr davon ab. Damit würde Galella nur »auf unsere Kosten umsonst Reklame bekommen, die Millionen Dollar wert ist«, erklärte er ihr und wollte nichts damit zu tun haben. Dennoch ließ sie Galella wegen Belästigung festnehmen und ersuchte um einen permanenten Unterlassungsbefehl, daß er von ihrem New Yorker Apartment 200 Meter und von ihr persönlich überall 100 Meter Abstand halten sollte. Galella schlug mit einer Klage zurück, in der er 1,3 Millionen Dollar Schadenersatz wegen ungesetzlicher Inhaftierung, falscher Beschuldigung und Eingriff in seinen Beruf als Fotograf forderte. Nachdem sich die Richter beinahe 5000 Seiten umfassende Zeugenaussagen angehört hatten, entschieden sie zu Jackies Gunsten. Ein Jahr später stieß das Berufungsgericht das Urteil um und reduzierte den Sperrgürtel auf 25 Fuß.

Die Rechnung für Jackies Anwaltskosten von ihrer Anwaltskanzlei »Paul, Weiss, Rifkind, Wharton and Garrison« landete schließlich auf Aris Schreibtisch. Er konsultierte Roy Cohn, der von der Zeitschrift *Esquire* als ein legaler Henker beschrieben wurde, »der hartnäckigste, gemeinste, niederträchtigste und einer der brillantesten Anwälte in Amerika«. Es war ihm auch bei weitem nicht entgangen, daß Cohn kein Freund der Kennedys war; er hatte von Gerichtsdienern körperlich daran gehindert werden müssen, während der McCarthy-Anhörungen 1954 Faustschläge mit seinem gegnerischen Anwalt Bobby Kennedy auszutauschen. Ari erzählte Cohn die Geschichte: wie er versucht habe, Jackie davon abzuraten, die Klage einzureichen, und ihr gesagt habe, daß er damit nichts zu tun haben wolle. »Nur jetzt bin ich doch darin verwickelt worden«, schloß er und legte die Rechnung vor; sie belief sich auf über 300 000 Dollar.

»Ari sagte: ›Ich halte das für empörend bei einem Fall wie diesem, der keine drei Pfennig wert ist‹«, erinnerte sich Cohn. »Er sagte: ›Keine Geschworenen, nichts, gar nichts und dreihunderttausend Dollar! Das ist doch absurd! Ich werde diese Rechnung nicht bezahlen, und was ich von Ihnen wissen möchte, ist, ob Sie das ganze Ding von vorn bis hinten durchgehen können, und wenn Sie sich überzeugt haben, ob Sie dann als sachverständiger Zeuge für mich beweisen können, daß der Wert der Leistungen ... wesentlich geringer ist als dieser?‹« Obwohl Cohn »gewisse Leute jener Anwaltskanzlei sehr schätzte«, erklärte er sich bereit, die Kosten zu prüfen und zu Aris Gunsten auszusagen, falls er zu dem Schluß käme, daß sie nicht korrekt seien.

Jackies Zorn über das Manöver ihres Mannes verwandelte sich in Bestürzung, als ihre Anwaltskanzlei sich ihrerseits an das Gericht wandte, um die Kosten einzutreiben. Sie beklagte sich bei Freunden, Ari sei ein Geizhals, doch viele hatten den Eindruck, daß seine »Feilschtaktiken« verletzt worden waren. »Am Ende schlossen sie einen Vergleich über mehr als die Hälfte der Rechnungssumme (235 000 Dollar), obwohl er sehr verärgert war, sogar das bezahlen zu müssen«, sagte Cohn. Während der Gespräche erzählte Ari dem Anwalt »eine Menge von seinem Unmut über die Handlungsweisen von Mrs. Onassis, die er auf ein mangelndes Urteilsvermögen zurückführte . . . all diese Sachen stauten sich in ihm zu einem Grad großer Unzufriedenheit auf«.

Nichts hätte den Zustand ihrer Ehe deutlicher symbolisieren können als die Kreuzfahrt, zu der sie in jenen Ostertagen mit Andrew und Geraldine Spreckles Fuller ausliefen. Sie war es, die Ari 1942 am Altar versetzt hatte. In der Erwartung, nach Europa zu fahren, kam Jackie in Puerto Rico auf die Yacht; sie schien fröhlich zu sein über das Wetter und die Aussicht auf die Reise. Bald wurde es offensichtlich, daß die *Christina* im Kreis fuhr und sich nie mehr als ein paar Meilen von Haiti entfernte; Geraldine äußerte schließlich ein Interesse an ihrem kreisförmigen Fortkommen. »Wir haben Maschinenprobleme«, entschuldigte sich Ari. Für Geraldine schien das »eine rätselhafte Erklärung« zu sein, da die Yacht ruhig ihre Bahnen um Haiti zog.

Geraldine war erfreut, daß sie und Ari gute Freunde geblieben waren und daß Andy an Ari Gefallen gefunden hatte. Obwohl sie nirgendwo hinzufahren schienen, war es für Geraldine Fuller eine Entdeckungsreise, wenn sie bis spät in die karibischen Nächte zusammensaßen und sich an gemeinsame alte Zeiten in Kalifornien und New York erinnerten. Aber es gab etwas an Ari, das ihr Sorgen machte. »Er begann, mir sehr leid zu tun«, erinnerte sie sich später. Seine Beziehung zu seiner Frau verwirrte sie; es schien, als sei er wütend auf Jackie und gleichzeitig darum bemüht, sie zu beruhigen; Jackie machte sich oft über ihn lustig, erinnerte sie sich, und einmal waren es die rätselhaften Anspielungen auf die sexuellen Neigungen griechischer Männer, die sie stutzig werden ließen. Geraldine, die in der Türkei aufgewachsen war und die Liebesvarianten levantinischer Männer verstand, überlegte später, ob er den Fehler gemacht hatte, ihr seine jugendliche Beziehung zu dem türkischen Leutnant anzuvertrauen. Jakkies Neckereien gingen manchmal in Zorn über, und der Zorn konnte sich wiederum in selbstbelustigende Unterwürfigkeit auflösen. Eines Abends zog sie sich mit einer Flasche Champagner in ihre Luxuskabine zurück und ließ Ari und die Fullers mit ihren Drinks im Salon allein. Einige Zeit später kam sie in einem leicht berauschten Zustand zurück. »Sie sagte zu Ari in dieser kleinmädchenhaften Stimme, die sie manchmal annahm: ›Ich bin nach oben gegangen, Darling, und habe das Parfüm dort aufgetragen, wo Mr. Lanvin‹ – oder einer dieser großen Parfümhersteller – ›es mir empfohlen hat, und du bist nicht gekommen. Ich habe überall Parfüm aufgetragen!‹ Und dann brüllte sie vor Lachen«, erinnerte sich Geraldine.

Einige Tage später erfuhr sie den Grund, warum sie sich nicht von Haiti entfernten. Ari gestand, er habe versucht, Jackie zu überreden, zum Zwecke einer Blitzscheidung in Port-au-Prince an Land zu schleichen und am folgenden Tag wieder zu heiraten. »Ich sagte, wie meinst du das, Ari, am nächsten Tag wieder heiraten? Er sagte: ›Nun, das ist, was ich ihr erzählt habe. Es war so eine Idee. Ich sagte das wegen all dieser Schwierigkeiten zwischen uns. Weil die Leute glauben, daß sie mich nicht liebt, und weil da immer diese Geldgeschichten waren, schlug ich vor, daß wir, um mir zu beweisen, daß sie mich wirklich liebt, an Land gehen, uns scheiden lassen und sofort wieder heiraten, um endgültig zu beweisen, daß sie mich doch liebt.‹« Geraldine hielt das für einen der am wenigsten überzeugenden Vorschläge, die sie je in ihrem Leben gehört hatte. »Natürlich würde sie das nicht tun. Sie konnte man nicht zum Narren halten.« Geraldine war fassungslos: »Du verdammter Narr, Ari, das wird sie dir nie abkaufen. Niemals.« Schließlich lachte er und sagte: »Ja, aber ich habe es gehofft.« Er schlug eine Einigung vor, erinnerte sich Geraldine. »Er nannte mir nicht die Summe, aber er sagte, daß er ihr eine große Abfindung angeboten hätte. Ich fragte ihn, warum er das alles tue und sich so viele Umstände mache. Er sagte: ›Weil ich nicht will, daß die Anwälte auf meinem Grab tanzen.‹ Ich denke allerdings, daß es etwas dumm von ihm war, zu glauben, daß er eine kluge Lady wie Jackie zu einem solchen Handel überreden und daß sie auf eine solche List hereinfallen könnte.« Bei einem Täuschungsmanöver zu versagen verletze seinen Stolz fast ebensosehr, wie selbst getäuscht zu werden, erzählte er kurz danach einem Freund.

Jackie erreichte bei dieser Kreuzfahrt nie Europa. Als die *Christina* in Puerto Rico wieder anlegte, flog sie nach New York zurück. Sie war noch immer Mrs. Aristoteles Onassis.

Alexanders Erfolg bei »Olympic Aviation« wurde von seinem Vater ignoriert. Ein leitender Angestellter von »Olympic«, der das, was in Athen geschah, miterlebte, sagte: »Ari hatte keine Skrupel, Alexanders Wünsche zu frustrieren, wenn es darum ging, seine eigenen Launen zu befriedigen. In seinem Verhalten seinem Sohn gegenüber gab es keine Freundlichkeit. Stur und eingenommen von sich selbst, opferte er eher die Liebe, als daß er die geringste Kontrolle über sein Reich aufgab. Statt Alexander darauf vorzubereiten, das Ruder zu übernehmen, schien er darauf aus zu sein, das Selbstbewußtsein des Jungen zu zerstören.«* Alexander graute es mittlerweile vor den Treffen mit seinem Vater und sogar vor seinen Telefonanrufen. »Es kam so weit, daß er den ganzen Tag damit verbrachte, dem Alten aus dem Weg zu gehen«, sagte ein Assistent. Fiona Thyssen war dennoch der Meinung, es sei Alexanders Aufgabe, »sich darum zu bemühen, aus diesem lächerlichen Kreislauf der Nichtkommunikation auszubrechen«, in dem sie gefangen waren. Sie glaubte, daß nur er die Möglichkeit und Flexibilität besaß, »diese entsetzlich festgefahrene Situation« zu beenden, besonders seit er den Kontakt zu seiner Mutter nach ihrer Hochzeit mit Niarchos völlig abgebrochen hatte.

Unfähig, Fiona das Ausmaß des irrationalen Verhaltens seines Vaters zu vermitteln, begann Alexander, die Telefongespräche

---

* Aris Weigerung, Mittel zu bewilligen, um zwei alte »Piaggio«-Wasserflugzeuge (die, wie Alexander ihm schon seit Monaten erzählte, »Todesfallen« wären) durch Hubschrauber zu ersetzen, war ein besonderer Zankapfel. Nur ein glücklicher Zufall hatte sowohl Aris als auch Jackies Haut gerettet, weil Donald McGregor, der frühere Flugkapitän von »Olympic«, der Jackie und ihre Begleitung zu ihrer Hochzeit geflogen hatte, bei einem vorherigen Übungsflug mit der »Piaggio« vergaß, die Räder für eine Trockenlandung auszufahren. »Das war der beste Dienst, den ich Onassis je erwiesen habe«, erinnerte sich McGregor an den klassischen Fehler der Piloten, wenn sie Amphibienflugzeuge steuerten. »Als der entstandene Schaden überprüft wurde, stellten sie fest, daß innen alles korrodiert und nicht mehr reparaturfähig war, und das Flugzeug mußte verschrottet werden.«

mit seinem Vater auf Tonband aufzunehmen. Später lauschte sie gefesselt, wie Ari ein Gespräch aus New York mit einer krächzenden Wiedergabe von »Singin' in the Rain« begann. Ohne Unterbrechung sprudelten die Worte und die Musik in einem wechselnden Potpourri aus Beschwerden, Befehlen, Fragen, Geschwätz und Schwüren zehn Minuten lang über die Leitung. »Hör dir das an. Da war es drüben zwei Uhr nachmittags, und er hat völlig den Verstand verloren.« Alexander klang wie ein Mann, der sich mit einer Herrschaft nicht enden wollender Unterdrückung abfand. »Doch auf seine Art liebte Ari den Jungen«, behauptete Meyer. »Er war neidisch auf seine Jugend und höllisch eifersüchtig auf die Baronin, aber trotzdem liebte er den Jungen. Nur wollte er, daß er ein Ebenbild von sich selbst war, quasi ein überholter Ari. Er konnte es nicht zulassen, daß der Junge sein eigenes Ethos entwickelte und sein eigenes Leben aufbaute.«

Die Art und Intensität von Alexanders Beziehung zu Fiona war weiterhin ein gutgehütetes Geheimnis; nur ein paar enge Freunde wußten davon. Selten traten sie gemeinsam in der Öffentlichkeit auf und wurden nie in eleganten Restaurants oder im Theater gesehen; es war eine Diskretion, die eine schwere Belastung für Fionas Geselligkeit darstellte. Obwohl sie sich damit abfand, daß er sie sicherlich eines Tages wegen einer Jüngeren verlassen würde (»Ich litt unter den typischen Ängsten älterer Frauen«), war sie es, die den ersten Schritt machte, um die Beziehung zu beenden, nachdem er »ausgeflippt« war, als er feststellte, daß es bei einer großen Taufe, zu der sie eingeladen waren, von Paparazzi nur so wimmelte. »Wenn ich in der Lage war, viereinhalb Jahre lang mit dieser schwierigen Situation zu leben, und du dich noch immer nicht damit abfinden kannst, dann hat es keinen Zweck, weiterzumachen.« Damit verließ sie ihn.

Ari war entzückt, arrangierte Partys und Kreuzfahrten für seinen Sohn, gab Essen und verbrachte mit ihm Nächte in der Stadt. Immer war er von vielen schönen Frauen umgeben, wie zum Beispiel der Schauspielerin Elsa Martinelli, Prinzessin Ira Fürstenberg und Alexanders erster Liebe, Odile Rodin. »Ich war schrecklich traurig«, erinnerte sich Fiona an ihre Trennung. »Trotzdem war ich entschlossen, daß es zwischen uns zu Ende war, und ich sagte mir immer wieder: ›Ich werde es überleben‹, was man natürlich auch tut.« Einen Monat später rief Alexander an und gestand, wie unglücklich er selbst sei. Sie verbrachten ein Wochenende zusammen, und es war ihnen beiden klar, daß sie zusammenbleiben wollten. Doch es gab kein Zurück, und eine Zukunft, die so ungeschützt vor der Tyrannei seines Vaters war, konnten sie nicht ertragen. Alexander sah ein, daß er sich von Ari und seinem Imperium befreien mußte. »Das ist die einzige Möglichkeit, wie ich überleben kann. Ich kann die Herrschaft dieses grotesken Mannes nicht mehr länger ertragen.« Nie waren sie in der Lage gewesen, irgendwelche Pläne zu machen. Alexander hatte ständig auf den Wink und Ruf seines Vaters warten müssen, der sich nicht einmal auf die Urlaubspläne seiner Topangestellten festlegen ließ. Als Alexander auf einem Urlaub bestand und verlangte, daß das Datum schriftlich festgelegt werden sollte, sagte Ari zu ihm: »Sei doch nicht albern. Mein Wort dafür reicht aus.« Alexander erwiderte, daß das nicht stimme. »Dein Wort bedeutet absolut gar nichts, besonders für mich nicht: Noch nie in meinem Leben hast du dein Wort gehalten.« Ari unterschrieb die Abmachung. Zwei Tage, bevor Alexander und Fiona nach Afrika fliegen wollten, forderte er ihn auf, die Reise abzusagen, da er ihn in Paris benötigte. Als er daran erinnert wurde, daß er sein Wort gegeben hätte, sagte Ari, daß er es zurücknehme. »Das Stück Papier bedeutet gar nichts, ob ich es schreibe oder sage. Wenn ich verlange, du sollst dieses oder jenes tun, dann wirst du das tun.« Doch Alexander behauptete seine Stellung.

»Ich dachte, o Gott, dieser Mann ist einfach so wertvoll«, sagte Fiona später. Obwohl ihre Zukunft »eine Hochzeit nicht unbedingt einschloß oder ausschloß«, erkannten sie, daß sie einander liebten, und waren »bereit, das bekanntzumachen«, indem sie zusammenzogen. Sie kaufte ein Haus in der Schweiz, und er traf Vorkehrungen, um sein Studium wiederaufzunehmen, um die Qualifikationen zu erreichen, die ihm einen Start im Leben außerhalb der Reichweite seines Vaters ermöglichen sollten. »Der Plan war, daß er, sobald das Haus fertig war, zu seinem Vater sagte: ›Jawohl, ich werde mit Fiona zusammenleben; ich gehe wieder zur Universität; ich werde einen Abschluß machen; und ich werde mir einen Job suchen.‹ Er hatte tatsächlich den Mut dazu, wegzugehen und wahrscheinlich völlig enterbt zu werden.«

In New York sprach Ari in der Zwischenzeit wieder mit Roy Cohn, und es ging erneut um Jackie. »Mr. Onassis war endgültig zu dem Entschluß gekommen, daß er die Ehe beenden wollte. Er hatte seine griechischen Anwälte zu Rate gezogen und so weiter, und es gab dort drüben eine Menge Komplikationen, und er wollte wissen, ob ich bereit sei, mich mit dem amerikanischen Teil zu befassen, da er hier ein Vermögen besaß, und mich an der allgemeinen Strategie zu beteiligen«, erklärte Cohn die damalige Situation. »Er erwartete, daß die Angelegenheit geregelt werden könnte, da er nicht glaubte, daß Jackie daraus eine große Sache machen würde, aber er sah auch ihren möglichen großen Appetit auf Geld, womit eine friedliche Regelung eventuell ausgeschlossen war. Er hatte viele Fragen zur amerikanischen Gesetzgebung und wollte wissen, welche Rechte diesbezüglich beide Parteien hätten.«

Bei einem Treffen in Cohns Stadthausbüro in der East Sixty-eighth Street sagte Ari, daß er sich wie »ein Grünschnabel behandelt« fühle. »Zwei Sachen ärgerten ihn am meisten. Erstens waren da ihre Ausgaben; zweitens beklagte er sich darüber, daß sie anscheinend überall war, nur nicht dort, wo er sie erwartete. Wenn er sie irgendwo dabeihaben wollte, war sie einfach nicht da; wenn er sie irgendwo nicht haben wollte, war sie da.« Die Ehe, erzählte Cohn, »hätte sich auf eine monatliche Präsentation von Rechnungen reduziert«.

Obwohl der brillante Cohn auf seiner Seite stand, war Ari entschlossen, nichts dem Zufall zu überlassen. Er befahl Meyer, rund um die Uhr Privatdetektive anzuheuern, damit sie Beweise suchten, die gegen seine Frau benutzt werden konnten. Cohn kannte Meyer aus seiner Zeit bei Howard Hughes und lobte dessen Können im Umgang mit der Situation. »Johnny Meyer war ein wirklich wagemutiger Mann, einer jener sehr wenigen Menschen auf der Erde, die sich mit sehr reichen und mächtigen Menschen umgeben ... Wann immer ein Problem auftauchte oder etwas erledigt werden mußte, sei es eine Reservierung oder ein diskretes Treffen in einem Hotel, die Überprüfung von jeman-

dem oder die Absicht, jemanden in den Schmutz zu ziehen,
Johnny war immer da und bereit zu handeln, und er verfügte über
einen weitreichenden Kreis von Kontaktpersonen, die er anrufen
konnte.«

Am 3. Januar 1973 aß Alexander mit seinem Vater in Paris zu
Abend. Er hatte gelernt, mit verdeckten Karten zu spielen, und
erwähnte noch nicht seine eigenen Pläne. Ari eröffnete ihm zwei
Neuigkeiten, die seinen Sohn außerordentlich erfreuten. Er hatte
sich entschlossen, sich von Jackie scheiden zu lassen, und sich
bereit erklärt, einen Hubschrauber als Ersatz für den »Piaggio« zu
kaufen. Das Wasser-Land-Flugzeug wollte er im Februar auf eine
letzte Reise nach Miami mitnehmen und es dort verkaufen. Alexander rief Fiona an, die mit ihren Kindern Francesca und Lorne in
Mexiko Urlaub machte. »Der Alte ist endlich zur Vernunft gekommen. Er läßt sich von der Witwe scheiden und verkauft den
Albatros«, sagte er.

Sonntag, der 21. Januar 1973, war weder für Fiona noch für Alexander ein Tag wie jeder andere. Selbst heute, und sie hat darüber
viel nachgedacht, kann sie nicht erklären, worin er sich von all den
anderen Sonntagen, die sie in Morges gemeinsam verbracht hatten, unterschied. Es gab keine unerwarteten Erkenntnisse oder
geheime Andeutungen, sondern nur eine Atmosphäre der Be-
wußtheit hatte ihre Wohnung seit dem frühen Morgen durch-
drungen. Sie waren noch nie so glücklich gewesen wie in diesem
Winter. So viele Dinge waren geklärt worden, und sie freuten sich
darauf, in das neue Haus einzuziehen, das sie gekauft hatte und
das jetzt umgebaut und renoviert wurde. An jenem Nachmittag
wollte sie zur Hochzeit ihres Bruders nach London fahren. Alexander wollte nach Monte Carlo, um eine Chartergesellschaft nach
Athen zu fliegen. Obwohl es eins ihrer sonntäglichen Rituale war,
mittags allein zu essen, sagte er an dem Tag: »Ich würde gern
Chessie (Francesca) und Lorne sehen. Können wir nicht alle
zusammen zu Mittag essen?« Anschließend spielten sie Tischfuß-
ball; Francesca und ihre Mutter gegen Lorne und Alexander. »Er
hatte so einen seltsamen Wunsch, mit der Familie zusammenzusein. Ich hatte das Gefühl, daß er etwas wußte oder etwas ver-

spürte, das ihn traurig machte, und ich muß seine Schwingungen den ganzen Tag lang empfangen haben.« Wie sollte sie sich anders ihre eigene Unruhe und den ungewöhnlichen Verlauf dieses Sonntags erklären? Sie fragte ihn, ob ihn etwas beunruhige. Er antwortete: »Es kommt mir vor, als wenn ich die Kinder nie gekannt hätte.« Aufgrund von Fionas eigener Diskretion und Francescas Feindseligkeit, die sie aus Selbstschutz gegenüber jedem männlichen Freund ihrer Mutter zeigte, stimmte es, daß er nie mehr als ein schattenhafter Gast gewesen war. Als er an jenem Nachmittag abreiste, umarmte Francesca ihn innig und erklärte: »Das ist so schade! Wir sehen dich viel zuwenig. Am nächsten Wochenende machen wir das Rückspiel, und dann schlagen wir euch haushoch.«

Es regnete, als er das Haus verließ. Ein Chauffeur der »Olympic Airways« war gekommen, um ihn zum Flughafen zu bringen; obwohl er in der Öffentlichkeit und insbesondere vor Angestellten nie demonstrativ war, drückte er Fiona sehr fest an sich, als er sich verabschiedete. Wie immer, wenn er fortging, schenkte sie ihm eine Schachtel seiner Lieblingsschokolade »Dairy Milk Tray«; davon aß er immer nur einige Stücke aus dem kleinen Fach in der Mitte. Er stieg in den Wagen, und, einem Impuls folgend, stieg er wieder aus und rannte die Stufen hinauf, um sie noch einmal zu umarmen. »Es regnete heftig, und er haßte den Regen, weil er sein Haar in Unordnung brachte. Er war da ziemlich eitel, und daß gerade er diese Treppe wieder hinaufkam, um mich so stürmisch zu umarmen ... das paßte zu der merkwürdigen Stimmung jenes Sonntags«, sagte Fiona später.

Sie unterhielten sich am nächsten Morgen, als Alexander sie aus Athen anrief. Am folgenden Tag wollten sie sich in London treffen. Es war ein langes Gespräch, länger als neunzig Minuten, und obwohl er sich gut gelaunt anhörte, schien er das Gespräch nur ungern beenden zu wollen. Später an diesem Tag sollte er den neuen Piloten, Donald McCusker, einweisen, der gerade aus Westerville, Ohio, gekommen war, um Donald McGregor (der nach einer Augenoperation den Bodendienst machte) als regulären Piloten des »Piaggio« zu ersetzen. Obwohl er ein erfahrener Pilot von Amphibienflugzeugen war, hatte der Amerikaner noch nie

»Piaggios« geflogen, und Alexander hatte einen Plan entworfen, wie er so schnell wie möglich eingewiesen werden könnte. Nach ein paar Stunden Schlaf im Hotel fuhr McCusker zum Flughafen, um Alexander und McGregor zu treffen.

»Der Plan war, daß McCusker als Charterkunde behandelt werden sollte«, erinnerte sich McGregor. »Um es legal zu machen, sollte Alexander McCusker begleiten, um ihn einzuweisen. Dann sollte McCusker das Flugzeug ›mieten‹, und ich sollte als Flugbegleiter mitfliegen, um darauf zu achten, daß alles in Ordnung ging. Wir wollten eine Woche lang wie verrückt fliegen, damit McCusker die Stunden zusammenbekam, ehe die ›Piaggio‹ nach Las Palmas zur *Christina* überführt werden sollte, die nach Miami fuhr, wo sie schließlich verkauft werden sollte.«

Am Nachmittag des 22. Januar 1973, kurz vor 15.15 Uhr, erreichte die Maschine »SX-BDC Piaggio 136« der »Olympic Airways« die Rollbahn F des internationalen Flughafens von Athen und wartete dort auf die Starterlaubnis. Alexander saß auf dem rechten Platz, McCusker, der Pilot unter Aufsicht, auf dem linken, und McGregor nahm den mittleren Passagiersitz hinter ihnen ein. Das Flugzeug sollte einige Wasserlandungen und Starts zwischen den Inseln Aegina und Poros durchführen. Als sie beim Flugzeug ankamen, stellte Alexander fest, daß er die Abflugkontrolliste vergessen hatte; er führte die Sicherheitskontrollen aus dem Gedächtnis durch; die Fluganleitungen für die »Piaggio« sehen sieben Bodenkontrollen vor, fünfzehn Kontrollen vor dem Start der Maschine, zwölf Kontrollen vor dem Start des Flugzeuges und sieben Kontrollen nach dem Start. Von dem Platz aus, auf dem McGregor saß, konnte er nicht sehen, ob die Klappen und Querruder optisch überprüft wurden, um sicherzustellen, daß sie korrekt auf die Kontrollen reagierten, aber er hatte eine hohe Einschätzung von Alexanders Professionalität. »Ich weiß noch, wie mit mir schimpfte, als er mit mir die Funktionsprüfung machte, weil ich keine optische Prüfung durchführte«, erinnerte sich McGregor, der direkt von den 707-Maschinen kam, bei denen es unmöglich ist, vom Cockpit aus die Kontrollflächen zu beobachten. Um 15.21 Uhr, als eine »Boeing 727« der »Air France« von der Rollbahn 33 abhob, bekam die »Piaggio« die Starterlaubnis für dieselbe Rollbahn mit der Anweisung, beim Abflug nach links abzubiegen.

Die »Piaggio« hob ab. »Nach drei oder vier Sekunden senkte sich abrupt der rechte Flügel und blieb unten«, erinnerte sich McGregor. Es gab kein Ausscheren oder eine Schwenkbewegung, die auf ein Maschinenversagen hinwiesen, und es gab auch kein Stottern, aus dem sich ein Überziehen der Maschine schließen ließ. Das Flugzeug schien einfach aus dem Gleichgewicht zu kommen. Er glaubte, daß der rechte Schwimmer die Rollbahn berührte, doch angegurtet auf dem Mittelsitz, war es für ihn unmöglich, hinauszusehen. »In dem Augenblick befanden wir uns in einer rechten Steigkurve, die sehr steil wurde . . . mir wurde klar, daß wir auf den Boden aufschlagen würden.« Vom Abflug bis zum Aufprall vergingen wenig mehr als fünfzehn Sekunden, schätzt McGregor. Er kann sich nicht erinnern, daß in der defekten Maschine während jener verhängnisvollen Augenblicke auch nur ein einziges Wort gesprochen wurde, ehe sie sich in die Rollbahn pflügten.

Ari und Jackie wurde die Nachricht in New York übermittelt; Tina und Stavros Niarchos waren in St. Moritz; Christina hielt sich in Brasilien auf und erfuhr davon über das Autoradio. In London war es 18.30 Uhr, und Fiona machte sich gerade für das abendliche Hochzeitsessen ihres Bruders fertig, als sie es hörte. In den Nachrichten hieß es, daß McCusker und McGregor schwer verletzt wären und daß Alexander operiert würde, um Blutgerinnsel zu entfernen und den Druck auf sein Gehirn zu vermindern. Die letzten planmäßigen Flüge nach Athen waren abgeflogen. »Die nächsten drei Stunden verbrachte ich am Telefon und ließ alle Drähte spielen, die ich kannte, rief jeden an, von dem ich wußte, daß er ein Privatflugzeug besaß«, erinnerte sich Fiona. »Ich wußte nur, daß er lebte, daß ich mich um ihn kümmern wollte und daß er wieder gesund werden würde.« Um 23 Uhr bekam sie einen Anruf, in dem ihr mitgeteilt wurde, daß um Mitternacht das Privatflugzeug eines Geschäftsmannes zur Verfügung stehen würde. Am Dienstagmorgen, kurz nach sechs, kam sie in Athen an. Obwohl er an Reanimationsgeräten angeschlossen war, sah er unverletzt aus. »Die Dinge, an die man dabei denkt, sind merkwürdig. Er war immer so stolz auf seine neue Nase gewesen, und ich dachte sofort: ›Gott sei Dank ist seiner Nase nichts passiert‹«, sagte Fiona später. Ein Teil seines Haares war über der rechten Schläfe abrasiert worden; ansonsten gab es wenig Anzeichen von Verletzungen; er war nicht bandagiert.

Während Fiona in ganz Europa hektisch herumtelefoniert hatte, um ein Flugzeug aufzutreiben, das sie nach Griechenland bringen sollte, hatte Ari eine »Trident« der »British Airways« (mit einer Kapazität von 149 Passagieren) belegt, um einen Mann – den englischen Neurochirurgen Alan Richardson – nach Athen zu fliegen. Während die Familie noch aus der ganzen Welt im Krankenhaus eintraf, bestätigte Dr. Richardson die schreckliche Prognose des griechischen Chirurgen; Alexander hatte einen »irreparablen Gehirnschaden« erlitten. Dennoch schien das unbegreiflich zu sein; abgesehen von ein paar Kratzern auf der Hand (»Als wäre er auf Kies ausgerutscht«, fand Fiona), sah er unverletzt aus. Ein weiterer Neurochirurg war aus Boston gerufen worden, und während sie auf seine Ankunft warteten, erinnerte sich jemand daran, daß von einer heiligen Ikone auf einer der Inseln gesagt wurde, sie besäße Wunderkräfte; Ari ordnete an, sie zu suchen und ins Krankenhaus zu bringen. Ein Büro neben Alexanders Zimmer wurde mit Sofas und Sesseln ausgestattet. Aris Schwestern weinten haltlos und heftig; ihr Kummer schien sehr an Zorn zu grenzen.

Äußerlich ruhig saß Fiona, in ihre eigenen Gedanken versunken, allein am Fenster. Nach einer Weile kam Jackie und setzte sich zu ihr. Sie muß die Einsamkeit der Frau verstanden haben, die Alexander wahrscheinlich am nächsten gestanden hatte und trotzdem, genauso wie sie selbst, ein Außenseiter inmitten der fast sippenhaften Verzweiflung war. Sie sprach mit leiser Stimme; sie wußte, daß Alexander Fiona alles erzählte; sie wußte auch, daß Ari mit seinem Sohn über die bevorstehende Scheidung gesprochen hatte. Könnte sie ihr sagen, welche Summe Ari für ihre Abfindung im Sinne hätte? Fiona, die sich Mitgefühl erhofft und sich gleichzeitig auch davor gefürchtet hatte (»Wenn man so verletzlich ist, braucht man kein Mitgefühl«), war erstaunt über die Frage. Dennoch war es genau die Art von Ablenkung, die sie gerade brauchte, und so unwirklich es im nachhinein auch erscheinen mag, antwortete sie geduldig. Obwohl Alexander eine Zahl genannt habe, glaube sie, daß Jackie diese Frage ihrem Mann stellen solle. Jackie stimmte ihr zu und überließ Fiona wieder ihren Gedanken.

Gegen ein Uhr mittags, am 23. Januar 1973, kam der Spezialist aus Boston zu derselben Überzeugung wie der englische und griechische Chirurg. Alexander »befand sich im tiefsten Koma und war nicht in der Lage, ohne Reanimationsgeräte zu atmen«, sagte Dr. Richardson. Ari wurde die Situation erklärt: Nur der Apparat erhielte seinen Sohn technisch am Leben (er hatte eine allgemeine Quetschung und ein Ödem der Gehirnmasse erlitten; der rechte Schläfenlappen hatte sich zu einer Pulpa reduziert, und die rechte Stirnhöhle hatte eine schwere Fraktur erlitten), und es gäbe keinerlei Hoffnung auf eine Genesung. Ari bat die Ärzte, zu warten, bis Christina aus Brasilien eintraf, damit sie sich von ihrem Bruder verabschieden könne – »dann laßt uns ihn nicht länger quälen«. Dr. Richardson fand, daß er die Situation »für sein griechisches Temperament erstaunlich gelassen« handhabe. Das war die einzige Tat, die er je in seinem Leben als Vater getan hatte, die Fiona »in jeder Hinsicht respektierte«.

Ari verließ das Krankenhaus. Fiona wurde gestattet, mit Alexander allein zu sein. »Ich saß nur da und dachte, ich müßte zu ihm durchdringen können, ein Teil seines Hirns müßte noch funktionieren. Ich hielt seine Hand und versuchte, es ihn wissen zu lassen ... obwohl ich der Tatsache ins Auge sehen mußte, daß er von dort, wo immer er auch war, auf keinen Fall zurückkehren würde. Nach ungefähr vierzig Minuten wurde ich etwas weinerlich und dachte: ›O nein, brich jetzt nicht zusammen! Das nützt überhaupt nichts.‹ Dann sagte ein Arzt, es sei an der Zeit, daß ich ginge.« Christina kam später an jenem Nachmittag an, und um 18.55 Uhr wurde der Apparat abgeschaltet.

Als Fiona ins »Hilton« zurückkehrte, bot der Manager ihr an, Alexanders Zimmer aufzuschließen. Es war nicht betreten worden, seit Alexander es am Montag verlassen hatte, und er wollte, daß sie nachschaute, ob darin etwas war, was ihr gehörte, »Briefe vielleicht«, die sie gern haben wollte. Auf dem Nachttisch lag die

Schokolade, die sie ihm geschenkt hatte, als er Morges verließ; drei Stücke fehlten; sie wußte, welche es sein würden. »Der Verstand schützt sich bis zu einem gewissen Grad«, sagte sie später. »Man trinkt eine Menge Wein und nimmt Schlaftabletten, aber an den kleinen Dingen zerbricht man dann am Ende.«

Ari wanderte durch die Straßen von Athen und suchte die Kirche, in der er in der Nacht gebetet hatte, als er von dem Tod seiner Großmutter erfahren hatte. In den frühen Morgenstunden des 24. Januar 1973 fand er sie und betete für seinen Sohn vor demselben Altar, an dem er für Gethsemane gebetet hatte. Die Zeit war keine Erklärung für die Distanz, die er zwischen damals und jetzt empfand. Nichts hätte die Veränderungen in seinem Leben zutreffender zusammenfassen können als der Brief, den Ingeborg ihm an jenem Morgen aus Paris geschickt hatte: »Lieber Ari«, schrieb sie auf französisch, und schon allein die Wahl der Sprache betonte die verstrichene Zeit:

> Ich denke an all das, was gut zwischen uns gewesen ist, und ich kann mich nicht zurückhalten, Dir aus tiefstem Herzen mitzuteilen, wie schockiert und bekümmert ich war, als ich von diesem unglaublichen Unfall Deines Sohnes Alexander erfuhr. Aus der Ferne teile ich aufrichtig Deinen schmerzlichen Verlust und das tiefe Leid, das Dich überwältigen muß. Mit meinen besten Wünschen, Inge.

Er wurde auf Skorpios beerdigt, aber erst nachdem Ari mehrere Gefühls- und Sinneswandel durchgemacht hatte, ehe er sich für den endgültigen Ruheplatz entschied. Er hatte sowohl Fiona als auch mehreren anderen Freunden von Alexander versprochen, daß er in Athen begraben werden würde, um ihnen somit den Besuch des Grabes zu ermöglichen. Dann beschloß er, daß die Leiche tiefgefroren und in einer Gefrierstation aufbewahrt werden sollte, bis die Medizin eines Tages in der Lage wäre, Alexanders zerstörtes Gehirn zu operieren; Meyer wurde beauftragt, sich mit der »Life Extension Society« (Gesellschaft für Lebensverlängerung) in Washington in Verbindung zu setzen, die auf Gefriertechniken spezialisiert war; Ari gab diesen Gedanken auf, als Yanni Georgakis, der mit ihm seit zehn Jahren über Theologie debattierte, protestierte und sagte, er habe kein Recht, »die Reise von Alexanders Seele zu behindern«.

Der Tod eines Sohnes ist ein schrecklicher Schlag für die Seele eines liebenden Vaters. Für einen reuigen Vater ist er verheerend. Er konnte es nicht hinnehmen, daß der Absturz ein Unfall gewesen war. Er beschuldigte den CIA und seinen alten Freund Jeorjios Papadopoulos, dessen Verbindungen zur »Central Intelligence Agency« seiner Ansicht nach weit zurückreichten. »Das ist die Rache für das verpatzte Projekt ›Omega‹«, sagte er. Es war richtig, daß das Regime des Obersten immer unsicherer wirkte, und das Scheitern von »Omega« wurde in der griechischen Öffentlichkeit als ein Scheitern der Junta angesehen, das die ernsten wirtschaftlichen Schwierigkeiten unterstrich, mit denen das Land unter der Diktatur konfrontiert wurde.* Dennoch schien es unglaubwürdig, daß Alexander getötet wurde, um seinen Vater dafür zu bestrafen, daß er »seine Partei im Stich gelassen« hatte. Die meisten Leute, die Aris emotionsgeladenen Vorwürfen zuhören mußten, führten sie auf seinen Kummer und seine Schuldgefühle zurück, denn es war kein Geheimnis, daß Alexander ihm seit mehr als einem Jahr erzählt hatte, daß die »Piaggios« Todesfallen wären.

»Ari machte uns alle verrückt, seine Paranoia verschonte niemanden«, sagte Meyer, der wenige Stunden nach dem Absturz aufgefordert wurde, die Tonbandaufnahmen, die Alexander von den Gesprächen mit seinem Vater gemacht hatte, zu finden und zu vernichten. »Das merkwürdige daran war, daß er wußte, daß sie überhaupt existierten«, sagte Fiona Thyssen, die auch heute noch keine Ahnung hat, warum Ari sie unbedingt vernichten wollte. »Es waren einfach nur Bänder, die ein junger Mann aufgenommen hatte, um seiner Freundin zu beweisen, wie unmöglich sein Vater war.« Meyer war der Ansicht, daß Ari »nicht den geringsten

---

* Am 25. November wurde Papadopoulos bei einem unblutigen Streich gestürzt, der vom Brigadegeneral Dimitrios Ioannides, einem undurchsichtigen Befehlshaber der griechischen Militärpolizei, angeführt wurde.

Fetzen zurücklassen wollte, den seine Feinde eines Tages gegen ihn benutzen könnten. Er traute niemandem.« Am Tag nach der Beerdigung hörte Fiona zufällig in der »Glyfada-Villa«, wie sich zwei seiner ältesten Assistenten über die Tragödie in einer Ausdrucksweise unterhielten, die sie entsetzte. »Kennen Sie das deutsche Wort Schadenfreude? Es bedeutet, daß man ein Vergnügen am Unglück eines anderen findet. Es war, als ob sie endlich das Gefühl hatten, daß ihm all die schrecklichen Dinge, die er ihnen im Laufe der Jahre angetan hatte, heimgezahlt worden waren. Dieser absolute Haß zweier Menschen auf einen Mann, die ihm nicht näher hätten stehen können, hat mich erschüttert. Ari putzte sich nicht einmal die Nase, ohne daß einer von ihnen mit einem Kleenextuch bereitstand, und sie verachteten ihn. Ich dachte: ›Mein Gott, dieser Mann ist schlimmer, als sogar ich geglaubt habe.‹«

Die griechische Luftwaffe nahm die verunglückte »Piaggio« in ihre Obhut. Aris Verdacht, daß die Junta etwas verhüllen wollte, wuchs, als seinen Ingenieuren der Zugang zum Wrack versagt wurde (»Olympic« wäre kaum unparteiisch in der Angelegenheit, hieß es), bis die Militärexperten ihre Untersuchungen abgeschlossen hätten, die jetzt dabei waren, die Trümmer zu durchkämmen, den Motor und andere Fragmente mit Kennzeichen zu versehen, einen Plan der verstreuten Trümmerteile herzustellen, Augenzeugen zu befragen, Aussagen von McGregor und McCusker zu bekommen, die beide den Absturz überlebt hatten – McGregor mit einer Stauchungsfraktur der Wirbelsäule, einer Gehirnerschütterung und Beinverletzungen; McCusker, der körperlich weniger verletzt war, litt unter Gedächtnisschwund.

Der Unfalluntersuchungsbericht, der am 20. April 1973 fertiggestellt wurde, hätte nicht besser aussehen können, um Aris Behauptung von einer Sabotage zu bestätigen. Der Absturz war angeblich dadurch verursacht worden, daß die Verbindungskabel der Querruder beim Einbau eines neuen Knüppels vertauscht worden waren: Als der Pilot also auf Anweisung vom Kontrollturm beim Abflug nach links wenden wollte, mußte sich das Flugzeug nach rechts drehen – je stärker er den Knüppel nach links zog, desto heftiger brach das Flugzeug nach rechts aus.

Die Ingenieure von »Olympic« zogen die offiziellen Feststellungen in Zweifel. Zunächst einmal behaupteten sie, daß die entscheidenden Farbmarkierungen, die auf die Verbindungsstücke gemalt werden, ehe sie getrennt werden (um festzustellen, was zum Zeitpunkt des Unfalls womit verbunden war), erst nach der Trennung aufgetragen wurden – einschließlich der Markierungen auf den vertauschten Kabeln, auf die die militärischen Ermittler die Ursache des Absturzes zurückführten. »Sie behaupteten außerdem, daß die Kabel einfach nicht lang genug waren, als daß sie gekreuzt und falsch angeschlossen werden konnten«, sagte McGregor, der auch nicht bereit war, jemandem die Theorie der vertauschten Kabel abzukaufen. Die »Piaggio« hatte ihren Start auf ungefähr halber Strecke der Rollbahn 33 begonnen, und zwar eine Minute und fünfzig Sekunden nach dem Abflug der »Boeing 727« der »Air France«. »Ich habe seitdem furchtbar viel über Sogturbulenzen gelesen, und meiner Meinung nach befanden wir uns am perfekten Platz, um den Sogwirbel der 727 mit voller Kraft abzubekommen [wie beim Kielwasser eines großen Schiffes dauern die Turbulenzen eines Düsenflugzeuges noch mehrere Minuten nach dem Abflug an]. Wir haben es falsch gemacht: Wir hätten am Anfang der Rollbahn starten und in die Kurve gehen müssen, ehe der Sog der 727 uns ergriff, oder die vorgeschriebene Zeit [drei bis fünf Minuten] abwarten müssen, damit er sich legte. Ari beschuldigte McCusker, aber Alexander war der befehlshabende Pilot, unabhängig davon, wer tatsächlich am Steuer saß«, sagte McGregor offen.

Das Motiv der Rache nahm einen immer größeren Raum in Aris Phantasie ein. Er bot eine Million Dollar für Informationen an, die bestätigten, daß an dem Flugzeug Sabotage betrieben worden war. »Eine coole Million müßte eigentlich reichen, um sich etwas einfallen zu lassen«, schrieb McCusker an Don McGregor. »Wenn er keine Anhaltspunkte bekommt, denke ich, werde ich ihm vorschlagen, daß wir beide uns die Summe teilen und ihm sagen, daß wir quitt sind, okay?« Obwohl McGregor einmal von einem leitenden Direktor der »Olympic« besucht wurde, der ihm einen Karton Pralinen mitbrachte, hatten beide Piloten von Ari seit dem Unfall kein Wort gehört. »Nicht einmal eine Grußkarte«, erinnerte sich McGregor. »Er hat es wirklich in sich«, schrieb McCusker, der begonnen hatte, Ari vor Gericht auf Schadenersatz zu verklagen, nachdem er dessen Versuche, ihn wegen Totschlages von Alexander zu verklagen, abgewendet hatte.

Aris Gedanken wurden krankhaft und finster. Immer wieder spielte er ein Tonband ab, das er von der »Edwards Air Force Base« in Kalifornien erworben hatte, auf dem die letzten Worte von Testpiloten aufgenommen waren, deren Flugzeuge in unkontrollierbare Sturzflüge geraten waren (»Hört euch diese Männer an, die nicht aufgeben und bis zum Ende kämpfen, so wie Alexander zu Ende ging«). Er ließ McCusker auf CIA-Verbindungen überprüfen. Alan Hunter, einen der angesehensten Detektive für Flugzeugunglücke in England, beauftragte er, eine unabhängige Untersuchung durchzuführen. Am 6. Juli kam Hunter zu derselben Schlußfolgerung wie die Ermittlungsbeamten der Luftwaffe: Die Kabel der Querruder seien vertauscht worden. Und obwohl Hunter erklärte, wie einfach es sei, diesen Fehler beim Einbau neuer Kontrollmechanismen in diesem speziellen Flugzeug zu begehen, bestand Ari weiterhin darauf, daß Alexander ermordet worden war, und Hunters Bericht wurde weggeschlossen.

Die Ermittlung der »Mörder« lief weiterhin ins Leere. Es war purer Zufall gewesen, daß Alexander an jenem Morgen die »Piaggio« geflogen hatte. Nur ein Charterauftrag in letzter Minute hatte ihn davon abgehalten, Fiona zur Hochzeit ihres Bruders nach London zu begleiten, und nur die Tatsache, daß McGregor die medizinische Überprüfung nicht bestanden hatte, hinderte diesen daran, den Einweisungsflug mit McCusker selbst zu leiten. Während der Zeit, als es feststand, daß Alexander bei dem Flug dabeisein würde, wäre es nicht möglich gewesen, die Kabel umzutauschen.

Im Juli 1974 leistete die »Olympic« Donald McGregor in einem Akt der Barmherzigkeit eine Entschädigung von 15 000 Dollar (abzüglich 15 Prozent Gerichtskosten) für seine Verletzungen. Den Rechtsanwälten von »Olympic« verbot Ari strikt, die Sache mit McCusker zu regeln. »Er konnte es nicht ertragen, den Fall zu beenden. Er wollte, daß er immer weiterverfolgt würde, so als würde der Fall selbst das einzige sein, was die Erinnerung an Alexander lebendig hielt. Selbst als McCuskers Anwälte damit drohten, eine 747 der ›Olympic‹ in den Staaten zu beschlagnahmen, gab er nicht einen verdammten Zentimeter nach«, erinnerte sich Meyer. »Bis ganz zuletzt war er davon überzeugt, daß der CIA seinen Sohn getötet hatte, und solange er McCusker an der Angel hatte, war er sicher, daß dabei etwas herauskommen würde.«

In Aris Kopf »wimmelte es von Sündenböcken, Leuten, die er fertigmachen wollte, weil er der Ansicht war, daß sie irgend etwas mit Alexanders Tod zu tun hatten«, sagte ein leitender Angestellter, der sich Sorgen darum machte, welche Auswirkung Aris unverhüllte Verdächtigungen auf das öffentliche Vertrauen in die »Olympic Airways« haben könnten. Gratsos erinnerte sich später an eine Geschichte, die Ari ihm über einen griechischen Philosophen erzählt hatte, der nicht wußte, ob Götter existieren oder nicht oder wie sie überhaupt aussehen könnten, und der zu dem Schluß kam, daß einfach zu viele Dinge im Wege ständen, um es jemals herauszufinden. Und Ari sagte: »Nun, ich weiß auch nichts über Götter, Costa, aber ich weiß über üble Bastarde Bescheid, und ich habe eine verdammt gute Vorstellung, wie sie aussehen, und egal, was im Wege steht, ich werde einen von ihnen festnageln, ehe mein Leben zu Ende ist.«

1978, drei Jahre, nachdem Aris Leben zu Ende war, einigte sich die »Olympic« mit Donald McCusker auf eine Summe von 800 000 Dollar.

Kapitel 16

»Menschen haben nur eine kurze Zeit zu leben.«

Homer

Ari hatte beschlossen, seine Scheidungspläne aufzuschieben. »Er beabsichtigte zwar weiterhin, vor Gericht zu gehen«, beteuerte Meyer. »Doch war das jetzt nicht der Augenblick.« Kurz nach der Beerdigung auf Skorpios rief Jackie Pierre Salinger in Paris an und erzählte ihm, Ari sei »so gebrochen« und wolle eine Kreuzfahrt machen. Ob die Salingers ihnen Gesellschaft leisten wollten? Der Zeitpunkt hätte nicht ungünstiger sein können; in jener Woche hatte er angefangen, für die französische Zeitung *L'Express* zu arbeiten; dennoch fuhr er mit seiner Frau am nächsten Morgen um acht Uhr nach Orly, wo Jackie und Ari auf sie warteten. Eine 707 der »Olympic Airways« flog sie nach Dakar (sie waren die einzigen Passagiere), wo die *Christina* sie erwartete. Salinger und Ari entdeckten ein gemeinsames Interesse an Politik und Journalismus: »Es gab zwei Dinge im Leben, die er mehr als alles andere haßte: eins waren die Politiker und das zweite die Presseleute«, erinnerte sich Salinger, der beides war. Das gab ihnen reichlich Stoff zum Streiten, und Ari stritt sich noch immer gern, obwohl einige jetzt eine Kraftlosigkeit in seiner Leidenschaft entdeckten. Alexander wurde nie erwähnt. Lange nachdem die Gäste zu Bett gegangen waren, sah die französische Schriftstellerin Sabine de Labrosse Ari über das Deck hin und her gehen, während die Yacht Kurs auf die Antillen nahm. Er liebte das Gefühl des Meeres unter sich (»Weißt du, Wendy, das Land paßt eigentlich nicht zu mir«, erzählte er einmal Wendy Reves). »Ehe Alexander starb, arbeitete er auf dem Boot fast immer die Nacht durch«, erinnerte sich Costa Konialidis. »Jetzt hörte man Geschichten darüber, wie er nur über das Deck auf und ab lief, bis es hell wurde, als hätte er Angst, im Dunkeln zu schlafen.«

Hélène Gaillet traf ihn zum erstenmal kurz nach der Kreuzfahrt. Die attraktive, intelligente, kühl-ironische New Yorker Fotografin war die Gesellschaft erfolgreicher Männer gewohnt, und erfolgreiche Männer fühlten sich von ihr angezogen. Ihr Liebhaber war zu der Zeit ein Effektenbankier, den Ari sehr bewunderte. Hélène erinnerte sich: »An jenem Abend waren wir ungefähr zu acht in einem Restaurant in der Eighth Street östlich vom Washington Square. Männer wie Ari und mein Freund schleppten Leute mit sich herum, weil das ihr gesellschaftliches Ansehen fördert. Wenn man einen der beiden Männer am nächsten Morgen gefragt hätte, wer beim Abendessen dabeigewesen wäre, wären sie nicht in der Lage gewesen, darauf zu antworten. Sie sprachen fast den ganzen Abend lang über Geschäfte.« Sie sah, daß die beiden aus demselben Holz geschnitzt waren, »Männer, bei denen alles auf dem Spiel steht«. Doch gegen Ende des Abends war sie zu der Auffassung gekommen, daß »Ari ein Mann war, der für sich entschieden hatte, daß nichts mehr wirklich wichtig war. Es war, als wenn ein wesentlicher Bestandteil, der die Dinge zusammenhielt, aus seinem Leben geschieden war.«

Der Sommer 1973 war eine lebhafte Zeit für das Tankergeschäft. Die Kassamarktkurse stiegen ständig an, die VLCCs und ULCCs – sehr große und supergroße Öltanker mit mehr als 400 000 Tonnen – machten bei einer einzigen Fahrt von Kuweit nach Europa 4 Millionen Dollar Profit. Bei einem Profit von ungefähr 12 Millionen Dollar pro Monat, den Ari mit seiner Flotte von mehr als hundert Schiffen erzielte, und angesichts des steigenden Weltölverbrauchs um 8 Prozent pro Jahr, wobei der Verbrauch in den Vereinigten Staaten 40 Prozent des Gesamtverbrauchs betrug und um 8,7 Prozent anstieg, bestellte er vier weitere 200 000-Tonnen-Tanker in Japan und zwei ULCCs in Frankreich. Es war aber nur eine Reaktion auf die Marktbedingungen, und das Gefühl des Triumphes und die Feierlichkeiten, die früher eine Erweiterung seiner Flotte begleitet hatten, blieben aus. Als Konialidis ihm gratulierte, sagte er: »Ich finde das überhaupt nicht aufregend, Costa, vielleicht bin ich abgestumpft, oder vielleicht brauche ich die Aufregung auch nicht so sehr, wie ich geglaubt habe.« Sein Cousin war verblüfft. Sein ganzes Leben war von der

Ehrfurcht vor Aris Energie und Tatendrang bestimmt gewesen, er hatte ihn widerspruchslos als Familienoberhaupt akzeptiert, und er hatte ihn noch nie so sprechen gehört. An diesem einzigen Satz und, wie es schien, in weniger als ein paar Sekunden, so erinnerte er sich später, hatte Costa Konialidis »das Ende der Ära erkannt«. Ari hatte den Erfolg in seinem Leben bisher immer schlicht arithmetisch gemessen: dreimal drei Tanker macht neun Tanker, neun Tanker macht Millionen. Jetzt hatte er einen Fehler in der arithmetischen Reihe gefunden: »Millionen addieren sich nicht immer zu dem, was ein Mensch vom Leben erwartet«, sagte er.

Obwohl er noch immer zu Ausbrüchen heftigen Jähzorns und Anfällen erschreckender Wut fähig war (»Wer einmal ein dickköpfiger Hurensohn war, wird immer einer sein«, sagte Meyer), suchte er mehr und mehr die Kameradschaft alter Freunde wie die von Gratsos und Konialidis, suchte er ein paar Menschen, denen er vertraute, Männer, die er seit langer Zeit kannte und deren Freundschaft aus einer Vergangenheit stammte, die Außenseiter nie verstehen würden. Er liebte es, sich an frühere Zeiten zu erinnern; manchmal sprach er über sich selbst, als handelte es sich um eine andere Person; Gratsos vermutete, daß die Besinnung auf frühere Zeiten die Erinnerung an die jüngste Vergangenheit linderte. Er kehrte zurück in seine Kindheit wie ein Mann, der durch ein leeres Haus geht, in dem er vor langer Zeit gelebt hatte, der von Zimmer zu Zimmer schreitet, sich an Szenen und Namen erinnert und die Geräusche und Gerüche von halb vergessenen Dingen zu beschreiben versucht: das Geräusch des Imbat, dem Wind, der in Smyrna bis zum Sonnenuntergang blies; der Geruch des Holzkohlenfeuers, das Großmutter Gethsemane mit dem gefederten Flügel eines Truthahnes anfachte; die Namen der amerikanischen Zerstörer, die im Hafen vor Anker lagen, als Smyrna brannte; das erstemal, als sein Vater ihm eine Zigarre anbot; die wollüstige Wirtin in Neapel und die Mädchen in den großen Messingbetten vom Fahrie's; der bittere Geschmack der Niederlage, als er 1922 im »Pelos Club« nicht der Victor Ludorum wurde; die Größe der *Fuad* des Sultans, der schönsten Yacht, die er je gesehen hatte; das Weinen der Auswanderer an Deck der *Tomaso di Savoya*, als sie der alten Heimat zum Abschied winkten.

Im Sommer fuhr er zum erstenmal seit der Beerdigung nach Skorpios zurück. Als wäre es eine symbolische Geste dafür, daß die Vergangenheit mit seinem Sohn zusammen begraben worden sei, lud er Tina und Stavros Niarchos ein, das Grab mit ihm zu besuchen. Ihre Yachten trafen sich zwischen ihren Privatinseln. »Es war ein merkwürdiges Treffen mitten im Meer, diese beiden riesigen Yachten ... als würden sich zwei Kriegsherren auf neutralem Gewässer oder so etwas ähnlichem treffen, um ein Friedensabkommen zu unterzeichnen«, erinnerte sich Geraldine Fuller. »Aber aus irgendeinem Grund war Jackie wegen der ganzen Idee wütend. Sie wünschte sich, daß Stavros nicht gekommen wäre, und als wir auf seine neue Yacht [*Atlantis*] zum Mittagessen eingeladen wurden, weigerte sie sich, mitzukommen.« Niarchos' Mannschaft, tadellos gekleidet in weiße Uniformen und Mützen, war als Ehrengarde aufgestellt worden, um Ari und seine Gäste zu begrüßen. »Sie hatten überhaupt keine Ähnlichkeit mit Aris Mannschaft, die sehr viel informeller gekleidet war – mit kleinen T-Shirts, auf deren Brust der Schriftzug *Christina* stand.« An jenem Abend gingen sie alle auf einer nahe gelegenen Insel essen, und anschließend lud Ari alle auf die *Christina* zu einem Schlummertrunk ein. »Es war erstaunlich«, erinnerte sich Geraldine. »Wir wurden von Aris Kapitän und Mannschaft in absolut makellosen Tropenuniformen und Schirmmützen erwartet. Der Kapitän trug mehr Litzen als jeder Admiral, den ich je in meinem Leben gesehen hatte. Wo Ari diese Ausstattung mitten im Ägäischen Meer organisiert hatte, weiß ich nicht. Aber so etwas paßte zu ihm.« Sie vermutete auch, daß es einen tieferen Grund dafür gab als ein spielerisches Übertrumpfen, der ihn zu solchen Kapriolen trieb. »Er war sehr reich und prunkvoll, aber tief in seinem Herzen hatte er immer das Gefühl, der kleine griechische Mann aus Smyrna zu sein. Er hatte die Witwe des Präsidenten der Vereinigten Staaten geheiratet, und Niarchos hatte sich in der Beziehung gewiß nie mit ihm messen können. Doch als Stavros' Matrosen eleganter als seine eigenen aussahen, konnte er das einfach nicht ertragen.«

Auf Skorpios ging das Leben zum großen Teil weiter wie bisher, auch wenn der britische Diplomat Sir John Russel nicht der einzige war, der bemerkte, wie isoliert Jackie war. »Ständig hielt sie sich woanders auf und las und schwamm, und sie verbreitete immer mehr den Eindruck von Einsamkeit«, sagte er. »Sie nahm die Insel mit einer Stimmung von stillschweigender Mißbilligung des Lebensstils ihres Mannes und der Freunde ihres Mannes in Besitz«, sagte ein anderer häufiger Gast, der außerdem vermutete, daß sie zu der Überzeugung gekommen war, daß für sie die einzige Möglichkeit, »mit Ari zu überleben, darin bestand, ihre eigene Bedeutung aufrechtzuerhalten«. Ari trank weiterhin seinen beliebten »Black Label Scotch« und sang die griechischen Balladen, die er nachts so gern hörte. Doch Freunde bemerkten, daß er seinen Tatendrang verloren hatte. »Er sah verdrießlich aus und klagte über Kopfschmerzen«, erinnerte sich einer. Wenn seine Gäste ins Bett gegangen waren, wanderte er im Dunkeln stundenlang allein über die Insel, und der Abend endete immer damit, daß er wie ein Bauer am Grab seines Sohnes hockte. Spät in der Nacht kam einmal eine Amerikanerin, die nicht schlafen konnte und einen Spaziergang unternahm, ganz in seine Nähe, ohne daß er sie bemerkte. »Daß ein Mann so in sich zurückgezogen ist, kam mir wie eine Form von Glück vor«, sagte sie später. »Wenn der Junge noch gelebt und an seiner Seite gesessen hätte, wäre Ari Alexander nicht näher gewesen als in diesem Augenblick, dachte ich.«

Im Oktober 1973 gab es den tiefsten Einbruch im weltweiten Tankergeschäft, als die Araber die größte Ölverknappung in der Geschichte herbeiführten, um den Westen zu entmutigen, den Israelis im vierten arabisch-israelischen Krieg zu helfen; Ari erkannte, daß die Folgen des Ölkrieges weit über den Kampfplatz im Nahen Osten hinausgingen. Seit dem Zweiten Weltkrieg hatte kein Ereignis größere globale Veränderungen angekündigt; da die Nationen schließlich die Notwendigkeit erkannten, Öl zu sparen, und umfangreiche Programme zur Förderung eigener Rohstoffe und neuer Energietechnologien begannen, würde die Tankerflaute kein vorübergehendes Ereignis sein. Mehr als ein Drittel seiner Tanker waren bereits aufgelegt, keiner der Ölgiganten war an langfristigen Charteraufträgen interessiert, und er sah sich gezwungen, die beiden in Frankreich in Auftrag gegebenen

ULCCs mit einem Verlust von 12,5 Millionen Dollar zu stornieren.

Seit »Omega« gescheitert war, sprach er immer wieder über den Bau einer Ölraffinerie in den Vereinigten Staaten. Und fast zum selben Zeitpunkt, als im Yom-Kippur-Krieg die ägyptischen Truppen den Suezkanal überquerten und die syrischen Soldaten nördlich der Golanhöhen angriffen, rief Costa Gratsos an, um ihm mitzuteilen, daß er den perfekten Platz für eine amerikanische Raffinerie gefunden habe: Durham Point, ein bewaldetes Hochland oberhalb der Great Bay an der Atlantikküste von New Hampshire. Die Tanker sollten ihre Fracht auf Tiefwasserterminals auf den Isles of Shoals etwa sieben Meilen vor der Küste entladen, und eine Pipeline sollte das Rohöl von dort zur Durham-Point-Raffinerie befördern. Aber Gratsos hatte nicht nur einen perfekten Standort gefunden; er war außerdem auf den einzigen Gouverneur in ganz Neuengland gestoßen, der eine Ölraffinerie in seinem Staat begrüßte. Angesichts des Rückgangs in New Hampshires traditionellen Baumwollspinnereien und Holzindustrien und der Schließung von Schuhfabriken hatte Gouverneur Meldrim Thomson junior Gratsos' Interesse lebhaft begrüßt. Es würde »weder Probleme noch Bürokratismus« geben; Ari gab das Startzeichen.

Im wesentlichen hieß es, schnell zu handeln, denn es war klar, daß nicht nur Landschaftsschützer, sondern auch Umweltschützer von der Universität besonders empfindlich auf den Bau von Ölraffinerien in idyllischen Städten wie Durham, dem Standort der Universität von New Hampshire, reagieren würden. Leitende Angestellte der »Olympic Oil Refineries« (die sich als normale Grundstücksinteressenten ausgaben, die behaupteten, sie seien »das Gedränge des Stadtlebens leid und sehnten sich nach Ruhe«, oder als Beauftragte, die Land für so lobenswerte Zwecke wie ein Vogelschutzgebiet oder ein Altenheim oder einen exklusiven Strandclub kaufen wollten) begannen, Häuser und Grundstücke in Zielgebieten von Portsmouth und Rye sowie in Durham selbst aufzukaufen. Für mehr als eine 1300 Hektar lange, schmale Fläche, die bis hinunter ans Meer reichte, besaß man bereits die Kaufoption (für etwa 4,5 Millionen Dollar), ehe Ron Lewis, der

379

frühere Hufschmied und jetzige Enthüllungsreporter einer lokalen Wochenzeitung namens *Public Occurrences*, Wind davon bekam, was da passierte, und das Geheimnis publik machte. Bei einer hastig einberufenen Fernsehpressekonferenz im »Concord« enthüllte Gouverneur Thomson am 27. November die Pläne für das 600-Millionen-Dollar-Projekt, das direkt und indirekt Tausende von neuen Arbeitsplätzen und Millionen an Steuereinkünften für den Staat bedeuten würde. Nicht jeder war beeindruckt; viele protestierten gegen die Heimlichkeit, mit der dieses Geschäft begonnen hatte; innerhalb weniger Tage hatten viertausend Menschen eine Petition gegen die Raffinerie unterschrieben. »Diese Umweltidioten machen mich noch wahnsinnig«, sagte Ari zu Gratsos, als er davon hörte. »Eine moderne Raffinerie ist nicht schlimmer als ein moderner Apartmentblock. Wir leben in einer Zeit, wo die Leute sich entscheiden müssen, was sie wollen – überleben oder eine hübsche Picknickszenerie.«

Obwohl er sich nicht persönlich einmischen wollte, war die Opposition gegen die Raffinerie bis Mitte Dezember so lautstark geworden, daß Gratsos ihn dazu drängte, einen Presseempfang (»Laßt uns diesen Leuten zeigen, daß du kein Menschenfresser bist, Ari«) in New Hampshires Hauptstadt Manchester abzuhalten, in der es eine große griechische Gemeinde einmütiger Republikaner gab. Ari war zuversichtlich, das Geschäft in der Tasche zu haben; er hatte nicht nur Gouverneur Thomson in seinem Team, sondern auch William Loeb hatte sich jetzt mit seinem beträchtlichen Einfluß hinter seinen Plan gestellt; als Herausgeber der *Manchester Union Leader*, mit einer Auflage von 65 000 die größte Zeitung im Staat und nach Ansicht der *New York Times* sehr »bemerkenswert« wegen ihrer Leitartikel, in denen »Schwarze, Homosexuelle, Juden, die Kennedys und andere denunziert werden, die er als Bedrohung für die Zivilisation betrachtet«, war Loebs Unterstützung von vornherein sicher. »Ist Kissinger ein Itzig?« hieß ein Leitartikel des *Union Leader* während des arabisch-israelischen Krieges. »Ein Willkommen für die beiden großen O's: Öl und Onassis«, hieß die Schlagzeile der Zeitung an dem Tag, als Ari mit dem Hubschrauber nach Manchester kam. Hunderte von Menschen schrieben frostigere Botschaften in den

Schnee, der die Felder bedeckte: »Ari Go Home« und »Ari O No« hieß es in Buchstaben, die so groß waren, daß man sie sogar in 3000 Fuß Höhe lesen konnte.

Ari war nicht in seiner besten Verfassung; er fühlte sich nicht wohl; ihm war kalt; er war müde; er war nicht mit dem Herzen dabei. Er hätte gern Jackie an seiner Seite gehabt (»Scheiße! Sie muß einfach dabei sein. Sie hat in all den Jahren mit Jack gelernt, wie man damit umgeht.« Gratsos hatte ihm davon abgeraten mit der Begründung: »Loeb haßt die Kennedys«). »Ich bin kein Grieche, der Geschenke bringt«, begann er die Pressekonferenz mit einem müden Witz. Das letzte, was er wolle, fuhr er fort, wobei er nervös an einer Zigarre kaute, sei, den Menschen von New Hampshire eine unerwünschte Investition aufzuzwingen, »insbesondere, wenn man bedenkt, daß die Menschen von New Hampshire zum amerikanischen Adel gehören«. Doch selbst der Adel brauche eine Küche, sagte er. »Die ganze Zeit, seit Jahren schon, kommt ihr Proviant aus sehr weit entfernten, teuren Restaurants. Wenn wir es schaffen können, eine Raffinerie zu bauen, die so sauber wie eine Klinik ist und ohne Geruch und ohne Rauch, und wenn wir die Vertreter des Landschafts- und Umweltschutzes überreden und überzeugen können, dann hoffe ich, daß wir etwas machen, das für alle gut ist.« Er wurde gefragt: »Wenn Sie sagen, daß Sie New Hampshire nichts aufzwingen wollen, meinen Sie dann den Staat oder das Volk?« Er antwortete: »Der Staat ist das Volk.« Ein Journalist korrigierte seine Antwort, indem er Aris Akzent imitierte: »Das Volk ist der Staat.« Es war eine glanzlose Vorstellung. Die Drahtzieher und lokalen Politiker, die man zur Unterstützung der Raffinerie aufgereiht hatte, waren bestürzt. Sein poetischer Charme und sein argloses Vertrauen im Umgang mit der Presse wurden ihm jetzt zum Verhängnis. Versuche, die Konferenz wieder in den Griff zu bekommen, scheiterten vollends, als der Gouverneur selbst in einen Streit mit Reportern hineingezogen wurde. »Es war ein Reinfall von Anfang bis Ende«, sagte Meyer später. »Ari war nicht gründlich genug vorbereitet worden.« Gratsos dagegen maß der Tatsache, daß Ari schlecht vorbereitet gewesen war, wenig Bedeutung bei: »Im Umgang mit vorbereiteten Antworten war er nie gut. Am besten war er, wenn er spontan auf die Situation einging.« Während die Helfer ihm einen Weg aus dem Raum bahnten, griff ihn die Reporterin Anne Gouvalaris erneut wegen der Taktiken an, die die »Olympic« angewandt hatte, um das Land zu bekommen: Ob er glaube, daß er sich ehrenhaft verhalten habe? »Meine Liebe, mit Geld zwingt man niemanden«, erwiderte er mit einer Spur seines alten Charmes. »Damit verführt man.«

Jackie überredete ihn zu einer Reise nach Acapulco, um dort das Neujahr zu feiern. Am Abend, bevor er in den mexikanischen Urlaubsort fuhr, drei Monate seit Beginn des arabischen Ölembargos, bekam er die neuesten Zahlen vom »Amerikanischen Erdölinstitut«: Die Ölimporte lagen gerade etwas über der Hälfte des Volumens vom Oktober und sanken stetig. Jede Woche wurden weitere seiner Schiffe stillgelegt, und er wußte, daß die Araber die Ölhähne nicht mehr so freizügig öffnen würden wie vor dem Krieg, selbst wenn es sofort zu einer Einigung im Nahen Osten käme, denn sie hatten festgestellt, daß das Öl immer wertvoller wurde, je länger sie es unter der Erde ließen; außerdem würde die galoppierende Inflation weiterhin den Tankermarkt schwächen, selbst wenn die Kämpfe aufhörten, da die Industrienationen, die sich die Preissteigerungen nicht leisten konnten, einfach gezwungen waren, ihre Nachfrage einzuschränken. Als Ari Ende Dezember 1973 an Bord seines privaten Learjets kam, sah er eingefallen und unordentlich aus und war nicht länger der Mann, der bei Krisen und schlaflosen Nächten aufblühte; ein leitender Angestellter der »Olympic« meinte: »Er sah hundeelend aus.«

Die Tankerkrise war nicht alles, was ihn beschäftigte. Die »Olympic Airways« war schon immer ein Problem gewesen, und angesichts der traurigen Erinnerungen, die sie wachrief, war sie jetzt ein schmerzhaftes Problem geworden, dem er so weit wie möglich aus dem Weg zu gehen versuchte. Sein Verhalten verschlimmerte nur noch die Lage für die Geschäftsführer, die mit Widrigkeiten kämpften, die letztendlich nur er bereinigen konnte. Außerdem war er durchaus nicht mehr so optimistisch, was die lokale Opposition gegen die Raffinerie in New Hampshire betraf, und er klagte, er sei »immer so verdammt müde«, eine Klage, die immer häufiger kam, seit er in jenem Sommer von Skorpios zurückgekehrt war. Ständig telefonierte er mit Gratsos, Loeb und Gouverneur Thomson und »versetzte sie in Unruhe«.

Es war ein Fehler von Jackie, daß sie sich ausgerechnet zu jener Zeit erlaubte, ihre teuren Launen hervorzukehren, indem sie erklärte, daß sie sich ein Haus in Acapulco bauen lassen wollte. Er betrachtete ihren Wunsch, ein Heim in der Stadt zu gründen, in der sie die Flitterwochen mit Jack verbracht hatte, als »ein endgültiges Symptom für ihre Mésalliance«, wie es ein Onassis-Insider ausdrückte. »Sie ist eine schöne Frau«, sagte Ari zu Gratsos bei einem ihrer vielen Telefonate während der Mexikoreise, »aber Millionen schön ist sie nicht.« Die Spannungen in ihrer Ehe, als er eine Scheidung vorbereitete, aus der er hoffte, mit heiler Haut davonzukommen, entgingen niemandem in ihrer Nähe; noch während ihres Rückfluges nach New York am 3. Januar 1974 stritten sie sich. Jackie war in einer streitsüchtigen Stimmung und teilte genausoviel aus, wie sie einstecken mußte, indem sie ihn an jeden Geschmacks- und Stilfehler erinnerte, den er sich in den fünf Jahren ihres Zusammenlebens geleistet hatte; sie konnte kränkend sein, wenn es um die Fehler der anderen ging, und wie alle Frauen, »die zu Abenteuerinnen« (Gore Vidals Meinung über Jackie und Lee) und »westlichen Geishas« (Truman Capotes Zusammenfassung der Schwestern) »erzogen wurden«, verstand sie es offensichtlich nicht nur, den Männern zu schmeicheln, sondern auch, sie zu verletzen. Schließlich zog er sich in eine ruhige Ecke der Maschine zurück, und der Flug wurde sowohl eine räumliche als auch eine geistige Reise, als er Seite für Seite seines Notizblockes füllte. Nachdem er seinen Aberglauben überwunden und mit den Worten »An meine liebe Tochter« begonnen hatte, entwarf Aristoteles Sokrates Onassis sein Testament; seit Alexanders Tod hatte er sich mit seiner eigenen Sterblichkeit beschäftigt, und jetzt nahm er sie als eine Realität an. In den letzten Wochen hatte er Schmerzen gehabt – sein ganzer Körper schmerzte –, und der körperliche und geistige Akt, sein Testament zu verfassen, kostete ihn eine übermenschliche Anstrengung; für einen Mann, der sich selten um die Feinheiten und Paradoxien der Gesetzgebung und Moral gekümmert hatte, war es ein sorgfältig ausgearbeitetes Dokument.

Die Frau, die mit solch einer historischen Mitgift zu ihm gekommen war, wurde in einer Manier abgespeist, in der sie entweder wenig oder gar nichts bekam: Da er sich bereits um sie gekümmert und außerdem eine schriftliche Vereinbarung erreicht hatte, in der sie auf ihre Erbrechte verzichtet hatte, vermachte er Jackie ein lebenslanges Einkommen von 200 000 Dollar pro Jahr (Caroline und John sollten jeder 25 000 Dollar pro Jahr erhalten, bis sie 21 Jahre alt waren); sollte sie jedoch das Testament anfechten oder vor Gericht gehen, würde sie ihr Jahreseinkommen auf der Stelle verwirken, und seine Testamentsvollstrecker und die restlichen Erben wurden angewiesen, sie »mit allen gesetzlich möglichen Mitteln« zu bekämpfen. Falls sein Tod einträfe, ehe er eine Stiftung auf den Namen seines Sohnes gegründet hätte, schrieb er, sollten seine Testamentsvollstrecker eine solche Stiftung gründen, um den Wohlstand, religiöse, künstlerische und kulturelle Aktivitäten zu fördern (zum größten Teil in Griechenland) und jährliche Preisverteilungen nach dem System des schwedischen Nobelpreises durchzuführen; die »Alexander-Onassis-Stiftung«, die ihren Sitz in Vaduz, Liechtenstein, haben sollte, sollte jedoch auch einen anderen, eher geschäftlichen Zweck haben. Das verwickelte Netzwerk von Gesellschaften, die er sein Leben lang manipuliert und kontrolliert hatte, sollte mit ihm sterben und sein Imperium durch den Aufbau von zwei Dachgesellschaften namens »Alpha und Beta« weiterleben: In »Alpha« sollte sein ganzes Vermögen konsolidiert werden (das er gewissenhaft während des Fluges nach New York katalogisierte), während »Beta« nur über die Anteile von »Alpha« verfügte; seine Haupterbin, Christina, sollte das gesamte Vermögen von »Alpha« erhalten (zusätzlich zu einer jährlichen Vergütung von 250 000 Dollar und, falls sie wieder heiratete, von 50 000 Dollar für ihren Mann); der Hauptaktionär (52,5 Prozent) von »Beta« sollte die Stiftung sein; ihr Vorstand sollte sich aus seinem innersten Kabinett unter der Leitung von Costa Konialidis rekrutieren und im wesentlichen das Imperium für Christina leiten.

Während der Learjet durch den Himmel über dem Golf von Mexiko flog, kritzelte Ari Stunde für Stunde seine Notizen hin und teilte sein Königreich auf: lebenslänglich 60 000 Dollar pro

Jahr (der Inflationsrate angepaßt) für seine Schwestern Artemis, Merope und Calirrhoë; 60 000 Dollar pro Jahr für seinen Cousin und treuen Helfer Costa Konialidis; für Costa Gratsos und Nicolas Cokkinis, seine Geschäftsführer in New York, 30 000 Dollar jährlich; 20 000 Dollar pro Jahr für Costa Vlassapoulos, seinen Mann in Monte Carlo; Chauffeure, Zimmermädchen und Haushälter wurden mit unterschiedlichen Summen der Dankbarkeit bedacht. Ari wurde nur einmal beim Schreiben unterbrochen, als das Flugzeug zum Tanken in Palm Beach zwischenlandete. Es wurde berichtet, daß er und Jackie Schinken, Salat und Tomatenbrote in der Cafeteria aßen; Jackie muß vermutet haben, was Ari tat, und sie bemerkte die Stimmung, in der er das tat; falls sie ihre Ansprüche nicht in Acapulco bedauerte, so gelang es ihr zumindest in der Cafeteria, den Eindruck zu vermitteln, »daß ihre Periode der Gemeinsamkeit, die vordem nicht zu sehen gewesen war«, noch intakt war. Zwischen Palm Beach und New York gab er dem wohl längsten Brief, den er jemals geschrieben hatte, seit er als junger Mann in Ingeborg Dedichen verliebt gewesen war, den letzten Schliff. »Meine Yacht, die *Christina*, können meine Tochter und meine Frau, wenn sie es wünschen, für ihren persönlichen Gebrauch behalten«, schrieb er; falls sie zu dem Entschluß kämen, ihr Unterhalt sei zu teuer (dieser wurde auf 600 000 Dollar pro Jahr geschätzt), sollten sie sie dem griechischen Staat schenken; eine ähnliche Klausel sicherte die Zukunft von Skorpios (Jackie erhielt einen Anteil von 25 Prozent sowohl an der Insel als auch an der Yacht). Zur Haupttestamentsvollstreckerin ernannte er »Athina, geborene Livanos-Onassis-Blandford-Niarchos [sic!], die Mutter meines Sohnes Alexander«.

Er kehrte nicht erholt nach New York zurück; seine Leute waren entsetzt über seine Erscheinung; er schien Schwierigkeiten zu haben, seinen Kopf aufrecht zu halten, und sein Personal, das sich an seinen starken Akzent gewöhnt hatte, besonders wenn er müde oder wütend wurde, bemerkte, daß er oft undeutlich sprach, selbst wenn er nicht getrunken hatte (»Ich kann nicht mehr damit rechnen, betrunken zu werden, selbst wenn ich es sehr gern wollte«, berichtete er einem engen Freund in London). »Seine Haut war so blaß, wie man es selbst nach nur einem Nachmittag in

Acapulco nicht für möglich hält«, sagte einer seiner Public-Relations-Leute, die für die Durham-Point-Kampagne engagiert worden waren. »Ich hätte ihm wirklich liebend gern bessere Neuigkeiten mitgeteilt. Der Kerl sah aus, als hätte er seit langer Zeit keine guten Nachrichten mehr erhalten.« Das Team, das das Raffinerie-Projekt leitete, hatte eins über die Menschen von New Hampshire gelernt: Sie waren genauso widerborstig und unvorhersehbar, wie man es ihnen nachsagte. Ein Interessenverband, der sich SOS (Save Our Shores = Rettet unsere Küsten) nannte, verbreitete eine lange Reihe von Berichten über die Gefahr von auslaufendem Öl und platzenden Pipelines, die die Public-Relations-Männer und Managementberater, die im Dienst von »Olympic Oil Refineries« standen, entsetzten.

Einer der schwersten Schläge für die Pläne der »Olympic« ereignete sich bei einer Public-Relations-Veranstaltung in der »Rye Junior High School«, die als eine routinemäßige Veranstaltung geplant war (»Sie reisten mit dieser blödsinnigen Technicolor-Dia-Show herum und bewiesen, daß man auf Aris Tankern vom Deck essen konnte ... die einzige Ölspur sah man dabei in Peter Booras' Haar«, sagte Meyer).* Die Ankerplätze von Olympics Supertankern sollten abseits der Küste von Rye liegen, und die Pipeline nach Durham Point sollte den Strand der Stadt überqueren. Während Aris Experten und PR-Leute sich in einem Fernsehstudio verspäteten, enthüllte Frederick Hochgraf, ein Professor für Ingenieurwesen der Universität von New Hampshire, den sechshundert Menschen, die sich in der Turnhalle der Schule drängten (viele von ihnen waren Fischer und Hummerfänger oder arbeiteten in der Sommerfreizeitindustrie), Tatsachen, die selbst die härtesten Gegner der Raffinerie nicht vermutet hätten: Wenn die Supertanker täglich 270000 Barrel an die Raffinerie lieferten, würden jährlich 3660 Barrel ins Meer verschüttet wer-

---

* Es war Booras gewesen, der Gratsos als erster den Aufstellungsort in Durham Point vorgeschlagen hatte. Der griechische Emigrant, ein alter Freund der Familie und Eigentümer der »Yankee-Artists-greeting card company« (also einer Grußkartengesellschaft) war besonders stolz auf seine EBS-Erfindung oder das »Endlosbrotsystem«, das für Restaurants Brote ohne Brotkanten backt und somit »die 15 Prozent des Brotes einspart, die niemand haben will«.

den; und wenn die Raffinerie nur die Hälfte ihrer täglichen 400 000-Gallonen-Kapazität verarbeitete, würden garantiert weitere 3980 Barrel in das Wasser von New Hampshire auslaufen. Dabei bedurfte es nur einer Ölmenge im Meer im Verhältnis von eins zu einer Million, um die Hummerlarven zu töten und die Brutstätten für immer zu zerstören, sagte ein Meeresbiologe, nachdem er Hochgrafs erschreckende Statistiken gehört hatte. (»Als ich meine erste Untersuchung beendet hatte, war ich bestürzt über die Zahlen, und zwar so bestürzt, daß ich eine Woche lang einfach auf meinen Zahlen saß, bis ich eine Bestätigung durch eine andere Untersuchung bekam, die nach einer völlig anderen Methode berechnet worden war«, sagte Hochgraf später.) Als das »Olympic«-Team, angeführt von Booras, schließlich ankam, ahnte es nichts von Hochgrafs Darstellung und versuchte wieder und wieder, Fragen mit Antworten abzuspeisen, wie: »Es gibt keine Untersuchungen darüber ... wenn unsere Untersuchungen beendet sind, wird jeder wissen, welche Folgen es haben wird und welchen Nutzen es bringen wird...« (Die PR-Leute hatten ein Büro im »Ramada Inn« und ein anderes gegenüber vom Kapitolgebäude im »Concord«. Wenn Leute anriefen und schwierige Fragen stellten, wurden sie zum Essen eingeladen.) Als er zum x-tenmal gefragt wurde, wie wahrscheinlich Ölverschüttungen seien, und Booras zum x-tenmal antwortete, daß zur Zeit keine Zahlen darüber zur Verfügung stünden, ging Hochgraf langsam über die Bühne der Hochschule und warf den »Olympic«-Experten sein dickes Notizbuch voller Fakten und Zahlen vor die Füße.

Doch das eigentliche Problem in New Hampshire, hatte Ari jetzt herausgefunden, war das Prinzip der Autonomie, also das Recht jeder Stadt, jede Politik der Staatsregierung, die ihr nicht gefiel, abzulehnen; und bei der Stadtversammlung von Durham im März stimmten die Leute mit 1254 zu 144 Stimmen gegen die Raffinerie. Trotz dieses »kleinen lokalen Problems« blieb Gratsos dickköpfig; er war überzeugt, daß die Legislative mit ihren 24 Senatoren und 400 Repräsentanten zu mächtig war, um von lokalen Interessenverbänden beeinträchtigt zu werden. »Diesen Autonomiequatsch müssen sie abschaffen. Ein Staat kann nicht regiert werden, wenn jedes Dorf seiner Regierung sagen kann, daß sie abhauen soll.« Ari war nicht davon überzeugt. Ein paar Tage später erschienen in den Zeitungen von New Hampshire Beilagen, in denen die Vorzüge und Vorteile der Raffinerie propagiert wurden (»Erlauben Sie nicht, daß eine lautstarke Minderheit unseren Staat regiert«). Die private Telefonnummer jedes Angehörigen der Legislative war zusammen mit einem Appell an die Leser aufgelistet worden, sie anzurufen und darauf zu drängen, daß sie für den Bau stimmten. Dieses Propagandastück erweckte jedoch nur die puritanische Ethik der Neuengländer. Zu Tausenden riefen sie an – und forderten ihre Gesetzgeber auf, die Raffinerie zum Teufel zu schicken und Mr. Aristoteles Onassis ebenfalls.

An dem Tag, als die Gesetzgeber von New Hampshire das Raffinerieprojekt ablehnten, beschloß Ari, sich ärztlich untersuchen zu lassen. Seit Monaten fühlte er sich schwach, und ein- oder zweimal war er fast nicht in der Lage gewesen, vom Stuhl aufzustehen. Die Widerstandskraft, aufgrund derer er die Wechselfälle seiner unglaublich produktiven Jahre bestanden hatte, ließ nach, und der Mut, der ihn befähigt hatte, Katastrophen und Enttäuschungen zu überwinden, war nahezu erschöpft. Er hatte auch Schwierigkeiten, die Lider zu öffnen und zu schließen, und obwohl das nur vorübergehend und unterschiedlich stark auftrat, beunruhigte ihn das mehr als seine permanente Müdigkeit. Da er den Verdacht hegte, daß er eine Muskeldystrophie* habe, war er fast erleichtert, als die Ärzte ihm erklärten, daß er unter einer Krankheit mit dem Namen »Myasthenie gravis« litt, einer Störung des körpereigenen Immunsystems, die mit Medikamenten reguliert werden könnte. Er hatte darauf bestanden, das genaue Untersuchungsergebnis mitgeteilt zu bekommen, und er sprach bewandert und gleichzeitig jedoch merkwürdig locker über seinen Zustand. »Normalerweise trifft das Männer um die Vierzig, darum verstehe ich das als eine Anerkennung für meine körperliche Verfassung«, sagte er zu Freunden. Obwohl die Krankheit unheilbar sei und es tendenziell sowohl Verbesserungen als

---

* Dystrophie = mangelhafte Versorgung eines Organs mit Nährstoffen.

auch Rückfälle gebe, sagte er: »Es ist unwahrscheinlich, daß das bei mir zutrifft.« Patienten, die an dieser Krankheit sterben, hätten gewöhnlich zusätzliche Lungenbeschwerden, und abgesehen von der »Myasthenie gravis« sei er kerngesund; er würde früh genug erfahren, ob die verfluchten Medikamente irgend etwas nützten; die häufigsten Verbesserungen träten innerhalb der ersten fünf Jahre nach Ausbruch der Krankheit auf, und die meisten Todesfälle ereigneten sich auch in derselben Zeitspanne.

Obwohl er vermutete, daß die Ölgiganten und Niarchos sich gegen ihn verschwört hätten (Gratsos glaubte, daß »ihn nur der Gedanke an Rache vor dem endgültigen Kollaps bewahrte«), nahm er das Scheitern in New Hampshire gelassen, und für eine Weile schien er fast wieder ganz der Alte zu sein, obwohl er mehr trank und es weniger gut vertrug. So forderte er, obwohl arg mitgenommen, im »Crazy Horse Saloon« in Paris den Paparazzo Roger Picard auf, »das Geheimnis meines Erfolgs zu fotografieren«. In der Herrentoilette legte er seinen Penis auf den Teller, auf den die Kunden ihre Trinkgelder legten. »Hier ist es«, grölte er triumphierend. »Das besagt alles. Sex und Geld – das ist mein Geheimnis.« Während sich seine Stimmung anscheinend besserte, schien Jackie in einen Zustand ständiger Verzweiflung zu verfallen. »Sie hatte diesen streng religiösen Ausdruck angenommen, den man auf den Gesichtern europäischer Bauernmädchen sieht – inbrünstig und unglücklich und voll verzückter Opferbereitschaft«, sagte einer ihrer Freunde. Ihre Stimmung wurde sicherlich nicht besser, als Maria Callas in New York auftauchte und mit Barbara Walters in einer Show über ihre Beziehung mit Ari, »der großen Liebe meines Lebens«, plauderte und boshaft erklärte, daß die Liebe »viel besser ist, wenn man nicht verheiratet ist«. Ob sie auf Jackie böse sei? »Warum sollte ich das? Wenn sie Mr. Onassis sehr schlecht behandelt, könnte ich natürlich sehr böse werden.«

Im Frühjahr kehrte Ari zum erstenmal seit seinem Streit mit Rainier nach Monte Carlo zurück. Die beiden Männer aßen gemeinsam an Bord der *Christina* zu Abend, und es wurde so etwas wie eine Annäherung erreicht. Doch der Besuch bedrückte ihn, und während eines Abendessens im »Hotel de Paris« wurden seine Kiefermuskeln so schwach, daß er Schwierigkeiten hatte, zu essen. Obwohl das Problem am nächsten Tag vorbei war, hatte er genug gelesen, um zu wissen, daß es ein weiteres Symptom seiner Krankheit war. Die Erkenntnis, daß er trotz der Medikamente und schmerzhaften Injektionen vor plötzlichen, schweren Anfällen nicht geschützt war, regte ihn unermeßlich auf. »In dieser Stadt gibt es zu viele Erinnerungen und zu viele verfluchte Gespenster«, sagte er wiederholt, als versuchte er, der Stadt die Schuld an seiner Depression zu geben. Er beschloß, seinen Besuch kurz zu machen. An seinem letzten Abend ging er ins »Regine«. In einem dunkleren Teil des Clubs abseits der Tanzfläche entdeckte er zu seinem Erstaunen eines seiner »Gespenster«. Er sagte: »Was machst du denn hier? Du haßt doch Nachtclubs!« Wendy Russell, die jetzige Mrs. Emery Reves, die Frau, die in den Fünfzigern sein erstes Treffen mit Churchill arrangiert hatte, sagte, sie sei mit ihrem Mann und ein paar Freunden da – und sie hasse immer noch Nachtclubs. »Er setzte sich neben mich und sagte, er hasse jetzt auch Nachtclubs. ›Ich habe mich sehr verändert; ich habe Zeit zum Nachdenken gehabt; ich bin wegen vieler Dinge traurig; ich bin wegen dir und Emery traurig‹, sagte er.« Er wiederholte es noch einmal und küßte ihre Wange; sie war berührt von seiner Erscheinung, seinem körperlichen Verfall und seinem schwermütigen Ton; sie wußte, daß er sich dafür zu entschuldigen versuchte, daß er sie wie so viele andere Menschen in der Vergangenheit benutzt und er ihr Vertrauen verraten hatte, indem er vor all diesen Jahren Churchills ersten Besuch auf der *Christina* der Presse angekündigt hatte. »Ich nahm seine Hand. ›Du brauchst niemals wegen Wendy und Emery Reves traurig zu sein‹, sagte ich ihm.« Es war eine Art von Vergebung, und es war ihr Abschied.

Kapitel 17

»Du mußt dein Land, dein Haus und
die Frau deines Herzens verlassen;
auch wird keiner dieser Bäume dir,
ihrem kurzlebigen Herrn, folgen,
mit Ausnahme der verhaßten Zypressen.«

Horaz

Vielleicht war Ari sich der Endgültigkeit des Augenblicks bewußt, als die *Christina* im Frühjahr 1974 in Monte Carlo in See stach. Sicherlich bedingte jetzt ein tiefgreifendes Gefühl der Dringlichkeit das Interesse an der Zukunft seiner Tochter. »Ich glaube, sein Gewissen wurde sich plötzlich ihrer bewußt, und sein Gewissen war die Erinnerung an Alexander«, sagte einer seiner Mitarbeiter der »Olympic«. Durch den Tod Alexanders hatte sich Christinas Leben für immer verändert. Während sie äußerlich ruhig blieb (»Vielleicht war sie einfach nur erstarrt, aber vielleicht war es auch die ihr eigene Ruhe«, meinte ein Pariser Freund), gab es bei einer Bemerkung, die sie an dem Tag machte, als ihr Bruder auf Skorpios beerdigt wurde, auch einen Hinweis auf die bevorstehende Krise: »Die Dinge passieren nie so, wie man es erwartet. Es wäre sehr beruhigend, wenn man wie Medea sagen könnte: ›Ich selbst bin mir genug.‹ Ist es nicht das, was wir alle wirklich wollen?«

Es war beschlossen worden, daß sie nach New York ging, um unter Costa Gratsos' Aufsicht »das Handwerk zu lernen«; er behandelte sie eher wie eine intelligente Frau als ein Kind oder eine Schülerin; und es schien zu funktionieren. »Sie wird es schaffen«, versicherte er Ari. »Schon jetzt vertraue ich eher ihrer Intuition als meiner Intelligenz und wahrscheinlich sogar mehr als deiner Zauberei.« Das fast unauffällige Stocken in Aris Stimme verriet, wie sehr ihn Costas Worte berührten. Er nahm seine Tochter jetzt mit zu Konferenzen und Geschäftsessen, damit sie Leute auf allen Ebenen kennenlernte, obwohl sie selten ein Wort sprach. Bei einem Vorstandsessen im Hauptgeschäftssitz der »British Petroleum« in London gab sie weder einen Laut von sich, noch stellte sie irgendeine Frage. Ihre Zurückhaltung verwirrte den BP-Vorsitzenden Sir Eric Drake. »Ist sie immer so verschlossen?« fragte er später Nigel Neilson. Aris Mann in London konnte ihre offensichtliche Apathie nicht erklären; sie stand so im Gegensatz zu allem, was man ihr beigebracht hatte. Später erinnerte er sich an eine Szene auf der *Christina*, die sich ereignete, als sie ungefähr zehn Jahre alt war und gerade vom Haareschneiden zurückkam. Ari sagte ihr, wie hübsch sie aussähe, und fragte nach dem Namen des Mannes, der das gemacht hätte; sie wußte es nicht. Er fragte, ob der Mann eine Familie hätte; sie wußte es nicht. »Du mußt immer mit den Leuten sprechen, Fragen stellen, Dinge herausfinden und immer interessiert sein«, belehrte sie ihr Vater. Bei einer Cocktailparty im »Savoy« erkundigte sich Sir Eric, überrascht von ihrer Lebhaftigkeit, warum sie beim Arbeitsessen so schweigsam gewesen sei. »Mein Vater hat mir beigebracht, daß ich auf jedes Wort lauschen, beobachten und meinen Mund halten soll, bis ich wüßte, worüber ich rede«, erwiderte sie.

Ari war stolz auf ihren Fortschritt. Sie begann, ihr Leben zu ändern; zumindest versuchte sie es. Sie arbeitete ernsthaft und fleißig, und obwohl sie ihr Nachtleben nicht völlig aufgab, wurde sie weitaus weniger auf Tour erlebt; Ari wirkte zufrieden. Er sagte: »Es scheint sogar möglich zu sein, daß sie eines Tages in der Lage ist, die Familie zu führen.« Das war das größte Kompliment, das ein Grieche einer Frau zollen konnte. Doch trotz seines wachsenden Vertrauens zu ihr und trotz der beruhigenden Berichte von Gratsos begannen Freunde, beunruhigende Anzeichen in ihrem Verhalten festzustellen. »In einem Augenblick konnte sie nett sein, freundlich und entspannt – und dann rums! Immer schneller brannten bei ihr die Sicherungen durch«, erinnerte sich ein Juniorchef aus der Schiffsversicherungsabteilung von »Frank B. Hall & Co.«, wo sie einen Monat ihrer Lehrzeit verbrachte. »Sie konnte einen so kalt ansehen, wie ich es noch bei niemandem erlebt habe«, erinnerte sich eine Sekretärin. »Man wußte nie, was man denn angeblich so Schreckliches getan hatte.«

Anfang August, dem Monat, den sie gewöhnlich auf Skorpios verbrachte, verschwand sie. Keiner ihrer Freunde in New York, Paris oder in Südfrankreich wußte, wo sie war. Telefonanrufe wurden nicht erwidert, Briefe blieben unbeantwortet. »Ich dachte:

›Ach, Christina, sie hat bestimmt einen Freund gefunden, den sie für sich haben will.‹ Was diesen Lebensbereich betrifft, schirmt sie sich sehr ab«, sagte einer ihrer ältesten Freunde in Paris. »Ich hatte eigentlich den August auf der Insel verbringen wollen, und obwohl ich enttäuscht war, dachte ich: ›Alles Gute für sie.‹ Ich hoffte, sie wäre irgendwo glücklich.« Sie war aber alles andere als glücklich: Am 16. August wurde sie unter dem Namen C. Danai wegen einer massiven Überdosis Schlaftabletten ins »Middlesex Hospital« in London eingeliefert. Tina kam mit einem Privatjet aus Südfrankreich und wich mit Ausnahme von kurzen Nickerchen auf einem Sessel in einem Warteraum am Ende der Station 48 Stunden lang nicht von der Seite ihrer Tochter. Erstaunlicherweise wurde dieses Drama vor der Presse geheimgehalten. Nicht einmal ihr Vater wurde benachrichtigt, ehe sie nicht außer Gefahr und in einem Privatzimmer untergebracht war.

Tina verfügte über wenige emotionale Reserven, und der Streß, Christina ausgerechnet zu diesem Zeitpunkt trösten zu müssen, war besonders anstrengend. Die Ehe mit Niarchos hatte ihr nicht die erwartete Zufriedenheit gebracht, und Freunde vermuteten, daß sie eine Scheidung im Sinn hatte.* Sie hatte erfahren, daß das griechische Zivilrecht eine Eheschließung zwischen einem Schwager und einer Schwägerin verbietet. »Es war ein Ausweg aus einer unglücklichen Situation, doch gleichzeitig schien es sie auch aus der Fassung zu bringen, so als hätte sie gesündigt«, sagte ein Familienfreund. Christinas Krise nach dem Tod von Alexander und Eugénie bestärkte Tinas Ängste, daß das eine Art von Strafe war. »Vermutlich neigen wir alle dazu, zu viel zu erwarten«, sagte sie, als sie im September nach Paris zurückkehrte. Ihre Schönheit verwelkte, was zum Teil auch auf ihren gewohnheitsmäßigen Schlaftablettengebrauch zurückzuführen war. Einst nur mit solchen Gedanken beschäftigt, zu welcher Party sie gehen oder

---

* »Helene Rochas griff Stavros einmal zärtlich unter das Kinn, als seine kürzlich verstorbene Frau noch lebte«, berichtete die Klatschreporterin Suzy in ihrer Kolumne in der *New York Daily News* am 6. Februar 1975. »Tina amüsierte sich nicht im geringsten über diese Flirts. Es bestürzte sie schrecklich, so fallengelassen zu werden, aber es gab absolut gar nichts, was sie dagegen tun konnte.«

welchen Liebhaber sie sich als nächstes nehmen sollte, sah sie sich jetzt voller Entsetzen und mit einem Gefühl des Verrats mit dem Alter konfrontiert, auf das sie sich nicht vorbereitet hatte: »Ich bin plötzlich fünfundvierzig Jahre alt.«

Am Morgen des 10. Oktobers fand ein Zimmermädchen sie tot in ihrem Zimmer im »Hotel de Chanaleilles«, dem herrschaftlichen Pariser Wohnsitz von Niarchos; ihr Mann schlief noch in einem anderen Zimmer. Es gab widersprüchliche Berichte über die Ursache ihres Todes; im Hauptgeschäftssitz von Niarchos' Gesellschaft in London erklärte ein Sprecher, daß Tina »ein Blutgerinnsel in einem Bein hatte und daß der Tod eintrat, als das Gerinnsel ins Herz geriet und die Blutzirkulation blockierte«. Ihre Sekretärin in Paris sagte, daß die Ursache für den Tod »ein Herzanfall oder ein Lungenödem« war – eine übermäßige Flüssigkeitsansammlung in den Geweben. Christina war in New York, als sie die Nachricht erfuhr, und flog sofort nach Paris, wo sie am Freitag in den frühen Morgenstunden ankam. Die Zeitungen verglichen bereits Tinas Tod mit dem Tod ihrer Schwester vor vier Jahren auf Spetsopoula. Die Nachrichtenagentur *Agence France Presse* und das Massenblatt *France-Soir* erwägten prompt die Möglichkeit, daß der Tod durch eine Überdosis Schlaftabletten verursacht worden sein könnte. »Niarchos nahestehende Informanten behaupten, daß ihr Tod durch eine Überdosis Barbiturate und Beruhigungsmittel verursacht wurde«, berichtete Bernard Valéry von der *New York Daily News,* ein Journalist, der die Familie aus früheren Zeiten in Monaco kannte.

Christina ergriff schnelle Maßnahmen: Gegen elf Uhr an jenem Morgen besaß sie eine richterliche Verfügung, die eine Obduktion anordnete. »Ari machte es mit. Ich glaube nicht, daß es etwas damit zu tun hatte, daß er Niarchos verletzen wollte. Er wollte einfach Christina zuliebe die Gerüchte zum Schweigen bringen. Sie schien so erschüttert zu sein, daß er tatsächlich fürchtete, sie könnte versuchen, Stavros umzubringen ... es gab eine Menge Vermutungen und sehr viel häßlichen Klatsch«, sagte Meyer. Onassis und Niarchos gaben eine gemeinsame Erklärung heraus, in der sie behaupteten, daß Christina zwar eine Autopsie verlangt habe, aber daß die zwei Familien »sich nicht nur nicht dagegen aussprachen, sondern im Gegenteil diesen Entschluß begrüßten«. Tina starb an einem akuten Lungenödem, bestätigten die beiden Pathologen, die von der Staatsanwaltschaft ernannt worden waren, ohne weitere Ausführungen am 13. Oktober. »Es gab keine Spuren von Gewalteinwirkungen an ihrem Körper«, berichtete die Londoner *Times,* und der Staatsanwalt stellte eine Beerdigungserlaubnis aus. Sie wurde auf dem Friedhof von Bois-de-Vaux in Lausanne neben ihrer Schwester beerdigt; Ari war auffälligerweise abwesend; Niarchos weinte während des gesamten Gottesdienstes. Ihm gegenüber stand der Herzog von Marlborough, Tinas zweiter Ehemann, auch mit Tränen in den Augen. Bei ihm suchte Christina Trost, als sie am Grab zusammenbrach (»Meine Tante, mein Bruder und jetzt meine Mutter – was geschieht nur mit uns?«). Ein enger Freund sagte, er sei überzeugt, daß »sie den Tod selbst gesucht hätten«. So sagte Peter Stephens, der über die Geschichte für den Londoner *Daily Mirror* berichtete und Tina gut gekannt hatte: »Ich habe mich nie entscheiden können, ob Tina sich absichtlich tötete oder nicht. Aber sie muß den Wunsch geäußert haben, neben ihrer Schwester begraben zu werden und nicht neben ihrem Sohn auf Skorpios, was meiner Meinung nach durchblicken läßt, daß sie vermutete, auf dieselbe Weise [wie ihre Schwester] zu sterben.«

Niarchos, der immer noch wütend über Christinas Intervention war, gab eine Erklärung heraus, in der er ihren Selbstmordversuch enthüllte, »zu einer Zeit, als ihre Mutter noch um den Tod ihres Sohnes trauerte. Tina erholte sich nie von der Depression, in die diese Schicksalsschläge sie stürzten.« Die stillschweigende Folgerung aus dieser öffentlichen Schelte war grausam und deutlich: Christina selbst habe den bereits geschwächten Gesundheitszustand ihrer Mutter unheilvoll verschlimmert.

Die anhaltende Verschlechterung von Aris eigener Gesundheit nach Tinas Tod wurde anfangs mit Erschöpfung erklärt, doch »die seelischen Schmerzen, die ihm die Tragödie in Paris zugefügt hatte, und die erneute Bitterkeit zwischen den Familien forderten einen schrecklichen Preis«, sagte später ein Geschäftsführer der »Olympic« in Monaco. Nur wenige Wochen vor Tinas Tod wirkte er auf eine Freundin, die eine Woche mit ihm allein auf Skorpios verbrachte, »nicht hundertprozentig fit, aber in besserer Form und besserer Stimmung, als ich ihn seit langer Zeit gesehen hatte«. Der Gast war Hélène Gaillet. Sie wartete in Paris darauf, daß für den verschobenen Boxkampf zwischen Muhammad Ali und George Foreman, für den sie als Fotografin bestellt worden war, in Zaire ein neuer Termin festgelegt wurde. »Ich rief ihn auf Skorpios an und sagte: ›Ari, ich bin wirklich in einem Dilemma, und ich weiß nicht, was ich tun soll. Kannst du mir einen Rat geben?‹ Er sagte in seiner krächzenden Stimme: ›Was ist los, Hélène, was willst du?‹ Er war immer sehr direkt und verfügte nicht über diese alten gesellschaftlichen Anstandsregeln. Er sagte: ›Willst du hierherkommen?‹ Ich sagte: ›Ja, das habe ich erhofft.‹« Sie sagte, sie hätte mit ihrem Liebhaber, Aris Freund, gesprochen, der gesagt hätte, sie könne Ari anrufen. Ari erkundigte sich nach dem Namen ihres Hotels, und innerhalb einer Stunde meldete sich einer seiner Leute in Paris, um ihr mitzuteilen, daß sie am nächsten Morgen um neun Uhr abgeholt werden würde. Sie flog in seinem Learjet nach Athen. Über Nacht blieb sie in Glyfada und aß mit Artemis und Christina zu Abend. »Christina war sehr geheimnisvoll, sehr dünn, eine sehr stürmische Frau und eine starke Persönlichkeit«, erinnerte sie sich. »Ich fand sie faszinierend. Unterschwellig erweckte sie so einen Eindruck ... ich möchte nicht sagen, als wäre sie dem Untergang geweiht, aber der Begriff ist nahe dran. Man spürte, daß da etwas in ihr war, das außer Kontrolle zu geraten schien, etwas lag da in ihrem Blick.«

Als sie mit dem Hubschrauber nach Skorpios gebracht wurde, stellte Hélène überrascht fest, daß Ari allein auf der Insel war. »Er machte nie einen Annäherungsversuch. Ich schlief auf der *Christina*, und er blieb im Haus.« In der Morgendämmerung sah sie ihn einmal allein am Strand entlanggehen, so wie ein Tier, das frühmorgens aktiv ist. »Ich glaube nicht, daß er mich jemals körperlich begehrte. Das war etwas, was für unsere Beziehung nicht notwendig war. Am Tag nach meiner Ankunft rief er an und fragte, was ich mache. Was ich mache? Ich mache nichts, ich lese und habe eine wunderschöne Zeit. Er sagte: ›Komm, laß uns eine Spazierfahrt machen.‹ Er fuhr mich über die ganze Insel, zeigte mir die

Obstgärten, die Haustiere und die Blumen. Die Insel erinnerte mich an eine mittelalterliche Domäne, eine autarke wirtschaftliche Einheit, die ihre eigene Milch produzierte, das Brot, Fleisch und die Feigen. Nur das Wasser mußte mit dem Schiff gebracht und in Vorratsbehältern gelagert werden. Er zeigte mir, wo Alexander begraben lag. Es war kein trauriger Besuch, denn er sprach, als erwartete er, daß er sich jeden Augenblick zu uns gesellte. ›Alexander ist für mich genauso lebendig wie du. Er kommt oft zu mir. Leider kann ich nicht zu ihm gehen, ehe ich gestorben bin‹, sagte er.« Für einen kurzen Augenblick lang zeigte sein Gesicht »einen Ausdruck der Qual und schrecklicher Sehnsucht«. Anschließend fuhren sie an den Strand. »Wir zogen uns aus und gingen ins Wasser. Und wieder fiel mir die Schönheit und Unkompliziertheit dieses Mannes auf. Nie gab es irgendwelche sexuellen Anzüglichkeiten. Ich kann mich an vielleicht kurze Momente erinnern, in denen ich dachte: ›Mit diesem Menschen könnte ich mich wirklich in etwas verwickeln...‹ Nackt wirkte er wie ein Tier, und unter anderen Umständen wäre einem Mann und einer Frau an einem einsamen Strand der Gedanke gekommen, sich zu lieben. Irgendwie glaube ich, daß es ihm gefiel, mit einer Frau zusammenzusein, die für ihn verboten war.« Abends aßen nur die beiden an Bord der Yacht. »Dies ist der einzige Ort auf der Welt, an dem ich mich nicht fremd fühle«, erzählte er ihr.

Anfang November begab er sich unter dem Namen Mr. Phillips in ein New Yorker Krankenhaus. Christina kam zurück, um bei ihm zu sein, und Mr. Phillips wurde schnell von der Presse entdeckt. »Es ging sichtlich abwärts mit ihm, doch die Leute der ›Olympic‹ und sogar Johnny Meyer behaupteten, er habe etwas, was man wieder beheben könne«, sagte ein Journalist der *Paris Match,* der Christina besonders nahegekommen war. »Ich weiß ehrlich nicht, was sie zu der Zeit glaubte, obwohl es den Anschein hatte, daß sie eine Nähe zu Ari erreicht hatte wie nie zuvor. Sie schien nicht mehr von den alten Zweifeln geplagt zu werden, daß sie ihm nicht all das geben konnte, was er von ihr erwartete.«

Sie verbrachten Stunden miteinander. Als seine Augenlider zu schwach wurden, um geöffnet zu bleiben, schnitt sie Heftpflaster in Streifen, klebte die Lider damit fest, und da sie von seiner Eitelkeit wußte, bestellte sie dunklere Brillengläser, um das Pflaster zu verbergen. »Das ist Gott, der dich für alle deine Sünden bestraft«, neckte sie ihn. »Ich denke nie an Sünden«, erwiderte er, und seine Stimme klang rauh vom Alter und Nikotin. »Das ist meine Natur.« Es war eine schreckliche Zeit, und Christina spürte das nahende Ende. »Mein größter Wunsch ist, daß es meinem Vater bessergeht und daß ich einen Mann kennenlerne, der mich meinetwegen liebt und nicht wegen meines Geldes. Das Glück hängt nicht vom Geld ab. Unsere Familie ist das beste Beispiel dafür«, sagte sie und erinnerte dabei ergreifend an die Scheidungserklärung ihrer Mutter an dem Tag, als sie Ari verließ. »Seit dem Tod meiner Mutter und meines Bruders haben wir beide gelernt, wie kurz das Leben sein kann und mit welch schrecklicher Plötzlichkeit der Tod eintreffen kann.«

Obwohl er sich kräftig genug fühlte, das Krankenhaus im November zu verlassen, war sein Gesicht aufgeschwollen von den Kortisonspritzen, die ihm verschrieben worden waren, um der gesunkenen Adrenalinfunktion entgegenzuwirken, und seine Launenhaftigkeit war noch unvorhersehbarer als je zuvor. Doch unter seinem Getöse verbarg sich ein verängstigter Mann, der Angst um sich selbst, um seine Tochter und um sein Imperium hatte; seine Fluggesellschaft steckte in großen Schwierigkeiten; die steigenden Ölpreise hatten die »Olympic« schwerer als andere Fluggesellschaften getroffen, und da durch den Zypern-Konflikt ein Krieg mit der Türkei drohte, existierte in jenem Sommer der sonst so lebhafte Tourismus in Griechenland so gut wie nicht. Ari war fast einer der letzten, die erfuhren, wie schlecht die Dinge wirklich standen. Alte Mitarbeiter der Gesellschaft konnten kaum glauben, wie wenig er seit Alexanders Tod auf dem laufenden war. An dem Tag, als Ari auf eigenen Wunsch aus dem Krankenhaus entlassen wurde, sanken die Kasseneinnahmen auf ein Niveau, mit dem die Gesellschaft ihren regulären Flugplan nicht länger aufrechterhalten konnte. Costa Konialidis, der für die geplagte Fluggesellschaft fast von Anfang an verantwortlich gewesen war, sah sich schließlich gezwungen, den Mut zu fassen, um ihn mit der Lage zu konfrontieren.

Das Personal der »Olympic« in New York hatte ihn noch nie in solch einer Wut erlebt wie an dem Tag, als Konialidis ihm die Neuigkeit eröffnete – und er war in den Büros berüchtigt für seine Wutausbrüche. Zu dieser schlechten Nachricht gesellte sich ausgerechnet die formelle Eröffnung des »Olympic Tower«, eines 52stöckigen Eigentumapartmenthauses in der Fifth Avenue, das er in Verbindung mit der »Arlen Realty Corporation« hatte bauen lassen. Der Bau des zentral gelegenen Wolkenkratzers, der für die Superreichen entworfen worden war, wurde zu einer Zeit der Inflation und der Angst vor einer fortschreitenden Rezession als ein großes Glücksspiel betrachtet. Nur 35 von 230 Apartments waren denn auch verkauft worden, und obwohl die Belegung erst in einigen Monaten bevorstand, war es bereits als notwendig erachtet worden, »den ›Olympic Tower‹ mit einer Werbekampagne zu propagieren, wie es sogar in der Immobilienbranche selten ihresgleichen gegeben hatte«, berichtete das *Wall Street Journal*. Das letzte, was Ari jetzt gebrauchen konnte, war ein großer Presserummel um ein weiteres gescheitertes Onassis-Projekt.

In der Zwischenzeit hatte Konstantinos Karamanlis' »Neue Demokratische Partei« bei den ersten freien Wahlen seit 1964 in Athen gerade den Sieg errungen. Karamanlis war es gewesen, der Ari gedrängt hatte, die Fluggesellschaft zu übernehmen. Da er in der Anfangszeit dem Premierminister eine Konzession nach der anderen abgerungen hatte, war Ari jetzt auch noch sicher, daß dieser sich schon »um die Sache kümmern würde«. Doch seine Forderung nach massiven staatlichen Geldspritzen für die »Olympic Airways« wurde sofort zurückgewiesen. »Er war überzogen unrealistisch«, erinnerte sich ein früherer leitender Angestellter der »Olympic«. »Es bestanden keinerlei Aussichten, daß Karamanlis für ihn bürgen würde. Ari war Gift, ja Gift. Bei den Griechen ist es immer entweder Liebe oder Haß.« Papadopoulos und die restlichen Hauptverantwortlichen der Diktatur befanden sich im Gefängnis von Korydallos und warteten auf die Anklage wegen Aufruhrs und Hochverrats. Karamanlis stand unter dem Druck, hart gegen die früheren Juntamitglieder und ihre Kollaborateure vorzugehen. Die Anti-Junta-Gesinnung war so heftig, daß fast täglich Demonstrationen stattfanden, bei denen die Exekution der Anführer gefordert wurde. »Karamanlis war nicht bereit, auch nur einen Finger für den Mann zu rühren, dessen Beziehungen zu Papadopoulos nach allgemeiner Ansicht weit über die gewöhnlichen Erfordernisse geschäftlichen Taktgefühls hinausgegangen waren«, sagte ein Athener Anwalt, der dem Team für das Projekt »Omega« angehört hatte.

Doch Ari verstand die Botschaft nicht. »Es kam ihm einfach nicht in den Sinn, daß er der Niederlage ins Auge schaute. Er reagierte genauso wie in alten Tagen, wenn er seinen Willen nicht bekam, und drohte damit, daß er dann mit dem ganzen Geschäft nichts zu schaffen haben wolle, daß er der gesamten ›Olympic‹-Flotte ein Startverbot erteilen und die Gehälter einfrieren würde. Er zog wirklich alle Register«, erinnerte sich Meyer. Statt nachzugeben und ihn anzuflehen, doch durchzuhalten, wie er es so oft in der Vergangenheit getan hatte, ernannte Karamanlis einen behelfsmäßigen Verwaltungsrat und kündigte an, daß die Regierung sofortige Verhandlungen beginnen würde, um die nationale Fluggesellschaft wieder in Besitz zu nehmen.

Aristoteles Onassis, für den der Bluff und eine Politik des äußersten Risikos wie der Atem zum Leben gehörten, glaubte noch immer, daß der Premierminister nur ein Verhandlungsangebot machte. Dennoch war er erschüttert über Karamanlis' harte Antwort, denn er wollte die Fluggesellschaft und die Flugzeuge nicht aufgeben, von denen er Alexander so oft gesagt hatte: »Sie sind nur die Blätter an einem Baum, dessen Wurzeln die Schiffe sind.« Der Verlust der »Olympic« war eine Niederlage, die zu erwägen entsetzlich und doch unmöglich zu übersehen war. Im Dezember flog er entgegen dem Rat seines Arztes nach Athen. Er war entschlossen, die Kontrolle über die Fluggesellschaft zu behalten, obwohl er so tat, als wäre er bereit, die Übergabe abzuschließen, und mehrere Tage lang verschiedene Klauseln der Übergangsregelungen diskutierte und auf Gegenvorschläge wartete. Als er erkannte, daß die Regierung ernsthaft beabsichtigte, sich die »Olympic« zurückzuholen, wechselte er die Taktik. »Jeden Morgen konfrontierte er uns mit einer neuen Liste von Forderungen und Fragen und dementierte Abmachungen, die wir gerade vierundzwanzig Stunden vorher getroffen hatten«, sagte ein

Assistent von Karamanlis verblüfft über »die plötzlichen Sinneswandel dieses Mannes und die ganze Stimmung bei den Verhandlungen«. Ari war allerdings kaum in einem Zustand, um anspruchsvolle und komplexe Verhandlungen zu führen. Er hatte die Grenze seiner Strapazierfähigkeit überschritten. »Sein Verhalten war herrisch, seine Sprache war manchmal fast unverständlich, und viele seiner Antworten waren schlicht unergründlich«, sagte ein anderer staatlicher Unterhändler, dessen frühere Sympathie für Ari durch Irritation ersetzt wurde, als seine Wortverdrehungen zunahmen und die Verhandlungen sich in Ergüssen onassischer Rhetorik und verwirrenden Wiederholungen dahinschleppten, die die bei Vorstandsgesprächen typischen Spitzfindigkeiten auf ein neues Niveau der Erbitterung hoben. Obwohl die meisten Flugzeuge und Anlagen der »Olympic« von einem labyrinthischen Gebilde von miteinander verflochtenen panamaischen Gesellschaften geleast waren und durch sie kontrolliert wurden, drängte ein langjähriger Anwalt der Regierung Karamanlis dazu, die Gespräche einfach abzubrechen und die Fluggesellschaft zurückzuholen, indem er in einer Erklärung den »Fait accompli« verkünden und »die lange Geduld der Regierung und die Unzuverlässigkeit von Onassis« nachdrücklich betonen sollte. Ein Ratgeber von Onassis sagte: »Wir waren alle nur Zuschauer. Ari war ein absolut teamunfähiger Mann. Er war der einzige, der wirklich wußte, worum es ging. Er betrachtete das als einen Wettbewerb zwischen sich und allen anderen.«

Jackie befand sich mit einigen Leuten vom alten Team um John F. Kennedy in Ted Sorensens Apartment in New York und sah sich »The Missiles of October« an, einen ABC-TV-Sonderbericht über die Kubakrise von 1962, während Ari sich mit seiner Krise in Athen auseinandersetzte. Anschließend fuhr sie mit ihrem Sohn in den Schweizer Alpen von Crans-sur-Sierre Ski. Ein Assistent, der Aris Vorstellung mit wachsendem Entsetzen und Trauer beobachtete, sagte: »Jackie schien entschlossen zu sein, Aris Problemen aus dem Weg zu gehen. Es gab nicht viel, was sie in Athen hätte tun können, außer einfach dazusein. Dies waren mit die schlimmsten Wochen seines Lebens. Er hätte etwas Trost von seiner Frau gebrauchen können, ganz zu schweigen von ihrem

Einfluß auf die öffentliche Meinung . . . er reizte ausgerechnet die Leute, die er verführen mußte; sein Umgang sogar mit jenen, deren Unterstützung er am meisten brauchte, war entweder mürrisch oder verletzend; er hatte jedes Feingefühl verloren und war erledigt. Einst hatte sein Name in Athen Wunder bewirken können, doch jetzt hatte sich seine Welt auf den Kopf gestellt. Er war . . . angreifbar geworden. Vielleicht lag es am Kortison [die häufigste Erklärung für sein Verhalten], oder vielleicht hatte ihn das Alter plötzlich eingeholt. Er war extrem blaß, und außerhalb einer Sauna habe ich noch nie einen Mann so sehr schwitzen sehen.« Meyer hatte im nachhinein keine wesentlichen Erinnerungen an die Gespräche: »Ich erinnere mich nur, daß er sich auf eine gewisse Art mit der Tatsache abgefunden hatte, daß er geschlagen worden war, doch gleichzeitig war er entsetzt über seine Unachtsamkeit und entschlossen, diese Bastarde um jeden Zentimeter kämpfen zu lassen.« Etwas an diesem Kampf berührte jeden, der dessen Verlauf beobachtete. Der Mann, den es vielleicht am meisten bewegte, war Gratsos – seine Beziehung zu Ari war so persönlich und eng, daß es fast unerträglich für ihn war, mitanzusehen, wie Aris letzter großer Preis ihm aus der Hand gerissen wurde.

George Theofanos, Karamanlis' Chefunterhändler und der Mann, der die Fluggesellschaft nach Ari leiten sollte, war Aris Lieblingsstrategie leid, Gespräche bis spät in die Nacht hinauszuziehen, ehe für einen bestimmten Punkt eine Einigung erzielt wurde, um diese Vereinbarung am nächsten Morgen, wenn sie sich wieder trafen, neu zu interpretieren. Bei einem entscheidenden Treffen, als Ari eine wesentliche Klausel schließlich billigte, schlug Theofanos vor, daß sie das gleich schriftlich festhalten sollten, so daß es am nächsten Tag »keine falschen Eindrücke und keine Mißverständnisse« geben könnte. Ari wandte ein, daß es nach Mitternacht sei und die Sekretärinnen alle nach Hause gegangen seien. Theofanos ging eine Schreibmaschine suchen, um einen Entwurf der Klausel selbst zu tippen und Aris Unterschrift hier und jetzt zu bekommen. Als er zurückkam, war Ari gegangen.

Es war eine verlorene Schlacht für Ari. Am 15. Januar 1975 gab er der griechischen Regierung trotz all seiner Anstrengungen und nach fast zwanzig Jahren die »Olympic Airways« zurück.* Diese anstrengenden Wochen, in denen er darum kämpfte, die Kontrolle über die Fluggesellschaft zu behalten, die er nach seinem eigenen Geständnis verachtete und einst als ein »Hobby-Unternehmen« abgetan hatte, beschleunigten den Fortschritt seiner Krankheit, und er wußte, daß er ein sterbender Mann war. Er wußte aber auch von den unberechenbaren Wechselfällen des Lebens, aufgrund derer beträchtliche Vermögen und große Familien ruiniert und in Vergessenheit geraten konnten. »Es ist nicht so schwierig für einen Mann, ein Vermögen zu machen«, hatte er gesagt. »Aber wenn das Vermögen weiterbestehen und wachsen soll, muß ein Mann nicht nur Erben haben, sondern er muß auch Pläne schmieden.« In den folgenden Wochen arbeitete er unbarmherzig daran, sein Imperium zu sichern.

Im Laufe der Zeit schien das Scheidungsproblem für ihn unwichtig geworden zu sein, doch jetzt rang er Christina unter der strikten Voraussetzung, daß er seine Ehe mit Jackie beenden würde, das Versprechen ab, daß sie Peter Goulandris heiraten würde, mit dem sie sich bei mehreren Gelegenheiten schon fast verlobt hatte. Der Harvardabsolvent Goulandris war der Erbe der drittgrößten Schiffahrtsdynastie der Welt. Die Allianz würde beeindruckend sein (»Stell dir vor, Johnny, die größte Tankerflotte, die es je auf der Welt gegeben hat«, hatte er zu Meyer gesagt). »Dreißig Jahre früher hatte er sein eigenes Vermögen gefestigt,

---

* Später wurde enthüllt, daß eine Vereinbarung erzielt wurde, nach der Ari 69 Millionen Dollar für die Aktiva erhielt. »Dem oberflächlichen Betrachter muß das als günstiger Abschluß erschienen sein«, berichtete Lewis Beman in der Zeitschrift *Fortune*. »Doch tatsächlich war das gesamte Geld, das Onassis von der Regierung erhalten sollte, zur Begleichung von Olympics Außenständen zweckbestimmt. Die Vereinbarung überließ ihm Olympics Forderungen und das Betriebskapital – insgesamt etwas mehr als fünfzehn Millionen Dollar – sowie den Grundbesitz im Wert von zehn Millionen Dollar. Es wurde ihm außerdem gestattet, zwei 707 an Jordanien für neun Millionen Dollar zu verkaufen und für sich selbst einen Learjet und zwei Hubschrauber zu behalten, die auf fünfhunderttausend Dollar geschätzt wurden.« Wenn man alles zusammenzähle, schrieb Beman, seien sogar fünfunddreißig Millionen Dollar kein großer Ersatz für das Geld und die Mühe, die er in das Geschäft gesteckt habe.

indem er eine Livanos heiratete. Hier versuchte er jetzt, das Vermögen seiner Tochter mit einem ähnlichen Streich zu sichern«, sagte ein Athener Mitarbeiter.

Am 3. Februar bekam Jackie einen Anruf aus Athen, in dem ihr mitgeteilt wurde, Ari sei aufgrund schwerer Unterleibsschmerzen zusammengebrochen. Seine Ärzte diagnostizierten eine Gallenkolik und betonten, daß er sich aufgrund seines schlechten Ernährungszustandes, der zum Teil auf seine zunehmende Schwierigkeit, feste Nahrung zu kauen, zum Teil auf das Versäumnis zurückzuführen war, wenigstens während des Kampfes um die »Olympic« regelmäßig zu essen, und wegen einer Grippeerkrankung in einem »extrem labilen« Zustand befinde. Jackie begab sich sofort nach Griechenland. Christina, die auch über den Zustand ihres Vaters unterrichtet wurde, verließ Gstaad, den Schweizer Skiort, wo sie die Ferien mit Goulandris verbracht hatte. Ingeborg Dedichen, die seit einigen Monaten unter heftigen Träumen und Alpträumen über Ari litt, die sie in ihrem Tagebuch festgehalten hat (»9. September: Alpträume AO! 10. September: Schlechte Nacht. Stirbt AO!!?«), schrieb mit einer Vorahnung am 4. Februar: »Ari krank!« Einen Tag später notierte sie nur: »Ari?«

Die Atmosphäre in der Villa war gespannter geworden. Die Spezialisten, die aus Paris und New York gerufen worden waren, konnten sich untereinander nicht auf die am besten geeignete Maßnahme einigen. Der französische Leberspezialist Prof. Jean Caroli empfahl eine sofortige Operation zur Entfernung von Aris Gallenblase; der Herzspezialist Dr. Isidore Rosenfeld war der Meinung, Ari sei zu schwach, um sich einer solch schweren Operation zu unterziehen. Erschüttert über den äußerlichen Verfall ihres Vaters, reagierte Christina sehr bestürzt; und Jackie stellte Unbesorgtheit zur Schau, wie sie es immer tat, um ihre Nerven zu beruhigen (obwohl Meyer den Eindruck hatte, daß sie »sichtlich erblaßte«, als sie Ari sah), und es war nicht das erstemal, daß sie von Christina und ihren Tanten mißverstanden wurde. »Jacqueline behielt ihre Gefühle für sich. Das gehört zu ihrer Natur, jede Art von öffentlicher Zurschaustellung zu vermeiden. Leider verletzte ihre nachdenkliche Zurückhaltung die ausdrucksvollen levantinischen Gefühle der Familie«, sagte ein Freund.

Ari selbst traf die kritische Entscheidung, nach Paris zurückzukehren und sich im »Amerikanischen Hospital« von Neuilly
die Gallenblase entfernen zu lassen. Am 6. Februar, als er die
»Glyfada-Villa« verließ, um zum Flughafen zu fahren, ließ er
einen Diener zurückeilen, um ein Buch zu holen, das er gerade
las. In dem Buch mit dem Titel »Supership« berichtete Noel
Mostert, daß bald der erste Millionentonner gebaut werden würde,
ein Tanker, der so groß sei, daß Kathedralen sich in seinem
Inneren verlieren würden. Ari saß den größten Teil der Reise mit
dem geschlossenen Buch auf dem Schoß da. Erinnerungen an die
Ariston, das »15 000-Tonnen-Monster«, von dem man gesagt hatte,
so etwas sei nicht möglich, als er sie in den dreißiger Jahren bauen
ließ, müssen ihm durch den Kopf gegangen sein.

Wegen seiner Erschöpfung vermittelte er einen Ausdruck von
Gelassenheit, als er zwischen Christina und Jackie in der Limousine saß, die in der Abenddämmerung durch die Pariser Vororte
fuhr. Doch die Frauen fanden keinen Trost in seinem ruhigen
Aussehen; sein Körpergewicht hatte sich innerhalb von acht Wochen um vierzig Pfund reduziert; den abstehenden Kragen seines
handgearbeiteten Seidenhemdes verdeckte er mit einem dunkelblauen Kaschmirschal. »Ich will«, hatte er mühsam mit einer
Stimme artikuliert, die nur noch ein schwaches Krächzen und
stark akzentbeladen war, »ich will aus eigener Kraft aus diesem
Wagen steigen. Ich will nicht, daß diese Hurensöhne zusehen, wie
ich von zwei Frauen gestützt werde.« Überwältigt von seinem
vehementen Stolz, wandelte sich Christinas Melancholie in Verzweiflung, und ihre Augen füllten sich mit Tränen. Jackie streckte
die Hand aus und berührte ihren Ärmel, denn sie war sich des
alten Dilemmas bewußt – was sollte man sagen, was sollte unge-
sagt bleiben? Trotz ihres Kummers ließ diese versöhnliche Geste
Christinas Feindseligkeit der Frau gegenüber, die sie als »die
unglückliche Zwangsvorstellung meines Vaters« disqualifiziert
hatte, nur wiederaufleben.

Draußen vor der Avenue Foch 88 warteten nicht nur die üblichen Paparazzi: Agenturreporter, fünf Fernsehteams, Fotografen
von *Paris Match, Stern, Oggi* und vielen anderen internationalen Zeitschriften und Zeitungen sowie einfach nur Neugierige

empfingen sie mit der Art von Klamauk, wie er gewöhnlich für durchgebrannte Filmstars oder in Ungnade gefallene Politiker reserviert ist. Die Aufmerksamkeit der Presse war eine Bestätigung dafür, was die Frauen im Grunde ihres Herzens schon wußten: Ari war zum letztenmal nach Paris zurückgekehrt. Es war ein trockener, fast milder Abend; der laue Ostwind bewegte kaum das mürbe Geflecht von Efeu und Rankengewächsen, die den hohen schmiedeeisernen Zaun bedeckten; die Nacht wurde hell beleuchtet von Blitzlichtern und Jupiterlampen, als er langsam aus dem Wagen stieg. Seine Beine waren schwach, und er konnte nur unter großen Schmerzen gehen, aber Ari stieg die Treppen hinauf und ging, ohne Hilfe, hinein.

Im »George V« saß Johnny Meyer mit einer französischen Journalistin bei einem Drink, als er ans Telefon gerufen wurde. Langsam erhob er sich von dem Sessel an seinem Stammtisch in seiner Pariser Lieblingsbar. »Mylord ist zurück«, sagte er, als er wenige Minuten später wiederkam. Ein dicker Bauch wölbte sich unter dem Krokodilledergürtel seines dunkelblauen Anzugs. Er sah reich aus und nach einem Mann mit Einfluß, dachte die Journalistin, und das war auch, was er sie gern glauben lassen wollte. »Wie geht es ihm, Johnny?« fragte sie den Mann, der so oft als »eine zuverlässige Quelle« oder als »ein Onassis-Insider« bezeichnet wurde.

»Ich glaube, wir sind auf dem Weg der Besserung«, antwortete Meyer. In der Onassis-Geschichte spielte er kaum mehr als eine Nebenrolle, aber er neigte zu einer schamlosen und gleichzeitig etwas rührenden Selbstüberschätzung. In den Notizen für seine nie fertiggestellte Autobiographie beschrieb er sich gern als Aris Falstaff. »Wir verbringen die Nacht in der Avenue Foch, ehe wir uns im ›Amerikanischen Hospital‹ untersuchen lassen, ob die Gallenblase entfernt werden soll oder nicht«, sagte er. Die Journalistin drückte ihr Erstaunen darüber aus, daß es Ari angeblich bald bessergehen sollte. »Wer hat denn jemals gehört, daß jemand an ermüdeten Augenlidern gestorben ist?« entgegnete Meyer. Vielleicht fehlte ihm wirklich das Verständnis, vielleicht war es reiner Optimismus, aber er war überzeugt, daß Ari durchkommen würde;

an jenem Morgen hatte er mit Gratsos gesprochen, der ihm versichert hatte, daß alles gutgehen würde; er vertraute Gratsos, und es kam ihm nie in den Sinn, daß Gratsos ihn im ungewissen lassen könnte.

Nach seiner Ankunft in der Avenue Foch schlief Ari mehrere Stunden. Kurz nachdem er aufwachte, nahm er eine Pyridostigmine-Kapsel mit Langzeitwirkung, damit er die Nacht durchstünde. Die Kapsel gab ein Drittel beziehungsweise 60 Milligramm ihres Wirkstoffes sofort ab und verlieh ihm einen Energieschub, den er ausnutzte, um soviel wie möglich zu erledigen: Er schickte nach Leuten, die er sprechen wollte.

Meyer war schockiert, als er ihn, von Kissen gestützt, in dem großen antiken Bett sitzen sah, das das Schlafzimmer des Hausherrn dominierte. In dem Zimmer war es so heiß wie in einem Treibhaus; der Lärm von Paris wurde durch die dicken alten Mauern gedämpft; vor den Fenstern aus Panzerglas hingen schwere Vorhänge. Ari starrte verstört an sich hinunter: Unter der Decke zeichneten sich deutlich die bis aufs Skelett abgemagerten Beine ab. Das frisch rasierte und parfümierte Gesicht besaß eine fast durchsichtige Blässe, und sein Kopf schien zu groß und zu schwer zu sein, als daß sein magerer Hals ihn halten könnte. Jesus, dachte Meyer, und es überkam ihn ein Gefühl, das er später nur als Mitleid für den erschöpft aussehenden Mann beschreiben konnte. Es war das erstemal, daß er Ari jemals als alten Mann wahrnahm. Er war sicher, daß er seine Gedanken nicht einmal durch ein Wimpernzucken verraten hatte, und war überrascht, als Ari sagte: »Du hast nicht erwartet, mich so vorzufinden, nicht wahr, alter Freund? Ein Sack aus Haut und Knochen. Es tut mir leid, daß meine Erscheinung dich so beunruhigt.« Er müsse einfach kräftiger essen, antwortete Meyer, der es sich in dem Augenblick nicht zutraute, gut genug lügen zu können, um mehr zu sagen.

»Ich habe Schwierigkeiten beim Kauen. Es fällt mir schwer, zu kauen. Ich esse nicht sehr viel«, sagte Ari. Seine Aussprache war undeutlich. Er hielt sein Kinn, als versuchte er, das Gewicht seines Kopfes abzustützen, aber Meyer vermutete, daß er es eigentlich tat, um sich das Sprechen zu erleichtern. »Gott bestraft mich dafür, daß ich immer größere Bissen genommen habe, als ich kauen konnte«, sagte er. Meyer lachte höflich, aber er spürte Aris Sorge, die hinter dem zynischen Humor versteckt war. Er wußte, daß es eine normale Angst von Männern war, die ihr Leben im Kampf verbracht hatten, daß sie ihren Mut verlieren und ihre Nerven sie am Ende im Stich lassen würden. »Ich glaube nicht, daß Gott den Mumm hat, dich zu bestrafen«, sagte Meyer und freute sich, daß seine Bemerkung das Gesicht des Mannes belebte, dessen Leben, wie er jetzt wußte, schnell dem Ende entgegenging.

Sie begannen, über die Vergangenheit zu sprechen. Es war ihnen zur Gewohnheit geworden, die Gegenwart zu verurteilen und alte Zeiten zu loben. Das Buch »Supership« hatte bei Ari Erinnerungen an die *Ariston* geweckt. »Das war die schönste Zeit. Ich hatte damals so viele Pläne«, sagte er. Meyer erwiderte, daß er ihn gern schon damals gekannt hätte. »Ich sagte: ›Erinnerst du dich noch an die Nummer, die du in Rotterdam abgezogen hast, als der griechische Konsul dich auf diese Zollbestimmungen festnageln wollte?‹ Das war eine seiner Lieblingsgeschichten, die ihn immer erheiterte. Aber jetzt starrte er mich nur an. ›Was für eine Geschichte ist das, Johnny?‹ fragte er. ›Erinner mich daran.‹ Dabei war es seine Lieblingsgeschichte! Ich habe sie bestimmt zweitausendmal von ihm gehört. ›Über dieses Arschloch von einem Beamten, der sich unbedingt an die gesetzlichen Bestimmungen halten wollte?‹ sagte ich. ›Erzähl sie mir, Johnny‹, sagte er. So erzählte ich ihm seine eigene Geschichte, Wort für Wort, wie bei einem Ritual bis hin zur selben Pointe: ›Mein Freund, Sie befinden sich jetzt an Bord eines panamaischen Schiffes.‹« Ari sah vergnügt aus, als hörte er die Geschichte zum erstenmal. »Jesus, Ari, du hast die Billigflagge erfunden«, sagte Meyer, obwohl er gehört hatte, daß andere Griechen dasselbe von sich behaupteten und fast identische Geschichten erzählten. Dann sprachen sie eine Weile über Hollywood, die Mädchen, die sie gekannt hatten, und die guten Zeiten. Wie alt sie seitdem geworden wären, dachte Meyer. Ari fragte ihn, wie viele Paar Schuhe er jetzt besäße; Schuhe waren Meyers Leidenschaft; die besten

Schuhmacher Europas hatten seine neuesten noch in der Werkstatt. »Er sagte, daß ich ein Paar für seine Beerdigung opfern müßte. ›Meine Straßen auf Skorpios sind nicht nett zu schönen Schuhen‹, sagte er. Ich erwiderte: ›Ari, ich wette bare Dollar gegen Pfannkuchen, daß du noch bei meinem Leichenschmaus tanzen wirst.‹ Er sagte, daß er kein Spieler sei und nicht wette. Ich sagte ihm, daß er der allerkühnste Spieler sei, dem ich je begegnet wäre. Er erwiderte: ›Nein, Johnny, ich war nur ein griechisches Kind, das rechnen gelernt hatte.‹«

Dann herrschte ein langes Schweigen. Meyer dachte, Ari sei eingenickt. Da sagte Ari: »Bald werde ich auf Skorpios bei Alexander sein. Du weißt, daß ich sterbe, Johnny.« Das Wesen des Todes, erinnerte sich Meyer, einmal gelesen zu haben, sei die Einsamkeit. Er hatte Ari nie so einsam aussehend erlebt wie jetzt. »Du bist verrückt, Ari. Wer hat denn jemals gehört, daß jemand an ermüdeten Augenlidern gestorben ist?« wiederholte er den Scherz, den er zuvor am Abend gemacht hatte. Ari mußte die mitleidige Lüge durchschaut haben und tätschelte Meyers Gesicht; seine Finger waren fast nur noch fleischlose Knochen; Meyer nahm seine Hand und drückte sie, überrascht, wie kalt sie war. »Willst du sterben? Willst du die Entscheidung darüber loswerden?« fragte er. Ari sagte ihm, er wolle nicht länger mit Gespenstern leben. »Ich will das nicht, Johnny. Ich könnte das nicht aushalten.«

Erneut wurde Meyer sich der Stille bewußt, die in dem Haus herrschte. Es war die Art von Stille, die er mit Schonbezügen auf Möbeln assoziierte. Aber er wußte, daß die Wohnung voller Menschen war; Jackie hatte er nicht gesehen, obwohl er wußte, daß sie da war; Christina hatte ihn am Eingang mit dem für Familienversammlungen typischen gewichtigen Gesichtsausdruck begrüßt und ihn darum gebeten, für sie eine Suite im »Plaza Athénée« zu reservieren. Sie wolle nicht die Wohnung mit Jackie teilen, wenn ihr Vater ins »Amerikanische Hospital« eingeliefert werde, erklärte sie ihm.

Auf dem Nachttisch befand sich keine Uhr, sondern nur zwei Fotos von Alexander und Christina, aber keins von Jackie, das Buch »Supership«, ein kleines Kruzifix und ein Taschenrechner.

Ein Kruzifix und ein Taschenrechner! Diese Kombination ging Meyer nie mehr aus dem Sinn. Wieder und wieder erzählte er die Geschichte und beendete sie immer mit denselben Worten: »Sein ganzes Leben lag dort auf diesem winzigen Tisch, von der Wiege bis zu dem verfluchten Grab – ein verdammter Taschenrechner und ein Kruzifix.«

Am folgenden Morgen, um 11.50 Uhr, verließ Ari in einem blauen Peugeot die Tiefgarage und fuhr zum »Amerikanischen Hospital« am Boulevard Victor Hugo. Es war ein milder, heller Sonnentag. Am Place de Maréchal de-Lattre-de-Tassigny fuhr der Wagen mit schneller Fahrt auf den inneren Boulevard Périphérique und bog rechts in Richtung Porte Maillot in den Boulevard de l'Amiral Bruix ein. Um zwölf Uhr, als die Menge der Fotografen und Reporter am Haupteingang durch Jackies und Christinas Ankunft abgelenkt wurde, betrat er unbeobachtet das Krankenhaus durch die angrenzende Kapelle, die beim Krankenhauspersonal als »Künstlerausgang« bekannt war, da das auch der Weg zum Leichenschauhaus war.

Ein Pressesprecher sagte, er sei »wegen einer sehr starken Grippe« ins Krankenhaus eingeliefert worden. Am Sonntag, dem 9. Februar, wurde seine Gallenblase entfernt. Christina, die ins Hotel gezogen war, nahm sich auch ein Zimmer neben der Suite ihres Vaters im ersten Stock auf dem »Eisenhower-Flügel« des Krankenhauses und verbrachte zusammen mit ihrer Lieblingstante Artemis, Aris engster Schwester, die meiste Zeit an seinem Bett. In Gegenwart dieser beiden »stammesbewußten« und harten Frauen fühlte sich Jackie bei ihrem Mann wie eine Fremde. Doch den Schmerz darüber, ausgeschlossen zu sein, ließ sie sich äußerlich in keiner Weise anmerken, als sie Ari täglich genauso beharrlich besuchte, wie sie die Abende beim Essen mit Freunden verbrachte.

Am 22. Februar sprach *Paris Match* mit einem der Ärzte, der Ari operiert hatte: »Unser letzter Verbündeter, der ihn retten kann, ist sein Stolz. Und das ist die letzte unbekannte Größe«, sagte er. Gegen Ende des Monats schien es, als setzte er sich zur Wehr. Obwohl er noch künstlich beatmet wurde und weiterhin an ein Dialysegerät angeschlossen war, sprach man in einer Erklärung

410

des Krankenhauses von »einer langsamen, aber progressiven Verbesserung« seines Zustandes. Jackie machte das so viel Mut, daß
sie nach New York zurückflog, um ihre Tochter zu besuchen. Sie
rief jeden Tag an, um sich nach seinem Befinden zu erkundigen,
und erfuhr nichts Beunruhigendes. Sein Zustand schien ernst,
aber stabil zu bleiben.

Christina und Peter Goulandris vollzogen die traditionelle griechische Zeremonie des »Eheversprechens« und besuchten anschließend Ari an seinem Bett, um ihm die Neuigkeit mitzuteilen
und seinen Segen zu erhalten.

Am Sonntag, dem 15. März, regnete es in Paris zwölf Stunden
und neun Minuten lang. Es war der längste Regen in diesem
Winter, und als er aufhörte, war Aristoteles Sokrates Onassis tot.

Jackie war in New York, als sie erfuhr, daß sie wieder eine Witwe
war. Ehe sie an dem Abend mit ihrer Mutter nach Frankreich flog,
rief sie Teddy Kennedy an und flehte ihn an, sie zur Beerdigung zu
begleiten und ihre Kinder mitzubringen. Sie wußte, daß sie jede
Unterstützung, die sie bekommen konnte, gebrauchen würde.

Nur Jacinto Rosa, der Familienchauffeur, war am Flugplatz, um
Jackie in Paris zu empfangen. Und die Presse. »Hinter dieser
riesigen, dunklen Brille versteckt, lächelte sie nur in sich hinein
und schlang den schwarzen Ledermantel fest um sich, als sie die
Reporter sah«, erinnerte sich Peter Stephens, der über das Lächeln erstaunt war. Er vermutete, daß sie sich eher aus Prinzip und
Gewohnheit denn aus einem Verlangen heraus veranlaßt sah, in
Orly eine kurze und präzise abgefaßte Erklärung abzugeben: »Aristoteles Onassis rettete mich in einem Augenblick, als mein Leben von Schatten eingehüllt war. Er hat viel für mich bedeutet. Er
brachte mich in eine Welt, in der man sowohl Glück als auch
Liebe finden kann. Wir haben viele schöne Erfahrungen miteinander gemacht, die unvergeßlich sind und für die ich ihm ewig
dankbar sein werde.« Später fuhr sie in Begleitung von Miltos
Argyropoulos, der »Olympics« Mann in Paris gewesen war, zur
Krankenhauskapelle, um ihren letzten Abschied von Ari zu nehmen. In dem mit Kerzenlicht beleuchteten Raum lag er mit einer
griechisch-orthodoxen Ikone auf der Brust auf einer Bahre. Sie

bekreuzigte sich und sprach ein Gebet. Sieben Minuten nach ihrer Ankunft kehrte Jacqueline Bouvier Kennedy Onassis mit trockenen Augen durch den Regen und die Blitzlichter in die Avenue Foch zurück. Doch die Ausgeglichenheit und der Ausdruck von Mut, die in den traumatischen Tagen nach dem Attentat auf John F. Kennedy so sehr an ihr bewundert worden waren, wurden jetzt als zu lieblose Beherrschung und als zu kaltblütig betrachtet.

Obwohl nur wenige Frauen die vernichtenden Auswirkungen mehrerer aufeinanderfolgender Tragödien besser hätten verstehen können, stießen Jackies Bemühungen, Christina zu trösten, auf Verachtung. Sie hatte einen schweren Fehler begangen, indem sie nicht 48 Stunden früher nach Paris zurückgekehrt war. Die Familie würde ihr nie vergeben, daß sie 3000 Meilen weit weg gewesen war, als Ari starb. Diesmal hatte ihr perfekter Selbsterhaltungstrieb versagt; sie wurde kalt stehengelassen. Gespräche wurden auf griechisch geführt, und einst freundliche Assistenten gingen ihr aus dem Weg. Christina stand unter Beruhigungsmitteln und konnte sie überhaupt nicht sehen; sie hatte den Tod ihres Vaters sehr schwer genommen. Ihr linkes Handgelenk war dick verbunden, als sie das Krankenhaus an dem Tag, als er starb, verließ, und es ging das Gerücht um, daß sie in einem Akt der Verzweiflung wieder versucht hätte, sich umzubringen. »Es war ein Unfall, ein Ausrutscher im Badezimmer«, behauptete ein Freund. Ob der Verband nun eine ominösere Bedeutung hatte oder nicht, sie hatte sich jedenfalls so weit beruhigt, um mit dem Leichnam ihres Vaters drei Tage später heim nach Skorpios zu fliegen.

34 Verwandte und Freunde waren an Bord der »Boeing 727«, die Aris Leichnam nach Griechenland überführte. Es schien, als hätte es eine Annäherung zwischen Christina und der Witwe ihres Vaters gegeben, ein Versprechen für ein besseres Verständnis, als sie gemeinsam das Flugzeug verließen. Als Christina die Fotografen sah und ihre Ängste wieder ausbrachen, ergriff Jackie ihren Arm. »Nimm es leicht, es ist bald vorbei.« Die zwei Frauen und Teddy Kennedy saßen gemeinsam in der ersten Limousine. Ein anderes Flugzeug, das weitere Verwandte und Freunde aus Athen gebracht hatte, war zuvor gelandet, und jetzt, da die Trauerge-

412

meinde komplett war, begann der Leichenzug aus Autos und Bussen seine langsame Reise von Actium zu dem kleinen Fischerdorf Nidri, wo Aris Leichnam für seine letzte Reise nach Skorpios auf ein Motorboot gebracht werden sollte. Es war ein kalter, bedeckter Tag. Bauersfrauen mit schwarzen Kopftüchern und Blumensträußen mit purpurroten Blüten in der Hand säumten die Straßen, und die Kirchenglocken läuteten. Dann hielt die Autokolonne. Christina verließ die Limousine, die sie sich mit ihrer Stiefmutter teilte, und stieg in den nachfolgenden Wagen. Für einen Augenblick lang schien alles in dieser kahlen Landschaft erstarrt zu sein (»Es war sehr surrealistisch, völlig der Wirklichkeit beraubt«, erinnerte sich ein Familienfreund). Teddy Kennedy schloß die Tür, und nach kurzem Zögern setzte die Autokolonne ihre Fahrt fort. »Ich weiß nicht, was passiert ist, aber etwas ist zwischen diesen beiden Frauen in dem Auto vorgefallen. Und ihr Stolz ist Christina wichtiger als Takt und Anstand. Offensichtlich hielt sie es selbst auf dieser qualvollen Reise für notwendig, ein Zeichen zu setzen, und so tat sie es«, erinnerte sich ein Trauergast an die Episode. Was auf der Straße von Actium passierte, blieb ein Jahrzehnt lang ein Geheimnis, doch vor nicht langer Zeit enthüllte einer von Christinas engsten Freunden die Wahrheit: Teddy Kennedy hatte den Versuch unternommen, mit Christina in der Limousine über »finanzielle Angelegenheiten« zu sprechen. Sie war entsetzt über seine Unsensibilität. »Sie wußte, daß Teddy nicht gekommen war, um ihren Kummer zu teilen oder einfach Jackies Hand zu halten. Er war aus einem bestimmten Grund da. Er würde früher oder später über geschäftliche Angelegenheiten reden wollen. Ari hatte immer Geld im Kopf, das verstand Christina ... die Kennedys hatten es in ihrem Herzen, das verstand sie auch. Aber Teddys Wahl des Zeitpunktes ließ sie ausrasten. Darum schoß sie an dem Tag aus der Limousine.«

Auf Skorpios wurde der Walnußsarg, der aus einem Baum der Insel gefertigt war und ein Messingschild mit der schlichten Aufschrift »Aristoteles Onassis: 1900–1975«* trug, vorbei an den Rei-

---

* Ausweichend bis ans Ende, lauteten die Daten auf seinem Grabstein: 1906–1975.

hen der Angestellten in ihrer Arbeitskleidung – Küchenchefs und Kellner, Gärtner und Matrosen und Zimmermädchen –, die brennende Kerzen in der Hand hielten, den Hügel hinauf zu der winzigen Kapelle getragen. Nicht weit davon lag die *Christina*, deren liberianische Flagge auf halbmast stand. Ein Dorfpriester las den Brief Paulus' an die Thessaloniker, und ein kleiner Chor sang verschiedene Verse, darunter diesen: »Ich ging ans Grab und sah die nackten Knochen, und ich sagte zu mir selbst, wer bist du? König oder Soldat? Reich oder arm? Sünder oder Gerechter?« Der Gottesdienst war schnell vorbei, und alle Trauergäste küßten die Ikone, die auf dem Sarg lag. Während sich der Himmel bewölkte und ein paar Tropfen Regen fielen und der Duft der Mandel- und Olivenbäume, die er selbst gepflanzt hatte, durch die Luft zog, wurde Aristoteles Sokrates Onassis' Sarg in die Betongruft neben die seines Sohnes Alexander hinabgelassen.

Als die Brise, die bei Sonnenuntergang einsetzte, von der Ägäis wehte, stand die Erbin, die der Yacht ihren Namen gegeben hatte, auf dem Deck der *Christina*, breitete die Arme aus und erklärte der Mannschaft und den Angestellten ihres Vaters, die um sie herum versammelt waren, aus einem Impuls heraus, der einen tiefgründigeren Anlaß als ihren Kummer hatte: »Dieses Boot und diese Insel gehören jetzt mir. Sie sind jetzt alle meine Leute.« Sie sprach auf griechisch, und die Worte schienen aus ihrem innersten Wesen zu kommen.

Epilog

Am Tag nach der Beerdigung ihres Vaters flog Christina nach Lausanne, um sich »für ein paar Tage zu erholen«. Aber die folgenden Wochen waren alles andere als erholsam, als sie sich an die Aufgabe machte, das Vermächtnis zu entwirren. Am 29. April 1975 erklärte sie in der amerikanischen Botschaft in Paris ihren Verzicht auf die amerikanische Staatsbürgerschaft – als Amerikanerin wäre ihr gesamtes Einkommen der amerikanischen Steuer unterworfen gewesen. Aber indem sie sich ihrer amerikanischen Staatsbürgerschaft und damit dem Schreckgespenst der Steuerbehörde entledigte, schuf sie unbeabsichtigt ein neues Problem. Sie war die alleinige Erbin der Stiftung, die »Victory Carriers« kontrollierte, nämlich die amerikanische Gesellschaft, die als Bestandteil einer Vereinbarung bei dem Strafprozeß, der 1950 vom Justizministerium gegen Ari eingeleitet worden war, gegründet wurde. Diese Vereinbarung schloß eine ausländische Gewinnbeteiligung an den vier Tankern der Gesellschaft mit US-amerikanischer Flagge aus. Ihre Antwort darauf war prompt, kreativ und effektiv. Obwohl die Schiffe – die jetzt zwölf bis vierzehn Jahre alt waren und auf dem unbeständigen Kassamarkt gehandelt wurden – weiterhin von Costa Gratsos in New York kontrolliert werden würden, gründete sie eine weitere Stiftung, in deren Besitz »Victor Carriers« kam, und der Erbe dieses Trusts sollte das »Amerikanische Hospital« in Paris sein. Das war ein geschickter Zug, den selbst Ari bewundert hätte. Der Krankenhausdirektor Perry Cully gestand: »Für uns sieht das nach einem Steuertrick von Christina aus.«*

---

* Es war unmöglich, den Wert des Vermächtnisses zu benennen. Schiffsexperten berechneten, daß das »Amerikanische Hospital« die Aussicht hatte, ein jährli-

Obwohl nach den Bestimmungen in Aris Testament die Aktienmehrheit des Imperiums im Besitz der Liechtensteiner Stiftung war, die von dem alternden Kader von Cousins und alten Bekannten geleitet wurde, gab Christina bei einer eilig einberufenen Vorstandssitzung in der Schweiz ihre Entschlossenheit zu verstehen, daß sie ihren Einfluß auf das Imperium geltend machen wolle. Laut Testament sollte die Stiftung nach dem Prinzip des Nobelpreissystems auf verschiedenen Gebieten einschließlich der Kunst, der Religion und der Bildung Preise verleihen. Doch Christina kündigte an, daß die Gelder im wesentlichen an soziale Wohltätigkeitsprojekte in Griechenland verliehen werden sollte. Das schien eine kleine Modifizierung zu sein, doch sie signalisierte eine tiefgehende Veränderung. Denn damit gab sie Ari nicht nur ein menschenfreundlicheres Image in Griechenland, wo die Staatsbeamten, die seinen vertraulichen Umgang mit den Obristen noch immer heftig kritisierten, die Frage einer Erbschaftssteuer gerade gründlich prüften, sondern sie gab damit auch Aris Testamentsvollstreckern zu verstehen, daß sie die Absicht hatte, die Kontrolle zu übernehmen, egal was ihres Vaters letzter Wille war oder was im Testament stand. »Christinas Neuinterpretation von Aris Plänen für die Stiftung war subtil. Konialidis und die anderen Testamentsvollstrecker haben ihre Bedeutung überhaupt nicht erkannt«, sagte später ein Schweizer Anwalt, der bei dem Treffen in Lausanne zugegen war. Obwohl keiner ihrer »Onkel« gegen ihr ungestümes Vorgehen Einspruch erhob, merkte Gratsos sicherlich, worauf sie hinauswollte, und duldete es vielleicht stillschweigend. Es freute ihn, zu sehen, mit welchem Vertrauen sie in ihre neue Rolle schlüpfte. »In einigen wenigen Jahren wird sie einer der größten Schiffahrtsexperten der Welt und in der Lage sein, all diese Dinge ohne den Rat alter, vergreister Männer zu leiten«, wurde er am 15. Juni in der *New York Times* zitiert.

---

ches Einkommen von »sehr wenig bis zu einer siebenstelligen Zahl« zu erhalten. Nach Aussage des Krankenhaussprechers Bruce Redor »scheint das Krankenhaus bis zum heutigen Tag nicht einen einzigen Penny von der Stiftung erhalten zu haben«.

Wir schreiben das Jahr 1985. Christina ist inzwischen in der vierten Ehe mit Thierry Roussell, dem Erben eines großen Pharmaunternehmens, verheiratet und hat eine Tochter, Athina, zur Welt gebracht.

Je älter Christina wird, desto mehr isoliert sie ihr Reichtum. Jetzt sieht man sie nur noch kurze Augenblicke, eine einsame, unglückliche Gestalt, über die die Klatschreporter mit Fotos berichten, auf denen ein kindlicher Blick im Blitzlicht erstarrt ist. Manchmal scheint es, als gebe es für sie überhaupt keine Zukunft – sondern nur das Danach.

Danksagung

Dieses Buch, zumindest jedoch die Idee, ein solches Buch zu schreiben, entstand im Herbst 1967 in Paris. Es war, wie ich später erfuhr, John W. Meyers Vorschlag, daß Aristoteles Onassis seine Lebensgeschichte selbst erzählen sollte – »wie der ganze Plunder mit dem Pack wirklich war« –, denn niemand, der bei vollem Verstand sei, glaube die entschärften Versionen von Aris Leben, wie mir Meyer später erzählte. »Und ich glaube, daß sich die Leute immer für miese Typen interessieren, die nach oben gekommen sind.« Ari wandte sich an Costa Gratsos, seinen klügsten und tatkräftigsten Mitarbeiter, der die Idee guthieß und ihn ermunterte. Ich stehe tief in der Schuld von Meyer und Gratsos, denn ihre Beiträge, die sich durch das gesamte Buch ziehen, sind so umfangreich, daß ich noch nicht einmal in den Quellenangaben und Anmerkungen dazu übergehen könnte, sie im einzelnen aufzuführen. Costa Gratsos' Erinnerungen an den jungen Ari in Argentinien verhalfen mir zu Eindrücken, die mir sonst gefehlt hätten. Ihre Hilfe, ihr Rat und ihre Ermutigung gaben mir auch in schwierigen Phasen die Gewißheit, daß das Konzept zu realisieren war. Abgesehen von meinem Gefühl der aufrichtigen Dankbarkeit, bin ich nun traurig, daß beide nicht mehr leben. Aber mir gefällt der Gedanke, daß sie dieses Buch mit Zufriedenheit und einem gewissen Amüsement, wenn auch nicht immer völlig zustimmend, gelesen hätten.

Es ist unmöglich, das Leben eines Mannes genau zu schildern, wenn glaubwürdige Zeugen und ihre verschiedenen Ansichten und Standpunkte fehlen. Eine Biographie dieser Art steht oder fällt nicht nur mit der Bereitschaft der Hauptperson, sich völlig auszuliefern, zumindest bis an die Grenzen dessen, was Menschen zumutbar ist, sondern auch mit der Kooperation und Offenheit der anderen, die in die Geschichte verwickelt sind. Viele Menschen taten das Ihre, um mir zu helfen. Mehr als dreihundert Freunde, Verwandte, Bankiers, Chauffeure, Hausangestellte, Journalisten, Partylöwen, Politiker, Rechtsanwälte, gefeierte Persönlichkeiten, ehemalige und heutige Onassis-Angestellte, mächtige und bescheidene Leute wurden, wenn sie etwas mit der Biographie zu tun hatten, im Zusammenhang mit den Vorarbeiten zu diesem Buch befragt. Aus vielfältigen Gründen baten viele darum, ungenannt zu bleiben. Ich bin allen dankbar.

Vor allem bin ich Joseph Bolker, Finn Bryde, Alan Campbell-Johnson, Roy Cohn, Geraldine Spreckles Fuller, Wendy Russell Reves, Joan Thring Stafford und Fiona Thyssen-Bornemisza zu Dank verpflichtet. Ohne sie wäre dieses Buch längst nicht so umfangreich und informativ geworden.

Innerhalb der Firmen und der Familie stieß ich auf unterschiedliche Herzlichkeit. Ich schätze besonders die Hilfe von Artemis und Theodore Garofalides, von Constantine Konialidis und Mme. Livanos sowie das Vertrauen von Alexander Onassis und die Offenheit des allzeit geduldigen und freundlichen Nigel Neilson. Nur Christina Onassis erwies sich als unkooperativ. Ich traf sie das erstemal 1968 mit ihrem Vater in Paris; Anfang der siebziger Jahre war ich ihr Tischherr in »Fleur Cowles' Albany-Apartment« in London; sie wirkte gesprächig, heiter und attraktiver denn je. Am 2. Oktober 1982, als ich mich darauf vorbereitete, die Arbeit zu »Ari« wiederaufzunehmen, flog ich nach Paris, nachdem ich ihr zuvor einen Brief in die Avenue Foch geschickt hatte, in dem ich den Zweck meines Besuchs erklärt und um ein Interview gebeten hatte. Der Brief blieb, wie mehrere andere auch, unbeantwortet. Am 12. Januar 1983 war ich wieder in Paris und aß mit Hubert Michard-Pellissier, ihrem Anwalt und Freund aus Kindertagen, zu Mittag. Ich beschrieb ihm die Situation und bat erneut um ein Interview mit Christina. Er schlug vor, meine Fragen schriftlich zu formulieren; er wollte mit Miss Onassis sprechen und mich am folgenden Tag anrufen. Ich schickte ihm noch am selben Nachmittag eine Liste von Fragen. Er rief weder am folgenden noch in den nächsten Tagen an; nach meinen Anrufen rief er nicht zurück.

419

Am 17. Januar kehrte ich nach London zurück und fand mich mit der Tatsache ab, daß dieses Buch ohne die Hilfe von Miss Onassis geschrieben werden mußte.

Viele Journalisten, Schriftsteller und Nachrichtendienstler waren mir dabei behilflich, Hinweise und Informationen zu sammeln. In Washington schulde ich meinem ehemaligen Kollegen Ross Mark vom *London Daily Express* Dank, nicht zuletzt dafür, daß er mich mit William A. Lowther bekannt machte, dessen Einsatz unbezahlbar war; so halfen mir sein scharfsinniger politischer Instinkt, seine Verbindungen zu zahlreichen Nachrichtendiensten, seine Fähigkeit, wichtige Regierungsdokumente und Memoranda auf ein Stichwort zu liefern, und seine Bereitschaft, der Bürokratie auf die Sprünge zu helfen, damit meine Anfragen und Bitten nicht vergessen wurden. Ich bin Bogdan Kipling vom *Toronto Star* für die Gastfreundschaft dankbar, die er und seine Frau mir während meines Aufenthaltes in Washington gewährten. Auch Len Deighton bin ich zu Dank verpflichtet, daß er mich zumindest einem wichtigen Informanten vorstellte, dessen Namen ich aus Vorsichtsgründen jedoch nicht nennen darf.

In New York half mir Dudley Freeman; sein großartiger Nachrichtendienst machte Artikel ausfindig, von denen andere Agenturen und Archive behaupteten, sie seien für alle Zeiten verschwunden. Gloria Hammond half mir ebenfalls; ihre im stillen durchgeführte Wühlarbeit zu Beginn der Nachforschungen erwies sich als unentbehrlich. Unterstützung fand ich bei Joan Walsh von *Time*, bei Morton Redner und auch bei Joan und Philip Kingsley. In Florida half mir Brian Wells, der an Johnny Meyers Autobiographie mitarbeiten sollte und mir eine Kopie der Synopse schickte, in der Anekdoten standen, die mir neu waren und die ich gerne aufnahm. Douglas Thompson und Leslie Salisbury in Los Angeles danke ich ebenso für ihre Hilfe wie Eve Foreman für ihre Bemühungen, die Privataufnahmen vom Zusammentreffen ihres verstorbenen Mannes Carl mit Ari ausfindig zu machen. Freunde habe ich in William C. Jordan und Corraine G. Winchester vom »WCJ Investigative Consultants Inc.«; sie gewährten mir Gastfreundschaft während meines Aufenthaltes in Los Angeles und empfahlen mich an ihre Kollegen weiter, zu denen auch Hal

Lipset in San Francisco gehörte, der mir mit ein paar Telefonaten eine wochenlange Knochenarbeit ersparte. Hintergrundinformationen über Aris Kriegsjahre in Kalifornien erhielt ich von Frank Angel, dem ehemaligen FBI-Chef in Los Angeles. Walter Conrad in Boston, der ehemalige Generalmanager der nordamerikanischen Vertretung der »Olympic Airways«, verzichtete auf seine Pläne, über seine Erlebnisse mit Ari ein Buch zu schreiben; statt dessen gab er mir bereitwillig Auskunft; das gilt auch für Ruth und Michael Deeley. Ich danke zudem Hélène Gaillet, daß sie mir einen Aspekt aus den letzten Lebenstagen Aris auf Skorpios enthüllte, bei dem nur sie Zeuge war.

In Paris halfen mir Edward Behr von *Newsweek*, Sam White, Patrice Habans, Peter Stephens, Lydia Taffouraud, C. L. Sulzberger, Bruno Courtin, Paul Chutkow und Bernard Valery vom *London Standard*. Jill Ibrahim führte hauptsächlich die Recherchen in Frankreich durch; ihr Zugang zu vertraulichen Mitteilungen, die während der Krise zwischen Ari und Rainier in Paris und Monte Carlo entstanden, stellte sich als eine unschätzbar wertvolle Informationsmöglichkeit heraus und ist eine Leistung, auf die ich keinen Anspruch erhebe. Ich danke meinen Freunden bei *Paris Match*, besonders den Mitarbeitern des Archivs. Yoko Tani übersetzte die japanischen Unterlagen. Henry Pessar, der mit Ingeborg Dedichen an ihren »Mémoires« arbeitete, vermittelte mir Stellungnahmen, die immer klug und scharfsinnig waren. Wertvolle Ratschläge erhielt ich von Mitgliedern französischer Nachrichtendienste. Vivienne Wilson Roberts gewährte mir Einblicke in das »tout Paris«, jener schönen Brut des alten und neuen Geldes. In Monaco halfen mir die Hintergrundrecherchen von Johanna Moris. Den beiden ausgezeichneten griechischen Journalisten, die während des Obristenregimes wichtige Mitarbeiter bei Untergrundpublikationen waren und für mich Dokumente der Junta übersetzten, spreche ich, ebenso wie einem fähigen Athener Anwalt, meinen Dank aus und respektiere ihren Wunsch, anonym zu bleiben. Nennen dagegen darf ich Roger Mainwood von *Athens News*, der mir wohlwollendes Interesse entgegenbrachte, sowie Georgio Filandrianos, der auf meine vielen Fragen die richtigen Antworten wußte. Taki Theodorecopulus gab mir wertvolle Hinweise über seine Landsmänner und noch bessere hinsichtlich der griechischen Frauen. In Norwegen gilt mein herzlichster Dank Tore Johannsen vom »NRK TV« in Oslo; er begleitete mich zu Finn Bryde.

In London halfen mir Eric Clark und Brian Freemantle, die mir tiefe Einblicke in das Netzwerk der internationalen Intrigen gewährten, sowie Miles Copeland, ein ehemaliger CIA-Mann, der alle Kanäle kannte, und mein namenloser Freund im britischen Nachrichtendienst. Raymond Hawkey sah geduldig die vielen Dedichen-Alben durch und erklärte mir, was ein Bild wichtig oder unwichtig macht. Der verstorbene Willi Frischauer half mir in vielerlei Hinsicht: Er erlaubte mir, die Aufzeichnungen Aris und vieler anderer zu lesen und zu vergleichen, die bei der Recherche und Vorbereitung zu seiner Biographie »Onassis« (New York, Meredith Press, New York 1968; Bodley Head Ltd., London 1968) entstanden waren; er vermittelte mir auch seine eigenen Erinnerungen und Eindrücke von Ari, die aus dem einen oder anderen Grunde nicht in seinem Buch vorkommen. Robert Edwards, Michael Evans und Norma Heyman vermittelten mir wertvolle Kontakte, und Lady Carolyn Townshend rollte für mich ihre Lebenserinnerungen auf. Ich lernte viel, als ich den Ansichten und Anekdoten von Sir John Russell, Brian Morris, Lady Nora Docker, Richard Burton, Alan Brien, Sir Woodrow Wyatt und Basil Mantzos, Chef der »Olympic Holidays« und ehemaliger Sparringspartner Aris, zuhörte. Dr. Martin Gilbert, dem Biographen Winston S. Churchills, bin ich zu Dank verpflichtet, denn er fand inmitten seiner Schreibtätigkeit die Zeit, in seinen Unterlagen nach Material über Ari zu suchen; das gilt auch für Anthony Montague Browne, Sir Winstons ehemaligen Privatsekretär, der meine Fragen beantwortete. Lady Soames und Mr. Winston Churchill, M. P., erwiesen mir, ebenso wie Dr. Alan Richardson, ähnliche Gefälligkeiten. Noël Goodwin recherchierte über Claudia Muzio und Nigel Dempster, und Sir John Junor gab mir viele Anregungen. Ich danke Judith Dagworthy vom »Savoy Hotel« und den Bibliothekaren des »Churchill College Archives Centre« in Cambridge; dem *London Daily Mirror*, der »Central Reference Library« in Westminster, der »British Library«, der »British Newspaper Library« in Colindale, der »University of London Library« und dem »House of Lords Record Office«; ferner Vize-Admiral Julio Zapata, Chef der Peruanischen Marinekommission in Europa und Marineattaché in London. Simon Wiesenthal vom »Jüdischen Dokumentationszentrum« in Wien nahm sich die Zeit, meine vielen Fragen zu beantworten, ebenfalls Deana Cohen vom »Simon-Wiesenthal-Center« auf dem Campus der »Yeshiva University« in Los Angeles.

Viele Interviews zu diesem Buch wurden auf Tonband aufgenommen; die Übertragung dauerte Monate. Der Hauptteil dieser strapaziösen Arbeit wurde von meiner Sekretärin Lisa Jane Pratt mit außergewöhnlich ermutigender Geduld übernommen; aus diesem Grund und vielen anderen Gründen mehr schätze ich sie überaus. Der Mensch, der am längsten und am engsten mit mir zusammenarbeitete, ist Ann Hoffmann, die mit Recherchen anfing und mir eine liebe Freundin wurde; ihr Enthusiasmus und ihre Ideen, ihre Gelassenheit, mit der sie auf meine Anforderungen an ihre Zeit und ihr Wissen reagierte, erleichterten mir meine Aufgabe enorm. Ich danke auch Richard Philpott für seine Suche nach Fotos; meinem Lektor in New York, Larry Zuckerman; und meinem Sohn Mark für seine unendlich große Hilfe. Ganz besonders herzlich möchte ich meinem Freund und Literaturagenten Ed Victor danken, der mir nicht nur die Idee zu »Ari« wieder in den Kopf setzte, sondern mir während des gesamten Projekts auch Zuversicht schenkte. Selbstverständlich bin ich auch meinen beiden Verlegern, Jim Silberman von »Summit Books« in New York und Tom Maschler von »Jonathan Cape« in London, zu großem Dank verpflichtet, nicht zuletzt für ihre verständnisvolle Kritik, ihre Geduld und für ihre beständige Ermutigung. Zuletzt danke ich meiner Frau Pamela: Sie wachte über mich und dieses Buch von Anfang bis zum Ende.

London, im September 1985   Peter Evans

Personenregister

Abd ul-Hamid II., Sultan   15, 19
Agioutantis, Georgios   328 f.
Agnelli, Gianni   223
Agnelli, Umberto   232
Agnew, Spiro   333 f.
Alireza, Ali   145 ff., 172
Alireza, Mohammed
  Abdullah   145 ff., 175
Allen, Sir Roger   234
Alpha, Lynn   296
Ammidown, Beatrice   125
Anastasiades, Michael   22
Andersen, Lars   138
Anderson, Jack   334, 354
Argyropoulos, Miltos   411
Arias, Roberto (Tito)   186, 254
Arnautis, Panayoits   328
Atatürk, Kemal   29, 31 f., 36, 38 ff.
Athanassiou, Polykarpos   303
Athenagoras, Patriarch   236
Auchincloss, Hugh   283
Auchincloss, Janet Bouvier   283,
  290, 302
Avramides, Michael   22 ff.

Bailen, Eliot   153
Baldwin, Billy   304, 312
Bardot, Brigitte   227, 349
Beaverbrook, Lord Max   220 f.
Belmondo, Jean-Paul   263
Beman, Lewis   403
Bemelmans, Ludwig   105, 110 f.
Benadava, Bohar   16
Berenson, Robert L.   130, 142 f.

Bernstein, Henry   97
Bethel, Janet   125
Bing, Rudolf   263
Bismarck, Prinzessin Anne-Marie
  von   168
Blandford, Herzog »Sunny« von
  Marlborough   250, 345, 395
Bolker, Joseph Robert   337–349
Bonner, Herbert   216
Booras, Peter   386 f.
Bouvier, John V. »Black Jack« III.
  283
Bradlee, Ben   259
Bradlee, Toni   259
Brien, Alan   199 f., 202, 206, 222 f.
Bristol, Mark L.   31 f.
Bristow, Peter   275
Broun, Creon   353 f.
Brownell, Herbert jun.   129, 151 f.
Bryde, Finn   76
Bryde, Ingevald Martin   71
Bryde, Johan Maurits   71
Bryde, Nanna Sabina   71
Bull, Gustav   71 f.
Burger, Warren   141, 153, 178, 195 f.
Burton, Richard   185, 286, 302 f.,
  353

Cafarakis, Christian   296, 353
Callas, Maria   9, 185, 224, 246,
  248 ff., 255 ff., 261–278, 281,
  285, 300, 303, 311 f., 351 f., 389
Campbell-Johnson, Alan   158, 172
Canfield, Michael   256

Capote, Truman 279, 383
Caroli, Jean 404
Carver, Clifford N. 130
Casey, Joseph E. 129
Castelbarco, Contessa 228
Castro, Fidel 157, 256
Catapodis, Spyridon 144ff., 155,
    164, 172f., 175, 178f., 194f.
Cavallero, Gene 152
Chamberlain, Neville · 91
Chanel, Coco 201
Chaplin, Charlie 227, 263
Chaplin, Oona 263
Christensen, Lars 71f., 82, 89
Christophersen, Don Juan 70
Christou, Christos 23
Churchill, Clementine 202
Churchill, Randolph 150, 199f.,
    204, 207f.
Churchill, Sarah 202
Churchill, Sir Winston 25, 94f.,
    201ff., 212, 220ff., 232ff., 250,
    252, 260, 269, 390
Cleary, William 299
Cocteau, Jean 227
Cohn, Roy 355f., 361
Cokkinis, Nicolas 128, 130, 139,
    142f., 148, 172, 254, 311, 385
Colby, William 157
Cooper, Gary 229
Coty, Rene 227
Cowles jun., Gardner (Mike) 191
Cronin, Bridget 122
Crovetto, Arthur 186f.
Cully, Perry 415
Cushing, Kardinal 297, 299, 312

d'Adda, Count Brando 243
Dass, Pieter 71
Dedichen, Hermann 71, 73, 75f.
Dedichen, Ingeborg (Mamita oder
    Ingse) 66, 70, 107, 113f.,
    117ff., 126f., 167, 187f., 199, 228,
    368, 385, 404

Desses, Jean 228
Dilhorne, Lord 311
Dillon, Phyllis 261
DiMaggio, Joe 191
Dodero, Alberto 62, 87ff., 104f.,
    110, 126f., 131, 173
Dodge, Marshal 139
Dohne, John 226
Dologlou, Penelope s. Onassis,
    Penelope
Dracopoulos, Maria 328
Dracoulis, Perikles 63, 65, 68, 77
Drake, Sir Eric 392
Dudley, Robert W. 129f.
Duke, Angier Biddle 260
Dulles, Allen 160, 168, 171
Dulles, Janet 160
Dulles, John Foster 160, 162, 168f.,
    171, 175, 207
Durand, Joan 125

Eden, Anthony 208
Embericos, André 69, 106, 125
Embericos, Cornelia 125
Euthimion (Pater) 20

Fabre, Francis (Tom) 211f.
Fafoutis, Constantine 330
Faruk I. 185, 207
Fields, Gracie 233
Flick, Mick 349f.
Fonteyn, Margot 186, 281
Ford, Charlotte s. Niarchos,
    Charlotte
Foreman, Carl 252f., 271
Frischauer, Willi 293, 334, 352
Fuller, Andrew 117, 356f.
Fuller, Geraldine 107ff., 356f., 377
Fürstenberg, Prinzessin Ira
    von 359

Gaillet, Hélène 375, 396
Galella, Ron 354
Galitzine, Prinzessin Irene 257

426

Gaona, Juan 57ff.
Garbo, Greta 70, 185, 191, 212, 231, 281
Garofalides, Artemis s. Onassis, Artemis
Garofalides, Theodore 85, 89, 232, 239, 257
Gaspari, Despina 306
Georgakis, Yanni 253, 300, 311, 332, 369
Getty, Jean Paul 87
Gillis, Patrick 349
Gilpatric, Rowell 279, 312, 351
Gobbi, Tito 271
Godard, Paulette 110
Gorlinsky, Sander 271
Goulandris, Peter 335, 403f., 411
Gouvalaris, Anne 382
Gracia Patricia, Fürstin von Monaco 192, 200, 263
Grant, Cary 192, 222
Gratsos, Constantine (Costa) 10f., 54, 61, 63, 65, 67ff., 74, 76f., 81, 103, 108ff., 115, 125f., 133f., 136ff., 144, 150f., 154, 158f., 161, 163, 167, 172, 178, 180, 182, 193f., 196, 207, 209f., 213ff., 247, 253, 286, 288, 320, 333, 341, 345, 351, 373, 376, 379ff., 385ff., 391f., 402, 406f., 414f.
Graves, Charles 265f.
Greco, Juliette 227
Grimond, Jo 158
Gurney, Accardi 257

Hammer, Armand 333
Harlech, David Lord 279, 286ff.
Harris, Nancy 125
Harrison, Rex 303
Heald, Sir Lionel 188f.
Heden, Ernst 81f.
Herrera, Renaldito 227
Hickey, William 250
Hitchcock, Alfred 192

Hitler, Adolf 88, 90, 94, 146, 165
Hochgraf, Frederick 386f.
Holland, Milner 274, 277
Hoover, J. Edgar 68, 112, 141f., 152, 156, 161, 196, 259, 287
Horne, Lena 117
Hughes, Howard 115f., 157, 159, 184, 301, 361
Hunter, Alan 372
Hussein, Ahmed 207

Ioannides, Dimitros 369

Jackson, Basil 189
Jahre, Anders 82, 92, 97
Jerram, Mike 335
Johnson, Lyndon B. 281, 287

Kalogeropoulos, Evangelia 225
Kalogeropoulos, George 224
Kapsakis, Demetios 328f.
Karamanlis, Konstantin 210ff., 234, 299f.
Karr, David 287f., 332
Katz, David s. Karr, David
Keane, Constance 105, 110f.
Kelly, Grace s. Gracia Patricia
Kelly, John B. 192
Kemoularia, Claude de 274
Kennedy, Caroline 259, 290, 301ff., 352, 384
Kennedy, Edward M. (Teddy) 291ff., 306, 411f.
Kennedy, Ethel 280
Kennedy, Jacqueline s. Onassis, Jacqueline
Kennedy, Jean s. Smith, Jean
Kennedy, John 290, 301ff., 352, 384
Kennedy, John F. 258ff., 281ff., 286, 288f., 292, 297ff., 313, 381f., 401, 412f.
Kennedy, Joseph (Joe) 213, 290f., 301

427

Kennedy, Patrick 297
Kennedy, Robert (Bobby) 257,
260f., 280ff., 286, 288f., 291,
355
Kennedy, Rose 260, 290, 299, 301
Khan, Ali 227
King jun., Martin Luther 289
Klerck, Nanna Sabina s. Bryde,
Nanna Sabina
Knickerbocker, Cholly 283
Konialidis, Chrysostomos 30, 33,
35, 41
Konialidis, Constantine (Costa) 60,
77, 87f., 127f., 209, 254, 374ff.,
384f., 398, 415
Konialidis, Maria 30, 33, 41
Konialidis, Merope 20, 89, 180, 385
Konialidis, Nicolas (Nicos) 60, 67,
77, 87, 89, 97f., 130
Kouris (Brüder) 334f.
Krause, Allen J. 143
Krupp von Bohlen und Halbach,
Alfried 165
Kulukundis, Manuel 69, 124, 129

Labrosse, Sabine de 374
Lake, Veronica s. Keane, Constance
Lamarr, Hedy 87
Land, Emory S. 112
Lawford, Pat 302
Laws, Bolitha J. 155
Lewis, Ron 379
Liambey, Constantine 186
Lilly, Doris 298
Lincoln, Leroy 253
Lincoln, Thomas R. 253
Livanos, Arietta 123, 331, 344
Livanos, Athina s. Onassis, Athina
Livanos, Eugénie s. Niarchos,
Eugénie
Livanos, Stavros George 69, 89,
100, 106, 117, 123ff., 159, 241
Lloyd George, David 25
Loeb, William 380ff.

Lombard, Carole 103

Maheu, Robert Aime 156f., 159f.,
161, 164, 171, 174f., 194
Maitland, Andree 125
Makarezos, Nicholaos 308ff.,
314f., 329, 331
Makarios III., Erzbischof von
Zypern 203
Manchester, William 260f.
Mandl, Fritz 87f., 112, 115, 126f.,
165, 173
Mankiewicz, Frank 289
Marchini, Angelo 328
Martinelli, Elsa 359
Mastoralis, Nicos 292f.
Maud, Königin von Norwegen 72
Maxwell, Elsa 226, 228, 231f., 238,
243
May, Eva 87
McCusker, Donald 363ff.
McGregor, Donald 302, 334, 358,
363ff.
McNamara, Robert 261
Medicin, Auguste 187
Mendl, Sir Charles 110
Mendl, Lady Elsie 110, 112
Meneghini, Giovanni
Battista 225–246, 252, 256
Merrill (Leutnant) 42
Metaxas, Joannis 307
Metzger, Bob 169
Meyer, André 295f.
Meyer, John W. (Johnny) 7ff., 40,
62, 115f., 133, 161, 199, 215,
219, 227, 229, 252, 254, 258, 279,
282, 284, 286, 288, 292f., 296,
301, 313, 331, 335, 340, 342f.,
347f., 350, 352, 354, 359, 361,
368f., 373ff., 381, 386, 394, 397,
400f., 404ff.
Michalakopoulos, Andreas 65ff.
Miller, Arthur 191
Molina, Juan 88

428

Monroe, Marylin 191, 282
Montague Browne, Anthony 202, 232f., 269
Montague Browne, Nonie 232ff., 269f.
Montais, Stina de 77
Moore, Grace 78
Moran, Lord 232, 238
Morse, Clarence 215f.
Mostert, Noel 405
Mountbatten, Lord Louis 158
Muzio, Claudia 55, 57, 60f., 184, 227

Nasser, Gamal Abdel 207f.
Neilson, Nigel 188ff., 194, 208, 254, 392
Niarchos, Charlotte 327
Niarchos, Elena 327
Niarchos, Eugénie 325ff., 344f., 383
Niarchos, Melpomene 106, 113, 123
Niarchos, Stavros 11, 100, 106, 113f., 116, 129f., 134f., 142, 151, 155ff., 165f., 171ff., 194f., 198, 210, 212, 250, 314ff., 325, 327, 329ff., 341, 344, 351, 358, 365, 377, 389, 392f., 395
Nichols, Mike 279
Niven, David 263
Nixon, Richard M. 159f., 333f.
Nurejew, Rudolf 281, 284

Odria, Manuel 179
Olney, Warren III. 152
Onassis, Alexander (Sohn) 8, 10, 12, 132, 141, 185, 197, 217, 222f., 245f., 249, 300f., 303f., 313f., 319, 331, 335ff., 350, 358ff., 364ff., 371ff., 383, 385, 391f., 397f.
Onassis, Alexander (Onkel) 15ff., 19ff., 29ff., 36f., 40, 45ff.

Onassis, Artemis 18, 20, 45, 53, 76, 89, 232, 237, 239, 257, 303, 385, 396, 410
Onassis, Athina (Tina) 11f., 117f., 121ff., 131ff., 144, 148, 158, 166f., 172, 181f., 185, 187, 193, 197ff., 214, 219f., 222–234, 236, 240ff., 249ff., 258, 319ff., 331, 339f., 343ff., 351, 365, 377, 385, 392ff., 417
Onassis, Basil 15, 36
Onassis, Calirrhoë 20, 385
Onassis, Christina 8, 12, 134, 141, 185, 197, 217, 222ff., 245f., 249, 251, 281, 284, 300, 303f., 313f., 331, 335–351, 354, 365ff., 384, 391ff., 402ff.
Onassis, Gethsemane 14, 20, 33ff., 41f., 45f., 368, 376
Onassis, Helen 20ff., 34, 37, 41f., 45, 49f., 85
Onassis, Homer 15, 17, 29ff., 46ff., 77, 83, 87
Onassis, Jacqueline 12, 185, 213f., 255ff., 267, 279f., 282ff., 289–303, 335ff., 351ff., 361, 365ff., 377f., 381ff., 385, 389, 401ff., 405, 409ff.
Onassis, John 36
Onassis, Maria s. Konialidis, Maria
Onassis, Merope s. Konialidis, Merope
Onassis, Penelope 17, 19f., 33, 69, 125
Onassis, Sokrates 14ff., 19ff., 30ff., 41f., 45ff., 56, 65, 69, 125

Pahlevi, Mohammed Reza 171
Papadopoulos, Jeorjios 283, 305ff., 314ff., 329, 331, 333f., 369, 399f.
Papas, Irene 253
Park, James Loder 40ff.
Pascal, Giséle 183, 190

429

Pascha, Mustafa Kemal s. Atatürk,
  Kemal
Pascha, Ali Nadir 26
Pawlowa, Anna 61, 186
Paxinou, Katina 117
Pearce, Lord 311
Pearson, Drew 256, 287
Peer, Elisabeth 263
Perón, Eva 126f., 131, 173, 281
Perón, Juan 127, 138, 165
Pertine, Basilio 88
Pétain, Philippe 99
Picard, Roger 389
Pinza, Ezio 117
Pisar, Samuel 288
Powers, David 261
Preminger, Otto 105f., 110, 113

Quinn, Anthony 252

Radziwill, Fürstin Lee 255ff., 260,
  282, 290, 383
Radziwill, Fürst Stanislav 254, 260,
  300
Rainier III. Fürst von Monaco 141,
  182ff., 190, 192, 201, 206f.,
  219, 262f., 266f., 270, 274, 389
Redor, Bruce 416
Reichert, Wilhelm 178f.
Reid, Hugh 102
Reiter, Kurt 136, 139
Reves, Emery 201, 204f., 234f.
Reves, Wendy 201ff., 374, 390
Rhinelander, Jeanne 198, 247
Richardson, Alan 366f.
Rodin, Odile 320, 359
Rodinos, Orlando 315ff.
Rohll, Sheila 122
Roosevelt jun. Franklin D. 257ff.
Roosevelt, Susan 257f.
Rosa, Jacinto 319f., 411
Rose, Halleck L. 138
Rosenbaum, Joseph H. 129
Rosenfeld, Isidore 404

Roskill, Justice 273, 277, 311
Rosnay, Baron Arnaud de 349
Ross, Edward J. 152f.
Rosselli, Johnny 157
Roussell, Thierry 417
Rover, Leo 155
Rowan, Roy 288
Rubinstein, Arthur 117
Rusk, Dean 307
Russel, Sir John 377
Russell, Wendy s. Reves, Wendy

Sagan, Francoise 227
Saint Laurent, Yves 263
Salinger, Pierre 297, 299f., 313, 374
Sanders, Otto Liman von 24
Sandstrom, Gustav 81, 89
Sandys, Diana 232
Saud, Abdul Aziz Ibn, König von
  Saudi-Arabien 146
Saud I., König von Saudi-
  Arabien 148, 162, 168, 170f.,
  174ff., 178
Saunders, Alter 139
Schacht, Hjalmar 87, 146f., 162,
  165, 177
Schlaghecke, Bruno 177f.
Schlee, Georges 191f.
Schlesinger jun., Arthur 279, 281
Seberg, Jean 263
Seversky, Alexander P. de
  (Sascha) 109, 111, 114f.
Simon, M. Charles 141, 219f.
Simon, Simone 110
Skouras, Spyros 105, 109, 113, 116,
  126, 191, 226, 249, 334
Smith (Colonel) 52f.
Smith, Jean 299, 301ff.
Smith, Steve 299f.
Sorensen, Ted 401
Spreckles, Geraldine s. Fuller,
  Geraldine
Stafford, Joan 284ff.
Stanford, Graham 180

Stephens, Peter   395, 411
Stewart, Dorothy   119
Storen, Arne C.   130
Suleiman Scheich, Abdullah
   Al   145 ff., 158, 168, 172,
   174 ff.
Sulzberger, C. L.   165 f.
Sunmark, Betty   105
Swanson, Gloria   110, 291, 301

Taper, Janice   338
Taylor, Elisabeth   286, 303, 353
Taylor, Gregory   102
Theofanos, George   402
Thomson jun., Meldrim   379 f., 383
Thring, Joan s. Stafford, Joan
Thurber, James   71
Thyssen, Baron Heinrich   301
Thyssen-Bornemisza, Baronin
   Fiona   301, 303, 319, 321 ff.,
   335, 337, 340, 344, 346 ff., 358 ff.,
   365 ff., 370 f.
Thyssen, Francesca   324, 362 f.
Thyssen, Lorne   324, 362
Tirado, Guillermo   179
Tolson, Clyde   196, 313
Topal, Sadiq   41 f.
Townshend, Lady Carolyn   181,
   198
Tucker (Pater)   190 f.
Tuckerman, Nancy   302, 353
Turrou, Leon (Lou)   164
Tuttle, Charles   194
Twitchell, Karl   174

Valentino, Rudolph   56
Valéry, Bernard   394
Vatis, John   122
Veidt, Conrad   78
Venizelos, Eleutherios
   64 f.
Vergottis, Panaghis   252, 258,
   261, 264 ff., 271 ff., 311 f.,
   335
Vertes, Marcel   185
Vidal, Gore   383
Visconti, Luchino   255
Vlachos, Helen   307
Vlassapoulos, Costa   385

Wadsworth, George   162, 169 ff.,
   176
Walters, Barbara   389
Webster, David   262
Wethey, Harold E.   235
White, Sam   219 f.
Wilberforce, Lord   311
Wilson, Earl   298 f.
Wilson, Woodrow   25
Windsor, Herzog und Herzogin
   (Wally Simpson) von   227
Wolfe, Elsie s. Mendl,
   Lady Elsie
Wyatt, Woodrow   214 f.

Zanuck, Darryl   184
Zeffirelli, Franco   262,
   271
Zelenko, Herbert   215 ff.